한일 근대인물 기행

일러두기

– 5개 시기로 구분한 것은 시기별로 시대정신을 특정하거나 소제목을 붙여 이야기를 풀어 나가기 위한 저자의 자의적인 구분임을 밝혀둔다.

– 날짜 표기는 을미개혁에 따라 조선의 경우 1896년 이후 양력 사용을 원칙으로 했다. 단, 청일전쟁, 동학농민운동, 갑오개혁 등 일본과 연계된 1894년~1895년의 사건은 양력을 사용한 일본과의 날짜 통일을 위해 양력으로 변환했다. 원전이 러시아 자료인 경우의 날짜는 러시아력을 상기 기준에 따라 양력 또는 음력으로 바꾸었다.

– 이름과 성을 자주 바꾸는 당시 일본인의 특성을 고려해 일본인 성명은 널리 알려진 최종 성명을 사용했다.

한일 근대인물 기행

박경민

"
39인의
치열한 삶은
어떻게
양국의 운명을
갈랐나?
"

밥북
B·OB·K

"모든 역사는 현대사"라는 역사가 크로체(Benedetto Croce)의 말이 아니더라도 한국과 일본의 근대사만큼 더 잘 현재를 규정하는 역사가 있을지 모르겠다. 독일은 유대인 학살에 대해 국가수반의 사과와 치열한 반성을 끊임없이 발신한다. 그러나 일본은 조선 침략과 태평양 전쟁으로 상처를 입힌 한국 등 아시아 민족에 대한 사과와 진정한 반성에 인색하다. 미래지향적 한일관계에 대한 족쇄가 아닐 수 없다.

한일 근대사는 과거사로 치부될 수 없다. 그러나 언제까지 일본의 배상책임과 독도 영유권 주장과 관련한 일본의 억지에 갇혀 있을 수도 없다. 결국, 역사에 대한 객관적 인식과 일본의 과감한 성찰이 토대가 되지 않으면 안 된다.

이런 의미에서 이 책의 '한일 근대사를 철저히 객체화하면서 새로운 지향'에 도달하려는 저자의 노력은 신선한 시도이며 한일관계의 지평을 새로 열 수 있는 보배 같은 저서다. 구한말부터 대한제국이 성립하고 조선이 멸망하는 시기에 대척에 있던 인물들의 고찰, 메이지유신을 기점으로 일본 근대사에 족적을 남긴 인물들을 역사적 편견 없이 담담하게 서술한 학자적 태도도 높이 살만하다.

무엇보다 역사 전공자가 아닌 저자의 학자적 양심과 태도에 경의를 표할 만하다. 게다가 인물들의 나열로 그칠 뻔하던 저서가 탄탄한 자료와 논거를 바탕으로 역사적 사료(史料)로서 충분한 가치를 지닌다는 점에서 의미가 크다고 하겠다.

 개인적으로 50년에 가까운 지기이지만 이 점을 떠나서라도 그의 담백함과 역사에 대한 평소의 관심과 열정이 묻어나는 소중한 자료라는 점도 간과할 수 없다. 아무쪼록 이 책이 한일 근대사에 중요한 이정표를 세우는 계기가 됐으면 하는 바람에서 일독을 권하지 않을 수 없다.

2022년 11월
용인대 특임교수·정치평론가 최창렬

한일 간 역사에 양 국민의 응어리가 남아있는 두 시기가 있다. 하나는 고대사 부분이고 또 하나는 근대사 부분이다.

문명 발전 단계의 격차가 있는 동시대의 두 국가가 있는 경우 후진국가가 선진국가의 문물을 받아들이고 지배적 영향을 받는 것이 상식적으로는 당연한 일인데도 한일 두 나라로 국한하면 이야기가 달라진다. 격차가 존재하던 당시의 사람들은 대부분 이를 받아들였지만, 후세의 정치가, 역사가와 또 이에 영향을 받는 사람들은 이성보다 감정이 작용하고 억지 논리가 판을 친다. 피해의식 내지 일종의 콤플렉스다.

고대사에서 일본이 가지는 콤플렉스와 근대사에서 우리가 가지는 콤플렉스를 없애지 않으면 역사를 객관적으로 보는 것이 불가능하고 어쩌면 양 국민 간의 화해는 영원히 불가능할지 모른다. 자신의 잘못을 인정하지 않고 미화하고 변명으로 일관하면 그 사회는 발전할 수 없다. 역사적 사실을 사실대로 인정하는 것에서부터 역사적 교훈을 얻을 수 있고 과오를 답습하지 않는 발전적 미래를 기약할 수 있기 때문이다.

19세기 중반 서양세력이 수백 년간 쇄국 중인 한일 양국의 문을 똑같이 두드렸을 때 일본의 구체제(막부 체제)는 개항을 선택했고, 조선은 개항을 거부했다. 이로 인해 일본은 자발적 근대화에 성공했고 우리는 실패한 것이 역사적 사실이다. 개항 및 근대화에 대한 양국 지배층 의사결정의 차이가 양국의 국력 차를 극대화시켜 결국 조선은 일본의 식민지가 되었고, 몇십 년 후 일본의 제2차 세계대전 패배로 식민지 한반도는 전승국 미국과 소련에게 분할되었다.

결국, 19세기 중반에 있었던 개항 및 근대화에 대한 당시 지배층이 내린 의사결정의 차이가 우리 현대사의 비극인 남북 분단에 영향을 미쳤다고 볼 수 있다. 그래서 국가 지도자의 의사결정은 수백 년 후의 후손들에게까지 영향을 미치기 때문에 매우 중요하다. 그런 면에서 일본의 지도자들이 조선의 집권층보다 당시의 세계정세 파악, 국가의 생존 및 미래에 관한 고민과 그 해결책 모색 과정에서 훨씬 더 폭넓고 깊이가 있었다.

이 책은 1850년부터 55년간의 한일 양국에 관한 이야기다. 조선에 강화도령 철종이 등극하고 일본에 페리 제독이 내항한 때부터 시작해 조선이 실질적으로 일본의 식민지가 되는 을사조약 체결까지를 대상으로 하였다. 따라서 소개된 인물 중 대상 시기 이후의 활동은 생략하거나 간략하게 서술했다.

그 55년을 편의상 5개의 시기(각 시기는 10년 내외)로 나누어, 각 시기별로 일본을 먼저 서술하고 같은 시기 조선의 상황을 기술했다. 아무래도 이 시대는 일본이 근대화에 앞서가고 있었기에 '일본이 각 시기별로 이 정도 앞서갈 때 조선은 뭐 하고 있었나'로 서술하는 방식이 양국의 비교, 특히 조선이 잘못하거나 답답했던 점이 눈에 띄기 때문이다.

시대정신이나 화두 또는 한 마디로 압축한 소제목을 각 시기별로 붙이고 이에 가장 부합한 인물 또는 가장 치열하게 살다간 인물들을 몇 명씩 추려 그 인물들을 중심으로 이야기를 전개했다. 인물과 무관한 중요한 사건인 경우 각 시기별 도입부나 그 사건과 가까운 인물편에서 기술하였다.

과욕과 역량 부족으로 뒤범벅된 초고가 책으로 탄생하기까지 주변의 많은 도움이 있었다. 출판 방향에 대하여 조언을 아끼지 않은 한기정 작가, 신일용 만화가, 서보현 박사, 김영철 대기자, 송현섭 사장, 한정록 사장, 윤학 변호사에게, 친절한 코멘트와 과찬을 보내준 최창렬 교수, 송찬섭 교수님께 그리고 성원을 보내주신 박치석 사장님, 문희 사장님, 정병수 시인님, 이종환 부회장, 김학연 사장, 김재국 사장, 김흥수, 류벽하, 김승재, 교정에 참여한 이호성에게 감사드린다.

자료 취합부터 집필까지 약 3년간 길을 헤맬 때마다 천혜의 힐링처 지리산과 섬진강을 선물로 주신 하동 악양에 계신 박화식 형님께 감사드린다. 밥북출판사 주계수 사장님과 팀원들에게 감사의 말씀을 전하며, 끝으로 말도 안 되는 엄청난 양의 초고를 끝까지 교정하면서도 불평 한마디 없던 영원한 동반자 이일재, 아빠를 늘 응원해 준 지수와 소진 가족에게도 표현할 수 없는 감사와 사랑을 전한다.

외손녀 서연을 얻어 기쁜 2022년 가을 박경민

제1장

암흑에서 개명으로 - 1850년~1863년

일본

　1853년 7월 8일 미국 동인도함대 사령관 페리 제독의 함대가 에도만(현 도쿄만) 입구 우라가(현 요코스카) 앞바다에 나타났다. 페리 함대는 증기선 2척과 범선 2척으로 구성되어 있었다. 노나 바람으로 움직이는 목선만 보아온 일본인들에게 굴뚝에서 연기를 뿜어내는 거대한 흑선이 몸체에 달린 큰 바퀴로 파도를 가르며 내해에 정박하는 광경은 엄청난 충격이었다.

　날이 어두워지고 군함들이 함포를 일제히 쏘자 불꽃과 함께 천지가 진동했다. 에도(현 도쿄)는 깊숙한 만에 접해 있는 해안 도시라서 당시 상당수의 에도 사람들은 이 모습을 직접 보거나 대포 소리를 들을 수 있었다. 그간 소문으로만 듣던 '흑선'[1]의 도착은 19세기 중반 당시 인구 100만 명 세계 최대 도시 에도의 시민들을 술렁이게 만들었다.

　페리 제독의 개국 요구에 대한 당시 집권세력인 에도막부(도쿠가와막부)의 대처를 두고 이후 일본은 개국파와 쇄국파의 투쟁이라는 엄청난

---

1)　부식 방지를 위해 배 표면에 타르를 입혀 검게 보인다 해서 '흑선'이라 불렀다.

정치적 소용돌이에 휩쓸린다. 그 결과가 결국 메이지유신으로 귀결된다는 점에서 페리 함대의 출현은 일본사의 전환점이자 일본 근대화의 출발선이었다.

당시 미국은 멕시코 전쟁으로 1848년 캘리포니아를 영토로 편입한 이후 새로운 태평양 항로로 중국 등 아시아에 왕래하기 위해서 식료품과 연료(석탄) 등을 보급받는 중간 기착지가 절실했다. 또한, 석유 이전 시대의 주요 에너지원인 고래 기름을 얻기 위한 포경산업의 원양어선을 위해서도 마찬가지였다. 그런 점에서 미국 입장에서는 일본의 지정학적 가치가 유럽 국가들보다 매우 높았다.[2]

멕시코 전쟁의 영웅으로 퇴역한 페리 제독은 미 정부의 요청으로 1852년 동인도함대 사령관 및 일본 파견 대사로 겸임 발령이 난 지 1년 만에 바로 일본에 개항을 요구하러 온 것이다. 필모어 대통령의 국서와 함께 미국이 요구한 조건은 아래와 같았다.

1. 난파, 폭풍 등으로 일본에 정박하는 미국 선원의 생명과 재산을 보호할 것.
2. 미국 선박의 연료·식수·음식 보급과 정박 편의를 위해 항구를 개방하거나 해안 무인도에 저탄장을 설치할 것.
3. 양국의 상품을 교환하기 위해 항구를 개항할 것.

당황한 막부는 우라가 봉행[3]을 통하여 '국서를 접수할 수 없을 뿐 아니라 우라가는 외국과 회담할 장소가 아니므로 조속 철수를 희망한다'

---

2) 유럽 국가들은 대서양, 인도양을 통해 인도, 동남아시아, 중국 등에 접근했기 때문이다.

3) 시장 또는 군수에 해당하는 지방 행정기관의 장

는 메시지를 전달했다. '대통령 국서까지 가져왔는데 그 정도에 물러서면 군인이 아니지…' 페리는 요청을 수락하지 않으면 대포의 위력을 보여주겠다는 엄포와 함께 에도만의 해안지형을 측량하는 등 상륙 준비를 하는 모양새를 취했다.

결국, 막부는 어쩔 수 없이 국서를 접수할 수밖에 없었다. 내항 9일 만에 임무를 완수한 페리 제독은 조약 체결을 위해 내년에 다시 방문하겠노라고 공언한 후 출항하면서 에도만에 모인 사람들이 보라는 듯 에도 내해를 당당히 한 바퀴 돌고 나서 류큐왕국(현 오키나와)으로 가 버렸다.

역사적인 국서 접수 과정에 몇 가지 흥미로운 장면이 담겨있다.

1. 국서전달식은 불과 30분 만에 끝났으나, 일본 관리들은 증기선에 올라 배의 구조와 작동원리, 운행 등에 관해 물어보고 견학하는 데에 훨씬 많은 시간을 할애했다.
2. 미국 측과 일본 측의 통역 방식은 '영어-네덜란드어-일본어'라는 2단계 통역으로 이루어졌다.
3. 막부는 1년 전에 '미국 함대가 일본에 개항을 요구하러 올 것이며 사령관은 페리 제독'이라는 정보를 이미 가지고 있었다.

'왜 동북아시아 3국(조선, 청, 일본) 중 유일하게 일본만 외국군의 침략을 받지 않고 선제적으로 개국 결정을 하는 행운을 안게 되었을까?'

'일본은 어떻게 수백 년간 지속된 동북아시아 3국의 유사했던 전근대적 봉건체제를 30여 년이라는 짧은 기간에 무너뜨리고, 서구 문명을 놀라운 속도로 습득하여 아시아의 신흥패권국으로 부상하게 되었을까?'

'똑같은 서구 열강(일본은 미국, 조선은 프랑스와 미국)의 개항 압력에 대해 문신정권 조선은 끝까지 싸우며 자주적 개항을 못한 반면, 싸움이 장기인 무신정권 일본은 싸우지도 않고 스스로 개국 결정을 내렸을까?'

이 질문에 대한 답을 찾아가는 시간여행을 떠나보자. 각 시기별 화두 또는 시대정신에 열정을 바친 사람들을 여행에서 만나다 보면 자연히 고개가 끄덕여질 것이다.

조선

페리의 일본 내항 4년 전 1849년 조선의 제24대 국왕 헌종이 후계자 없이 사망했다. 이럴 경우 조선의 전통은 왕실의 최고 어른이 차기 국왕의 선임위원장 역할을 했다. 당시 왕실의 최고 어른은 순조비였던 순원왕후 김씨(김조순의 딸)였다.

순원왕후는 조선왕조에서 가장 어린 나이(8세)로 등극한 손자 헌종을 7년간이나 수렴청정하며 친정인 안동 김씨 김조근의 딸을 헌종비로 맞아들여 안동 김씨의 세도정치가 이어지도록 했다. 그러나 헌종이 15세에 친정을 시작하자 며느리이자 헌종의 모친인 신정왕후(후일 조대비)의 친정 풍양 조씨들이 안동 김씨의 세도를 잠식해 한동안 조씨의 세도에 눌려 지낸 시기를 잊을 수가 없었다. 따라서 이번 기회야말로 안동 김씨의 우위를 공고히 하여 조씨들이 감히 넘보지 못하도록 왕위 계승자를 정할 필요가 있었다.

당시 상황을 묘사한 한 야사를 보자.

헌종이 후사 없이 죽자 대왕대비 순원왕후가 원로대신들을 불러 왕통 문제를 논의하자 좌의정 권돈인(풍양 조씨 측근)은 이하전을 추천했고, 영의정 정원용(안동 김씨 측근)은 전계군의 셋째 아들 이원범을 추천했다. 순원왕후는 지식이 있고 강직한 이하전보다는 일자무식인 원범이 안동 김씨의 세도정치를 유지하기에 좋다고 판단해 원범으로 결정하였다.

원범은 강화에서 농사지을 땅 하나 없는 17세의 무식한 고아였으며 오직 자신의 육체노동만 믿고 살아왔다. 그는 상놈 친구들이 장가가는 것을 보며 몹시 부러워했다.

한편 조정의 명을 받은 강화도 관아의 군졸들은 원범의 집을 찾아 헤매다가 동네 사람의 안내로 초라한 초가삼간으로 달려갔다. 이 광경을 본 이웃 사람들은 원범이 또 역적으로 몰려서 죽는다며 안타까워했다.

이런 소식도 모른 채 원범은 그날도 지게를 지고 풀을 베러 나가 있었다. 그때 한 친구가 와서 원범에게 피하라고 했고, 얼마 후 다른 친구가 와서는 조정에서 왕족 대우를 해준다고 하였다. 원범은 '이제 죽었구나' 하며 왕족의 피를 타고난 자신을 원망했다. 원범이 운명을 기다리고 있을 때 이곳까지 찾아온 교군들이 보였다. 그들은 세 명의 총각이 있는 것을 본 후 다가왔다.

그중에 대신처럼 풍채가 좋고 비단 관복을 입은 노인이 교군과 함께 와서 물었다.

"어떤 분이 강화 도련님이신지요?" 이때부터 철종은 '강화도령'으로 불렸다.

"제가 이원범인데 잡으러 오셨나요?"

그러자 늙은 대신은 공손하게 절을 올리면서 이렇게 대답했다.

"황공하옵니다. 대왕대비의 명으로 곧바로 한양으로 행차하셔야 합니다."

> 원범을 가마에 태운 군졸들은 곧장 달렸다. 얼마 후 궁중에 도착한 이원범은 대
> 신들이 시키는 대로 면류관을 쓰고 곤룡포를 입고 대보를 받고서 철종 임금으로
> 등극했다. 그러나 강화도에 살 때가 편했다고 생각한 철종은 자유가 없는 것이 고
> 통스러웠다. 더구나 신하들은 무식한 왕에게 글공부를 권했다. 결국, 안동 김씨의
> 허수아비 왕이 된 철종은 그들의 손아귀에 놀아났다.[4]

조선왕조의 비변사는 당초 삼포왜란 때(1510년) 설치된 무관들의 임시 관청이었으나, 명종 때 정규 관청으로 승격되어 문무관이 함께 국정에 참여하는 국정 최고기관이 되었다. 비변사가 당상관(정3품 이상) 인사권을 비롯해 중앙과 지방의 행정기구 관직의 인사권을 장악했다. 안동 김씨들이 비변사의 당상직을 독점해 왕의 관리 임명권이 박탈되고 자연히 왕의 정치적 결정권과 영향력도 약화되었다.

세도정치로 뇌물수수와 벼슬에 대한 매관매직이 횡행했다. 지방 탐관오리들의 수탈로 삼정이 문란해지고 홍수와 가뭄 등의 자연재해까지 겹쳐 기근이 만연해 백성들의 삶은 도탄에 빠졌다. 특정 가문의 세도정치는 종전의 당쟁정치와는 양상을 달리해 주요 관직을 한 가문이 독식하는 구조였다.

'순조 때부터 조선왕조의 경쟁력을 급격히 약화시키며 경주 김씨-안동 김씨-풍양 조씨-안동 김씨 순으로 이어지는 세도정치는 과연 끝

---

4)   한국문화연구회, 『소설보다 재미있는 역사이야기 조선왕조 오백년실록』, 늘푸른소나무, 338~341쪽

낼 수 있을까? 조선왕조의 부흥을 위해서는 반드시 필요한 개혁이 아닐까?'

19세기 중반 각국이 세계사적인 근대화와 산업화의 흐름을 탈 때 근대화의 여명이 채 닿지 않은 조선은 여전히 수백 년간 이어져 온 교조적인 성리학과 세습 왕조 체제라는 단단한 껍질로 쌓인 암흑의 세계였다. 조선은 종주국 청나라 외의 세계는 알 수도 없었고 또 알 필요도 없었다. 외부 여건이 여전히 종전과 같다면 조선왕조의 핵심적 화두는 오직 이 한 가지다.

그러나 세계사는 조선을 암흑세계에 그대로 놔두지 않았다. 다른 나라보다 조금 늦게 왔을 뿐이지 프랑스, 미국, 일본, 러시아, 영국 등 열강들이 자꾸 집적거렸다. 이유는 한 가지, 수교하고 통상하자는 것이었다. 물론 프랑스와 미국은 종전 사건에 대한 응징 차원에서 군함을 보냈으나, 조선이 적당한 사과만 하면 수교와 통상을 하는 것이 실제 목적이었다.

조공 대상인 청마저 한족이 아니라는 이유로 내심 경멸하고 있는 마당에, 털이 북슬북슬하고 눈이 파란 서양 오랑캐하고 수교하고 통상을 하자고? 조선의 위정척사론자들은 아예 서양 오랑캐를 짐승(금수)으로 보았다. 서양인을 '짐승에서 인간으로', '인간에서 수교 통상의 대상'으로 인정하기까지 많은 시간과 노력이 필요했다. 수백 년 굳어진 사람의 생각이 어찌 쉽게 바뀌겠는가?

'서구 열강과 수교 통상하여 근대화의 조류에 얼마나 빨리 올라탈 수 있을까?'

'수교 후 열강에 먹히지 않고 근대화를 통한 부국강병으로 진정한 자주독립국을 유지할 수 있을까?'

'군주제를 유지하면서도 근대 시민사회의 성장을 볼 수 있을까?'

암흑세계를 깨고 나오려는 조선에 던져진 화두다. 이 화두를 붙들고 조선이 어떻게 풀어나가는지 한번 보자.

제1장

암흑에서 개명으로
1850년~1863년

| 1854년 3월 8일 가나가와(현 요코하마)에 내항한 흑선(출처: 위키피디아)

1. 일본
개항과 구체제 동요

　페리의 내항 이후 철수까지의 전 과정은 당시 에도(도쿄) 시민들 사이에 연일 큰 화제였다. 에도 시민들은 전쟁의 발발, 막부의 대응 등, 향후 정치·군사적 예상은 물론 군함, 대포 등의 신병기와 심지어 페리 제독의 모습 등에 이르기까지 목격담이나 들은 얘기에 조미료를 뿌려 가며 오랜 기간 소문과 화제를 양산하고 있었다.

| Matthew Calbraith Perry
(출처: 위키피디아)

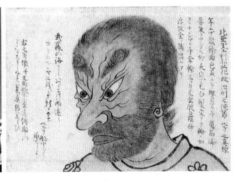

| 일본인이 그린 페리 제독(출처: 중앙일보)

시민들의 지대한 관심은 다음 해 페리가 돌아올 때까지 개항 여부를 결정해야 하는 막부[1]에 엄청난 스트레스였다. 에도막부 개설 이래 250년간 이어져 온 쇄국정책을 양이[2]의 위협으로 한순간에 풀어버린다면 백성들은 물론 막부의 지지기반인 무사들로부터도 전투 한 번 못하고 적에게 무릎을 꿇었다는 비난과 조롱을 받을 게 뻔하기에 막부의 체면과 위신이 서지 않을 터였다. 그렇다고 만일 조약 체결을 거부하면 바로 전쟁인 마당에 페리 함대의 위력을 눈으로 확인한 이상 증기선 한 척 없는 막부가 패할 것이 뻔하기 때문이다.

그러나 막상 무사 계급의 대다수를 차지하는 하급 무사들은 전쟁론을 펴고 있었다. '신국 일본은 가미카제로 보호받는다'고 주장하는 자[3], '양이는 신국을 더럽힐 수 없기에 무조건 이긴다'고 주장하는 자 등 목소리 큰 자들이 훨씬 더 많았으며 이들이 여론을 주도하고 있었다. 에도막부 창설 이래 250년간 한 번도 전쟁다운 전쟁이 없었던 태평성대였기에 이번 기회에 전투를 통해 사무라이로서 존재의 의미를 보여주려는 자가 대다수였다. 오랫동안 쉬었더니 몸이 근질근질하던 차에 잘되었다는 반응이 이들에게 공감대를 형성하고 있었다.

도사번에서 에도로 무술 유학을 왔다가 페리 내항 시 도사번 담당구

---

1) 막부(바쿠후 幕府)는 12세기 후반 최초의 쇼군(將軍) 미나모토노 요리토모의 원정 시 쇼군이 머무는 본진을 말했으나, 전쟁 후에도 쇼군의 정치적 영향력 때문에 무가정권의 정청을 의미하다가 나중에는 무가정권 자체를 뜻하는 용어로 사용되었다.

2) '양이(洋夷)'는 서양오랑캐를 말한다. 참고로 존왕양이운동의 '양이(攘夷)'는 오랑캐를 배척함, 즉 종전의 쇄국을 유지함을 의미한다.

3) 13세기 몽골군의 2차에 걸친 일본 정벌이 태풍으로 실패한 이후 신의 바람(가미카제 神風)이 일본을 보호한다는 믿음이 퍼졌다.

역 해안경비대에 배치되어 페리 함대를 목격한 당시 19세의 하급 무사 사카모토 료마도 마찬가지였다. 료마는 당장 전쟁이라도 날 것처럼 흥분해 고향의 부친에게 편지를 썼다.

> **"전쟁이 나면 외국 놈들의 목을 따서 고향으로 돌아가겠습니다."**
>
> (1853.9.23)

막부는 이러지도 저러지도 못한 채 격론으로 시간을 끌고 있었다. 일본 전체 260여 개의 번(지방정권)을 지배하는 무사 정권의 최고 지휘부의 이렇게 난처한 처지가 다른 번주(다이묘)들에게 알려지는 순간, 무력을 근간으로 하는 막부 체제가 흔들릴 수 있기 때문이다. 그러나 밖으로 새어나가지 않도록 애쓰는 막부의 노력은 손으로 하늘을 가리는 격이었다. 4척의 페리 함대에 놀라 고민하는 막부의 처지를 풍자한 노래가 에도 시민들에게 유행하고 있었다.

> **태평스러운 잠을 깨우는 조키센[4] 불과 4잔에 밤잠을 잘 수 없다네.**

에도막부에 관한 기초지식

빠른 이해를 위해 에도막부에 대한 간단한 기초지식은 알고 가자.

---

4)   조키센(上喜撰)은 증기선(蒸氣船)과 발음이 같은 일본차

도쿠가와 이에야스가 세키가하라 전투[5]에서 승리하고 1603년 교토의 천황으로부터 쇼군[6]에 임명되어 에도에 막부를 개설해 에도막부 시대를 열었다. 천황은 연호 제정 등 의례적인 업무만 하고 실제 통치는 쇼군이 담당했다.

막부 체제(또는 막번 체제)는 쇼군의 중앙(막부) 정치와 다이묘의 지방(번) 정치를 총괄하는 의미다. 다이묘(大名 번주)는 석고 1만 석[7] 이상의 영지를 하사받은 무사로서 쇼군을 섬기는 자를 말한다. 다이묘는 쇼군의 부하이지만 영지에서는 가신과 영민을 지배하는 통치자였다. 다이묘의 영지 지배 조직 또는 영지를 번(藩)이라고 한다. 번의 입법, 사법, 행정의 모든 분야에 걸쳐 다이묘에게 결정권이 있던 점에서 번의 내부 정치는 막부로부터 독립성을 가지고 있었다.

대신 다이묘가 쇼군에게 지는 첫 번째 의무는 전쟁 발발 시 병력을 출정시키는 군역이었다. 병력의 수와 무장 정도는 영지의 석고에 따라 정해졌다. 두 번째 의무는 국가 중대사에 번이 공무를 분담하는 일로서 에도성의 축성, 천재지변의 복구 등에 번의 노동력을 동원했다.

다이묘가 쇼군에게, 번이 막부에 세금을 내는 일은 없었다. 번에 대

---

5) 1600년 미노국의 세키가하라(현 기후현 후와군 세키가하라정)에서 일본의 모든 다이묘들이 동군과 서군의 양 진영으로 나뉘어 벌인 전투. 도쿠가와 이에야스의 동군이 승리해 에도막부 창설의 계기가 된 역사적인 전투다.

6) 쇼군(將軍)의 정식명칭은 '세이이다이쇼군(征夷大將軍)'이다. 가마쿠라막부의 창설자 미나모토노 요리토모가 천황에 의해 최초로 임명되었다. 당시 일본의 동북부는 오랑캐(아이누족)가 살고 있는 미개발지였기에 이런 명칭이 붙었다.

7) 1석은 성인 남자가 1년 먹는 쌀의 양

한 징세권이 없기에 막부는 직할 영지를 최대화하고 무역 이권을 독점했다. 또 주요 도시(에도, 교토, 오사카, 나가사키)와 항구, 금, 은, 구리, 광산 등의 이권을 독점해 막부 유지의 경제적 기반으로 삼았다.

따라서 막번 체제라는 것이 독자적인 군사력과 경제력을 갖춘 번(다이묘)들이 연합해 세를 키우면 언제든지 막부(쇼군)를 위협할 수 있었기에 막부는 늘 다이묘를 경계하며 통제의 대상으로 삼았다.

1615년 제정된 무가제법도는 다이묘들이 지켜 할 법도로서 막부의 허락 없이 다이묘 가문 간 혼인 금지, 새로운 성의 축성과 성의 개보수 금지 등 막부에 대한 다이묘의 배신을 억제하는 것이 주 내용이었다.

가장 강력한 통제책은 참근교대제였다. 다이묘들이 1년씩 에도와 영지를 번갈아 가며 의무적으로 거주하게 했으며, 영지로 내려갈 때는 정실부인과 후계자는 에도에 남게 하여 사실상의 인질로 삼는 제도다. 가신과 무사들도 대부분 다이묘와 같이 생활하고 움직였기에 연례행사인 에도와 영지 간 참근교대 행렬은 대단한 구경거리였다. 번의 체면과 위신이 깎이지 않도록 다이묘들은 경쟁적으로 화려하게 행차를 했다. 에도 생활비와 왕복 행차비 지출 등으로 번 재정은 점점 열악해졌고, 인질로 있는 가족 때문에 반란을 꿈꾸는 일은 사실상 불가능했다. 또 후계자는 어려서부터 에도 생활이 익숙하고 영지와는 친밀감이 떨어져 후일 번주가 되더라도 에도 생활을 정서적으로 우선시하여 에도 막부 체제가 260년간이나 공고하게 유지되는 데에 큰 기여를 했다.

다이묘에게 가신이 있듯이 쇼군에게도 직속 가신이 있는데 쇼군과 만나 회의를 할 수 있는 가신을 하타모토라고 하며 석고 3천 석 이상의 하타모토는 다이묘와 동급 내지 그 이상으로 대접을 받았다.[8]

쇼군은 통상 5명 내외로 구성된 로주(老中)들의 의견을 들은 후 중요한 사항을 결정했다.[9] 권한과 세력이 비대해지는 것을 방지하기 위해 로주는 주로 석고가 크지 않은 다이묘 중에서 선임했다. 막부에 중대한 현안이 발생하거나 긴급한 해결책을 찾기 위해 로주 중 명망과 능력을 갖춘 사람을 간혹 다이로(大老)에 임명하기도 했다.

에도막부의 대외정책도 간단히 알고 가자. 막부 초기 이에야스는 무역의 이익을 잘 알기에 무역확대를 위해 처음에는 천주교를 묵인했다. 그러나 기리시탄[10]이 급증하고 이들이 일부다처제, 신도[11], 할복 등 일본 전통을 거부하자 금교령(1612년)을 내리고 탄압정책으로 전환했다. 막부는 체제 단속을 위하여 쇄국령을 발표하고(1613년), '어떠한 사유로도 해외 출국을 금지한다. 해외에서 입국하는 일본인은 사형에 처한다'며 강력한 쇄국책을 취했다.

막부는 천주교 포교를 막기 위해 유럽인 거주 무역지대를 나가사키의 서북쪽 끝에 있는 히라도섬으로 지정했다(1616년). 이미 나가사키에 널리 자리 잡은 포르투갈인 때문에 천주교 전파가 계속된다고 판

---

8)   하타모토에게는 쇼군 직할령 중 석고 1만석 이하 또는 그에 상응하는 쌀이 봉급으로 지급되었다.
9)   로주들은 월 1~2회 회의를 통해 막부의 정무에 관여하는 점에서 오늘날 내각이나 국무회의에 참석하는 각료 정도로 보면 된다.
10) 크리스찬의 일본식 발음으로서 당시는 천주교 신자를 의미했다.
11) 일본 전통의 신사 신앙을 말한다.

단한 막부는 나가사키항 앞에 새로 조성한 인공섬 데지마에 포르투갈 인을 몰아넣고 출입을 금지시켰다(1636년). 시마바라의 난[12]을 겪은 후 막부는 포르투갈인을 전원 추방했다.

개신교를 믿는 네덜란드는 '선교는 관심 없고 무역에만 관심이 있다'고 막부를 설득해[13], 1641년 히라도섬의 네덜란드 상관을 나가사키의 데지마로 이전하여 이후 서구와의 무역은 네덜란드가 독점했다.[14]

서구문물과 정보의 중요성을 알고 있는 막부는 그 대신 매년 네덜란드 상관장이 쇼군을 알현해 최근 서구의 동향이 담긴 보고서(풍설서)를 제출케 했다. 페리 내항 1년 전 '페리 제독이 미국 동인도함대 사령관과 일본 수교를 위한 전권대사로 겸임 발령 났다'는 사실을 네덜란드 상관장은 풍설서로 막부에 알려주었다.

시마바라의 난을 계기로 천주교가 가공할 단결력을 가졌음을 절실히 깨달은 막부는 천주교에 대한 단속과 탄압을 강력하게 추진했다. 쇄국정책을 '조법'[15]이라며 막부 말기까지 약 250년간 엄격하게 유지했다.

---

12) 큐슈의 시마바라와 아마쿠사의 전 다이묘들은 기리시탄이라서 백성들도 기리시탄이 많았다.(아마쿠사는 기리시탄 다이묘 고니시 유키나가의 영지였다.) 막부가 천주교 탄압으로 돌아선 후 신임 다이묘들이 과다한 연공 징수, 가혹한 노역과 천주교 탄압으로 일관하자 1637년 기리시탄을 포함한 수만 명이 폭동을 일으켰다. 12만 명의 막부군이 투입되어 4개월 만에 겨우 진압되었다.

13) 상권을 뺏기 위해 네덜란드 상인들은 이전부터 포르투갈 때문에 기리시탄이 늘어난다고 막부를 충동질했다.

14) 데지마의 네덜란드 상관은 세계 최초의 주식회사인 네덜란드동인도회사의 일본 지점이다. 1653년 바타비아(현 자카르타)의 네덜란드동인도회사에서 출발해 데지마 지점에 가려다 제주에 표류한 사람이 직원 하멜이다. 하멜은 조선에서 묶였던 십수 년간의 급여를 회사에 청구하기 위해 『하멜표류기』를 지었다.

15) 조상들이 만든 법

이와 같이 에도막부는 엄격한 쇄국정책을 오랫동안 흔들림 없이 시행하지만, 조선의 쇄국과는 개념상 많이 달랐다. 즉 서구문물과 기술에 호의적인 반면 천주교에는 폐쇄적이었고, 무역의 효용성은 잘 알지만 막부 외의 다이묘와 상인들이 활용하는 것을 엄금했다.

정리하면 에도막부의 쇄국정책은 막부가 허용한 다음과 같은 4개의 제한된 문을 통해서만 바깥세상과 교류할 수 있었다.

1. 나가사키의 데지마를 통한 네덜란드 상인과의 독점무역
2. 쓰시마번을 통한 조선 왜관에서의 독점무역
3. 사쓰마번(현 가고시마현)의 류큐왕국에 대한 편취무역[16]
4. 마쓰마에번(현 마쓰마에군)의 에조치(현 홋카이도)[17]에 대한 독점무역

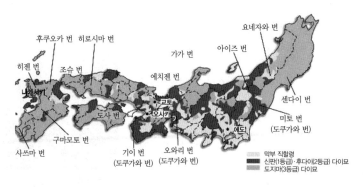

| 1660년대 에도막부의 주요 세력

16) 중계무역으로 번성한 류큐왕국(현 오키나와)은 명나라에 조공하고 있었으나, 1609년 사쓰마번의 침입으로 국왕이 일본에 끌려간 이후 사쓰마번에도 조공하는 속국이 되었다. 중국을 두려워한 사쓰마번은 이 사실을 중국에는 비밀에 부치도록 단속하고 류큐가 조공무역으로 중국에서 얻은 귀중품들을 편취했다.

17) 당시 에조치는 일본 영토가 아닌 아이누족의 영토로 일본인들이 인식하고 있었다.

。 아베 마사히로(1819~1857)와 홋타 마사요시(1810~1864)

페리 내항의 충격은 즉시 막부를 강타했다. 페리 철수 약 열흘 만에 대책에 부심하던 12대 쇼군 도쿠가와 이에요시가 급사하고 이에사다가 뒤를 이었다. 13대 쇼군 이에사다는 병약하고 유난히 폐쇄적이어서 유모 외에는 마음을 터놓고 얘기하는 사람이 없을 정도였다.

막부의 정치는 로주에게 맡겨졌고 수석로주 아베 마사히로의 어깨가 무거울 수밖에 없었다. 마쓰마에번 번주였던 아베는 척박한 번 상황으로 무역의 장점을 잘 알고 있었고, 형편없는 번세에 25세부터 로주에 취임해 막부정치에 관여하다 보니 자기주장을 내세우기보다 로주들의 의견을 잘 조율하는 스타일이었다.

페리가 다시 오면 어떻게 할 것인가를 둘러싸고 막부는 격론이 벌어졌다. 로주들은 "네덜란드인을 위한 나가사키항처럼 미국인을 위한 항구 한두 곳만 개항하면 된다"고 했다.

그러나 지배층과 지식인에게 당시 큰 영향을 미친 미토학의 본고장 미토번(현 이바라키현)의 전 번주 도쿠가와 나리아키는 "미국에 굴복하는 것은 신국 일본의 수치다. 전쟁

| 아베 마사히로(출처: 위키피디아)

을 각오하고 거부해야 한다"고 주장했다. 절대다수의 무사들과 백성들은 그를 영웅시했다. 여론을 알고 있는 아베는 나리아키를 막부정치에

불러들여 그에게 국방고문역을 맡겼다. 이때부터 로주들과 나리아키 사이에 치열한 논쟁이 벌어졌다.

당시 지배층과 지식인들에게 큰 영향을 미친 대표적 두 사상적 조류를 알고 넘어가자.

국학

18세기 후반부터 국학은 대세가 되었다. 오랜 세월 주류 사상이었던 유학, 불교 등을 외래의 것이라 비판하고 일본의 독자적 문화와 사상을 고전 및 고대사 연구를 통해 재발견해 일본의 우월성을 주장했다.

국학자들이[18] 근거로 삼은 것은 대표적으로 8세기에 편찬된 고사기와 일본서기에 기록된 신화와 전설이다. 이들은 태양의 여신 아마테라스 오미카미(천조대신)의 후손이 일본을 영원히 다스리며 그 후손인 진무 천황이 초대 천황에 등극했다는 두 사서에 기록된 전설이나 신화를 역사적 사실이라 주장하고 이를 확장 해석하기 시작했다.

"삼한이 일본에 조공하고 신공황후가 삼한을 토벌했다", "임진왜란은 신의 뜻이다", "일본인은 모두 가미(신)의 자손이며 일본은 신국이다", "세계 최초의 국가 일본이 전 세계를 일본의 군현으로 만들기 위해 약소국 만주, 몽골, 조선, 중국, 남방제도 등부터 공략하자"는 주장 등등… 지금 보면 황당무계한 주장들이지만 당시 신지식인이라는 국학자

---

18) 고문학서 『만엽집』, 고사서 『고사기』 및 『일본서기』를 중심으로 국학을 주장한 대표적 국학자는 모토오리 노리나가, 히라타 아쓰타네 등이다.

들의 주장은 지배층과 지식인들에게 신선하게 다가오며 큰 영향을 미쳤다. 임나일본부설, 정한론 등 한반도 침략 정당화의 원류가 모두 이 국학자들로부터 흘러나왔다.

미토학

미토번은 쇼군이 될 자격이 있는 3대 종실 가문 중 하나였다. 번교 홍도관을 중심으로 미토학은 외세에 대한 우려와 그 대응방향에 관한 실천적 학풍으로서 번주와 가신들이 주도했다.

막부가 1825년 이국선 격퇴령을 내리자 아이자와 야스시는 『신론』을 저술했다. 미토학의 정수이자 완결편으로 평가받는 『신론』의 핵심이다.

- 일본은 신국이며 아마테라스는 충효·도덕을 기본으로 일본을 건국했다. 천황가의 황통은 천지개벽 이래 아마테라스의 자손인 천황에 의해 계승되었다.
- 세계 각국의 동향과 구미 열강의 침략적 야심을 설명하고 서구가 강한 것은 기독교 때문이라며 기독교를 격렬히 비판한다.
- 외세에 대한 단기 대책은 국방력 강화가 핵심이며 이를 위해 해군 창설 등을 제시하고, 장기 대책은 일본을 영구히 다스리는 만세불변의 정책으로서 제정일치를 주장한다.

막부 말기 미토학은 전국으로 퍼지며 존왕양이운동에 몸담은 수많은 사무라이가 공감하며 『신론』은 이들의 바이블이 되었다. 요시다 쇼인을 비롯한 존왕양이파들은 야스시의 가르침을 간절히 원하면서 성지 순례하듯이 미토번을 방문했다.

미토학은 기독교 정신이 막번 체제의 신분 질서와 국체를 뿌리부터 파괴할 것으로 보고 이에 필적할 만한 이데올로기를 개발했다. 민중적 토속신앙에 국가가 개입해 제사 대상 가미(신)를 지정하고, 토속의 민간 가미들은 아마테라스 계통의 가미 속에 위계를 통일시켜 종교와 정치의 일원화를 꾀한 제정일치론과 국체론이 바로 그것이다.

국학과 미토학은 그동안 자기 번 경계 내에서의 사고와 생활에만 익숙했던 일본인들에게 일본인과 일본이라는 전체를 일깨우는 계기가 되었다. 그리고 이는 후일 메이지 정부가 어떤 저항도 없이 반근대적 천황신격화 정책과 침략적 군국주의에 올인하는 데 사상적 토양이 된다.

1854년 1월 16일 페리 제독은 전년도보다 큰 규모인 7척의 군함을 끌고 와 한적한 가나가와 해변가(현 요코하마)에서 협상을 시작했다. 협상을 유리하게 이끌기 위해 막부는 스모를 보여주며 미국을 겁주려 했지만 효과가 없었다.[19] 스모 관람 후 미국이 막부 관리들에게 보여준 것은 실물 1/4 크기의 증기기관차와 110m 길이의 원형 선로였다. 미국 수행원의 이어지는 기록이다.

> 증기가 뿜어져 나오며 기적이 울렸다. 기관사가 탄수차에 탔다. 막부의 응접관이 객차에 올라가 앉았다. 기차가 움직이기 시작해 시속 30km의 속도로 선로를 빙빙 돌았다. 하오리[20]를 펄럭이며 시승한 관리는 대단히 즐거워했다.

---

19) 미국의 한 수행원은 "목적도 없이 밀어붙이고 고함치고 끌어당기고 밀고 돌아다니는 시합은 힘 겨루기로는 매우 불충분한 경기다. 덩치가 그들의 반밖에 안 되는 미국 레슬러들도 그들을 웃음거리로만 생각할 게 뻔하다"고 일기에 기록했다. 앤드루 고든, 『현대일본의 역사1』, 이산, 117쪽
20) 상의 위에 입는 일본인의 짧은 겉옷

| 1854년 페리가 가져온 미니어처 기차(출처: 중앙일보)

　2개월이 넘는 협상 끝에 1854년 3월 31일 역사적인 미일화친조약을 맺었다.[21] 막부는 일단 개항해 전쟁을 피하되, 시간을 벌어 서양을 이길 국방력을 키우자는 심산이었다.

　역사적인 조약의 체결로 일본은 개국으로 나아가는 첫발을 내디뎠다. 통상조약은 아니지만 일본이 서양과 맺은 최초의 근대적 조약이다. 이 조약을 모델로 거의 동일한 내용으로 영국, 러시아, 네덜란드와도 조약을 체결했는데, 최혜국조항 등 일본에 불리한 조항을 뒤늦게 깨닫고 나서 후일 메이지 신정부가 오랫동안 불평등조약 개정이라는 숙제를 떠안게 된다.

　자신의 주장과 달리 막부가 개항을 하자 강경파 나리아키는 막부의

---

21)　가나가와 조약이라고도 하는 미일화친조약은 6월 17일 시모다에서 세칙(시모다 조약)을 정하며 완성된다. 내용은 시모다와 하코다테를 미국 선박의 기항지로 개방하고 영사 주재와 최혜국 대우를 약속하는 것 등이었다.

조치에 반발해 국방고문역을 벗어 던지고 막부에서 물러 나왔다. 강경파라고 해도 나리아키는 개항을 무조건 반대하는 우물 안 개구리는 아니었다. 대표적 난벽 번주로 알려진 나리아키는 서구의 정세와 문물에 익숙했다. 그는 개항 자체를 반대한 것이 아니라 미국의 요구에 굴복해 개항 당하는 것을 반대했다.

여론에 영향력이 큰 거물 나리아키를 막부 정치에 활용하려던 아베는 그가 콘트롤되지 않던 차에 정무에서 제외되자, 개항 이후의 국정 관리에 서양 물정과 막부 정치를 잘 아는 로주가 필요했다. 아베가 찾아낸 인물은 과거 로주를 이미 역임했던 시모사사쿠라번(현 지바현 일부)의 난벽 번주 홋타 마사요시였다.

1855년 홋타 마사요시에게 외교통상 부문을 전담케 하고 자신의 수석로주 자리까지 넘겨주었으니 이때가 아베가 13년간의 로주를 마치고 38세의 나이로 죽기 2년 전이었다. 참으로 선견지명이 있는 지도자다.

개항 이후 막부는 국방력 강화를 비롯한 개혁정책을 시행하는데 당시 수석로주 아베 마사히로와 홋타 마사요시가 주요 다이묘들의 의견을 수렴해 추진한 개혁 조치들을 당시의 연호를 따서 안세이 개혁이라 한다.[22]

---

22) 이즈의 나라야마에 반사로를 설치해 대포를 제작하고, 에도만 수비를 위해 시나가와 포대를 설치하고, 해군 양성을 위해 나가사키에 해군전습소를 열어 네덜란드 교관이 조선술, 항해술을 가르쳤다. 무예 훈련기관을 설치해 서양식 포술과 전술학을 막부 가신 자제들에게 가르치고, 서양 서적 번역기관을 개설하고, 신분에 관계없이 새로운 인재들을 등용했다. 가쓰 가이슈 등이 이때 발탁되었다.

도쿠가와 나리아키나 홋타 마사요시 모두 '난벽' 번주라 불렸다. '난벽(蘭癖)'이란 무엇일까? 이 대목에서 '난학'을 설명하지 않을 수 없다. 국학과 함께 18세기 후반부터 대세가 된 난학은 학자뿐 아니라 막부와 번의 지배층에도 상당한 영향을 미쳤다. 'Holland'(네덜란드, 和蘭)를 일본인이 '오란다'로 발음했기에 오란다에서 들어온 서양의 문물과 학문을 '난학'(난가쿠 蘭學)이라고 불렀다.

난학은 일찍이 데지마의 네덜란드 상관에 드나들던 일본인들이 업무를 위한 어학 등이 필요해 시작되고, 서양 문물에 적극적인 제8대 쇼군 요시무네가 일부 가신에게 화란어를 직접 배우게 하면서 의학, 천문학, 지리학 등으로 확산되기 시작했다.[23]

난학이 발전하면서 서양의 물품들을 귀하게 여기며 수집하는 사람이 늘어났다. 온도계, 색안경, 시계, 망원경, 지구의 등 처음 보는 신문물의 과학성과 정교함에 일본인들은 감탄했으며, 이런 서양의 진귀한 물품을 수집하는 데에 광적인 사람을 '난벽이 있다'고 했다.[24] 따라서 난벽 번주를 모신 재정담당 가신들은 골치가 아팠다. 고가의 서양 물품을 사는데 번 재정이 많이 동원되었기 때문이다. 이즈음 난학의 발

---

23) 1774년 스기타 겐파쿠가 유럽의 해부서를 번역한 『해체신서』를 출판하면서 난학은 일본에 엄청난 충격을 주며 급속도로 발전했다. 그의 제자 오쓰키 겐타쿠가 에도의 지란당이라는 주쿠(塾, 사설학원)에서 제자들을 키우며 많은 난학자들이 출현해 본격적으로 전국에 전파된다. 의학의 발달로 해부학, 생리학, 병리학, 내과 전문서적도 번역 출판되었다. 18세기 말 코페르니쿠스의 지동설, 뉴턴의 만유인력설과 태양의 운동법칙을 소개한 천문학 서적이 발간되고, 외국 지리서와 경도와 위도가 표시된 정밀지도가 제작되었다.

24) 어떤 한 가지에 빠져있는 사람을 'ㅇ벽이 있다'고 했는데 요즘의 'ㅇ매니아' 또는 'ㅇ덕후'에 해당하는 말이다.

달로 네덜란드어를 잘하는 일본인이 제법 있었다. 페리 내항 시 영어-네덜란드어-일본어의 2단계 통역이 행해진 이유다.

에도막부에는 막부의 통치체제를 확고히 하기 위해 아래로는 다이묘들을 통제하기 위한 '무가제법도', 위로는 천황과 조정을 통제하기 위해 '공가제법도'가 있었다. 공가제법도에 의하면 교토에 있는 천황과 공경(귀족)은 연호 제정과 관작 수여 등 의례적인 정무만 관여할 수 있었다. 그러나 개항이라는 외부 충격에 막부가 동요하자 유력한 다이묘들이 막부 정치에 발언하기 시작하고, 자신을 정당화하기 위해 교토의 천황과 조정을 이용하려는 움직임이 활발해졌다.

개항 직후의 천황은 30대 중반의 고메이(孝明) 천황이었다. 그는 군주 의식이 깨어있어서 유학 경서와 역사서를 읽고 조정의 신하들과 토론하며 수백 년간 잃어버린 천황의 정치권력 회복의 기회를 노리고 있었다.

이미 유학, 국학, 미토학 및 신도 등 학계와 사상계에서도 '천황과 쇼군과의 관계는 무엇인가?'에 관한 논의가 있었고, 천황 우위의 존왕론이 조금씩 뿌리를 내려가는 중이라 250년간 철옹성 같던 막부의 정치독점 체제가 흔들리고 있었다. 막부는 아래로는 일부 행동파 다이묘로부터 위로는 교토의 천황 및 공경으로부터 위협받기 시작했고, 사회저변에서는 존왕론을 신봉하는 하급 무사들에 의한 불온한 분위기가 확산되고 있었다.

1855년 8월 미일화친조약에 의거 미국 영사 타운센드 해리스가 시모다에 부임했다. 해리스는 "외교관인 자신은 당연히 수도에 상주하며 쇼군을 알현해야 한다"고 주장하면서 통상조약을 강하게 요구했다. 그러자 저변에서는 미국의 압력에 어쩔 줄 모르는 막부의 모습을 비판하며 양이론[25]이 거세졌다.

마침 발생한 애로우호 사건(1856년)으로 제2차 아편전쟁을 치르는 청을 들먹이며 해리스는 곧 영국 함대가 다음 차례로 일본에 오면 매우 나쁜 조건으로 통상조약을 맺게 될 것이라고 겁을 줬다. 미국과 먼저 통상조약을 맺으면 자신이 나서서 영국과도 좋게 알선하겠노라며 밀당이 계속되던 중 아베가 사망하고 홋타 마사요시가 막부를 이끄는 위치에 올랐다(1857년).

| 홋타 마사요시(출처: 위키피디아)

홋타는 이제 일본 홀로 쇄국하며 사는 것은 불가능한 시대라고 판단했다. 해리스의 요구를 받아들이되 궁리 끝에 신의 한 수를 생각해 냈다. '천황의 칙서가 있으면 존왕양이론자들도 반대할 수 없을 것'이라는 계산으로 1858년 초 250년 만에 처음으로 교토로 향했다. '당연히 막부의 요구를 천황이 거부하지 못할 것'이라는 확신이 있었기에 나들이하듯이 교

---

25) 개념상 '존왕론'과 '양이론'은 별개다. 그러나 당시 막부의 개국정책을 비판하는 즉, 양이를 주장하는 세력이 존왕론을 주장하는 지식인, 하급무사, 개혁적 다이묘 및 개혁적 공경귀족들로서 동일한 주체이기에 이들의 주장을 통합해 존왕양이론이라 했다. 후일 조슈번에서 양이 실행의 결과가 참담한 실패로 드러나자 양이가 불가능함을 깨닫고 즉시 양이론은 사라지고 존왕론만 남게 된다.

토에서 칙허를 얻어 돌아오겠다는 생각이었다. 홋타의 엄청난 착각이었다.

천황은 교토에서 공경들과 단단히 각오를 다지고 있었다. '홋타의 선물 공세에 한눈팔지 않고 이번에는 당당하게 천황의 위신을 보여주겠다'고. 에도막부 시대 천황과 공경들의 경제적 지원은 전적으로 막부에 의존하고 있었다. 막부는 이들의 영지를 극소화하여 막부의 정기적 또는 간헐적 지원이 이들에게 큰 경제적 혜택으로 느끼도록 교토를 관리해 왔다. 수백 년 만의 막부 고위층의 교토 방문에는 당연히 상당한 수준의 선물과 경제적 지원이 예상되고 있었다. 천황은 자신도 안 받을 테니 신하들에게도 거부하도록 다짐을 받았다.

예상과 달리 천황의 칙허는 내려지지 않고 몇 달 동안 대소란이 벌어졌다.[26] 수백 년간의 정치적 동면에서 깨어난 교토에는 전국의 야심가와 행동파들이 모여들기 시작했다. 교토는 더 이상 천황과 공경들이 시를 읊고 고전이나 논하는 한가한 곳이 아니라 정치적 음모술수와 테러로 가득한 정치도시로 변했다.

결국, 홋타는 칙허를 얻지 못한 채 빈손으로 에도에 돌아올 수밖에 없었다. 신의 한 수라고 생각했던 천황의 칙허는 긁어 부스럼을 만든 결과가 되었다. 에도에 돌아오자 홋타는 로주에서 파면되었다. 반대파가 이이 나오스케를 다이로로 영입했기 때문이다.

다음 해 홋타는 번주의 자리를 4남에게 물려주고 은거했다. 1862년 막부로부터 근신 처분이 내려져 사쿠라성에 칩거한 후 1864년 사망했다.

---

26)　상급 공경들은 관례대로 막부 안을 승인해주자는 파와 존왕양이파로 나뉘어 대립하고, 하급 공경들은 무리 지어 데모를 했다.

도쿠가와 나리아키(1800~1860)

미토번은 오와리번(현 아이치현 서부), 기슈번(또는 기이번, 현 와카야마현과 미에현 남부)과 함께 언제든지 쇼군의 후계자를 낼 수 있는 3대 종실 가문이다.[27]

나리아키는 7대 미토번주의 3남으로 태어났다. 그는 미토학을 완성했다고 평가받는 아이자와 야스시로부터 학문을 배워 존왕사상과 외세의 침략에 대한 방비 의식에 일찍 눈을 떴다.

맏형이 아버지 뒤를 이어 8대 미토번주가 되었다(1804년). 동생과 둘째 형이 시시토번과 다카마쓰번에 양자로 가서 나중에 번주가 되었다. 4형제 중 재능과 인물이 출중했던 나리아키만 오갈 데 없는 신세였다.

맏형이 후계자 없이 사망하자 당연히 나리아키가 뒤를 이어야 했으나, 상급 무사들이 막부에 잘 보이려고 쇼군의 아들 중 한 명을 양자로 들이는 정략을 추진했다. 이에 중·하급 무사들이 집단 반발해 에도까지 올라가 항의하는 등 시끄러워지자 결국 나리아키가 미토번의 9대 번주로 취임했다(1829년).

나리아키는 번주에 오르자마자 대대적인 개혁정책을 펼쳤다. 재능있는 중·하급 무사들을 적극 등용하고, 이들로부터 번정에 도움이 될 다양한 개혁안을 제안받았다. 나리아키는 중·하급 무사들과 직접 소통했다. 당연히 상급 무사들의 반발이 뒤따랐지만 나리아키는 이들을 설득

---

27) 3대 종실 가문은 도쿠가와 성씨를 쓰는 등 막부로부터 특별 대우를 받고 있었고, 이에야스로부터 인정된 직계 혈통이라는 자부심이 대단했다.

또는 주도하며 본격적인 개혁정책을 추진했다.

먼저 번교 홍도관을 설립했다. 당시 각 번에서는 번 실정에 맞게 무사 자제들을 교육시키는 번교 설립이 활발했는데 아직 미토번은 번교가 없었다. 그러나 개혁정책을 못마땅하게 생각한 상급 무사들의 반발로 인해 번교 설립은 지지부진해 1841년에야 임시 개관한다. 홍도관은 약 5만 평의 넓이를 자랑하는 당시 일본 최대의 번교로서 존왕양이 교육의 산실이 되었다.

나리아키는 불교를 억압하고 신도를 장려하였다.[28] 당시 불교는 막부 지배층과 밀접한 관계를 맺고 있었기에 그의 불교 적대 정책은 대단한 모험이었다. 그는 번에 내려가면 역사 편찬소와 번교에 들러 학문과 무예 연마를 게을리하지 말 것, 검약과 상무적 기풍을 잃지 말 것을 역설했다. 또 번의 들판에서 사냥을 빙자한

| 도쿠가와 나리아키(출처: 위키피디아)

사실상의 대규모 군사훈련을 하기도 했다. 이런 군사훈련과 억불정책은 나중에 막부가 나리아키를 실각시키는 명분이 된다.

다이묘는 로주가 아니면 막부의 정치에 관여할 수 없는 것이 에도막부의 법도다. 그러나 나리아키는 1839년 쇼군에게 장문의 상서를 올

---

28) 그는 사원들을 축소하고 범종이나 불상을 몰수해 대포 주조에 사용했다. 영민의 장례식을 불교식 대신 신도식으로 했으며, 촌마다 신사를 설치하고 신관의 권한을 대폭 강화했다.

려 일본의 내우외환을 경고하고 정치개혁을 촉구했다. 또 해양 방위를 위해 큰 배의 제조금지를 풀어 줄 것을 주장하고, 에조치(현 홋카이도) 개척을 미토번에 맡겨 달라고 요청했다.

1844년 막부는 그에게 갑자기 은거 및 근신 처분을 내렸다. 군사훈련을 한 것, 낭인[29]을 모집한 것, 에조치 개척을 요청한 것, 사원을 파괴한 것 등이 이유였다. 뜬금없는 조치였다. 덴포 개혁[30]으로 불과 1년 전에 막부가 나리아키를 포상까지 하지 않았던가? 갑작스러운 번주의 실각에 가신들과 백성들이 막부에 항의하는 소동을 벌였다. 그들은 번 곳곳에서 데모하고 에도로 집단 상경해 막부의 조치를 시정할 것을 요구했다. 결국, 1849년 나리아키는 5년 만에 번정에 복귀했고, 복귀 후 막부 정치에도 관여해 미국과의 수교 과정에서 보인 그의 행적은 기술했다.

홋타가 천황의 칙허를 얻지 못하고 빈손으로 돌아올 즈음 에도에는 큰 현안이 있었다. 쇼군 이에사다는 34세로 젊었지만 병약해 자식을 볼 가능성이 없다고 판단되어 후계자 문제로 정계가 둘로 갈라져 있었다.

권력 핵심은 쇼군과 가까운 기슈번의 12살 이에모치를 밀었고, 권력에서 소외된 다이묘들과 막부 개혁파는 21세의 요시노부를 지지했다. 요시노부는 나리아키의 7번째 아들인데 히토쓰바시 가문의 양자로 가 있는 건장하고 총명한 청년이었다.

---

29) 소속이 없거나 소속이 불분명한 무사
30) 1840년대 초반 막부와 일부 개혁적인 번에서 이루어진 개혁 조치를 덴포 개혁이라 한다.

나리아키는 친아들 요시노부를 쇼군
에 등극시키기 위해 개혁파 다이묘들과
무진 애를 썼다. 인물만 보면 요시노부
가 훨씬 경쟁력이 있었지만 막부가 버거
워하는 나리아키의 아들이라는 점이 결
국 쇼군 탈락의 원인이 되었다. 쇼군 후
계자 문제에서 허를 찔린 나리아키를
비롯한 개혁파 다이묘들은 에도성에 몰
려들어 항의했으나 막부는 허가 없이
에도성에 들어왔다며 오히려 이들을 처
벌했다. 이로써 나리아키는 두 번이나

| 마지막 쇼군 도쿠가와 요시노부
(출처: 위키피디아)

막부로부터 근신 처분을 받았으며 다음 해 미토번 칩거 처분을 받고
에도를 떠나야 했다. 후술하는 막부의 다이로 이이 나오스케와의 대결
에서 완패한 것이다.

나리아키는 '사쿠라다문 밖의 변(1860년)'으로 이이 나오스케가 암살
된 몇 달 후 칩거하던 미토번에서 사망했다. 시호가 열공(熱公)인 데서
알 수 있듯이 강력한 리더십과 통찰력으로 막부 말기를 열정적이고 거
침없이 살다 간 리더였다.

여자 문제와 자녀 생산에도 정열적이었다. 형수의 시녀까지 측실로
삼았고 자녀를 37명을 두었다. 자식들이 많다 보니 다른 집안의 양자
로 많이 보내 번주가 되거나 가문의 당주가 되도록 했다. 그 전략이 통
해 그의 사후 히토쓰바시 가문의 당주 요시노부가 결국 마지막 쇼군이

되었으니 지하에서라도 흐뭇해하지 않았을까?

。 요시다 쇼인(1830~1859)

막부 말기의 대표적 존왕양이론자로 꼽히
는 요시다 쇼인은 조슈번(현 야마구치현) 하
기 출신의 병학자, 사상가, 교육자다. 안세이
대옥으로 사망한 이후 막부 말기와 메이지
유신까지 큰 영향을 끼친 인물이다.

쇼인은 1834년 요시다 가문으로 입양된
숙부의 양자로 들어가 1835년 양부가 죽자
6세에 병학사범 가직을 승계했다. 신분사회

| 요시다 쇼인(출처: 위키피디아)

인 에도막부의 지배계급인 무사들은 후계자가 가직을 승계했다.

9세 때부터 병학사범 견습생으로 번교인 명륜관에 출사한 쇼인은 스
승으로부터 야마가류 병학의 종가로서 1847년 목록과 극비를 전수받
았다.[31] 쇼인은 번주의 총애로 다양한 병학과 서양 포술 등을 익히고
외국이 공격할 경우에 대한 전략과 훈련도 병행했다.

번의 한계를 탈피하고자 나선 큐슈 여행에서 많은 학자를 만나며 쇼

---

31) 스승으로부터 '목록을 전수받는다'거나 '극비를 인가받는다'는 표현은 해당 무술의 '정통 후계자'
로 인정받는다'는 의미다.

인은 큰 자극을 받았다. 특히 양명학자들의 주장과 미토학의 대가 아이자와 야스시의 『신론』에 신선한 충격을 받았다. 나가사키에서는 서양 문물을 직접 접했다.[32]

귀번 후 쇼인은 곧 에도로 가서 수석로주 아베의 참모로부터 주자학과 서양 학문을 배우고, 대포 주조와 서양 포술의 대가로부터 병학과 서양 문물을 배웠다. 1851년 12월 에도를 출발해 동북지역을 순회하는 장기여행을 하며 미토번교 홍도관, 센다이번교 양현당 등 유명 번교에 들러 석학들과 학문을 토론하고 동북지방의 해안 방비 현황도 직접 확인했다.

이듬해 4월 여행에서 돌아온 쇼인을 기다린 것은 가문 폐절, 무사 신분 박탈, 57석인 가록 몰수라는 탈번죄의 처벌이었다. 소속 번을 허가 없이 벗어난 탈번죄는 군인의 탈영죄에 해당하는 중죄였다. 여행허가는 먼저 받았지만 번 내부의 권력 다툼으로 여행 출발 직전까지 통행증을 받지 못해 벌어진 혹독한 결과였다.

시일이 지나 번주의 사면으로 자유의 몸이 된 쇼인은 에도의 한 주쿠에서 서양 학문에 전념하던 중 페리 함대가 미일화친조약의 세칙 협상을 위해 시모다해안에 정박하고 있는 것을 직접 눈으로 확인하고 그 거대한 규모와 위용에 놀랐다. 선진 문물을 견학할 좋은 기회로 여겨 제자와 작은 배를 준비해 며칠 후 페리 함대에 접근했다. 겨우 페리 함

---

32) 포술 선구자의 주쿠(塾, 사설학원)에 입문해 포술을 배우고, 정박 중인 네덜란드 상선에 승선하여 네덜란드인으로부터 포도주와 서양과자를 접대받았다.

대에 승선하여 미리 준비해 간 편지로 미국 유학의 취지를 설명했지만 정중하게 거절당했다.

당시 일본은 해금정책(쇄국정책)이 엄격해 외국인이 국내로 들어오는 것과 일본인이 외국에 나가는 것을 모두 금지하고 있었다. 자수한 쇼인에게 막부는 조슈번 유폐처분을 내렸다. 조슈번은 그를 번 감옥에 수감했다가 몸 상태가 나빠지자 병가 보양의 명목으로 생가로 거처를 옮기도록 했다.

번에서 가택연금은 했지만, 학생을 가르치는 것까지 막지는 않았다. 이렇게 탄생한 것이 그 유명한 쇼카손주쿠(松下村塾)다. 이 조그만 주쿠에서 쇼인은 2년여 동안 혼신의 힘을 다해 제자를 가르쳤다. 다카스기 신사쿠, 기도 다카요시 등 막부 타도 운동의 리더들, 그리고 이토 히로부미, 야마가타 아리토모, 이노우에 가오루 등 후일의 메이지 정부의 수상과 대신들이 여기서 배출되었다.

대표적 존왕양이론자로 알려진 쇼인은 왜 서양 유학을 시도했을까?

> 막부가 통상조약을 체결하기 직전 쇼인은 "쇄국은 일시적 무사함을 주지만 원대한 계책이 아니다. 일본 내에서도 한 지방에만 있는 사람과 전국을 돌아다니는 사람은 지식이나 경험에서 큰 차이가 나는데 하물며 세계는 어떻겠는가? 영국과 프랑스는 소국이라도 만 리 먼바다의 타국을 제압하는 것은 항해의 이점을 잘 활용했기 때문이다"라고 말했다.

그러면 미국과의 통상조약 체결은 왜 반대했을까?

> "쇄국해 앉아서 적을 기다린다면 기세가 꺾이고 힘이 위축되어 망하지 않을 수 없다. 미국은 이번에는 물러가서 우리가 찾아가 답해줄 것을 기다려라… 나중에 우리가 직접 캘리포니아를 방문해 이번에 온 사절단에 보급하고 조약을 체결하겠다."
> 그는 미국의 압력에 굴복해 불평등조약을 맺는 것에 반대한 점에서 나리아키와 비슷하다.

1858년 12월 감옥에 재차 수감되기 직전 제자들을 불러 모은 쇼인은 다음과 같은 말을 남겼다.

> "지금의 막부는 쓰러져가는 거대 건축물이다. 일단 큰 바람을 일으켜 전복시킨 다음 새로운 건물을 건설하면 일본은 평안하고 태평할 것이다. 막부가 맺은 통상조약은 모두 파기하고 새롭게 평등한 조약을 맺어야 한다. 만일 그것이 받아들여지지 않으면 참패를 당하더라도 일전을 치러야 한다. 죽을 각오로 싸우면 살아남는 것이 가능할지도 모른다."

일본이 처한 위기를 벗어나기 위해 국학과 미토학에서부터 병학, 최신 산업과 세계정세 등 다양한 분야를 교육한 그의 사상을 한마디로 압축하면 부국강병을 위한 화혼양재[33]라 할 수 있다.

쇼인은 미일통상조약을 체결하고 안세이 대옥을 일으킨 다이로 이

---

33) '화혼양재(和魂洋才)'는 '일본정신(화혼)을 중심으로 서양의 기술(양재)을 입힌다'는 뜻이다. 후일 청나라 양무운동의 모토인 '동도서기(東道西器)', '중체서용(中體西用)'과 같은 맥락이다.

이 나오스케의 오른팔인 로주의 암살 계획을 추진하던 중 재수감되었다. 안세이 대옥으로 옥사한 존왕양이론자와의 관련설을 조사하는 심문관에게 요시다 쇼인은 막부를 비판하고 로주의 암살을 추진했다고 스스로 자백하는 바람에 막부는 그에게 사형 명령을 내려 참수되었다. 불꽃 같은 생을 마감한 그의 나이 당시 29세였다.

| 쇼카손주쿠 입구의 메이지유신 100주년 기념비. '明治維新 胎動之地(메이지유신이 태동한 곳)'라는 글씨는 이곳 출신 사토 에이사쿠 전 총리가 썼다. 일본의 우익인사들이 종종 참배하는 곳이다.(출처: 오마이뉴스)

쇼인은 우리나라에서 흔히 정한론자로 알려져 있다. 물론 그는 정한론을 주장한 적이 있고 항해술을 빨리 익혀 해외 진출도 주문했다. 당시 일본은 한국을 침략할 역량은 없었지만, 국학과 미토학의 영향을 받은 신지식인, 번의 한계를 넘어 일본 전체를 자각하며 깨어있다고 스

스로 자부하는 사람, 사무라이 속성상 현실성 없이 목소리만 큰 사람 중 정한을 주장하는 인물을 만나는 게 흔한 시대였다. 시대적 조류였던 국학에서 보았듯이 지금 보면 황당한 주장들이 대단한 신지식인 양 설파되는 시대였기에 쇼인의 정한론은 그런 시대적 풍토의 소산으로 보아야 할 것이다.

° 이이 나오스케(1815~1860)

1858년 초 막부는 미일수호통상조약 체결 문제와 쇼군 후계자 결정 문제 둘 다 해결하기 곤란한 처지였다. 이 중대 국면을 타개하기 위해 막부는 돌연 이이 나오스케를 다이로로 영입했다. 통상 로주들이 석고 5만 석 내외의 소규모 번의 다이묘인 데 비해 나오스케는 석고 30만

| 이이 나오스케(출처: 위키피디아)

석의 오미히코네번(현 시가현)의 번주로서 다른 로주들과는 체급이 달랐다. 게다가 비상상황을 타개하기 위한 막부의 최고직 다이로에 임명되지 않았는가? 다이로는 비상시국에 임명되는 특별직으로 로주보다는 상위였다.

1858년 4월 다이로에 취임한 나오스케는 두 달 만에 조약 체결과 후

계 문제를 시원하게 해결해 버렸다. 6월 말 미일통상조약은 천황의 칙허 없이 체결했고 동시에 쇼군의 후계자도 결정하여 이에모치가 제14대 쇼군에 올랐다.

후계자 문제에서 허를 찔린 나리아키 등 개혁파 다이묘들은 요시노부가 탈락한 것이 큰 불만이지만 이미 쇼군이 결정된 후계자 문제는 막상 거론하기 곤란했다. 따지기에 만만하고 명분도 있는 것이 천황의 칙허 없는 조약 체결 문제였다. 이들은 이를 집요하게 물고 늘어졌고 연일 에도성에 몰려들어 항의했다.

나오스케는 정면 대응했다. 허가 없이 에도성에 들어왔다며 '무단등성의 죄'로 이들을 처벌했다. 처벌 대상은 오와리번, 에치젠번, 미토번, 히토쓰바시 가문 등이었다. 특히 히토쓰바시 가문의 요시노부는 쇼군 경쟁자로 미운털이 박혀 자신은 물론 생부 나리아키와 동생 미토번주까지 은거 근신 처분을 받았다. 나오스케는 한발 더 나아가 미일통상조약을 모델로 두 달 만에 네덜란드, 러시아, 영국, 프랑스와 수호통상조약을 잇달아 체결했다(안세이 5개국 조약).

본인의 허락 없이 막부가 통상조약을 체결한 것에 불만을 가진 고메이 천황은 그해 8월 쇼군 이에사다의 사망 즈음에 막부의 정치개혁을 희망하는 조칙을 막부 몰래 미토번에 내렸다. 무오년(1858년)에 내려진 이 '무오밀칙'을 알게 된 막부의 조치로 100명 이상이 숙청되는 에도 시대 최대의 정변 '안세이 대옥'이 일어났다.

에도막부 체제의 근간은 1) 정치에 관여하지 못하는 형식적 권위의 천황, 2) 번 내정에 상당한 자치권을 가지되 막부의 정치에는 관여하지 못하는 다이묘, 3) 이 둘을 전제로 정치는 쇼군과 막부의 가신들이 전권을 행사하는 통치체제다. 따라서 막부 몰래 천황과 다이묘가 접촉하고, 그 내용도 막부의 정치개혁 운운하는 것은 막부 입장에서 볼 때 수백 년간의 통치체제를 무너뜨리는 국사범죄였다.

나오스케는 철저히 조사해 관련자들을 엄중하게 처벌했다. 안세이 대옥으로 처벌받는 무사들에게는 명예형인 할복조차도 허용하지 않을 정도로 막부와 나오스케의 분노는 극에 달했다. 조사 결과 나리아키의 미토번과 쇼군 후계자 경쟁을 벌였던 히토쓰바시 가문이 배후로 확인되어 처벌받았고, 요시다 쇼인 등 극렬한 존왕양이론자들이 대거 숙청되었다. 막부 말기의 4현후[34]도 근신 처분을 받았다. 쾌도난마와 같은 솜씨로 두 난제를 해결하고 무오밀칙을 빌미로 대대적인 반대파 숙청에 성공한 다이로 나오스케의 권력은 하늘 높은 줄 몰랐고 막부의 권위는 되살아나는 듯했다.

그러나 누르면 누를수록 반발도 커지는 법, 천황을 무시했다는 약점과 많은 존왕양이지사들을 처절하게 숙청한 점은 반발을 불러왔다. 전·현 번주의 처벌과 많은 가신의 극형으로 미토번이 크게 반발했다.

1860년 3월 24일 막부에서 정례적인 로주 회의가 있는 날, 새벽부터

---

34) 막부 말기 현명한 4번주로서 도사번의 야마우치 도요시게(흔히 '요도공'으로 불렸다), 후쿠이번의 마쓰다이라 슌가쿠, 우와지마번의 다테 무네나리, 사쓰마번의 시마즈 나리아키라를 꼽는다.

때아닌 폭설이 내렸다. 18인의 낭인이[35] 에도성 남쪽 사쿠라다문 밖에 도착해 매복했다. 나오스케의 가신들은 처벌받은 번들이 다이로 암살을 계획한다는 소문이 있는 데다가 폭설로 경호의 어려움이 예상되자 주군의 에도성 출근을 만류했다. 그러나 나오스케는 '그깟 소문 따위에 등성을 못 할 정도면 어찌 막부를 이끌고 나갈 수 있겠는가? 그리고 제깟 것들이 어딜 감히…'라고 가볍게 생각해 만류를 뿌리치고 출근길에 올랐다.

오전 9시경 다이로 행렬이 서서히 모습을 드러냈다. 잠시 후 눈 속에서 튀어나온 자객들이 다이로 행렬을 덮쳤다. 긴급 상황에 호위무사들은 제대로 힘을 쓰지 못했다. 폭설에 시계 확보가 불량한 데다 눈에 젖지 않게 칼집과 손잡이를 덮어서 칼을 빼는데 시간이 걸린 탓에 대부분 선공을 맞았다. 30분간의 혈투 끝에 호위무사들이 쓰러진 후 다이로의 가마에 수십 개의 칼이 꽂혔다. 이어 숨이 겨우 붙어있는 다이로를 끌어내 목을 베었다.

백주대낮에 다이로가 살해되었다는 소식에 온 세상이 놀랐다. 그야말로 경천동지할 일이었다. 천황마저 제치고 무력의 위세로 만들어진 정권이 바로 막부 아닌가? 무위의 천하대장군 쇼군을 대신하는 막부 2인자의 목이 불과 십여 명 낭인의 칼날에 날아가 버렸다. 도쿠가와 정권 에도막부의 신화와 권위가 무너지는 순간이었다(사쿠라다문 밖의 변).

---

35) 17인이 미토번 출신이었다.

∘ 시마즈 형제 - 나리아키라(1809~1858)와 히사미쓰(1817~1887)

우선 나리아키라는 막부의 개항 결정에
반대한 강경파 나리아키(미토번)와는 다른
인물이니 헷갈리지 말자.

42세가 되어서야 사쓰마번(현 가고시마
현)의 제11대 번주로 취임한 시마즈 나리
아키라는 늦도록 후계자 지정을 받지 못했
는데, 일찍부터 난학에 흥미를 가졌던 게
결정적이었다. 난벽이 있던 증조부를 닮은

| 시마즈 나리아키라(출처: 나무위키)

나리아키라가 번 재정을 탕진할까 봐 부친은 일부 가신들과 함께 염려
했다. 부친이 이복동생 히사미쓰를 후계자로 점찍는 눈치였기에 가신
들도 나리아키라파와 히사미쓰파로 나뉘어 있었다.

히사미쓰를 옹립하려는 가신들의 움직임이 있자 나리아키라의 측
근들이 히사미쓰의 암살을 추진하다가 정보가 누설되어 주모자 13명
이 할복자살하고 약 50명이 징계받는 사태가 벌어졌다. 이를 알게 된
막부의 로주 아베 마사히로, 우와지마번주 다테 무네나리 등이 사태
수습에 나섰다. 나리아키라와 오랜 친분이 있는 이들의 노력 덕분에
1851년 부친이 물러나고 나리아키라가 번주로 등극했다.

나리아키라는 번주로 취임하자 주변의 우려를 불식하고 번의 부국강
병에 전념했다. 서양식 조선소, 대포를 만들기 위한 반사로 및 용광로
를 건설하고, 유리와 도검, 농기구, 가스 등의 서양식 제조 허브 집성관

을 만들고 방직산업을 일으켰다.

남다른 안목으로 하급 무사 출신의 사이고 다카모리, 오쿠보 도시미치 등 인재를 발굴 등용하고, 미국에서 생활한 존 만지로[36]를 활용해 서양식 군함을 만들어 막부에 헌상하기도 했다. 막부 말기의 4현후는 물론 미토번의 나리아키, 로주 아베 등과의 오랜 교류를 바탕으로 그는 막부의 정치개혁을 호소했다. 그는 막부가 나아가야 할 길로 존왕양이론에 대응하여 공무합체론[37]을 주장했다.

개혁파 다이묘들의 뜻과 다른 쇼군 결정에 항의하기 위해 병사 5천 명과 함께 상경하려고 1858년 7월 출병 준비를 하던 나리아키는 갑자기 사망했다. 에도에서 활동하던 사이고 다카모리는 주군을 잃었다는 소식에 번으로 돌아가는 바닷길에 몸을 던졌다. 같이 투신한 동지는 죽었지만 사이고는 구조되었다.

나리아키라의 후계가 이복동생 히사미쓰의 어린 아들로 정해지자 히사미쓰는 대원군처럼 번의 실권을 쥐었다. 히사미쓰는 1862년 약 1천 명의 병사를 이끌고 교토로 행군했다. 천황과 조정을 자기편으로 삼고 막부에 개혁을 요구하기 위해서였다.

---

36) 도사번 출신의 존 만지로(1827~1898)는 14세에 고기잡이 나갔다가 무인도에 표류하여 미국 포경선에 구출되었다. 미국에서 항해술, 조선술 등 각종 기술을 익힌 후 10년 만에 귀국했다. 막부의 오랜 조사 끝에 자발적인 출국이 아님이 소명되어 귀향했다. 그의 지식과 경험을 활용하려는 나리아키라와 막부의 초빙을 받았다.

37) 공무합체론은 공(公) 천황의 조정과 무(武) 쇼군의 막부)가 합쳐 조화를 이뤄야 한다는 뜻이다. 막부의 개국정책을 인정하되 천황의 권위를 존중하는 현실적 타협노선이었으나 존왕양이파로부터 매도당하고 있었다.

막부 체제에서 다이묘가 막부의 허가 없이 대군을 이끌고 천황에게 간다는 것은 있을 수 없는 일이다. 존왕양이론에 물든 사쓰마의 하급 무사들은 드디어 주군이 천황의 선봉으로 막부를 칠 거라며 광분했다.[38] 사실 히사미쓰의 본심은 천황의 권위를 빌어 막부의 운영에 사쓰마번의 영향력을 키우는 것이었다. 그런 그에게 데라다야의 과격파들은 위험천만한 철부지에 불과했다. 그는 최고 검객들에게 일망타진을 명했다. 동일한 주군을 모신 가신들끼리 처참한 살육전이 벌어졌다(데라다야 사건 1862.4).

| 시마즈 히사미쓰(출처: 위키피디아)

과격파 가신들을 정리한 히사미쓰는 교토에서 천황의 칙사를 대동하고 에도로 갔다. 히사미쓰는 에도의 막부 본진에서 천황의 명령이라는 형식을 빌려 막부의 개혁을 촉구했다.

1. 쇼군이 교토에 가서 천황을 배알할 것.
2. 막부 정치에 유능한 외부 유력자를 포함시킬 것.

---

38) 과격파 수십 명이 교토 인근의 데라다야에 숙박하며 거사를 꾸미는 등 한참 오버하고 있었다.

천황이 보낸 칙사의 힘을 빌리는 형식이었다고는 해도 감히 3등급 다이묘[39]가 막부를 상대로 개혁을 촉구한 건 일대 사건이었다. 히사미쓰의 촉구를 반영한 막부의 조치를 분큐 개혁이라 한다(1862년). 그 주요 내용은 다음과 같다.

1. 다음 해 쇼군이 교토에 가서 천황을 배알한다.
2. 막부 정치를 보좌하는 외부 유력자로 3직을 임명했다. 그중 쇼군 후견직에 요시노부가 임명되었다.
3. 참근교대제가 3년에 1회 100일간 에도 체류로 완화되고, 인질 성격인 다이묘 처자들의 귀국이 허용되었다.

목적을 달성 후 득의양양하게 교토로 돌아오는 여정에 히사미쓰는 역사에 남는 우연한 사건에 연루된다. 가신들과 병사 400명을 대동한 히사미쓰의 행렬이 도카이도를 따라 나마무기[40]에 이르렀을 때 말을 탄 영국인 일행 4명과 조우했다.

신분제가 철저한 에도 시대에 상급자와 하급자가 길에서 마주치면 상급자의 진로가 방해받지 않도록 하급자가 길을 비켜주는 것이 예의

---

39) 에도막부의 다이묘는 등급이 있었다. 1등급(신판다이묘 親藩大名)은 이에야스의 후손 가문(3대 종실은 도쿠가 성을 썼으며 그 외의 가문은 마쓰다이라 성을 썼음), 2등급(후다이다이묘 譜代大名)은 이에야스의 가신들 가문, 3등급(도자마다이묘 外樣大名)은 세키가하라 전투에 져서 이에야스에게 머리를 조아린 가문이다. 3등급 다이묘는 막부의 감시와 통제의 주 대상이었다.

40) 도카이도(東海道)는 에도와 교토, 오사카를 연결하는 일본 제1의 간선도로다. 수도 에도와 지방을 연결하는 도카이도, 나카센도(中山道, 혼슈의 중앙내륙을 통해 교토까지), 고슈가도(甲州街道, 현 나마나시현까지), 오슈가도(奧州街道, 현 후쿠시마현까지), 닛코가도(日光街道, 니코의 동조궁까지) 등 에도 시대의 주요 5개 간선도로를 '5가도(고카이도)'라 한다. 나마무기는 현재의 요코하마시 쓰루미구.

이자 법도다. 이를 어기면 상급자의 칼에 맞아 죽어도 할 말이 없는 시대였다. 참근교대 등 번주의 행렬에 익숙한 일본인들은 이런 경우 당연히 말에서 내려 길옆에 비켰다가 행렬이 지나가면 말을 다시 타면 되는데 외국인들이 이런 법도를 알 리 없었기에 나마무기 사건이 발생한다.[41] 이 나마무기 사건은 졸지에 사쓰마번이 양이를 실행한 소식으로 뒤바뀌어 전국으로 퍼져나갔다. 교토 조정에서는 히사미쓰를 양이의 상징으로 추켜세우며 열광적으로 환영했다. 에도에 갔다 온 사이 교토의 분위기는 돌변해 있었고 히사미쓰는 그 분위기가 불편해 바로 교토를 빠져나왔다.

교토는 과격한 존왕양이파가 완전히 장악하고 있었다. 이들은 천하의 주인은 막부가 아니라 천황이라고 주장하며 교토 조정의 신하들을 자기편으로 끌어들였다. 천황과 조정 신하들은 천황의 칙허 없이 통상조약을 맺은 막부에 불만이 컸었는데, 전국에서 몰려든 존왕양이파 지사들과 연결되자 무시무시한 힘이 생겼다. 문제아 취급을 받던 존왕양이파는 명분을 얻었고, 오랫동안 정치에서 소외되어온 천황은 브레인과 행동대가 동시에 생겼다.

존왕양이파들은 천황과 조정이 자신들을 인정한다고 생각하자 마구 폭주하기 시작했다. 마음에 들지 않는 사람에게는 테러를 일삼았다.

---

41) 도로 폭을 거의 차지한 히사미쓰 행렬과 영국인들이 가까와지자 행렬 선두의 무사가 비키라고 외쳤는데 그 말을 이해못한 영국인들은 말을 탄 채 행렬 안으로 거슬러 들어왔다. 주군과 부딪칠 우려가 커지자 험상궂은 분위기로 돌변한 무사들이 옆으로 빠지라고 고함쳤다. 이들은 돌아가라는 뜻으로 알고 말머리를 돌리려다 오히려 행렬이 엉켜버리자 무사들이 이들에게 칼을 휘둘렀다. 피해자는 여행 중인 여자 1명과 남자 3명이었는데, 1명은 사망하고 2명은 중상을 입고 여자 1명은 모자와 머리카락 일부가 날아간 상태로 도주했다.

1862년 막부 편을 들었던 조정의 참모가 효수되는 등 교토는 열혈 존왕양이파의 무법천지였으며 이들의 배후는 조슈번이었다.

이런 교토에 쇼군이 분큐 개혁에서 약속한 대로 1863년 초 천황 알현을 위해 230년 만에 발을 들여놓았다. 쇼군이 혹시 존왕양이파들의 포로가 되지 않을까 막부 가신들은 걱정했다.

교토의 분위기는 막부에 양이, 즉 조약 파기와 서양인 축출을 요구하고 있었다. 이런 상황을 대비해 쇼군은 참모들이 만들어 준 모범답안대로 천황 앞에서 적당히 양이를 하겠다는 원칙적 답변만 하고 나올 심산이었다. 그러나 천황의 참모들이 쇼군 참모들보다 한 수 위였다. 쇼군의 모범답안을 예상한 천황 참모들은 양이 기일을 못 박으라는 가이드를 이미 천황에게 해둔 터였다.

"양이를 실행하겠다"는 원칙적 답변만 하고 나오려는 쇼군에게 "그러면 언제까지 양이를 하겠느냐?"는 천황의 추궁에 쇼군은 어쩔 줄 몰랐다. 이미 세계 각국과 조약을 맺고 외교관이 상주하는 상황에서 양이를 실행한다는 것은 불가능했다. 쇼군이 쩔쩔매며 답변을 못 하는 사이 존왕양이파들은 더욱 기세등등해졌다. 쇼군은 어떻게 해서든 교토를 빠져나오려 했으나 여의치 않았다. 결국, 그해 5월 10일을 양이 기일이라며 불가능한 약속을 하고서야 3개월 만에 도망치듯이 에도로 돌아왔다.

쇼군은 천황에게 양이를 약속했지만, 애초부터 실행할 의도가 없었다. 양이 실행일(1863.5.10)이 되자 쇼군의 마음을 다 아는 듯이 전국에서는 아무 반응이 없었으나, 예외적으로 조슈번 한 곳만 양이를 실행했다. 이 무렵 조슈번 내정은 다카스기 신사쿠, 기도 다카요시 등 존왕양이파가 번정을 장악해 있었다. 이들은 시모노세키항 앞을 지나던 서양 상선들에 포격을 가하고 칸몬해협을 봉쇄했다. 전국의 존왕양이파들이 조슈번에 열광했다.

반면 서양 각국은 격노했다. 1차 보복에 나선 미국과 프랑스 함대는 6월 조슈번 군함 2척을 침몰시키고 1척을 대파했다. 그러나 이는 예고편에 불과했다. 다음 해 서양연합군의 대대적인 2차 보복이 기다리고 있었다.

한편 영국인 관광객이 살해된 나마무기 사건의 책임자 처벌과 배상을 요구하는 영국과 사쓰마번 간의 최후 협상이 결렬되자, 영국은 군함 8척과 4천 명의 병력으로 가고시마만에 정박 중인 사쓰마번 소속 증기 군함 3척을 빼앗았고 사쓰마번은 포격을 개시했다(사쓰에이 전쟁 1863.7).

영국은 나포한 군함을 불사르고 가고시마시에 대한 대대적인 함포 사격에 나섰다. 3일간의 포격전에서 사쓰마번은 해안포대 파괴는 물론 가고시마시가 대규모로 불타는 물적 피해를 입었다. 사상자 수만 따지면 영국 함대의 피해가 더 컸다.[42] 영국 해군이 나폴레옹 전쟁 이후 포격전에서 이 정도 피해를 입은 것은 처음이다. 영국 함대는 3일 만에 탄약과 석탄이 떨어져 임시 모항인 요코스카로 돌아갔다.

---

42) 사쓰마의 인명 피해는 포대에서 전사자 1명, 부상자 9명, 민간인 사상자 9명이었다. 민간인들을 미리 대피시킨 덕에 인명 피해를 크게 줄일 수 있었다. 영국은 사망 20명에 부상 43명, 특히 2,300톤급 기함이 피폭당해 함장과 부함장이 즉사하고 함대사령관도 부상을 입었다. 중형함 2척도 대파되었다.

| 사쓰에이 전쟁 중 가고시마만 조감도(출처: 위키피디아)

사쓰마와 영국은 서로 승리를 주장하면서도 내심 상대의 실력에 매우 놀랐다. 영국의 위력을 절감한 사쓰마는 이후 적극적으로 서양 문물 배우기에 나섰다. 전쟁 수습과정에서 막부의 눈을 피해 영국과 유학생 파견 교섭을 벌여 1865년 3월 15명의 유학생과 4명의 시찰원을 보내며 영국과 가까워졌다. 사쓰마의 저력을 확인한 영국도 종래의 막부 중심 외교를 웅번[43]으로 분산시키기 시작했다.

명분과 체면을 중시하는 우리 입장에서는 참 이해가 안 되는 대목이다. 싸우다 졌는데 분한 감정을 추스를 시간도 없이 바로 적에게 배우겠다고 굽혀 들어가는 일본의 실용적인 태도가 한일 양국의 자발적 근대화의 성패를 가른 한 요인이 아닐까? 페리 내항 시 기함에 올라 배의 구

---

43) 사쓰마번, 조슈번, 도사번 등 일본의 서남쪽에 위치한 큰 번들을 말하며, 번주들은 3등급 다이묘다. 이들 서남 웅번(雄藩)들이 후일 막부 타도와 메이지유신의 주도세력이 된다.

조와 작동원리 등을 꼬치꼬치 캐묻던 막부의 관리들이 떠오른다.

　한편 교토에서 조슈번 중심의 존왕양이파는 더욱 과격해졌다. 같은
편의 존왕양이파인데도 막부 함선에 승선했다는 이유만으로 대신이
암살되었다. 이들은 한발 더 나아가 천황이 진두지휘하여 군을 이끄는
양이친정을 계획했다.

　이제 천황도 뒷걸음치기 시작했다. 존왕양이파가 자신의 신하까지
멋대로 죽이고, 자신의 구상에도 없는 양이친정군에 자원한다며 전국
의 열혈 존왕양이파들이 속속 교토로 들어오며 통제 불능 상태가 되
었다. 까딱하다간 서구나 막부에 호되게 당할 판이 되자 정무감각이
있는 천황은 돌아섰다.

　사쓰마번도 존왕양이파의 폭주에 질렸고 조슈번이 정국을 일방적으
로 끌고 가는 것에 위기를 느꼈다. 조정의 공경·귀족들도 마찬가지였
다. 서구나 막부와 전쟁을 할 생각은 없는 데다가 시골의 하급 무사들
이 조정을 좌지우지하는 게 영 마음 편치 않았다. 막부에 불만은 있었
지만 막부 타도까지 의도하지는 않았기 때문이다.

　이에 히사미쓰의 지시로 사쓰마번이 움직였다. 1863년 8월 18일 새
벽 사쓰마번과 아이즈번(현 후쿠시마현 서부) 병력이 궁궐문을 봉쇄하
고 조슈번 병력을 쫓아낸 후 산조 사네토미 등 과격한 존왕양이파 공
경들의 입궐을 금지시켰다. 8·18 정변으로 약 2년간 교토에서 활개 치
던 과격 존왕양이파가 일소되었다.

　그러자 천황은 "양이는 전쟁하라는 의미가 아니었다", "지금까지 이

런저런 진위가 불분명한 일이 있었지만 8월 18일 이후 발표되는 것이 진짜 짐의 뜻이다"라는 이상한 성명을 발표했다. 이로써 조슈번과 존왕양이파의 정통성은 무너져 내렸다. 이제 교토의 조정도 강경 존왕양이론자는 실각하고 히사미쓰의 사쓰마번 지원을 바탕으로 막부의 개국정책을 지지하는 공무합체의 노선을 걷게 되었다.

얼핏 막부가 승리한 것처럼 보인다. 그러나 내막을 들여다보면 막부와 웅번들은 이미 경쟁적으로 서구화로 방향을 틀고 도도한 개혁의 흐름을 타고 있었다.

후일의 히사미쓰

히사미쓰는 막부가 망하기 직전 1867년 4월 혼란한 정국을 수습하고 정국의 주도권을 장악하고자 4현후 중 죽은 형 자리에 자신을 집어넣은 4후회의를 개최했다. 그러나 마지막 쇼군 요시노부가 이들의 의견을 수용하지 않아 성과를 얻지 못한 채 귀향한 후 중앙정치에 개입하지 않았다.

메이지유신 이후 히사미쓰는 전반적으로 신정부에 불만이었다. 천황에게 신정부의 개혁을 비판하는 의견서를 내기도 했다. 메이지 신정부에 대한 무사들의 마지막 반란 세이난 전쟁이 가고시마현(종전의 사쓰마번)에서 사이고 다카모리에 의해 발발하자(1877년), 신정부의 요청에도 히사미쓰는 중립을 표명한 채 개입하지 않았다. 메이지 신정부는 히사미쓰에 대한 처우를 놓고 계속 고민했다. 시마즈 히사미쓰는 1887년 70세에 사망했다.

막부 말기 나마무기 사건으로 본인의 뜻과는 전혀 상관없이 양이를 실행한 인물로 전국적으로 추앙받았으며, 막부 본진에 들이닥쳐 쓴소리로 분큐 개혁을 유도하는 등 공무합체론의 실천으로 천황과 조정의 현실적 입지를 마련해준 그였다. 메이지 신정부 출범 후 천황에게도 비판적 의견을 낸 '미스터 쓴소리'이자 메이지 시대의 어른이었다. 그의 장례는 최고의 예우를 갖춘 국장으로 치러졌다.

2. 조선
암흑시대와 민란

순조 즉위(1800년) 이후 조선이 망할 때[1]까지 흥선대원군이 섭정하는 10년간을 제외한 약 100년간 경주 김씨-안동 김씨-풍양 조씨-안동 김씨-여흥 민씨의 순으로(안동 김씨 약 50년, 여흥 민씨 약 40년) 세도정치가 지속되어 조선왕조의 생명력을 급격히 약화시키며 조선을 멸망의 길로 이끈다.

안동 김씨의 세도정치가 오랫동안 확고해지자 벼슬을 얻으려는 무리들이 안동 김씨에 뇌물을 쓰거나 아예 관직을 사서 지방관에 임명되었다. 이들이 지방관으로 임명되면 본전을 뽑거나 더 나은 자리를 구하기 위해 또 사리사욕을 채우기 위해 백성들의 재물을 착취했다. 백성들의 생사여탈권을 쥐고 있던 관리들은 자신의 권력을 최대한 이용해 백성들을 수탈했는데, 개별적인 대상을 정해 토색질[2]을 벌이기

---

1) 대한제국(약칭 '한국')으로 국호가 바뀐 시기를 포함한다. 이 책에서 구한말의 국호는 실질적으로 동일하므로 조선, 대한제국, 한국을 혼용한다.

2) 토색질은 억지로 달라고 해 빼앗는 것을 말한다. 토색질은 물건뿐 아니라 심지어 늑표(억지로 자기 것이라는 내용으로 증서 또는 팻말로 표시하는 것)나 투장(묏자리를 뺏는 행위)으로 임야나 묏자리까지 그 대상으로 삼았다.

일쑤였다.

개별적인 수탈 외에 탐학한 관리들은 교묘한 수법으로 삼정의 제도를 이용한 시스템적인 수탈을 가장 많이 활용했다. 삼정이란 전정, 군정의 세금제도와 환곡(환정)이라는 복지구휼제도를 말한다.

전정은 경작하는 토지에 부과되는 세금이다. 농민들은 원래 수확량의 1/10 정도를 내면 되었으나, 지방 수령들이 여러 가지 명목의 부과금을 붙이며 점점 늘어나기 시작해 심한 경우 수확량의 1/2까지 수탈당했다.[3]

군정은 16~60세의 남자가 군역 대신 군포(명주, 삼베) 또는 쌀로 내는 세금이다. 18세기 중반 균역법의 시행으로 부담이 절반으로 줄었으나 군포를 면제받는 양반 수가 늘어나자 그 부족분이 농민에게 전가되었다. 지방관들은 죽은 사람에게도 부과하거나(백골징포), 어린이에게도 부과하고(황구첨정), 친척들에게까지 세금을 내게 했다(족징).

갈밭마을 젊은 아낙 그칠 줄 모르는 통곡소리(蘆田少婦哭聲長)
관아의 문을 향해 슬피 울며 하늘에 호소하네(哭向懸門呼穹蒼)
싸움터에 나간 남편이 못 돌아오는 수는 있어도(夫征不復尙可有)
남자가 생식기 자른 건 들어본 일이 없다네(自古未聞男絶陽)
시아버지 상복 벗고 아기는 배냇 물도 마르지 않았는데 (舅喪已縞兒未澡)
삼대(시아버지, 남편, 갓난아기)가 다 군적에 실리다니(三代名簽在軍保)

---

3) 전정이 문란해진 것은 오랫동안 양전(농지 조사)이 실시되지 않아 수확량의 판단에 관리의 재량이 작용했고, 면세전이 많아지면서 이를 보충하기 위해 농민들에게 부담을 가중시킨 것이 큰 이유였다.

　백골징포, 황구첨정 등 군정의 문란으로 관리들이 얼마나 백성들을 못살게 구는지 상징적으로 보여주는 시다. 정약용이 목격한 때의 50년 후 철종 시대, 상황은 더욱 암울했다.

　환곡의 당초 취지는 좋았다. 춘궁기 봄에 정부가 양식을 빌려주고 수확기 가을에 회수하는 일종의 복지제도로서 이자는 연 1할이다. 흉년이 들면 나라에서 이자를 탕감해 주기도 했다. 그러나 점차 이 제도가 악용되며 삼정 중 백성들을 가장 골탕 먹인 제도로 돌변했다. 필요 없다는 농민에게도 강제로 빌려줘 이자를 받았다. 빌려줄 때는 돌 섞인 곡식이나 눈금을 속여 빌려주고, 받을 때는 정품의 곡식으로 정량을 받아 그 차이를 관리들이 착복했다. 흉년으로 중앙정부의 이자 탕감 조치가 내려져도 농민들에게는 알리지 않고 그대로 받아 착복했다. 창

---

4)　'양물(남자의 생식기)를 자른 슬픈 이야기' 정도로 해석되는 '애절양'은 신유사옥으로 강진에 유배된 정약용이 인근 마을의 기막힌 사연을 듣고 1804년 지은 시다. 강진 갈밭마을에 사는 백성이 사내아이를 낳았는데 3일 만에 군적에 올랐다. 군적에는 돌아가신 시아버지, 남편, 갓난아기 3대가 등록되어 마을 관리가 군포를 징수한다는 명목으로 소를 끌고 가버렸다. 남편은 "내가 이것 때문에 이런 곤욕을 치른다"며 칼로 자기 생식기를 잘라버렸다. 아내가 피가 떨어지는 남편의 생식기를 주워들고 관청을 찾아가 울며 하소연했으나 문지기는 도리어 호통을 치면서 쫓아버렸다.

고에 실물 벼는 없고 장부상으로만 수천 석, 수만 석 있는 경우도 흔했다. 빌려주고 받을 때 정부는 실물을 확인하지 않고 장부상 보고만 받기 때문이다.[5]

삼정을 둘러싼 부정행위는 지방 수령들뿐 아니라 오랫동안 그 지역에 대대로 터 잡은 아전 등 지방의 말단 관리에 이르기까지 뿌리 깊게 관행화된 고질적 병폐였다. 갈수록 심해지는 학정의 폐해를 참다못해 농민들은 봉기를 일으키거나, 고향을 떠나 수탈당하지 않는 산속으로 들어가 화전민이 되어 유랑했다.

° 김좌근(1797~1869)

안동 김씨 일파 중 16세기 즈음 한성 장의동[6]에 살던 일족을 '신안동 김씨'라 했는데, 조선 후기 사람들이 이들을 '장동 김씨' 또는 줄여서 '장김'이라고 불렀다. 따라서 안동 김씨 세도정치는 이들 '장김'에 의한 세도정치를 말한다.

1834년 순조가 승하하고 효명세자의 아들 헌종이 8세로 조선 역대

---

5) 신임지로 부임하는 지방 수령들은 장부에 기재된 재고와 실제 재고 차이가 예상보다 적으면 적당히 임기를 채우며 자신도 그 정도의 차이를 남긴 채 이임하고, 만일 재고 차이가 크면 빨리 뇌물을 쓰거나 매관매직 등 세도가에 손을 써서 부임지를 바꿨다.

6) 현재 서울의 자하문, 청운동과 효자동 일대

최연소 국왕에 오르자 순조비(순원왕후 안동 김씨)가 수렴청정에 들어 갔다. 헌종의 할머니 순원왕후는 당시 46세, 어머니 신정왕후(풍양 조씨)는 27세였다.

수렴청정이라 해도 정무는 신하가 어린 왕에게 보고하는 형식이다. 왕의 뒤에서 수렴청정하는 순원왕후도 한자 문서는 해독이 곤란하여 대부분의 정무는 구두로 진행되었다. 따라서 수렴청정을 하는 순원왕후는 정무를 잘 몰랐기에 자연스럽게 친정 오빠 김유근과 육촌 김홍근에게 정치 자문를 받았다.

김유근은 병조판서와 이조판서를 지내며 수렴청정하는 여동생에게 중요한 지원군이 되었다. 김유근은 인사권을 쥐며 안동 김씨들을 주요 관직에 내보냈으나 수년 후 중풍으로 실어증에 걸리며 정계에서 은퇴했다.

순원왕후는 안동 김씨의 세도가 이어지도록 집안인 김조근의 딸을 헌종비로 맞아들였다. 마침 순원왕후의 막냇동생 김좌근이 42세에 뒤늦게 정시문과에 급제해 4년 만에 이조판서에 올라 조선왕조 역사상 전무후무한 초고속 승진을 한다. 행정고시 합격 4년 만에 실세 장관에 임명된 셈이다. 투병 중인 큰형 김유근과 육촌 김홍근이 사망하자 김좌근은 명실공히 안동 김씨 가문의 수장이 되었다.

순원왕후가 순조비로 간택되어 입궐하는 계기를 제공하고 김좌근 형제를 비롯한 안동 김씨의 세도정치를 잉태시킨 장본인으로 이들의 아버지 김조순과 정조의 잘못된 만남(?)을 빼놓을 수 없다.

김조순(1765~1832)은 병자호란 때 '가노
라 삼각산아 다시 보자 한강수야'로 시작하
는 시조의 작자인 척화파 김상헌의 후손으
로 숙종 때 영의정을 지낸 김창집의 4대손
이다. 부친에 이어 2대째 영의정을 지낸 김
창집은 경종이 병석에 누웠을 때 세제 연잉
군(후일의 영조)의 대리청정을 주장했다가
소론으로부터 역모에 몰려 사사 당한 노론

| 김조순 초상화(출처: 위키피디아)

4대신 중 한 명이었다.

정조는 어느 날 신하들과 대화를 하던 중 김조순을 알아보고 훌륭
한 선조를 둔 집안을 칭찬하며 선조들과 같이 훌륭한 인물이 되라는
의미에서 당시 '낙순(洛淳)'이었던 이름을 '조순(祖淳)'으로 바꾸게 했다.
조선 후기 의리파의 대명사 김상헌, 자신의 할아버지 영조를 등극시키
려다 목숨까지 잃은 김창집 등에 대한 미안함과 감사함의 표시를 정조
는 그 후손에게 이름을 하사함으로써 대신한 것이 아닐까?

이후 정조는 "그대가 능히 집안의 명성을 이어받아 선조들을 욕되게
하지 않는다면 이는 그대 집안의 복일 뿐 아니라 조정의 복이다", "참으
로 보기 드문 명문가다" 등의 발언으로 가문에 대한 찬사와 함께 그에
대한 각별한 신임을 보여주곤 했다.

정조는 신하들이 잘못하면 반성문을 쓰게 한 후 반성문에 대한 평
가까지 했다. 신하들은 정조에게 잘못을 지적당했을 때, 반성문 쓸 때,
반성문 평가받을 때 3번씩이나 곤욕을 치렀다. 정조의 반성문 평가는

혹독하기로 유명했다.[7] 천재로 불리는 정조의 날카로운 지적과 평가에 신하들은 늘 어쩔 줄 몰라 했다.

김조순은 젊은 시절 직접 무협소설을 쓸 정도로 소설에 빠져 있었다. 정조가 소설 같은 하급 문체는 보지도 말고 쓰지도 말라고 하던 시절이었다. 김조순이 하루는 예문관에서 숙직하며 후배와 연애소설을 나누어 보다가 정조에게 딱 걸렸다. 반성문에 대한 혹평을 예상하며 마음 졸이던 김조순에게 정조는 의외의 극찬을 내렸다.[8]

정조는 1800년 세자빈의 간택을 위한 후보자 명단에 김조순의 딸이 없는 것을 확인하고, 콕 찍어서 김조순에게 딸의 처녀단자를 제출케 했다. 조선 왕실의 왕비 결정은 3차에 걸친 간택절차를 통해 이루어진다.[9] 김조순의 딸이 재간택되고 난 후 정조가 갑자기 승하하는 바람에 간택절차가 중단되었다.

정조는 죽기 직전 세자와 김조순을 불러 세자에게 옆에 있는 김조순을 가리키며 그의 보필을 받으면 절대 잘못된 길로 인도하지 않을 것이라는 유훈을 남겼다. 예법을 중시하는 조선에서 임금이 죽으면 삼년상을 치른 후에 왕실의 혼인이 가능했기에 김조순은 죽은 왕의 신임은 확인받았지

---

7) "듣기 좋은 말만 꾸며 썼다", "변명에 급급하다", "문체가 졸렬하다"는 등 혹평 일색이었다.

8) "문체가 바르고 우아하며 뜻이 풍부하여 무한한 함축미가 있다. 촛불을 밝히고 읽고 또 읽으며 무릎을 쳤다."

9) 통상 처녀단자를 제출한 20~30명의 후보자 중 초간택에서 6명 내외, 재간택에서 2~3명, 그리고 삼간택에서 최종 1명을 선발했다.

만 향후 위기에 봉착한 셈이었다.[10] 그러나 정순왕후는 김조순의 딸을 결국 간택했다. 이는 생전 정조의 뜻을 따른 것이 명분상의 이유지만, 그간 김조순의 행동을 보아하니 노론 벽파의 집권에 방해되지 않으리라는 확신이 들 정도로 김조순이 낮은 자세로 처신한 것이 큰 몫을 했다.[11]

딸이 순조의 왕비(순원왕후)로 책봉되자 그는 영안부원군에 봉해졌으며, 이후 훈련대장, 호위대장, 홍문관 대제학 등에 임명되었으나 수차례 사직상소를 올렸다. 1804년 정순왕후가 수렴청정을 거두자 어린 순조를 대신해 섭정했다.

김조순은 정순왕후가 승하한 1805년 막후에서 움직이기 시작한다. 소론 시파에서 제기한 혐의를 계기로 정순왕후의 경주 김씨 가문을 조정에서 제거하고 노론 벽파의 영수였던 김종수를 역적으로 규정해 벽파를 완전히 몰락시키며 명실상부한 실권자가 되었다.

그러나 이 시기에도 김조순은 고도로 절제된 처신으로 일관했다. 자신에게 주어지는 관직은 모두 사직했다. 왕의 장인으로서 맡게 되는 명예직 영돈녕부사와 국무회의에 참여하는 국무위원의 신분에 해당하는 비변사 당상만 유지했다. 그는 관직에 임명되면 그날로 사직상소를 올렸고 자기 뜻이 관철될 때까지 거듭해 상소를 올렸다. 오죽하면 그

---

10)　김조순의 정파는 노론 시파였는데 어린 순조를 수렴청정할 대왕대비 정순왕후(경주 김씨)는 노론 벽파 집안이었기 때문이다. 3년상이 끝난 후 삼간택에서 누가 세자빈이 될지, 전임 왕의 신임을 받은 자신이 어찌 될지 알 수 없는 상황이었다.

11)　정순왕후의 수렴청정 시절 병조판서에 임명되자 김조순은 두 번이나 사직상소를 올렸으며 정순왕후는 곧 그를 비변사 제조를 겸임케 했다. 이어서 이조판서에 임명했으나 그는 병을 핑계로 사직했다.

의 계속된 사직상소에 순조가 짜증을 냈을까?[12] 또 그는 공식적으로는 인사문제에 개입하는 것도 철저히 꺼렸다.[13] 속마음까지 그랬는지는 알 수 없지만, 당시 그의 처신과 태도를 알 수 있다.

김조순은 이처럼 철저히 자신을 낮추고 절제하여 위로는 임금의 절대적 신임을, 조정에서는 반대 정파로부터도 괜찮은 평가를 받았다. 중요한 정무를 논하는 비변사의 당상들이 안동 김씨의 경우에는 자식이나 조카뻘이었고, 다른 정파나 집안에서도 그의 눈치를 볼 수밖에 없었다. 국구(왕의 장인)인 데다가 왕의 절대적 신임을 받고 있었기 때문이다.

철저하게 막후의 실력자로 살던 김조순은 1832년 66세로 사망했다. 순조는 비통해하며 자신의 심정과 고인에 대한 평가를 기록에 남겼다.[14]

---

12) "비상시가 아닌 이상 외척인 자신이 중요한 정무를 맡을 수 없다. 평상시에도 그리된다면 권력이 집중되어 정치가 왜곡될 수 있다"는 것이 김조순의 주장이었다. 수차 사직상소를 올린 김조순에게 순조는 "내가 경에게 사사로운 이유로 이러는 게 아닌데 어찌하여 경은 더럽혀지는 듯 여기는가? 경의 꽉 막힌 병통이 여기에 이르렀으니 나 또한 더 강박하고 싶지 않다"고 했다.

13) 순조의 인물 추천 어명에도 김조순은 "신은 조정에 달린 혹과 같아서 전하의 은택으로 과분한 자리를 차지하고 있을 뿐 참으로 떳떳하지 못합니다. 그런 신이 어찌 감히 함부로 혀를 놀려서 현명한 이를 진출시키고 인재를 기용토록 할 수 있겠습니까?"라고 답변했다.

14) 애통하고 애통하다. 이것이 웬일인가? 지난 경신년에 정조께서 소자의 손을 잡고 말씀하시기를, "지금 내가 이 신하에게 너를 부탁하노니, 이 신하는 반드시 비도(非道)로 너를 보좌하지 않을 것이다. 너는 그렇게 알라"고 하셨는데, 어제의 일과 같아 아직도 귀에 쟁쟁하다. 보위에 오른 지 30여 년 동안 …오직 그는 부지런하고 충정하며 한결같은 마음으로 왕실을 위하여, 안으로는 지극한 정성으로 힘을 다해 나를 올바르게 돕고 밖으로는 두루 다스려 진정시켜 시국의 어려움을 크게 구제하였으니, 국가가 오늘날이 있도록 보존한 것이 누구의 힘이었겠는가? 참으로 선왕께서 부탁하여 맡기신 성의를 저버리지 않은 소치인데 이제는 끝나 버렸다. 나라의 일을 장차 어디에 의뢰하겠는가? 생각이 이에 미치니 물을 건너는데 노를 잃은 듯하다. …왕실의 가까운 친척으로 안으로는 국가의 기밀 업무를 돕고 밖으로는 백관을 총찰하여 충성을 다하면서 한 몸에 국가의 안위를 책임졌던 것이 30여 년… 이에 조야에서 모두 화협하여 이르기를 '군자의 뛰어난 덕'이라 하였으니 문장이 세상에 출중했던 것은 그 다음이었다…. 순조실록 1832.4.3

정조는 재위 초창기 세손 시절 스승이었던 노론 벽파 청명당 김종수의 가르침대로 기존 외척들을 철저히 제거하고 척신들을 가까이하지 않았다. 그러나 막상 정치를 해본 후 심경의 변화가 생겼다. 어떤 경우에도 변함없이 왕실을 보호하고 철저히 왕을 지원해 줄 척신의 필요성을 느꼈다.

척신이라면 흔히 사리사욕으로 권세를 휘둘러 국정을 망치는 일이 흔한 역사의 교훈을 잘 알고 있기에, 정조는 국가와 왕실만을 최우선으로 생각하는 검증된 집안의 검증된 인물이 필요했다. 영조와 자신이 중흥시킨 왕조의 르네상스가 지속되기 위해서는 검증된 명문가와의 혼인만큼 왕실에 좋은 보험은 없다고 생각했다. 그래서 오랫동안 관찰한 결과 김조순이야말로 왕조 중흥을 유지시켜줄 가장 바람직한 척신이라고 정조가 오랫동안 점 찍어둔 것이 아닐까?

적어도 김조순 당대에는 정조의 기대대로 본인이 처신했다. 그러나 이미 비변사를 장악하고 있는 그의 후예와 일가들은 그와는 결이 달랐다. 이들은 그가 점차 노쇠해지며 막후의 조정력과 영향력이 떨어지자 자신들의 권좌에서 욕망을 거침없이 드러내기 시작했다. 안동 김씨의 세도정치가 본격화된 것이다.

흔히 세도정치 하면 안동 김씨 김조순을 떠올리는 후세의 평가에 평생 처신을 삼가며 절제하고 살아온 김조순은 매우 억울해할 것이다. 그러나 후예와 일가들이 점차 더 등용되며 요직을 장악해 나가는 것을 적극 막지 못하고, 최고의 영향력을 지녔던 그가 조용히 지켜본 것만으로도 세도정치의 씨앗이 잉태되었음은 분명하다. 그런 면에서 그의 시대에 안동 김씨의 세도정치가 시작되었다고 표현하는 것은 절반은 틀리고 절반은 맞는 말이다.

김조순의 막내아들 김좌근은 초고속 승진을 통해 명실상부하게 안동 김씨 세도정치의 핵심이 되었다. 누나 순원왕후가 수렴청정에서 물러나고 헌종이 친정에 들어가자 헌종과 헌종의 외가인 풍양 조씨들로부터 집중 견제를 받았다.

1849년 헌종이 후사 없이 친정 8년 만에 23세로 승하하고 강화도령 철종의 즉위로 순원왕후가 다시 수렴청정하게 되자 김좌근의 세상이 되었다. 의정부 우참찬, 선혜청 당상에 올랐고, 총융사, 금위대장, 형조판서, 훈련대장, 공조판서, 우의정 등을 역임했는데 한 번도 지방의 외직을 맡은 적이 없을 정도로 특별한 관운을 자랑했다.[15] 철종의 왕비(철인왕후)도 안동 김씨 김문근의 딸로 책봉하는 등 누나 순원왕후와 합작 경영하는 김좌근의 세도정치는 미래까지 대비한 철옹성이었다.

그는 1853~1863년 간간이 안동 김씨에 도전하는 세력을 숙청하고 세 번이나 영의정에 올랐다. 1862년 삼정의 문란 등으로 발생한 각지 농민봉기의 대책으로 설치된 삼정이정청의 총재관을 겸했다. 농민봉기에 대한 근본적인 대책을 마련해야 할 삼정이정청에 농민봉기에 가장 큰 원인을 제공한 세도정치의 원흉을 앉혔으니 제대로 된 대책이 나올수가 있을까? 조선 말기의 정치가 늘 이런 식이었다.

---

15) 조선의 중앙 고위직은 몇 년에 한 번씩 관찰사 등 지방 외직을 맡는 것이 관례였다.

세도정치의 프레임 안에서는 어떤 솔루션도 나오기 힘든 체제가 이미 되어버렸다. 조선왕조를 500년 가까이 유지시키는 데 중요한 자정 역할을 했던 3사[16]의 기능이 멈추어 섰기 때문이다. 왕권과 과도한 신권을 견제하던 3사의 주요 보직마저 모두 안동 김씨들이 점령했다.

이 시기 김좌근의 집에는 각종 청탁을 하려는 사람들과 이들이 가져온 선물로 매일 북새통을 이뤘는데 이와 관련된 야사를 소개한다.

대원군이 되기 전 흥선군 이하응은 용돈이나 술 생각이 나면 김좌근 대감을 찾아갔다. 운 좋게 김좌근이나 양자 김병기를 만나면 자신이 그린 난초 그림을 팔아 용돈을 벌었고, 못 만나면 사랑채에 있는 손님들과 술 한잔 하고 돌아오곤 했다. 어느 날 흥선군이 김좌근의 집으로 가는 도중에 어디론가 급히 행차하는 김좌근 가마 행렬과 마주쳤다. 흥선군이 지나는 가마를 향해 큰 소리로 자신을 밝히며 술값을 구걸하자 김좌근이 엽전을 땅바닥에 던져주고 갔다.

김좌근에게는 나주 기생 출신 양씨라는 애첩이 있었는데, 사람들이 나주 출신 합하[17]라는 뜻에서 '나합'이라고 불렀다. 나합은 재치와 순발력도 매우 뛰어났던 모양이다. 하루는 김좌근이 나합에게 물었다.

"세상 사람들이 왜 그대를 나합이라고 부르는지 아는가?"

나합은 갑자기 자태를 바꾸며 간드러진 목소리로 받아쳤다.

---

16) 사헌부, 사간원, 홍문관
17) 합하(閤下)는 정승을 면전에서 높여 부르는 말이다.

"호호호, 나주 조개[18]라는 뜻 아니겠어요? 대가~암"

사람들이 김좌근을 만나기 힘드니 그의 총애를 받는 나합에게 많은 청탁이 선물, 뇌물과 함께 들어왔다. 그녀가 말을 어떻게 전하는 가에 따라 청탁의 성사 여부가 결정되었다. 벼슬 청탁을 하는 사람들이 사대부 출신이라 기생 출신의 나합에게 차마 절까지는 안 했다. 그런데 흥선군은 나합에게 형수님이라며 넙죽 큰절을 올리고 깎듯이 존대를 했다. 그러니 나합이 김좌근에게 흥선군을 좋게 얘기할 수밖에 없었다. 김좌근이 흥선군의 난초 그림값을 후하게 쳐준 배경이 아닐까?

이후의 김좌근

후일 철종마저 후사 없이 승하하자 조대비와 흥선군의 철저한 사전 모의로 007작전 하듯이 안동 김씨의 허를 찔러 흥선군의 아들 명복이 철종의 후임으로 결정 나자, 영의정 김좌근이 어쩔 수 없이 봉영사로 명복을 맞이하러 운현궁으로 갔다. 고종이 왕위에 오르자 신정왕후 조대비가 수렴청정했다. 조대비의 수렴청정은 곧 흥선군의 집권을 의미했다.

김좌근은 영의정에서는 물러났으나 원임대신(전직 대신)의 자격으로 정사에 참여했다. 흥선군을 박하게 대우하지 않은 인연으로 그는 다른 안동 김씨 일족이 숙청을 당할 때도 원로 대우를 받았다.

---

18) 조개 합(蛤)

1866년 김좌근은 기로소에 들어갔다. 조선 시대 관리들의 평생 소망이 기로소에 들어가는 것이다. 기로소에 들어갈 자격은 정2품 이상의 문관 출신으로 나이 70세 이상이다. 현직 왕은 60세 즈음 기로소 회원이 될 수 있으나 조선의 왕들은 대부분 단명해 기로소에 들어간 왕은 드물었다. 왕이 회원으로 있는 단체다 보니 국가행사의 의전서열에서는 기로소 회원이 영의정보다 앞섰다. 기로소 회원이라는 것은 권력, 부, 명예, 장수 등 개인의 인생에서 좋은 것은 모두 갖추었다는 뜻이다.

그런 면에서 김좌근은 개인적으로 모든 것을 다 거머쥔 인생을 살았지만, 국가와 사회는 썩고 병들게 하고 백성을 도탄에 빠뜨린 부패한 세도정치의 화신이다. 오늘날 각종 작품에도 간혹 등장한다.[19] 현재 김좌근 고택이 경기도 이천시 청백리로 393번길에 있는데 조선 말기 최악의 부패체제인 세도정치 수괴의 고택이 '청백리'로에 있는 것은 역사의 아이러니다.

| 김좌근 고택

---

19) 2018년 개봉한 영화 '명당'(박희곤 감독, 조승우 주연)에서 배우 백윤식이 분한 역이 김좌근이다.

백낙신은 종3품 영종진 수군첨절제사를 지낸 백형수와 전주 이씨 사이의 장남으로 태어났다. 무관 가풍의 집안 영향을 받아 무관이 되었다.

1858년 백낙신은 전라좌수사에 임명되었다. 탐학 때문에 처벌받았지만, 세도가에 손을 써서 다시 관직을 얻었다. 세도정치 시대 인사권을 가진 세도가의 실세들은 관리들의 탐학에는 매우 관대했다. 앵벌이 조직처럼 탐관오리들이 많아야 이들의 수입이 짭짤했기에 세도가와 탐관오리들은 공생관계였다. 암행어사의 감찰이나 농민봉기 등 문제가 발생해 걸린 탐관오리들은 '재수가 없어서 걸렸다'고 생각하는 풍토였다. 유배형 등 처벌을 받은 자라고 하더라도 세도가에게 뇌물 제공과 매관매직을 통해 다시 벼슬자리를 얻을 수 있었기에 징계 여부는 재임용에 아무런 흠이 되지 않았다.[20]

백낙신은 1861년 경상우도 병마절도사에 임명되어 진주로 부임하자마자 1년도 안 되어 농민들에게 불법 수탈한 곡식이 만오천 석이나 되었다. 농민들의 불만이 팽배해 있는 가운데 그해 겨울부터 관 주도로 열린 2차 향회에서 문제가 벌어졌다. 결손된 재정을 일방적으로 농민들에게 전가하도록 향회에서 결정하자 농민들이 반발했다.

진주목에서 확인된 환곡, 군역 등의 결손 세수 현황에 대한 진주목

---

20) 대표적으로 훗날 독립협회로부터 지탄을 받았던 조병식은 탐관오리로서 다수의 징계 전과를 가졌음에도 내부대신에 이어 결국 의정대신(영의정에 해당) 서리에 오른다. 조병식은 동학농민운동을 촉발한 고부군수 조병갑의 사촌 형이다. 탐학의 정도가 조병갑이 경량급이라면 조병식은 헤비급이었다.

사 홍병원의 보고는 경상감사를 거쳐 비변사에 전해졌으나, 비변사는 극히 일부만 탕감하고 부족분을 채워놓도록 지시했다. 이에 홍병원은 부족한 세수를 채우는 손쉬운 방법으로 도결[21]을 택하고 이를 향회에서 일방적으로 할당 통보했다. 통상적인 전정의 3배에 달하는 토지세를 통보받은 진주 사람들은 크게 흥분했다. 게다가 1862년 1월 백낙신은 병영의 환곡 중 부족분을 통환[22]을 통해 수만 석의 세금을 강제로 징수하려 하자 백성들은 더 이상 참을 수가 없었다.

2월 14일 진주 유곡리에 거주하던 유계춘이 중심이 되어 통문을 작성해 돌리면서 백성들이 실력행사에 나섰다. 이들은 평소 약초와 나무를 베어 생계를 이어가는 초군들과 함께 덕산장터에 모인 후 관청과 결탁해 농민의 고혈을 빼먹은 부유층의 집 수십 채를 파괴했다. 이후 봉기한 농민들은 급속하게 불어나 밭에서 일하던 사람이나 산골 사람들도 가세했다.

18일 진주목사는 시위하는 농민들에게 먼저 굴복해 도결을 혁파하겠다는 문서를 써주었다. 이들은 스스로 초군(樵軍)이라 부르며 머리에 흰 수건을 두르고 손에는 몽둥이와 농기구를 들고 진주성으로 몰려갔다. 통문과 소문을 듣고 이웃 고을의 농민들까지 합세해 수만 명에 이르게 된 농민군은 하룻밤을 성 밖에서 지냈다.

이튿날 흥분한 이들은 백낙신을 무릎 꿇게 하고 그의 죄상을 하나씩 들춰냈다. 백낙신이 수탈 책임을 아전들 탓으로 돌리자 농민들은 두 아전을 불구덩이에 던져 죽인 후 백낙신으로부터 통환을 없애겠다는 문

---

21) 환곡, 군정의 부족분까지 토지세인 전정에 같이 부과하는 것
22) 여러 가구를 묶어 공동책임을 지우는 방식으로 환곡을 징수하는 것

서를 받아냈다.

20일 농민군은 달아난 이방을 수색 끝에 붙잡아 불에 태워 죽였다. 21~22일에는 평소 지탄의 대상이었던 부호들을 습격하고 재물을 탈취했다. 진주 농민봉기의 피해 규모는 평소 농민을 수탈하던 아전 등 향리 4명이 사망하고 수십 명이 부상을 입었다. 악명 높은 아전이나 부호의 집을 부수거나 불태운 것이 23개 면에 걸쳐 126호, 피해액은 10만 냥에 달했다.

조정에서는 2월 말 박규수를 안핵사[23]로 보내 농민봉기를 수습게 했다. 박규수는 조정에 낸 조사보고서에서 '백낙신의 재산을 몰수하고 귀양을 보내는 것만이 비리로 흥분한 민심을 달래는 방책'이라고 건의해 조정에서는 백낙신을 파직한 후 귀양 보냈다. 백낙신은 전라도 강진 고금도로 유배되고 유계춘 등 농민봉기의 주모자들은 체포되어 처형되었다.

진주 농민봉기가 제압은 되었지만 그 후유증은 심각했다. 이후 익산, 개령, 함평, 회덕, 공주, 은진, 연산, 청주, 여산, 부안, 금구, 장흥, 순천, 단성, 함양, 성주, 선산, 상주, 거창, 울산, 군위, 비안, 안동, 제주 등지에서 농민봉기가 지속되어 임술년 이해에 발생한 삼남 지역[24]을 중심으로 한 농민들의 민란을 총괄하여 임술농민봉기(또는 임술민란)라고 한다.

농민봉기가 확산되자 조정에서는 근본적인 수습책을 마련하기 위해 5월 진주 안핵사 박규수가 올린 '삼정의 문란이 농민봉기의 원인'이라

---

23) 민란, 역모 등 지방의 중요한 형사사건을 조사하고 수습하기 위해 조정에서 파견한 임시 관직
24) 경상, 전라, 충청도를 말한다.

는 상소를 반영해 삼정 개혁을 위한 기구인 삼정이정청을 설치했다. 삼정이정청의 총재관은 김좌근, 김흥근, 정원용, 조두순 등 원로급이었으며, 김병기, 김병국 등 판서급을 당상관으로 임명했다. 삼정 문란의 근본 원인을 제공한 세도정치의 실세들이 모두 포진해 있었으니 결과는 뻔했다.

삼정이정청은 개선 방안을 공모해 전국의 제안들을 정리해 대책을 강구한 결과, 전정과 군정은 그 폐단만 시정하고, 환곡은 근본적으로 고쳐 토지에 부과하는 방법으로 고치기로 했다. 그 결과물을 '삼정이정절목'이란 책으로 엮어 반포하면서 삼정이정청은 철폐되고 삼정의 업무는 비변사로 넘어갔다. 그러나 개혁 조치는 환곡 수입의 일부를 지방관청의 경비로 사용하던 관행 때문에 지방관청의 반발과 조정의 개혁 의지 부족으로 결국 그해 10월 원상태로 돌아갔다. 예견된 결과였다.

이후의 백낙신

유배된 백낙신은 1년 만에 유배지가 고향으로 옮겨졌고 1865년 풀려났다. 1866년 병인양요가 발생하자 영종진첨절제사로 임명되었다.[25] 이후 영종도와 행주를 방어하다가 1877년 평안도 병마절도사를 지냈다. 1887년 73세로 사망했다. 고부군수 조병갑과 함께 조선 말기 탐관오리의 대명사로 역사에 남은 인물이다.

---

25) 고종실록 1866.9.8

순조 24년 경상도 경주에서 몰락한 유학자 최옥과 재혼한 한씨 사이에서 서자로 태어났다. 어렸을 때의 이름은 복술이었다. 최제우는 서자였기에 태생적으로 과거에 응시할 수 없었지만 부친으로부터 유학 교육을 받았다. 가세가 기울어 10살에 어머니를 여의고 17세에는 아버지마저 세상을 떠났다. 1842년 19세에 월성 박씨와 결혼했으나 몰락한 양반의 후손으로 생계가 여의치 않았다. 농사도 배우지 않았고 전국 각지를 돌아다니며 그때그때 필요한 장사를 했다.

오랫동안 전국을 유랑하며 유교, 불교, 선도, 서학(천주교), 무속, 비기도참 사상 등 다양한 사상을 접하는 동시에 삼정의 문란과 관리들의 학정 속에서 고통받는 참담한 백성들의 생활을 직접 목격했다. 최제우는 37세인 1860년 신내림과 같은 특별한 개인적 체험을 통해 도를 깨닫고 고향인 경주 용담에서 동학(후일의 천도교)을 창시했다. 최제우가 무극대도를 깨치고 처음으로 쓴 글에 당시의 체험과 생각이 담겨 있다.[26]

최제우는 외래의 서학에 대항한다는 의미에서 유·불·선의 교리를 통합해 민족 고유의 신앙인 동학을 창시했다. 동학의 근본 사상은 '사람이 곧 하늘'이라는 '인내천' 사상이었다. 따라서 모든 사람이 평등하

---

26) 1860년 4월에 겪은 상제와의 대화 등 특별한 개인적 체험과 다음과 같은 우국위민 사상을 기록했다. "지금 세상은 각자위심의 세태가 만연하고 서양의 침공으로 어려움에 놓여 있다. 우리나라는 악질의 나쁜 기운이 가득 차서 백성들은 한시도 편안할 날이 없다… 서양은 전쟁을 하면 항상 이기고 또 공격하면 언제나 빼앗으니 강성한 나라들임이 틀림없다. 이제 서양의 침공으로 중국이 망하면 입술이 없어져 이가 시리게 되는 화를 우리나라가 맞게 될 것이 아닌가? 보국안민의 계책을 장차 어떻게 마련할 수 있을까, 참으로 걱정이로구나." 「동경대전」 '포덕문' 중

다는 평등주의와 인본주의를 강조했다. 즉 양반과 상민의 구분, 적자와 서자의 차별을 타파하고 노비나 백정 같은 천민을 인간답게 대우하고 심지어 여성과 어린이도 공경해야 한다는 교지를 내걸었다.

동학이 영험하다는 소문이 퍼지면서 이런저런 병으로 고통받던 사람들이 몰려들었다. 최제우는 그들에게 동학의 사상을 설명해주고 부적과 주문을 가르쳤다. 많은 사람이 그의 가르침에 감동했고 부적과 주문을 이용해 병에서 치료되었다. 그런 사람들이 최제우를 스승으로 존경하고 따르면서 동학을 신봉하는 신도들이 급증하기 시작했다. 특히 양반들에게 오랜 세월 차별과 핍박을 받으며 세도정치의 폐해와 삼정의 문란으로 피폐해진 농민들의 민심을 얻게 된 경상도 농촌에서 동학은 급격히 확산되었다. 최제우는 자신이 동학의 도를 가르치는 것이 마치 옛날 공자가 제자들을 가르쳤던 일에 비유하며 희열을 느꼈다.[27]

1861년 종이를 만드는 조지소에서 일하는 먼 친척 최시형을 만나 세상사와 철학 담론 등을 나눈 이후 최시형은 최제우의 제자가 되었다. 1862년 3월 최시형이 경주의 최제우를 찾아와 자신에게 일어난 최근의 신비 체험을 얘기하자 최제우는 한울님의 조화라며 최시형에게 포덕(전도)을 허락했다. 이후 최시형의 열성적인 전도로 동학은 경상도 전역으로 퍼져나갔다.

---

27) "문을 열고 손님을 맞이하니 그 수가 그렇게 많았고, 자리를 펴고 법을 설교하니 그 즐거움이 매우 컸다. 어른들이 들어오고 나아가는 것이 마치 삼천 제자의 행렬 같고, 동자들이 읍하고 절하는 것은 6, 7의 제자들이 시가를 읊는 것과 같았다. 나보다 나이가 많은 이도 있으니 이것은 또한 나이 많은 자공이 나이 어린 공자를 받든 예와 같고, 노래 부르고 시를 읊으며 춤을 추니 어찌 공자의 하시던 일이 아니겠는가." 「동경대전」 '수덕문' 중

동학의 신도가 급증하던 1862~1863년은 진주 농민봉기 등 전국에서 민란이 지속적으로 발생하고 있었다(임술농민봉기). 이런 시기에 유포된 인간 평등주의의 동학사상은 철저한 신분제를 근간으로 하는 조선왕조 체제를 근본부터 흔들 수 있기에 조정에서는 천주교와 마찬가지로 체제를 위협하는 세력이 되지 않을까 감시의 눈길을 보내고 있었다.

아나나 다를까, 1862년 9월 최제우는 체포되어 경주부로 압송되었다. 심문관은 최제우에게 유교사상과 전혀 다른 부적이나 주문으로 사람들을 현혹하는 것 아니냐며 추궁하자, 최제우는 동학의 가르침은 유교의 가르침과 다르지 않다고 항변했다. 때마침 스승의 체포에 항의하는 700여 명의 동학신도들이 경주부에 몰려와 시위를 벌이자 심문관은 최제우를 무죄 방면할 수밖에 없었다. 이미 동학은 집단시위를 벌일 만큼 성장했지만, 그 때문에 이후 최제우는 더욱 위험한 인물로 관의 주목을 받게 되었다.

1862년 12월 최제우는 군현별 조직 책임자인 접주를 임명했는데, 경상도 및 경기도 등에 수십 명이 임명되었다. 또 1863년 7월 최시형을 북접주로 지명하고 해월이라는 도호를 내렸다.

최제우는 관의 감시가 더욱 심해지는 것을 느끼던 어느 날 자신의 운명이 얼마 남지 않았음을 깨달았다. 1863년 8월 15일 새벽 최제우는 최시형을 불렀다. 아무 말 없이 '수명' 두 글자와 한시를 써주었다.[28]

---

28) '수명(受命)'이라는 글자와 다음과 같은 한시를 내려주었다. 자신의 뒤를 이어 동학을 이끌고 나가는 명(또는 운명)을 받으라는 뜻이다.
용담(최제우의 고향)의 물은 흘러 사해의 근원이 되고(龍潭水流四海源)
검등골 사람(최시형)에겐 일편단심이 있네(檢岳人在一片心)

이로써 해월 최시형은 수운 최제우의 도통을 이어받아 제2대 교주가 되었다.

4개월 후 1863년 12월 최제우는 체포되었다. 당시 들불처럼 번진 동학의 확산세와 사회 분위기를 알 수 있는 그의 체포 보고서가 고종실록에 남아있다.[29] 체포된 최제우가 한성으로 압송되던 중 철종이 승하하였다. 조정은 비상시국임을 감안해 최제우를 한양보다 가까운 대구감영으로 이송시켜 1864년 3월 대구장대에서 처형했다.

최제우, 종교적 독창성을 제외하고 보더라도 그는 장차 닥칠 외세의 침공을 우려하고 보국안민 계책 마련에 골몰한 우국지사였다. 1861년 위문사절단으로 청나라에 다녀와서야 서구 열강의 제국주의적 침략 실상을 비로소 알게 된 박규수와 달리 그는 국내에 앉아서도 '서양의 강건함'을 인식하고 '서양의 침공으로 중국이 망하면 입술

| 최제우 초상화

이 없어져 이가 시린 화를 맞게 될 조선'을 예견한 시대의 선각자였다.

이런 그의 현실 인식은 에도막부의 미토학자들이 가졌던 위기의식과 유사했지만, 그 해결을 위해 제시한 방향에 관하여 결과적으로 미토학보다는 그가 옳았다. 서구 열강의 침입에 대한 장기적 대책으로 미토학이 제정일치로의 복귀를 주장한 반면 동학은 인내천이라는 인간 평등

---

29) 선전관 정운귀가 최제우와 동학에 대해 보고함. 고종실록 1863.12.20

을 주장했다. 오늘날 미토학은 일본 근대사 공부를 위한 하나의 박제에 불과하지만, 동학은 한국에서 천도교로 아직도 그 생명력을 유지하고 있다는 사실이 모든 것을 말해 준다. 그는 수천 년간 너무나 당연하다고 인정된 신분체제를 무너뜨리는 근대적 평등사상을 우리나라 역사상 최초로 창안하여 유포한 혁명적 사상가다.

난세에 영웅이 만들어지듯이 당시 세도정치, 삼정의 문란, 탐관오리들의 수탈 등 온갖 학정으로 마음 붙일 곳 없는 조선 농민과 백성들에게 홀연히 나타난 정신적 스승이자 메시아였다. 그런 면에서 그가 창안한 동학은 19세기 후반의 암흑세계, 조선에서 저 멀리 보이는 불빛이었다.

최제우에게 적용된 죄목은 '사도난정의 죄'다.[30] 교조주의적 유학인 성리학(주자학)에 입각한 조선의 지배층 양반 사대부들은 성리학만을 정학(또는 정도)으로 보고 나머지는 모두 사학(또는 사도)으로 규정했다. 따라서 성리학 이외의 사상과 종교를 믿는 사람들은 모두 이 죄목으로 처단했다.

학문 및 사상의 다양성과 융통성을 일체 부정하는 조선의 원리주의·교조주의 유학의 토양은 후일 개항 여부가 국가적 이슈가 되었을 때 위정척사파 유학자들이 활약하며 맹위를 떨쳐 조선이 근대화에 뒤처지는 큰 원인을 제공한다. 이들에게는 성리학적 가치를 지키는 것이 국가의 안위보다 중요했으며, 이를 위해 목숨을 바치는 것을 순교자적 영예로 생각했다.

---

30) 사도난정(邪道亂正)은 '사악한 도(邪道)가 올바른 도(正道)를 어지럽혔다'는 뜻이다.

제2장

유신과 개혁
1864년~1873년

| 메이지 천황(출처: 위키피디아) | 흥선대원군(출처: 위키피디아)

1. 일본
구체제 붕괴와 메이지유신

8·18 정변으로 교토에서 쫓겨난 조슈번이 억울함을 천황에게 호소한다는 명분으로 1864년 군사를 이끌고 교토로 진격했다. 사쓰마번과 아이즈번 병력이 지키는 궁궐 근처에서 8월 20일 대규모 전투가 일어났다.[1] 대포까지 동원한 치열한 전투로 인해 지금도 하마구리문(하마구리고몬)에는 그때의 탄흔이 남아있다. 전투 중 조슈군이 대포를 천황의 어소(고쇼)[2] 방향으로 발포했는데 이 때문에 조슈는 천황에 의해 조적[3]으로 찍혔다.

결국 조슈는 패배하고 다수의 존왕양이파 지사가 숨겼다. 조정과 천황이 있는 교토의 피해는 극심했다. 전투로 인한 화재로 교토의 가옥 4만여 채가 잿더미가 되고 천여 명의 사상자가 발생했다('금문의 변' 또는 '하마구리고몬의 변').

---

1)   교토에서 전투가 벌어진 것은 250년 만이다.
2)   천황과 관련된 용어에는 극존칭 접두어 '어'(御)를 붙이는데 일본 발음은 '고'다. 따라서 천황의 거처는 '어소(고쇼 御所)', 천황이 출입하는 황궁의 문은 '어문(고몬 御門)'이라 한다.
3)   조정의 적

조슈는 금문의 변으로 또 사쓰마에 당하자 사쓰마에 대한 증오심이 더욱 깊어졌다. 그런데 조적으로 지목되어 막부가 조슈 정벌령을 내릴 즈음 조슈는 또 다른 전쟁과 맞닥뜨려야 했다. 양이 실행에 대한 전년도의 1차 보복에 이어 1864년 8월 영국, 미국, 프랑스 및 네덜란드의 연합함대 17척이 조슈번을 2차로 공격한 것이다(시모노세키 전쟁 또는 마관 전쟁).

연합함대가 공격해오자 양이 실행에 들뜬 조슈 무사들은 흥분했다. "드디어 일본 사무라이의 무용과 기개를 보여줄 때가 왔다"고. 그러나 이들의 흥분은 얼마 가지 못했다. 연합함대의 맹폭으로 양이가 얼마나 무모한가를 바로 깨달았다. 결국 조슈번은 항복했다.[4]

| 연합함대에 점령된 조슈번의 포대(출처: 위키피디아)

---

4)   조슈번의 항복 조건이다.
   1. 해협을 통과하는 외국 선박을 우대한다.
   2. 포대를 새로 만들지 않는다.
   3. 배상금을 지급하되 그 금액은 에도의 공사단 협의에 일임한다.

압도적 무력 앞에 패배하자마자 조슈의 사무라이들은 잽싸게 태세를 전환했다. '서양 오랑캐를 이기려면 저들의 우수한 무기, 전법과 군대를 가져야 한다.' 강경 양이론자들이 돌변해 맹렬하게 서구화 정책을 추진했다. 이 전환에 크게 기여한 인물이 다카스기 신사쿠, 기도 다카요시, 이들보다 격이 좀 떨어지는 야마가타 아리토모, 이토 히로부미와 이노우에 가오루였다.

이 시기 막부와 웅번들은 이미 서구화 경쟁을 펼치고 있었다. 막부는 공식적으로 1862년부터 네덜란드 등에 해외 유학생을 파견했지만 웅번은 막부 몰래 해외 유학생을 파견했다. 사쓰에이 전쟁 수습과정에서 영국에 유학생을 보낸 사쓰마번보다 먼저 조슈번이 유학생을 보냈다.

1863년 봄 5명의 조슈번 청년들이 밀항해 영국 유학을 가기 위해 영국 범선의 석탄 창고에 숨어 요코하마에서 출발했다. 이들은 '서구의 해군과 국방기술을 배우고 온 후 제대로 된 양이를 하겠다'고 번주를 설득했고, 당시 번의 실세 다카스기 신사쿠의 지원으로 유학이 결정되었다. 유학이 불법이었기에 번주는 모르는 체하되 사적으로 경비 지원을 해 주었다.

천신만고 끝에 6개월 만에 영국에 도착해 런던대[5] 청강생으로 입학한 이들은 하급 무사 엔도 긴스케, 이노우에 마사루, 이토 히로부미, 이노우에 가오루, 야마오 요조 5인이었다. 이토 히로부미와 이노우에

---

5)   University College of London

가오루는 수개월 만에 귀국하고, 나머지 3인은 공부를 계속해 후일 메이지 유신기의 일본 근대화에 혁혁한 공을 세운다.[6]

이토와 이노우에가 중간에 귀국한 것은 조슈번의 양이 실행과 사쓰에이 전쟁 소식을 듣고 서양과의 전쟁을 만류하기 위함이었다. 서구의 어마어마한 국력을 현지에서 직접 본 후 전쟁을 막고자 급거 귀국한 것이다.

○ 다카스기 신사쿠(1839~1867)와 사카모토 료마(1836~1867)

다카스기 신사쿠는 조슈번의 상급 무사 집안인 다카스기 고추타의 장남으로 태어났다. 어려서부터 조슈 번교 명륜관에서 수학한 후 1857년 쇼카손주쿠에서 공부하면서 요시다 쇼인의 수제자가 되었다. 1858년에는 번의 명령으로 에도에 유학하는 기회를 가졌다.

1859년 스승 요시다 쇼인이 안세이 대옥으로 수감되자 옥중 수

| 다카스기 신사쿠(출처: 위키피디아)

6) 이들 5명의 유학생의 이야기는 2006년 일본에서 '조슈 파이브'라는 제목으로 영화화되었다.

발을 들었다. 막부는 안세이 대옥의 처형 대상에게 무사로서 명예형인 할복의 기회조차 주지 않고 참수형을 집행했다. 무오밀칙에 대한 막부의 분노의 표시였다. 에도시대의 무사에게 참수형은 전투에서 지거나 포로로 잡혔을 때 당하는 치욕적인 형벌이다. 신사쿠는 참수형을 당한 스승 쇼인의 시신을 불법을 감수하고 수습해 장례를 치렀다.

열혈 청년 신사쿠의 집안에서는 생각한 대로 바로 움직이는 행동파로 날뛰는 신사쿠가 가정을 꾸리면 안정을 찾아 차분해질 것으로 보고 하기시의 미인인 마사와 결혼시켰다. 1862년 번에서 추천해 막부시찰단의 일원으로 두 달간 청나라 상하이의 사정을 접할 기회가 있었다. 아편전쟁 이후 서양의 식민지화가 진행되고 있는 청의 실태를 보고, 일본도 정신 차리지 않으면 곧 서구의 먹잇감이 될 것이라는 절박한 위기감을 가지고 귀국했다.

쇼군이 공언한 양이 실행일에 조슈번만 양이를 실행하자, 바로 미국과 프랑스 함대가 보복 공격을 해왔다. 이때 신사쿠는 민병대 조직인 기병대[7]를 창설했다. 에도시대 전투는 무사들의 몫이다. 이 때문에 무사 계급은 지배의 정당성을 부여받았다. 그런데 신사쿠는 무사가 아닌 농민, 서민 등 일반 백성들을 훈련시킨 그 당시로는 파격적인 '기이한 군대'를 만들었다.

1864년 금문의 변 발생 당시 신사쿠는 "지금은 전쟁보다는 번의 부

---

7)　기병대(기헤이타이 奇兵隊)란 말 타는 騎兵隊가 아니라 '기이한 군대'라는 뜻이다.

국강병에 힘써야 할 때다"라며 말렸으나 그의 노력은 허사가 되었다. 조슈번은 많은 무사를 잃고 조적으로 낙인 찍히는 바람에 큰 정치적 타격을 입었다. 그런 면에서 신사쿠는 단순한 행동대장이 아니라 선견지명과 정치적인 감각도 상당한 인물이었다. 그해 서양 연합함대의 대규모 2차 보복 공격 후 항복을 위한 강화 교섭에 조슈의 대표로 참여했으며, 이토 히로부미와 이노우에 가오루는 그의 통역을 맡았다.

천황의 조적 지목으로 행해진 막부의 조슈 정벌령에 총 15만 명의 군사가 집결했다. 정벌군의 선봉장 사이고 다카모리(사쓰마번)는 직접 공격보다는 조슈의 내분을 기다리는 전략을 택했고, 그의 예상대로 조슈에는 내분이 일어났다. 막부를 따르는 것이 번을 위하는 길이라는 반대파 가신들에 의해 신사쿠 등 존왕양이파가 실각하고 조슈는 막부에 항복했다.

신사쿠는 시모노세키 산간지대에 숨어버린 기병대 캠프를 찾아가 부하였던 야마가타 아리토모에게 반대파 타도를 위한 궐기를 촉구했다. 냉철한 야마가타가 승산이 없다며 거절하자 신사쿠는 큐슈의 후쿠오카로 일단 은신했다. 수개월 후 시모노세키에 다시 잠입해 대원들을 몰래 찾아다니며 설득했다. 그의 열정과 의지에 제일 먼저 달려간 사람이 이토 히로부미였다. 이토 히로부미와 기도 다카요시 등 80명의 궐기대가 신사쿠의 지휘로 번청을 습격해 군량과 군자금을 확보하고 번의 군함 3척을 강탈했다. 이 같은 활약은 순식간에 기병대원들에게 알려져 이들이 모두 반란에 가세했다. 당시 기병대의 총독대리가 메이지유신 이후 40여 년간 일본 육군을 지배하는 야마가타 아리토모였다. 반군은 조슈의 정규군을 수차례 대파해 1865년 2월 신사쿠를 중심으로 번의 정권을 장악했다.

번의 실세가 된 신사쿠는 대개혁을 선언했다. '양이'를 '무역확대'로 대전환하고 '토막'8)을 공개적으로 천명했다. 종전의 존왕양이론이 존왕론으로 슬며시 바뀐 채 서구화에 전력투구해 '부국강병'을 추구했다.

조슈번의 '부국'책을 보자. 시모노세키는 한반도 교류의 최단 거점이며 외국 선박이 오사카로 갈 때 거쳐야 하는 관문이다. 전략적 위치가 얼마나 중요하면 시모노세키와 북큐슈 사이의 바다 이름이 '관문(칸몬)해협'이겠는가?9) 조슈번은 시모노세키를 중심으로 무역업을 진흥시키려 했다. 또 비공식적인 기구를 만들어 번주 개인 돈으로 무역상 이익 또는 이권 사업을 통해 나온 이익 등을 추구하여, 조슈번 부국의 원천은 36만 석의 석고 외에도 다양했다.

이를 바탕으로 최신식 서양 무기를 대량으로 구입해 '강병'책을 추진했다. 당시 나가사키에는 영국인 토마스 글로버 등 서양의 무기상들이 있었고 무기는 이토 히로부미가 구입했다.10) 신사쿠의 지도력으로 서양 진법과 최신 무기로 훈련하면서 조슈번은 단시일에 강력한 군사력을 갖추었다.11)

---

8)   '막부 타도' 또는 '막부 토벌'을 뜻한다.

9)   조슈가 양이를 한다며 서양 상선을 공격한 것도, 그 보복으로 포격을 당한 곳도 칸몬해협을 지키는 시모노세키의 단노우라 포대였다. 또 약 4백 년간의 헤이안 시대를 끝내고 사무라이 정권의 원조 가마쿠라막부 개설의 계기가 된 겐페이 전쟁 최후의 전투, 단노우라 해전(1185년)이 벌어진 역사적인 곳이기도 하다.

10) 이토는 유학 전에도 조슈번의 철포를 구입했고, 귀국한 후에는 영어 실력을 바탕으로 군함, 대포, 지뢰, 소총 등 다양한 최신 무기를 외국 무기상을 통해 수입했다.

11) 앙숙이던 조슈와 사쓰마의 동맹 성사를 위해 애쓰던 사카모토 료마가 신사쿠의 배려로 며칠간 조슈의 군사훈련을 참관하며 처음 보는 새로운 전술과 진법에 감탄한 기록이 남아있다.

소프트뱅크 손정의 회장이 제일 존경
한다는 인물인 사카모토 료마는 1835년
도사번(현 고치현)에서 하급 무사의 5남
매 중 막내로 태어났다. 료마 가문은 원
래 부유한 상인이었으나 조부 대에 이르
러 하급 무사 신분을 얻었다. 무사 신분
이라고 얻은 직책은 번주 조상들의 묘를
지키고 관리하는 묘지기로 형이 아버지

| 사카모토 료마(출처: 위키피디아)

의 뒤를 이어 가직을 계승했다.

그나마 집안에 여유가 있어서 료마는 아버지를 졸라 19세에 에도에
무술 유학할 기회를 얻었다. 에도에서 검법을 배우던 중 페리 함대의
위용을 직접 눈으로 목격하고, 서양 문물에 밝은 주쿠에 들어가 서양
문물과 세계정세에 대해 눈을 떴다. 4현후로 불렸던 도사번주 요도공
이 안세이 대옥으로 근신처분을 받을 즈음 료마는 페리 함대가 내항하
던 해부터 시작한 에도에서의 무술 유학을 5년 만에 마치고 1859년 스
승으로부터 북진일도류 검법 목록을 전수받아 귀향했다.

료마는 1861년 도사번의 존왕양이파 조직에 가입했다가 1862년 탈
번해 낭인이 되었다. 에도막부 시대 탈번은 중죄였다. 시골 촌뜨기가
당시 인구 100만 명의 세계 최대의 도시 에도의 유학 경험으로 세상이
급변하고 있음에 눈을 떴다. 앞으로 올 새 세상이 정확히 뭔지는 알 수
없었지만, 페리의 내항, 존왕양이운동 등 전에 없던 사태의 전개는 급
격하게 세상이 바뀌고 있고, 시대가 새로운 세상을 갈구하고 있음을

온몸으로 느끼게 해주었다. 허가 없이는 번을 벗어날 수도 없었던 막번 체제는 더 이상 시대에 맞는 옷이 아니다 싶어서 과감히 탈번했다.

그해 에도에서 가쓰 가이슈를 만나 그의 제자가 되었다.[12] 막부가 네 덜란드로부터 구입한 증기선 간닌마루호의 함장으로 일본 최초로 태평 양을 횡단한 방미사절단의 일원이었던 가이슈는 하타모토 계급으로서 쇼군과의 회의에 참석할 수 있는 막부 인사들 중 당대 최고의 양학자 이자 일본 해군의 기초를 놓은 인물이었다. 가이슈를 통해 료마는 일 본의 후진성과 서구 문물에 대한 이해도를 높였으며 해군과 무역에 눈 을 떴다.

료마는 나가사키에 무역회사를 설립하고 일본을 한번 세탁하고 싶다 고 누나에게 편지했다.[13] 이 시기 그의 행적을 보면 구체적인 목표가 처 음부터 설정된 것이 아니었다. 각계와의 교류를 통하여 세계정세와 새 조류를 알아가면서 막번 체제의 후진성을 깨달아가고 있었다. 뭔가 더 나은 세상을 만들기 위해 애쓰고, 방향이 옳다고 판단되면 그 길을 걷 기 위해 목숨을 걸었다. 료마는 편지에서 세계지도를 설명하며 자기의 꿈은 누나를 포함한 가족들과 세계여행을 하는 것이라고 했다. 번 경 계 하나를 넘기 위해서도 허가를 받았고 탈번이 중죄로 처벌받던 시절 료마는 막번 체제의 일본을 세탁해 더 나은 새 세상을 만드는 일에 목

---

12) 일설에 의하면 존왕양이파였던 료마가 쇼군의 참모 가이슈를 살해하려고 방문했다가 그의 세계 정세에 관한 박학다식함에 감복하여 제자가 되었다고 한다.

13) 료마는 가족들, 특히 친밀했던 누나에게 많은 편지를 보냈는데 료마의 편지가 발견됨으로써 료 마의 행적과 생각이 상세하게 밝혀져 일본근대사의 귀중한 사료가 되었다.

숨을 건 '지사'였다.

막부는 1863년 가이슈를 책임자로 고베에 해군훈련소 설립을 결정했고, 료마는 열성적으로 훈련소 설립과 대원 모집에 관여했다. 다음 해 가이슈의 메신저로 사쓰마번의 사이고 다카모리를 방문했다. 그해 가이슈가 막부의 군함봉행직에서 파면되고 해군훈련소가 폐쇄되자 료마는 실망했으나 사쓰마의 보호를 받게 되었다.

이즈음 료마는 더 나은 세상을 만들기 위해 '일군만민'[14] 사상을 행동으로 옮기며 일본이 가야 할 길이라 확신했다. 그는 사쓰마와 조슈가 손을 잡지 않으면 토막이 불가능하다고 확신했다. 그러나 두 번은 8·18 정변과 금문의 변에서의 앙숙으로 적대감이 극심하여 먼저 신뢰부터 쌓아야 한다고 료마는 생각했다.

한편 토막을 기치로 하는 신사쿠의 존왕파가 조슈에서 재집권하자 막부가 가만히 있을 리 없었다. 막부는 2차 조슈 정벌을 준비하고 있었다. 막부의 침공을 목전에 둔 조슈는 최신 서양식 무기가 절실했으나, 조적으로 찍힌 데다 막부의 감시도 엄중해 비록 자금은 있었지만 무기 구입이 불가능했다.

한편 사이고 다카모리 등 사쓰마의 지도자들은 이번에 조슈가 멸망하면 막부의 다음 타겟은 자기들이 될 수도 있겠다는 불안감이 엄습했다. 이때 료마가 사쓰마 명의로 무기를 구입해 조슈에 넘겨주자고 사쓰마를 설득했

---

14) 일군만민(一君萬民)은 '한 명의 천황 밑에 만민이 있을 뿐'이라는 뜻이다. 일군만민 사상은 자연히 막부의 존재는 필요 없고, 만민 간에는 번의 경계나 신분의 차별이 없는 평등사회를 지향한다. 따라서 토막 운동을 포함한다.

다. 조슈는 사쓰마가 그런 호의를 베풀 리 없다고 의심했지만 료마는 목숨을 걸고 양 진영을 오가며 설득했다. 마침내 료마는 무기상 글로버로부터 증기선 사쿠라지마호와 무기 등을 사쓰마 이름으로 구입하고 이를 조슈에 인도하는 일까지 도맡았다. 그 사이 양측의 신뢰도 조금씩 쌓였다.

1865년 말부터 료마는 교토, 나가사키, 조슈 등지를 바삐 오가며 동맹 구축을 위해 두 번의 주요 지도자들과 접촉했다. 주로 사쓰마의 사이고 다카모리와 오쿠보 도시미치, 조슈의 다카스기 신사쿠와 기도 다카요시 등을 만났다. 후세 사람들은 사이고, 오쿠보, 기도 3인을 '메이지유신 3걸' 또는 '유신 3걸'이라 한다.[15]

회담 장소에 상대방이 나타나지 않는 등 수차례의 결렬 위기를 료마의 헌신적인 설득과 조정으로 극복해, 마침내 1866년 초 교토에서 막부순찰대의 눈을 피해 양측의 격론 끝에 료마의 조정으로 합의가 이루어졌다. 그 유명한 삿초동맹이다.[16]

숙원을 달성한 료마는 여관 데라다야로 가서 쉬던 중 막부순찰대의 습격으로 큰 부상을 입지만 여종업원 오료의 도움과 사쓰마군의 치료로 목숨을 건진다. 죽을 뻔한 료마에게 조슈로 떠난 기도 다카요시의 편지가 날아든다. 회담에서 사쓰마와 약속한 사항을 료마가 입회자로서 확인해 달라는 요청이었다. 료마는 부상당한 오른손으로 기도의 편지지 뒷면에 회의에서 합의한 내용을 6개 항으로 써서 보증했다. 삿초

---

15) 구체제를 허물고 메이지유신이라는 새 세상으로 가는 큰 길을 닦았던 다카스기 신사쿠와 사카모토 료마는 메이지유신을 보지 못한 채 사망하여 '유신 3걸'에서 빠진다.

16) 막부의 2차 조슈정벌에 사쓰마는 불참한다는 것, 조슈가 조적의 누명을 벗는 데 사쓰마가 최선을 다한다는 것이 삿초동맹의 핵심 내용이다.

동맹이 문서로서 완성되었다.

사쓰마는 료마를 보호하기 위해 위험한 교토를 벗어나 사쓰마로 데려갔다. 사이고는 그사이 오료와 결혼한 료마에게 사쓰마에 좋은 곳이 많으니 모든 것을 잊고 쉬면서 요양에 전념하라고 권했다. 지금의 가고시마… 좋은 곳이 얼마나 많은가? 사쓰마의 환대 속에 료마는 온천과 명승지로 오료를 데리고 다니며 행복한 시간을 만끽했다. 풍운아 료마의 일생 중 가장 행복한 시기였다. 일본인들은 이를 일본 최초의 신혼 여행이라고 부른다.

1866년 여름 막부의 제2차 조슈 정벌이 시작되었다. 쇼군 이에모치는 오사카에 진을 쳤다. 막부군은 4곳에서 진격해 들어갔다. 조슈군은 1~2만 명 수준이고 정벌군 병력은 10만 명 이상이기에 모두 조슈의 멸망을 예상했다. 그 누구도 사쓰마가 이미 조슈 편으로 돌아선 것을 눈치채지 못했다.

그러나 막부군은 숫자에 비해 무기나 사기가 형편없었다. 무엇보다도 동원된 여러 번병들의 전투 의지가 없었다. 이미 1차 조슈 정벌 때 막부의 항복 조건을 수락해 이번 정벌의 명분이 없다는 조슈의 항변이 동원된 번주들 사이에 먹혀들었다. 또 전비 부담으로 번주들은 내심 전쟁을 원하지 않았다. 어영부영 시간을 때우다 보면 1차 정벌 때처럼 전투 없이 종료될 수도 있으리라 기대했을지도 모른다.

료마는 신혼 여행을 급히 중단하고 사쿠라지마호를 지휘해 막부와의 해전에 참전했다. '사쓰마 명의로 구입한 함선을 이끌고 조슈를 위해 막부와 전투를 벌이는 사카모토 료마'. 반막부 연합 – 삿초동맹의 상징적 장면이다.

신사쿠와 료마의 활약으로 조슈는 수차례 전투에서 모두의 예상을 뒤엎고 막부군에 승리했다. 연이은 패전에 스트레스받아 쇼군 이에모치가 7월 20일 오사카성에서 병사했다. 8월 막부의 해군 총독 가쓰 가이슈가 칙명을 받아 조슈번에 제의해 휴전협약이 체결되자 막부는 정벌군을 해산했다. 휴전으로 포장했지만 조슈의 국민병 기병대가 막부의 직업군 사무라이군을 이긴 역사적인 승리였다.

이제 사람들은 토막과 왕정복고를 공공연히 떠들었다. 막부가 조슈 정벌을 벌이는 동안 막부의 근거지 에도와 오사카에서 물가앙등으로 대규모 폭동이 일어났다. 농민들은 막부 붕괴가 임박했음을 눈치채고 폭동을 일으켜 연공 징수에 저항하고 마을 상류층의 권위에 도전하는 일이 빈번했다.[17] 바야흐로 막부 체제가 붕괴되고 있음을 모두가 느끼고 있었으며, 새 세상에의 기대감이 확산되고 있었다.

1867년 중요한 인물이 역사의 무대에 등장하고, 막부 체제를 무너뜨리는 데 혁혁한 공을 세운 두 명의 젊은이가 역사의 무대에서 사라진다.

고메이 천황이 사망하자 1867년 초 16세의 소년이 그 자리를 계승한다. 바로 메이지 천황이다. 메이지는 수년 전 등극한 조선의 고종과

---

17) 막부 통치 마지막 2년간 두드러졌는데 1866년에 도시 폭동은 35회, 농민 반란은 106회였다. 1867년에는 정체불명의 축제소동이 오사카에서 에도에 이르는 중앙지대의 여기저기서 벌어졌다. 앤드루 고든, 『현대일본의 역사』, 이산, 135쪽

동갑이다. 동갑내기 두 소년이 파란만장한 동시대를 살면서 각자 어떤 통치력을 발휘할지, 또 어떤 운명을 맞이할지 지켜보자.

한편 막부를 패퇴시킨 후 승리를 즐길 겨를도 없이 신사쿠는 그간 그를 괴롭혔던 결핵으로 요양 중 사망한다(1867.4). 28년이 채 못 되는 짧은 일생이었다. 근대 일본의 새벽 막부 말~유신 초 개혁의 최대 추진세력은 조슈번이었고, 조슈를 추동시킨 것은 바로 그였지만 그렇게 갈망하던 새 세상이 오기까지 1년도 채 남지 않은 상태에서 다카스기 신사쿠는 역사의 무대에서 사라졌다. 같은 운명을 예감해서였을까… 그의 사망 소식을 들은 료마는 오열하며 하늘을 원망했다.

신사쿠의 뒤를 이은 기도 등 조슈의 지도자와 사쓰마의 사이고 등 삿초동맹의 리더들은 승리의 기세를 몰아 에도막부를 무력으로 토벌하려고 했다. 그러나 료마는 이에 강력하게 제동을 걸었다. 료마는 전면전을 벌이기엔 막부는 여전히 강할 뿐 아니라 무력으로 막부를 쓰러뜨리려면 일본 전체에 엄청난 큰 혼란과 희생이 따를 것이라고 생각했다. 그는 쇼군이 천황으로부터 위임받아 몇백 년간 행사한 권력을 천황에게 되돌려주고(대정봉환)[18], 그 밑에서 쇼군도 하나의 다이묘로 신정권에 참여하는 그림을 구상했고 이를 행동으로 추진해 나갔다.

그는 토막파인 삿초의 지도자들에게 자신의 구상을 설득했다. 동시에 1867년 초 고향 도사번의 참모 고토 쇼지로를 찾아가 설득하며 자신의

---

18) 대정봉환(大政奉還)은 쇼군의 통치권(대정)을 천황에게 반환한다는 뜻이다.

구상을 전 번주 요도공에게 전하도록 했다. 그해 여름 료마는 '선중8책'[19]을 고토에게 제시해 종전의 '대정봉환론'과 함께 요도공을 설득케 했다.

그동안 도사번은 삿초에 비해 개혁과 주도권 경쟁에서 뒤처져 있었다. 비록 은퇴해 술을 입에 달고 살면서 현실에 초연한 것처럼 행세했지만 요도공은 내심 중앙 정계에 도사번의 영향력 확대를 꿈꾸고 있었다. 고토의 주선으로 드디어 1867년 9월 료마가 요도공을 만나 대정봉환과 선중8책을 설득했다.

요도는 세상이 변했음을 실감했다. 자신의 번을 탈번한 중죄인 하급 무사로부터 막부를 없애는 방법과 새 세상에 대한 구상을 듣다니… 내색은 안 했지만 속마음은 매우 복잡했다. 급변한 환경에서 제자리를 못 찾아 헤매고 있는 막부에 도사번이 먼저 계책을 냄으로써 향후 정국에 상당한 발언권을 가질 수 있다는 계산이 섰다. 마침내 요도는 료마의 구상을 채택하고 자신이 직접 대정봉환 건의서를 작성해 10월 초 막부에 정식으로 접수했다.

한편 료마의 설득으로 토막을 일단 보류하고 사태를 지켜보던 삿초의 지도자들은 대정봉환 건의서가 접수된 지 1주일이 지났어도 막부의 움직임이 없자 토막 실행을 결정했다. 두 번주는 교토로 진군했고 사쓰마의 오쿠보 도시미치는 교토에서 천황으로부터 토막 칙허를 받는 데 진력했다. 마침내 10월 14일 오쿠보는 두 번주에게 내리는 막부 토

---

19) 선중8책은 료마가 배 안에서 구상한 신정부의 8가지 정책이다. 대정봉환을 대전제로 양원제 의회 설치, 인재 등용과 관제 개혁, 국제 교류 확대, 신법전 제정, 해군 확장, 황실과 수도를 방위하는 어친병 설치, 금은을 국제시세에 맞추도록 하는 등의 내용으로서 현대사회에서도 무리 없이 적용될 만한 당시로서는 획기적인 내용이다.

벌에 관한 천황의 밀칙을 손에 넣었다.

공교롭게도 같은 날 쇼군 요시노부는 교토 니조성에서 40여 번의 중역회의를 긴급 소집했다. 이 자리에서 도사번 대표로 참석한 고토 쇼지로는 대정봉환의 필요성을 쇼군에게 절절히 설득했고, 이의를 제기하는 번이 하나도 없자 막부는 대정봉환을 결정하고 천황에 제청했다. 자발적인 대정봉환으로 토막의 명분은 사라졌지만 이미 출동한 삿초군은 교토를 장악해 황거를 지배한다.

대정봉환이 이루어진 며칠 후 1867년 10월 20일 향후 정국을 준비하던 료마는 교토에서 친구와 함께 자객의 습격을 받아 절명했다. 새세상을 같이 만들자던 신사쿠가 사망한 지 반년 만에, 막부 멸망을 알리는 왕정복고 쿠데타가 채 한 달도 남지 않은 때 사카모토 료마는 풍운아 32년의 삶을 마감했다.[20]

극렬한 존왕양이론자에서 철저한 서구 따라잡기를 통해 조슈번 중심의 부국강병론자로 변신한 다카스기 신사쿠, 도사번이라는 우물 안 개구리에서 탈번해 넓은 세상 많은 사람들을 만나며 일군만민 사상을 행동으로 옮긴 사카모토 료마. 이들은 모순투성이의 봉건체제, 철옹성 같던 막번 체제를 무너뜨리고 꿈꾸던 새 세상으로 가는 큰길을 내기 위해 아무 대가도 바라지 않고 목숨을 바친 젊은 지사였다.

---

20) 2010년 일본 NHK가 방영한 48부작 대하드라마 '료마전'에 료마의 일생과 막부 말기의 사회 분위기가 잘 묘사되어 있다.

。 오쿠보 도시미치(1830~1878)

오쿠보 도시미치는 사쓰마번 무사의 장남으로 태어났으며, 난학자 외할아버지로부터 서양 이야기를 들으며 자랐다. 부친과 외할아버지로부터 배웠던 학문을 바탕으로 17세에 사쓰마번의 서기 보좌로 일했다.

당시 사쓰마의 시마즈 가문은 나리아키라와 히사미쓰의 형제간 후계자 경쟁으로 내분이 있었는데, 오쿠보의 부친은 나리아키라 진영이어서 히사미쓰 암살 모의가 발각되어 한때 유배되었다. 결국, 나리아키라가 번주가 되자 오쿠보 부자는 함께 복권되었다.

나리아키라의 사후 히사미쓰의 어린 아들 타다요시가 번주가 되자 오쿠보는 타다요시에 접근했다. 1861년 번주의 비서로 임명되어 번정 개혁에 착수했고, 1862년 히사미쓰가 막부의 개혁을 촉구하기 위해 교토로 진군했을 때 오쿠보는 혁혁한 공을 세웠다. 그는 조정의 공경들을 끈질기게 설득해 결국 막부의 개혁을 요구하는 칙허를 얻어냈다. 그 결과 히사미쓰가 칙사와 함께 에도로 가서 분큐 개혁을 끌어낼 수 있었다.

이 일로 인해 오쿠보는 전국적인 명성을 얻었다. 번주 부자의 전폭적인 신임으로 사쓰마번 중심 세력으로 부상했다. 그런 면에서 오쿠보는 젊었을 때부터 권력지향적 인물이었다. 전 번주 나리아키라에 충성하는 인물로 각인된 사이고 다카모리와는 결이 달랐다. 사이고는 우직한 무장형으로 따르는 무사들이 많았고, 오쿠보는 정무감각이 뛰어난 책사에 추진력까지 갖추어 윗사람이 좋아하는 스타일이었다. 사이고는 고향 후배를 각별히 챙겼지만, 오쿠보는 출신 번을 따지지 않고 유능한 인물을 발탁했다. 두 사람은 토막의 동지이자 '유신 3걸' 중 사쓰마가 낳은 두 영웅이지만, 이런 차이로 인해 길을 달리하며 결국 나중 운명적인 최후를 맞이한다.

많은 다이묘가 쇼군의 대정봉환의 결단을 환영하고 칭송했다. 분위기가 쇼군에게 유리하게 바뀌자 유신 3걸 등 삿초의 지도자들은 위기의식을 느꼈다. 기껏 노력한 토막 운동이 다시 요시노부의 실권 장악으로 돌아갈 기세였다.

조적으로 찍힌 조슈에 비해 자유로운 사쓰마가 움직였다. 사이고는 군대 쪽을, 오쿠보는 조정 공작을 맡았다. 교토 조정에는 오쿠보와 얘기가 잘 통하는 이와쿠라 도모미가 있었다. 이와쿠라는 조정에서 신분은 낮았으나 정치 감각이 뛰어난 천황의 책사였다. 이와쿠라와 오쿠보는 사쓰마의 무력 지원으로 막부지지파를 조정에서 축출할 쿠데타를 계획했다.

조정은 공경들과 주요 다이묘들을 궁궐로 불러들였다. 그들이 속속 도착하는 가운데 사이고가 이끄는 군대가 궁궐 문을 장악했다. 1868년 1월 3일(음 1867년 12월 9일) 회의에서 전날 밤 조치[21]에 항의하는 막부지지파 공경들이 퇴장한 가운데 이와쿠라가 미리 준비한 '왕정복고의 대호령'을 발표했다. 수백 년 만에 천황의 친정이 개시된 것이다.

그날 밤 일부 다이묘 등이 참여한 왕정복고 후 최초의 어전회의가 열렸다. 요도공이 "이런 자리에 도쿠가와 가문의 사람이 한 사람도 없는 것은

---

21)　이와쿠라가 조슈번에 대한 조적 사면을 일방적으로 발표한 조치

당치 않다"며 이의를 제기했다. 이에 이와쿠라가 "도쿠가와씨는 처벌해야할 적"이라고 하자, 요도공이 "일부 불충한 무리들이 어린 천황을 겁박해 이런 사태가 벌어졌다"고 발언하며 분위기가 험악해졌다. 난항을 겪는 회의 분위기를 전해 들은 사이고는 "단도 한 방이면 해결된다"고 말했다. 사이고의 무력 사용을 암시하는 위압적 분위기로 요시노부의 사관납지[22]가 결정되었다. 결국, 쇼군가가 소외된 상태에서 이와쿠라와 오쿠보가 기획 및 준비한 대로 왕정복고의 쿠데타가 이루어졌다. 270년 이어온 에도막부가 멸망하고, 약 700년 간의 사무라이 정권[23]이 종말을 고했다.

여기서 잠시 쉬어 가자. 막부는 왜 웅번에 패했을까?

페리의 내항 후 연속된 무능한 쇼군들에 비해 현명한 번주들이라는 정치적 리더십의 차이 또는 존왕양이·일군만민·새 세상 만들기 등의 대의명분을 위해 아무 대가 없이 목숨을 바친 '꿈을 좇는 젊은이들'의 유무가 승패를 갈랐음을 부인할 수 없다.[24]

그러나 눈을 크게 뜨고 보면 세계적인 근대화의 거대한 물결이 들이닥쳐 구체제가 휩쓸려 사라진 게 아닐까? 유학, 국학 등 학문과 사상

---

22) 사관납지(辭官納地)는 쇼군 요시노부의 관위 삭탈과 영지 감축을 말한다.
23) 가마쿠라막부(1185~1333년), 무로마치막부(1336~1573년), 아즈치모모야마 시대(1568~1603년), 에도막부(1603~1868년)의 무가정권. 아즈치모모야마 시대의 경우 비록 막부는 없었지만 오다 노부나가와 도요토미 히데요시가 통일과정에서 일본을 호령하는 시기였다.
24) 막부가 웅번에 패한 원인에 관하여 박훈 서울대 교수는 막부와 웅번의 정치적 리더십의 차이를 들었다(박훈의 일본사 이야기, 서울경제신문 2020.4.12). 미국의 대표적인 일본학자이자 주일 미국대사를 지낸 에드윈 라이샤워 하버드대 교수는 『일본제국주의 흥망사』에서 '젊은이의 꿈'의 유무가 승패를 갈랐다고 진단했다(최치현, '일본의 나폴레옹' 꿈꿨던 에노모토 다케아키, 『월간 중앙』 2019.5).

면에서 언제부터인가 천황과 백성의 중간에서 권력을 휘두르는 막부의 존재에 의문부호가 붙기 시작했다. '천황이 있는데 왜 막부가 필요하지?'라는 인식이 존왕양이운동과 함께 확산되면서 일군만민 사상이 광범위하게 유포되었다.

간단히 생각하면 막부 체제라는 것은 수백 년 전 쇼군이 대정을 천황으로부터 맡을 때부터 언젠가 다시 반납할 운명을 가진 구조적으로 매우 취약한 체제다. 잠시 맡겨두었던 권력을 원주인이 이제는 돌려달라고 하고, 국민들이 원주인에게 돌려주는 게 맞다고 하는데[25] 달리 방도가 있을까? 그런 의미에서 구체제의 구슬을 깨고 근대화를 성취하기엔 막부 체제가 조선왕조 체제보다 훨씬 유리했다. 근대 서양세력의 출현이라는 외부 충격에 조선왕조 체제라는 구슬은 깨지지 않고 땅속 깊이 박혀 버리고, 막부 체제라는 구슬은 실금이 있어서 같은 충격에도 깨졌다.

미국과 유럽을 다녀와 서구를 소개한 후쿠자와 유키치의 『서양사정』은 이러한 사상과 충격의 확산에 기름을 부었다.[26] 당시 일본인들이 한 번도 듣도 보도 못한 서구의 제도와 문물을 자세히 소개한 『서양사정』은 일본열도를 엄청난 충격으로 강타했다. 지배층과 지식인들은 물론 일반인들도 일본의 막번 체제와는 전혀 다른 선진 외부세계의 사정을 알게 되었다.[27]

---

25) 시민사회의 미형성으로 당시 일본 국민들은 자신들이 주인인 줄 몰랐다.

26) 『서양사정』은 1866년 1편이 발간되었다.

27) 도사번 참정 고토 쇼지로는 『서양사정』을 읽고 세계정세를 알게 되었고 일본의 변화가 절실함을 깨달았다. 요도공의 지시로 도사번 대표로 참석한 막부의 마지막 중역회의에서 쇼군에게 대정봉환을 설득할 때 쇼군 역시 이미 이 책을 읽고 세계의 대세에 정통하고 있어서 고토를 놀라게 했다.

낡은 봉건체제를 붙들고 어떻게든 과거의 위신을 되찾으려 안간힘을 써온 막부 입장에서는 도저히 저항할 수 없는 어마어마한 새 시대의 거대한 조류가 안팎으로 들이닥쳤음을 느꼈을 것이다.

보신전쟁이라 부르는 구 막부군의 저항이 산발적으로 일어나는 가운데 1868년 3월 14일 메이지 천황은 신정부의 신하들을 모아놓고 신정부의 기본방침 5개조 서약문을 천지신명에게 맹세했다.[28]

이로부터 약 10년간 메이지 시대에 일어난 변혁의 정도와 속도는 정치, 경제, 사회, 문화 등 모든 면에서 엄청나서 이 시기에 행해진 일본의 근대화를 위한 일련의 대개혁 조치들을 통틀어 '메이지유신'이라 한다. 메이지유신은 신정부의 개혁주체들이 공동으로 추진한 것이지만 특히 유신 3걸, 그중에서도 오쿠보가 오랫동안 핵심적으로 수행했기에 여기서 메이지유신에 대해 간략히 살펴보자.

메이지유신

1868년 9월 새 연호 메이지와 함께 수도를 에도성으로 천도하기로 결정하며[29] 도쿄로 명칭을 바꾸었다. 10~12월 천황의 도쿄 왕복 행차

---

28) "모든 일은 회의를 통해 의논하고 결정한다. 국민 모두가 마음을 함께 해 국가를 통치한다. 전 세계에서 지식을 얻어 황국의 기반을 다진다" 등 지금 보면 너무도 당연한 내용이다. 당시 새 시대를 알리는 획기적 방침이라는 것이 지금 보면 너무 당연한 만큼 구체제가 봉건적이고 후진적이었다.

29) 당초 오사카 천도가 유력했으나 신정부의 재정이 빈곤한 것을 알게 된 오쿠보가 막부의 인프라를 그대로 사용할 수 있는 에도를 강력히 주장해 관철시켰다.

를 통해 새 시대의 도래를 국민들에게 각인시키고 다음 해 1869년 도쿄로 천도했다.

유신 3걸로 대표되는 개혁 주도세력은 시범적으로 시행한 '판적봉환'[30]을 전국으로 확대해 1870년까지 마쳤다. 번주가 스스로 천황에 반환하면 천황이 윤허하고 번주를 번 지사에 임명했다. 즉 구체제의 번주가 천황이 임면권을 가진 신정부의 지방 장관으로 바뀐 셈이다. 자발적 반환이 전제이므로 개혁 주도세력은 번주들에게 당근과 채찍을 같이 구사해 초스피드로 판적봉환을 완료했다.

대장경이 된 오쿠보 등 개혁 주도세력은 다음 단계로 1871년 7월 번을 폐지하고 현으로 바꾸는 '폐번치현'을 단행했다. 다이묘들에게는 도쿄 이주명령이 내려졌고 많은 성이 해체되었다.[31] 270년간 존속해 오던 정치 및 행정 질서가 3년 만에 일거에 소멸되었다. 1872년 일본 체류 중 목격한 일본의 대변혁에 감탄한 한 영국인은 이렇게 기록했다.

> '4년 전 우리는 아직 중세에 살고 있었다. 거기서 우리는 뛰어올라 19세기로 돌입했다. 시의 세계에서 산문의 세계로 돌입하듯이.'[32]

새 정치 질서에 맞도록 행정기구도 개편했다. 1868년 봄 태정관이 설

---

30) 판적(版籍)은 다이묘들이 다스리는 영지와 영민이다. 1869년 사쓰마번, 조슈번, 도사번, 히젠번(사가번) 등 4개번에서 시범적으로 판적봉환을 실시했다.

31) 다이묘들은 번에서 나오던 징수액의 약 10% 상당의 가록을 매년 지급받으며 통치비용 부담에서 해방되자 대부분 매우 만족해했다.

32) 앤드루 고든, 『현대일본의 역사1』, 이산, 145쪽

치되어 최상층부를 개혁 주도세력이 독점했다. 몇 차례 조직 개편 후 1871년 태정관 아래 최고정책결정기관(정원), 입법자문기관(좌원), 행정기관(우원)을 두었으며, 우원 아래에 대장성, 외무성, 공부성, 문부성 등 정부 부서를 두었다.[33]

국민의 신분을 화족[34]과 평민 둘로 구분 정리했다. 무사 계급은 단계적으로 평민에 흡수되는데, 특권이 사라지는 것에 대한 무사 출신(사족)의 불만은 오랫동안 메이지 신정부의 고민과 치안 불안의 요인이 된다.

메이지유신 중 가장 이해가 안 되는 퇴행적 조치인 '국가신도화'와 '제정일치'에 대해 짚고 넘어가자. 1868년 3월 메이지 신정부는 "이번의 왕정복고는 진무천황의 창업시대로 되돌아가 모든 것을 일신해 일본 고유의 신을 섬기는 일과 정치가 일치하는 제정일치의 조직으로 돌아간다"고 천명했다. 곧이어 4월 신도와 불교를 분리하고(신불분리령), 국가신도화를 구체화한다. 이때 사원, 불상 및 불구들이 파괴되어 전국적으로 많은 문화재가 훼손되었다(폐불훼석).[35]

국가신도화와 제정일치 정책은 봉건체제를 무너뜨리고 과학과 합리성에 입각해 서구화와 근대화를 추진하는 메이지유신의 기본방향과

---

33) 1885년 내각제도가 발족하기까지 태정관제는 비교적 잘 운영되었다.

34) 종전의 조정 공경과 다이묘를 화족으로 편입했다.

35) 가미와 부처의 신앙이 뒤범벅된 신사에서 불상, 범종 등 불교 관련 시설물을 철거시켰다. 오랫동안 승려들에게 눌려 지내던 신관들은 기뻐하며 낭인들과 함께 사찰을 돌아다니며 운영권을 뺏고 승려들에게 신관 전직을 윽박질렀다. 신불분리령(神佛分離令)과 폐불훼석(廢佛毀石)은 수십 년 전 도쿠가와 나라아키가 취한 정책을 흉내낸 것이다.

전혀 어울리지 않는 원시시대에나 있을 법한 역주행 조치였다. 이 같은 무리를 감수하고 주도세력이 이를 추진한 이유는 무엇일까?

주도세력은 새 체제에 정당성을 부여하기 위해 구체제에서 핍박받은 천황을 전면에 내세웠다. 문제는 천황이 오랫동안 별 볼 일 없는 존재로 사람들에게 각인되어 있다는 점이다. 무력했던 천황의 권위를 빨리 세우기 위해서는 아마테라스의 자손이라는 신화의 세계로 들어가는 것이 최고의 지름길이었다.

신화 속의 진무천황과 연결짓는 천황 신격화를 위해서는 불교의 정리가 불가피했다. 불교 우위의 관점에서 불교와 신도가 혼합된 오랜 전통[36]을 깨부수지 않으면 신도를 통한 천황 신격화가 불가능하다고 판단했기 때문이다. 게다가 불교는 쇼군가 등 막부의 지배층과 가까웠기 때문에 종교에서도 적폐 청산과 새 시대가 왔음을 국민들에게 알려주려고 했다.

삿초가 무력으로 막부를 무너뜨리기는 했지만, 전혀 새로운 사회체제를 만들어 가는 과정은 힘만으로 되는 것은 아니다. 구체제의 붕괴로부터 새 체제가 정착될 때까지 나타날 각종 장애를 제거하고 무마하는 데 주도세력은 천황을 활용했다. 신격화된 천황이 신정부를 구성하고 통치하는 모습을 보여줌으로써 자신들이 부족한 권위와 정당성을 기가 막히게 보충했다.

---

36) 불교 도래 이후 일본의 전통 신도는 고급 종교인 불교와 혼합되어 적응하는 과정을 거치는데 이를 '신불습합(神佛習合)'이라 한다. 초기에는 "가미가 불법을 호위한다"거나 "가미가 수행을 통하여 불보살이 된다"는 설이 유행했는데, 헤이안 시대(794~1185) 이후 본지수적설(本地垂迹設)이 대유행하며 불교의 우위가 확립되었다. 부처가 본체(본지불)이며 가미는 부처가 현세에 내려와 흔적을 남긴 화신(화신불)이라는 이론이다. 본지수적설은 "밀교의 대일여래가 일본에서 아마테라스로 현신했다"는 주장과 각각의 가미별로 불보살을 1:1로 연결지으며 그 절정을 이루었다. 지금도 일본의 신사에 종종 남아있는 절(신궁사)이 신불습합의 흔적을 보여준다.

빨리 목적을 달성하는 단기적 묘수이긴 했으나 부작용과 후유증이 큰 장기적 악수였다. 오늘날까지 야스쿠니 신사 참배 문제로 주변국과 외교적 마찰을 빚는 것은 한 단편에 불과하고, 종교와 사상의 낙후성 등 메이지 신정부에서 시작된 약 80년간의 국가신도화와 제정일치 정책이 일본인의 정신세계와 일본에 미친 퇴행적 악영향은 훨씬 깊고 광범위하다. 외투의 첫 단추를 빨리 끼워 추위는 빨리 막았지만, 잘못 끼우는 바람에 두고두고 사람들이 한마디씩 하며 계속 주위의 눈치를 보게 되고, 정작 자신도 점차 불편해지는 것에 비유할 수 있지 않을까?

결국 국가신도화 정책은 군국주의 심화의 바탕이 되었고, 후일 일본의 제2차 세계대전 패망 후 연합군 최고사령부는 이런 이유로 가장 먼저 국가신도화 정책을 폐지했다.

이와쿠라 사절단

메이지 신정부는 선진국의 근대문물을 직접 시찰하고 이를 개혁에 반영하고자 용단을 내렸다. 오늘날 장·차관과 국장 등에 해당하는 상당수의 핵심 인력이 무려 2년 가까운 기간(1871.11~1873.9)에 걸쳐 구미 12개국을 순방했다. 이들의 또 하나의 숨겨진 임무는 서구와 맺은 기존 불평등조약의 재협상이었다. 이와쿠라 사절단은 특명전권대사 이와쿠라 도모미를 비롯하여 오쿠보, 기도, 이토 등 당시 신정부의 실세 및 정부 각 부처의 중견 관리 41명, 수행원 18명, 유학생 43명 등 100명이 넘는 대규모였다. 이들의 장기 공백으로 정무에 큰 차질이 빚어졌으니 메이지 신정부의 서구 따라잡기를 통한 근대화의 의지와 강도가 어느 정도

인지 알 수 있다. 출발하는 이들을 전송하는 태정대신 산조 사네토미의 전송사[37]에 메이지 신정부가 이들에게 거는 기대가 담겨 있다.

이들은 미국을 거쳐 영국, 프랑스, 벨기에, 네덜란드, 러시아, 프로이센, 덴마크, 스웨덴, 오스트리아, 이탈리아, 스위스를 시찰했다. 귀국길에 이집트, 실론, 싱가포르, 사이공, 홍콩, 상하이를 방문해 중동과 아시아의 후진성도 관찰했다. 사절단은 귀국 후 각 분야에서 일본의 근대화에 중요한 역할을 한다.

| 1872년 런던 체류 중인 이와쿠라 사절단 지도부.
왼쪽부터 기도 다카요시, 야마구치 마스카, 이와쿠라 도모미, 이토 히로부미, 오쿠보 도시미치(출처: 위키피디아)

---

37) "외국과의 교제는 국가의 안위에 관련되며 사절의 능력 여부는 국가의 영욕에 관계된다. 지금은 대정을 유신하고 해외 각국과 어깨를 나란히 할 때이니 그 사명을 만 리 떨어진 곳에서 완수해야 한다. 내외 정치와 대업의 성공 여부가 실로 이 출발에 달려있고 그대들의 대임에 달려있지 않은가… 모두 이 훌륭한 뜻을 한마음으로 받들고 협력해 그 직분을 다해야 한다. 나는 그대들의 뜻이 실현될 날이 머지않았음을 안다. 가라! 바다에서 증기선을 옮겨 타고 육지에서 기차를 갈아타며 만 리 각지를 돌아 그 이름을 사방에 떨치고 무사히 귀국하기를 빈다."

정한론 파동

메이지 신정부는 막부 시대의 종식과 천황 친정의 새 시대를 알리는 국서를 1868년 말 조선에 보냈다. 종전의 외교 루트 쓰시마인을 통해 초량왜관에 접수하고자 했으나 국서의 형식과 내용이 문제가 되어 조선은 국서 수리를 거부했다.[38]

일본은 이번에는 외무성 관리를 파견해 1870년 11월, 그리고 1872년 두 차례 더 국서의 접수를 요청했으나 계속 거부되자 천황 및 신정부의 위신이 손상되었다고 생각하고 있던 차에 이를 더욱 자극하는 사건이 발생한다. 1873년 5월 일본 외무성은 초량왜관에 파견된 외교관으로부터 보고를 받았는데, 동래부사가 메이지 신정부를 모욕하는 문서[39]를 왜관에 게시했다는 것이다. 근대화로 치닫고 있는 메이지 신정부를 '무법지국'이라 한 내용이 알려지자 일본인들은 이를 일본과 천황에 대한 모욕으로 간주해 파병 여론이 들끓었다.

파병 여론, 즉 정한론이 거세지자 태정대신 산조 사네토미는 천황의 명으로 회의를 소집해 참의(국무위원)들의 의견을 물은바, 비주류인 도사번 출신(이타가키 다이스케, 고토 쇼지로)과 사가번 출신(소에지마 다네오미, 에토 신페이) 참의들이 즉각적인 전쟁을 주장했다.

그러자 사이고 다카모리는 선 사절 파견 후 여의치 않으면 그때 토

---

38)   국서에는 종전과 달리 일본 통치자가 황제임을 의미하는 '황', '칙령' 등의 표현이 있었다. 이를 접수하면 군주가 왕인 조선의 국격이 졸지에 낮아져서 수백 년간 유지된 조선의 외교원칙인 사대교린 원칙이 붕괴되기 때문이다.

39)   "요사이 저들이 하는 짓을 보니 가히 무법지국이라 할 만하다"라는 내용이었다.

벌을 하자면서 자신을 먼저 사절로 보내달라고 주장했다.[40] 단계적 절차를 밟자는 점에서 설득력이 있었고, 무엇보다도 육군 대장 및 근위도독을 겸하며 일본에 잔류한 유일한 '유신 3걸' 실세가 자신의 희생을 전제로 한 계책을 제시하자 좌중이 압도되었다.

그러나 전쟁을 피하려는 천황의 의중을 읽은 태정대신 산조는 차일피일 미루다가 일단 이와쿠라사절단 일부를 급거 귀국시켜 그들의 의견을 듣고 결정하는 것으로 천황의 칙허를 얻었다.[41] 7월 말 기도, 오쿠보 등이 귀국한 후 사이고가 계속 재촉하자 산조는 어쩔 수 없이 각의를 소집했다(8.17). 그러나 산조의 기대와는 달리 기도와 오쿠보가 불참한 각의에서 사이고를 제지할 사람이 없어 사절 파견이 결정되었다. 이 내용을 듣고 천황은 이례적으로 "이와쿠라가 귀국하기를 기다려 숙의한 후 다시 보고하라"는 칙명을 내렸다.

9월 중순 이와쿠라가 이토와 함께 귀국했다. 산조는 이와쿠라와 논의해 10월 중순 각의를 개최했다. 각의에서 사절 파견을 놓고 이와쿠라와 사이고는 격렬한 논쟁을 벌였다.[42] 사이고에 동조하는 참의들이 더 많자 산조는 표결없이 회의를 종료하고, 다음날 재개한 각의에서 결

---

40) 사이고는 사절로 가더라도 국서 수리 가능성이 없다고 보았다. 대신 조선을 자극해 자신을 죽게 만들거나 또는 자신이 할복을 해서라도 전쟁의 명분을 만들겠다는 속셈이었다. 그해 초 징병제령 발표로 특권과 직업을 잃은 사무라이들의 극심한 반발과 불만에 대한 탈출구로서 조선과의 전쟁이 필요하다는 정략이었다.

41) 산조는 2년 가까이 선진문물을 체험한 이와쿠라, 기도, 오쿠보, 이토 등 사절단이 귀국하면 틀림없이 섣부른 전쟁을 반대할 것이라고 판단했다.

42) 이와쿠라는 사할린 사건, 대만 살인사건, 조선 문제 등의 현안 중 사할린 사건을 해결해 러시아와 국경을 확정하는 것이 우선이라고 주장했고, 사이고는 조선 문제가 천황폐하의 위신에 관련된 문제이기에 우선이라고 주장했다.

국 다수의 주장을 수용하는 결론을 낼 수밖에 없었다.

그러자 이와쿠라가 출근을 거부하고 기도와 오쿠보가 사표를 제출했다. 천황의 의중과 강경파 사이에서 이러지도 저러지도 못한 산조는 각의 결정을 천황에게 보고하지 않은 채 시간을 벌며 사태를 해결하고자 했다. 10월 중순 어느 날 밤, 산조는 이와쿠라의 집을 방문했다. 허심탄회하게 술 한잔 하며 설득할 생각이었으나 이와쿠라는 오히려 우대신을 사직하겠다고 했다. 기도와 오쿠보까지 포함하면 메이지 신정부를 움직이는 태정관의 핵심 실세 5인[43] 중 3인이 사표를 낸 셈이다.

막부 붕괴부터 메이지유신까지 강철대오를 형성했던 주도세력이 양분되었다. 노선의 차이라기보다는 권력투쟁의 성격이 더 강했다. 어려움은 공유해도 즐거움은 같이 나누기 힘든 것이 인간의 속성 아닌가? 온건파는 이와쿠라를 필두로 기도, 오쿠보, 이토 등 이었으며 강경파는 사이고와 비주류 번 출신의 참의들이었다.

결국 태정대신 산조가 병석에 눕고 이와쿠라가 태정대신 역할을 대리하며 천황은 산조에게 병문안까지 갔다.[44] 정한론 파동의 결과는 강경파의 몰락이었다('메이지 6년의 정변').

사이고, 이타가키, 고토, 소에지마, 에토 등 강경파는 사직하고 낙향했다. 이는 이와쿠라, 오쿠보 등 기존 주도세력의 권력을 더욱 강화시

---

43) 산조 사네토미, 이와쿠라 도모미와 유신 3걸을 말한다.
44) 산조가 병석에 눕고 이와쿠라의 임시 태정대신 임명 방책은 꽉 막힌 정국을 푸는 묘수로 이토가 제안했다는 설이 있다.

키면서 정계에서 정한론은 잦아들었다. 정한론 파동은 일본 근대정치사에 큰 영향을 발휘하며 개혁 주도세력의 운명을 결정짓는 분수령이되었다.[45]

일본의 정한론 파동이 정점을 지날 무렵 그 대상이 되는 조선에서는이러한 이웃 국가의 동향을 전혀 모른 채 오직 대원군의 권력 유지와고종의 친정 개시 여부 등 권력 다툼에만 집중하고 있었다는 점이 우리에게는 매우 뼈아픈 대목이다.

정한론자들이 퇴진하자 오쿠보가 실권을 장악해 독주하기 시작했다. 경찰제도에 관심이 많은 그는 내무성을 신설하고내무경이 되어 경찰권을 장악했다. 이후내무성은 일본 국내정치의 핵심이 되어부국강병책을 주도했다.

1874년에는 도쿄에 경시청이 설립되고오쿠보의 직속 부하를 초대 경시청장으로

| 오쿠보 도시미치(출처: 위키피디아)

발탁했다. 경찰은 정부의 전위대였으며 특히 내무성의 방침에 따라 충실하게 앞잡이 역할을 하였다. 가히 오쿠보 정권이라고 할 정도로 오쿠보는 잇달아 징병제, 지조개혁, 식산흥업 등 근대화 정책을 적극적

---

45) 정한론 파동에서 밀려난 강경파는 두 방향으로 갈린다. 하나는 막부 시절의 무사 신분과 특권에 대한 향수를 자극해 무력으로 신정부에 반항하는 부류이고, 또 하나는 삿초 중심의 주류 독재에 반발해 국민들을 계몽하며 의회설립운동과 정당정치를 추진한 세력으로 이들이 재야에서정부와 대립하며 전개한 정치사회운동을 자유민권운동이라 한다.

으로 밀어붙였다. 더불어 새 정부의 정책으로 불만이 커진 사족들을 회유하는 노력을 기울이는 한편 지방의 반란에 대해서는 강력하게 대처했다.

이후의 오쿠보 도시미치

오쿠보가 주도하는 신정부는 대외관계에 관한 국내 여론이 강경해지자 1874년 대만을 침공하고 1876년에는 강압적인 방법으로 조선과 강화도조약을 체결했다.

오쿠보는 정한론에서 패퇴해 가고시마(구 사쓰마)에 귀향해 세력을 키우고 있는 옛 동지 사이고를 신정부의 가장 큰 걱정거리로 여겼다. 오쿠보는 1877년 1월 '가고시마현이 보유하고 있는 병기와 탄약을 오사카로 운반할 것'을 지시해 사이고를 도발했다. 사쓰마가 낳은 유신 3걸의 두 영웅이 결국 사이고가 일으킨 세이난 전쟁에서 맞붙고, 오쿠보는 직접 정부군을 지휘해 6개월에 걸친 전쟁 끝에 이를 진압했다. 패배한 사이고는 결국 할복했다.

일본인들이 '담력의 사이고, 지혜의 오쿠보', '영웅 사이고, 정치인 오쿠보'로 두 사람을 비교하지만, '사쓰마 사족 정서에 기반한 사이고와 국가이익이라는 현실에 기반한 오쿠보'의 차이가 두 사람의 운명을 갈랐다. 오쿠보는 전쟁 승리자로서 이후 신정부 내에서 누구도 넘볼 수 없는 압도적인 권력자가 되었다.

하지만 하늘 높은 줄 몰랐던 그의 권세도 거기까지였다. 1878년 5월

14일 도쿄에서 오쿠보 도시미치는 세이난 전쟁에 참여했던 사족에게 암살당했다. 참고로 2000년대 일본 총리대신, 대장성 대신과 중의원을 역임한 아소 다로가 유신 3걸 중 가장 큰 권력을 휘둘렀던 오쿠보의 외고손자다.

。 가쓰 가이슈(1823~1899)

가쓰 가이슈는 에도에서 대대로 막부 가신인 하타모토 계급의 집안에서 태어났다. 가이슈는 8세 때부터 사촌과 그의 제자로부터 검술을 배웠고 참선, 난학, 병학도 배웠다.

난학을 공부하던 23세 때 가이슈는 네덜란드 사전을 빌려 1년에 걸친 노력 끝에 2부를 필사했다. 필사본 한 부는

| 가쓰 가이슈(출처: 위키피디아)

자신이 사용하고 다른 한 부는 팔아서 학비에 보탰다. 1850년 아카사카에 자신의 주쿠를 세워 난학, 네덜란드어, 서양 병학을 가르쳤으며 병기 연구에 몰두했다.

1853년의 페리 내항을 계기로 수석 로주 아베 마사히로가 국방력 강화를 비롯한 개혁정책을 실시했다. 안세이 개혁의 일환으로 아베가

시국 대책에 대한 의견을 공모할 때 가이슈는 해방(해양 방비) 의견서를 제출했다. "해외 무역으로 얻은 이익을 국방비에 충당해야 한다"는 가이슈의 제안에 아베가 관심을 가지고 그를 발탁 등용했다.

1855년에 가이슈는 외국인 응접과 통역 업무를 맡았고, 그해 10월 일본 최초로 나가사키에 해군전습소가 개설되자 전습생 감독이 되었다. 가이슈는 네덜란드어를 할 수 있어서 네덜란드 교관들과의 연락을 담당했다. 이즈음 그는 사쓰마번주 시마즈 나리아키라와 만나 해방에 관한 대책을 논의하기도 했다. 이후 에도 쓰기지에 있는 군함조련소의 교관이 되었다.

1860년 6월 가이슈는 전년도에 체결한 미일수호통상조약의 비준서 교환을 위한 방미사절단의 일원으로 미국으로 파견된다. 이때 그는 얼마 전 막부가 네덜란드에서 구입한 군함 간닌마루호의 함장으로 태평양을 건너 미국으로 가는 경험을 한다. 간닌마루호의 운항은 사절단이 승선한 미 군함을 따라가며 새로 구입한 군함의 성능을 확인할 겸 원양항해술도 실전에서 익히기 위한 다목적이었다. 일본인이 직접 운항하는 배로 태평양을 횡단하는 것은 처음 있는 일이었다. 배에는 통역을 위한 존 만지로, 사령관의 수행비서 후쿠자와 유키치 등이 탑승했다. 간닌마루호는 37일간의 항해 끝에 샌프란시스코에 도착했다. 그러나 정작 함장 가이슈는 항해 내내 뱃멀미를 심하게 했던 모양이다.

1862년 존왕양이 운동이 극성을 부릴 때 탈번한 사카모토 료마가 막부의 개국파 참모 가이슈를 살해하기 위해 그의 자택을 방문했다가 그의 해박한 세계정세와 지식에 설득당해 그의 제자가 되었다.

그해 가이슈는 해군 요직인 군함봉행이 되었다. 이때 그는 "고베는 닻이 모래 속으로 들어가기 쉽고 수심도 깊어 커다란 배를 정박할 수 있는 조건을 갖춘 항구이기에, 일본의 해외 무역 거점으로 개발해야 한다"고 주장했다. 특히 그는 해군의 중요성을 강조하며 직접 쇼군을 설득해 고베에 해군훈련소를 만들었다.

이러한 활동을 기반으로 가이슈는 1차 조슈 정벌 전에 사이고 다카모리를 처음으로 만났다. 그는 사이고에게 세계의 정세를 설명하고 미국 등 서구 열강에 비해 일본이 얼마나 나약한지 일깨워 주었다. 후일 사이고는 후쿠자와 유키치의 저서 『서양사정』을 읽고 충격을 받을 때 "세계정세에 대한 가이슈의 박학다식함에 이은 2차 충격"이라고 술회했을 정도로 가이슈와의 첫 만남에 강한 인상을 받았다. 이와 같은 상대방에 대한 호감은 막부의 멸망 시 일본 역사에 큰 기여를 하게 된다.

가이슈는 고베에 해군훈련소를 만들어 막부 말 활동가들을 모아 교육했는데, 해군훈련소를 막부의 독점물로 삼지 않고 웅번의 자제들이나 낭인들에게도 개방했다. 가이슈는 비록 자신이 막부의 관료이지만 세계정세 하에서 일본이 얼마나 낙후되어 있는지를 깨닫고, 서구를 따라잡기 위해서는 막부와 번의 경계를 넘어 일본 전체와 전 일본인이 깨우치고 발전해야 한다는 것을 실천하고 있었다. 결국 이것이 막부에서 문제가 되어 1864년 관직에서 해임되었고, 약 1년 반 정도 칩거했다.

1866년에 군함봉행에 복직한 그는 제2차 조슈 정벌에서 막부의 전권사절로 평화 교섭에 진력했다. 1868년 신정부의 관군이 막부 타도를 내걸고 움직이자 막부는 그에게 막부의 군사총재라는 직책을 부여하여 전권을 위임했다. 이로써 그는 무너져 가는 막부를 대표하는 역할을 담당한다.

당시 쇼군 요시노부가 대정봉환을 했음에도 왕정복고의 쿠데타가 일어나자 요시노부의 구 막부군은 신정부의 관군과 결국 전투를 개시해 산발적으로 전투를 이어갔다(보신전쟁).

신정부군은 초기의 전투에서 승리한 후 1968년 3월 15일을 기해 에도를 총공격하기로 결정했다. 메이지 신정부군은 사쓰마·조슈·도사의 3개 번병들로 이루어진 군대였고, 요시노부가 일본의 전체 번에 미치는 영향력은 여전해 구 막부군이 결전을 작정하면 승패는 장담할 수 없는 상황이었다. 드디어 에도에서 구체제와 신체제가 일본의 미래를 놓고 최후의 결전을 벌일 참이었다.

그러나 영국공사의 중재로 신정부군의 사이고와 구 막부군의 가이슈 사이에 회담이 이루어졌다(4.3). 요시노부의 처형을 면하는 등의 조건으로 에도성을 넘겨주기로 합의한 끝에 신정부군은 에도에 무혈입성하게 되었다(4.11).

만일 전투가 벌어졌다면 역사적인 전투로 기록되었을 것이며, 무엇보다도 인구 백만 명의 대도시 에도 시민들의 생명과 재산 피해는 상상을 초월했을 것이다. 그런 면에서 두 사람 간의 첫 만남에서 가졌던 호감이 회담에 틀림없이 좋은 영향을 미쳤을 것이다. 참으로 일본과 일본인에게는 홍복이며, 막부는 이런 인물 때문에 멸망하면서도 일본을 구했다고 평가할 수 있지 않을까?

이후의 가쓰 가이슈

　메이지유신 이후 한동안 요시노부의 양자와 슨푸에 머물렀던 가이슈는 1872년 신정부의 해군대신에 취임한 이후 외무대승, 병부대승, 참의 겸 해군경, 원로원 의관, 추밀원 고문관을 역임하고 마침내 백작에 서임되었다. 제국헌법 제정을 위한 추밀원 심의에서 그는 추밀원 고문관으로서 출석했지만 시종일관 침묵했다고 한다.

　메이지유신의 일등공신인 사이고가 세이난 전쟁으로 조적이 되어 사망하자 그의 명예회복을 위해서 많은 노력을 기울였다. 1899년 뇌출혈로 사망했다.

　젊은 시절부터 지적인 외모와 함께 박학다식한 지식과 화려한 언변으로 주변의 기대를 받았다. 막신(막부의 신하)으로서 신분 차이에 구애받지 않는 대담한 행동과 획기적 제안으로 늘 주목을 받은 반면 적도 많이 생겼다. 그는 막부의 녹을 받으면서도 막부보다는 일본 전체를 생각한 애국자였고, 막부 붕괴로 발생한 혼란과 피해를 최소화하기 위해 노력한 인물이었다.

　화려한 달변을 뽐내던 가이슈가 신정부의 회의에서 과묵과 침묵으로 일관한 것은 신정부 출사에 대해 구 막부와 막부 동료에 대해 느꼈던 미안함의 표시가 아니었을까?

　참고로 가이슈의 사위가 제1차 한일협약(1904년)으로 조선 탁지부의 재정고문이 되어 조선 조정을 좌지우지하는 메가타 다네타로다. 메가타는 일본인 최초의 하버드대 로스쿨 졸업생이다.

2. 조선
구체제 하의 대개혁

　1863년 말 철종이 승하하자 왕실의 어른인 조대비(신정왕후)가 중신들과 회의를 거쳐 흥선군 이하응의 12살 아들 명복을 왕위 계승자로 정했는데 그가 바로 고종이다. 수십 년 이어진 세도정치 하에서 안동 김씨들의 의사에 반해 고종이 등극하는 것은 쿠데타에 가까운 격변이다.

　어린 왕이 등극하자 조대비가 수렴청정하는 형식을 취했지만, 조대비는 흥선군이 실질적으로 국정을 운영할 수 있도록 실권을 위임했다. 중요 대관들은 운현궁으로 흥선군을 찾아가 문안하고 정치문제를 논의하기 시작했다. 정치의 중심 무대가 조정이 아니라 흥선군의 사저인 운현궁으로 옮겨진 것이다.

　곧이어 창덕궁과 운현궁을 연결하는 직통 통로와 문이 만들어져 고종과 흥선대원군만이 출입할 수 있었다. 고종이 출입하는 경근문과 대원군이 출입하는 공근문이다. 얼마 후 조대비는 국정을 아예 대원군에게 맡겼다.

　대원군이 운현궁에서 파격적인 개혁정책들을 쏟아내자, 오랜 세도정치에 찌들고 쇠락한 왕조의 중흥을 고대하며 민심이 반응하기 시작했다.

◦ 이하응(1821~1898)

흥선대원군으로 더 알려진 이하응은 인조의 셋째 아들 인평대군의 6
대손 남연군 이구와 군부인 여흥 민씨의 넷째 아들로 안국동에서 태어
났다. 정조의 이복동생 은신군이 제주도 유배 중 풍토병으로 사망하자
왕실에서는 남연군으로 하여금 은신군의 대를 잇게 하여 남연군 후손
은 왕통에 조금 더 다가선 셈이다.

이하응은 아버지로부터 한학을 배웠고 추사 김정희의 문하에 들어
가 글과 그림을 수학했다. 그의 유명한 난초 그림은 이때 익힌 것이다.
13세에 외가의 일족 부대부인 민씨와
결혼함으로써 여흥 민씨는 이하응의
외가이자 처가가 되었다.

17세에 부친의 삼년상을 마친 후
후손 중 왕이 나온다는 풍수대가의
권유로 부친의 묘를 충남 예산의 가
야산 중턱으로 이장했다. 그런 면에
서 이하응은 조실부모하고 형편이 어
려웠음에도 일찌감치 큰 뜻을 품었
음이 틀림없다.

그가 천하의 잡인으로 파락호 생
활을 했다는 많은 야사와 소설이 있

| 흥선대원군의 묵란화는 그의 호 '석파'를
따서 '석파란'으로 불린다.(출처: 오마이뉴
스 ⓒ고은솔)

다. 또 그가 오랫동안 종친부를 관리하는 모범적인 책임자로서 종친부의 권한을 강화하려 했던 점을 들어 야사는 흥미 유발을 위해 과장되게 지어낸 이야기라는 주장도 있다. 어느 말이 맞는지는 모르겠지만 분명한 것은 이하응이 권력에 대한 욕망이 강했다는 사실이다. 세도정치절정기, 대권에 욕심이 있는 것으로 세도가의 눈에 비치면 위험하다는 것을 직감했기에 호신 차원에서 자기 생각을 감추되, 이들과 폭넓게 교유하며 고급 정보를 수집한 것으로 보인다.

대개혁

정권을 잡은 대원군은 영의정에 조두순, 좌의정에 김병학을 기용하는 등 탕평책을 추진해 그간 소외되어 있던 남인과 북인 등을 골고루 발탁했다. 아울러 역량에 따라 인재를 등용하여 적재적소에 배치했다.

탈세와 당쟁의 온상이자 유림의 사권력으로 뿌리내린 서원을 정리했다. 서원은 성현의 제사와 후학의 교육을 담당하며 유교 국가 조선의 향촌에서 질서 유지와 백성 계도를 담당하는 구심점 역할을 해왔다. 이런 순기능으로 서원의 토지에는 세금이 면제되고, 서원에 속한 양민은 군역이 면제되었다. 그러자 서원이 난립하며 탈세 등 부작용이 커졌지만 어떤 왕도 손을 댈 수가 없었다. 왕조의 이념 성리학의 거점인 서원을 부정하는 것은 곧 자기 부정이고, 이로 인해 예상되는 전국적 유림의 저항을 감당할 수 없기 때문이었다.

1864년 집권하자마자 대원군은 배향 성현이 중복된 서원, 개인이 사사로이 설립한 서원을 조사한 후 폐지하거나 재산에 대한 국가환수령을 내렸다. 다음 해에는 전국 유림의 정신적 지주였던 송시열의 만동묘[1] 까지 철폐했다. 결국, 1871년 배향 성현 1인당 1곳씩 전국에 47개의 서 원만 남기고 수백 개의 서원을 모두 철폐했다.

유림이 가만있을 리 없었다. 상소는 물론 상경해 집단으로 시위하는 유림에게 대원군은 문외출송[2]의 단호한 조치를 취했다. 대원군은 성 리학적 사상 기반을 가졌음에도 "공자가 다시 살아 돌아온다 해도 국 가와 백성을 위한 조치는 계속하겠다"고 선언했다. 조선왕조를 통틀어 가장 뛰어난 소신과 배짱을 가진 대개혁가 대원군이 아니면 시행하기 힘든 수백 년간 쌓인 적폐의 청산이었다.

백성들에게 피해가 컸던 환곡제를 폐지하고 사창제를 시행했고, 지 방특산물의 진상제도를 폐지하는 등 백성들의 잡세를 없앴다. 양반과 토호의 세금 등을 철저히 조사해 양반에게도 세금을 부과했다. 호포 제를 시행해 양반에게도 군포를 징수했고, 양전을 통해 토호와 양반의 누락 토지를 발굴해 전정을 개선했다. 또한 은광 개발을 허용하는 등 나라의 재정 확충을 위해 부단히 노력했다.

그간 정무의 중심이었던 비변사를 없애고 의정부와 삼군부로 정무와 군무를 분리시켰다. 대전회통·육전조례 등의 법전을 편찬해 법질서를 확립하고, 탐관오리를 처벌하고 관리들의 복식을 간소화했다.

대원군이 집권해 숨돌릴 틈도 없이 각 분야의 개혁조치들을 추진해

---

1) 충북 화양동의 만동묘는 임진왜란 때의 재조지은(再造之恩 명나라 원군을 보내 망할 뻔한 나라를 다시 만들어 준 은혜)에 보답하기 위해 송시열의 유언으로 제자들이 만든 명 신종의 사당이다.

2) 문외출송(門外黜送)은 한성 4대문 밖으로 쫓아내는 형벌 조치다. 관리는 관직과 관품이 동시에 추탈되었다.

나가자 백성들은 환호했고, 양반들은 불만이지만 따라갈 수밖에 없었다. 종전의 세도정치 시대에는 볼 수 없었던 활력으로 조선은 중흥되는 듯했다.

대원군은 수십 년간의 세도정치로 인해 왕권이 약화된 것을 뼈아프게 생각했다. 1865년 대원군은 왕실의 권위를 확실히 세우기 위해 임진왜란 때 소실된 경복궁의 중건 공사를 시작했다. 270여 년간 왕조의 숙원사업인 경복궁 중건의 대역사를 위해 자발적인 명목의 원납전을 징수하고 백성들은 군역에 나섰다.

| 흥선대원군(출처: 서울역사박물관 소장)

태조 이성계가 1395년 최초 완공 시 390칸 정도에서 출발해 태종, 세종 등 역대 왕들이 필요할 때마다 조금씩 전각들을 늘려나갔던 경복궁은 임진왜란 직전 4~5천 칸 규모였으나 대원군이 일거에 7,225칸 규모로 확장·중건했기에 자금난 때문에 당백전을 발행해 극심한 인플레를 겪었다. 만 2년에 걸친 대공사는 당시 약 10년 정도의 정부예산에 해당하는 공사비를 들여 1867년 완공되었다.

한성의 면모가 일신되며 조선 말기의 건축·공예·미술의 결정체가 탄생했지만, 양반에서 백성에 이르기까지 원성이 높아져 대원군 몰락의 한 원인이 된다.

병인박해와 병인양요

대원군 집권 즈음 조선의 주변 정세는 점점 복잡해지고 있었다.

베이징조약(1860년)으로 연해주를 차지한 러시아는 두만강을 경계로 조선과 국경을 마주하게 되었다. 1865년 가을부터는 무장한 러시아인들이 도강하여 통상을 요구하는 일이 반복되자 러시아 침략설까지 돌며 민심이 흉흉해졌다. 서해에서는 수시로 이양선이 나타났다. 중국과 일본에 진출한 서양세력은 이제 조선에도 통상을 요구하기 시작했다.

1865년 러시아인들의 국경 침범으로 고심하던 대원군에게 신앙의 자유를 얻기 위해 홍봉주, 남종삼 등 천주교 신자들이 프랑스 및 영국 등과 조약을 체결하면 러시아에 대항할 수 있다는 이이제이 책략을 수차 건의했다. 대원군은 나름 괜찮은 방법이라고 생각해 프랑스 신부를 기다리기로 했다. 남종삼 등이 기쁜 소식을 즉시 베르뇌 주교 등에게 전하고자 했으나, 지방 순회 중인 주교들의 거처 확인이 안 되었다.

1866년 1월 뒤늦게 주교들이 상경했을 때 상황은 바뀌어 있었다. 러시아인의 통상 요구가 일과성으로 지나간 데다, 그 사이 청에서 천주교 탄압 소식이 들리고 천주교도들이 운현궁에 출입한다는 소문까지 돌자 대원군은 천주교를 묵인하며 정치적으로 이용하려던 생각을 바꿨다.

참으로 안타까운 기회였다. 만일 이때 대원군과 프랑스 주교가 만나서 이후 수교 협상이 잘 진행되었더라면 아마 조선은 멋지게 근대화에 성공할 수 있지 않았을까? 일본공사관이나 미국공사관 자리에 프랑스 공사관 건물이 먼저 들어서고, 한성 곳곳에 프랑스풍의 거리와 마을이 생겼을지 모른다. 물론 유림 반발은 있었겠지만, 대원군의 추진력으로 밀어붙이면 가능했을 것이다.

대원군의 변심으로 대대적인 천주교 박해가 일어난다. 1866년 천주교 탄압령과 함께 프랑스 선교사 12명 중 9명이 처형된 것을 필두로 몇 개월간 남종삼 등 국내 천주교 신도 8천여 명이 처형되었다(병인박해).

병인박해에서 살아남은 리델 신부는 청으로 탈출해 텐진 주재 프랑스함대 사령관 로즈 제독에게 생존한 2명의 신부를 구하기 위한 함대의 출진을 요청했다. 프랑스공사는 청의 총리아문 수반 공친왕[3]에게 서면 항의하며 조선을 정벌할 것임을 천명했다. 청은 "조선이 청의 속국이긴 하지만 예로부터 내정과 외교는 자치적으로 행해 왔다"라는 답신을 보내며 "사건이 청과는 무관하고 향후 청 정부는 간섭할 수 없음"을 프랑스에 통보했다.

동시에 청은 외교문서로 프랑스의 침공 계획을 저지하려는 청의 노력을 조선에 알리며 "조선이 심사숙고해 이 문제를 잘 처리하기 바란다"는 희망을 표시했다. 양무운동 중인 청이 힘을 축적할 때까지는 동북아의 현상유지가 긴요했기에 '조선이 프랑스와 강화하는 것이 좋겠다'는 우회적 권고였다. 그러나 대원군은 "밀입국한 경우에는 모두 사형에 처하는 것이 조선의 법이며, 프랑스 신부의 처형은 주권을 행사한 적법절차였다"는 해명서를 청의 예부에 보낸 후 방비를 더욱 강화했다.

1866년 8월 13일 로즈 제독이 인솔하는 군함 3척이 리델 신부와 조

---

3)   청 황제 함풍제의 동생. 똑똑하고 대담하여 형과 후계자 경쟁을 벌였으나 형이 낙점되었다.

선인 천주교 신자의 안내로 부평을 경유해 8월 16일 한강을 거슬러 올라와 양화진 서강 일대에 진출했다. 서울 도성은 공포와 피난 소동 등 엄청난 혼란에 빠지고 조정은 급히 기마군과 보병군을 징발해 한강 연안 경비를 강화했다. 프랑스는 소함대로는 도성의 공격이 곤란함을 깨닫고 지형만 정찰하고 8월 24일 외해로 빠져 돌아갔다.[4]

9월 5일 로즈 제독은 7척의 군함과 1,200명의 해병대를 동원해 다시 팔미도에 나타났다. 3척은 부평 일대에 정박하고 4척이 거슬러 올라와 9월 7일 강화도 갑곶진에 정박 후 해병대 일부가 갑곶진 부근의 고지를 점령한 뒤 한강의 수로를 봉쇄했다. 프랑스군은 곧이어 강화성을 공략 점령하고 여러 서적 등을 약탈했다.

조정은 프랑스군의 의도를 확인하기 위해 문정관을 보내 탐문한 후 9월 11일 프랑스군에 공문을 보내 천주교 전교의 불가함과 난동을 부린 프랑스군에 대한 토벌의 뜻을 밝혔다. 이에 대해 로즈 제독은 선교사 처형을 비난하며 조선이 전권대신을 파견해 영구적인 조약 체결을 요구했다.[5] 전권대신과의 협상을 통해 적당한 사과와 배상을 받고 조선을 개항시키겠다는 의도였다.

프랑스의 제의에 혹시나 국론 분열을 우려해 대원군은 이날 의정부에 글을 보내 쇄국에 대한 자신의 결의를 밝혔다.[6] 조정에서는 기정

---

4) 고종실록 1866.8.18 , 고종실록 1866.8.24

5) 고종실록 1866.9.11

6) 1.고통을 참지 못하고 화친하는 것은 나라를 팔아먹는 행위이고, 2.교역을 허락한다면 나라를 망하게 하는 행위이며, 3. 적이 도성에 쳐들어와 도성을 버리면 나라를 망하게 하는 행위다. 고종실록 1866.9.11

진·이항로 등 유림이 이들과 화친하고 교역하는 것은 짐승의 세계로 떨어지는 것이라는 등의 항전 주장과 국론 분열을 우려하는 상소가 이어졌다.[7]

운명처럼 다가왔던 또 한 번의 개항 기회였다. 출동의 계기는 달랐지만 로즈의 최종 목표가 개항이라는 점에서는 13년 전 일본에 나타난 페리와 마찬가지였다. 당시가 '탈봉건 서구화의 속도'에 따라 국가의 운명이 좌우되는 시대였기에 조선이 이 기회를 잘 활용하였더라면 하는 아쉬움이 진하게 남는 지점이다. 게다가 종주국 청이 원하고 있었기에 외교정책의 전환에 따른 청의 승인도 불필요한 상황이었음을 감안하면 더더욱 그렇다.

9월 19일 프랑스군이 문수산성을 점령했으나 매복 중이던 조선군의 공격으로 피해를 입은 데 이어, 10월 1일 정족산성에서 양헌수 장군의 공격을 받아 수십 명의 사상자가 발생하는 등 프랑스군의 사기가 급격히 저하되었다. 결국, 10월 8일 프랑스군은 1개월가량 점령했던 강화성의 관아에 불을 지르고 약탈한 서적, 무기, 보물 등을 가지고 부평과 팔미도 등 내해로 후퇴했다가 10월 12일 외해로 빠져나가 청으로 철군했다.

조선은 10월 15일 한강변의 계엄을 해제했다. 또 조선이 겪은 병인양요의 상황을 이웃 일본에 알려주어 이미 개항해 서구와 교역까지 하고

---

7)   고종실록 1866.9.12~13

있는 일본이 이양선의 출현에 대비하도록 하는 '우물 안 개구리의 친절'을 베풀었다.[8]

당시 프랑스는 영국과 식민지 경쟁을 하는 시기였다. 나폴레옹 3세는 1851년 황제에 오른 후 아시아에서 세력을 확장하지 않는다면 이류 국가로 밀린다는 위기의식으로 인도차이나와 동아시아로 강력한 팽창정책을 시도했다. 일본과 청에서는 열강들과 같이 이미 이익을 균점하고 있었고, 적은 병력과 군함으로 조선을 개항시켜 선점의 이익을 노렸다. 마음만 먹으면 전력을 보강해 조선을 굴복시킬 수 있었지만 당시 프랑스는 그럴 상황이 아니었다. 베트남 등 프랑스령 인도차이나의 식민지 경영에 전력을 쏟고 있었기 때문이다. 따라서 조선은 개항하면서도 프랑스의 식민지가 되지 않을 확률이 높았다.

프랑스군과의 병인양요(1866년)에 이어 신미양요(1871년)에서 미군이 물러나자 대원군은 더욱더 확고한 쇄국으로 치닫게 된다.[9] 이웃 나라 일본이 이미 개항했다는 것과 개항 이후 벌어지는 일본 사회의 격렬한 변화를 전혀 모르고 있었다. 국제정세 파악에 소홀하고 시대적 소명을 통찰하지 못한 '우물 안 개구리' 조선호는 시대의 조류와는 역방향으로 더욱 강하게 나아가고 있었다.

---

8)   고종실록 1866.10.15

9)   대원군은 자신감에 차 전국 각지에 척화비를 세웠다. 척화비의 내용은 "양이침범 비전즉화 주화매국(洋夷侵犯 非戰卽和 主和賣國)". 양이가 침범하는데, 전쟁을 하지 않으면 바로 화해하는 것이고, 화해 주장은 바로 나라를 팔아먹는 것이다.

왕비 간택과 흥선대원군 하야

1866년 3월 삼간택 후 여흥 민씨 민치록의 딸 자영을 고종의 왕비로 결정했다. 외척에 의한 세도정치의 폐해를 잘 알고 있는 대원군은 왕비 감으로 형제일가가 많지 않은 규수를 찾고 있었는데, 대원군의 부인 부대부인 민씨가 형제자매가 없는 먼 친척 자영을 추천한 것이다. 이로써 대원군은 여흥 민씨 가문과는 3중으로 엮이게 된다.[10]

민자영은 일찍 아버지를 여의고 어머니 한산 이씨와 단둘이 한성의 감고당[11]에서 살고 있었다. 자영은 어릴 때부터 총명하고 강단이 있었다. 아버지로부터 학문을 배웠는데 소학, 효경 등을 즐겨 읽고 역사를 좋아했다. 9세에 부친이 죽자 시신을 염하는 모습을 어른처럼 지켜보아 주위 사람을 놀라게 했다고 한다.

왕비의 결혼 생활은 순탄치 않았다. 고종은 혼인 전 이미 사귀던 상궁 이씨가 있었으며 심지어 결혼 첫날에도 상궁 이씨와 지냈다는 야사도 있다. 1871년 왕비가 득남했으나 항문이 막혀 5일 만에 사망했는데[12] 대원군이 달여준 산삼 때문에 아이가 죽었다고 생각한 왕비는 대원군을 원망했다.

1873년 초 18세의 동치제가 청에서 친정을 시작했다. 서태후가 전

---

10) 여흥 민씨가 대원군의 외가이자 처가였는데 이제는 사돈 집안이기도 했다.

11) 숙종의 계비 인현왕후가 친정에 내린 건물로 현재 덕성여고 자리에 있었다.

12) 이와 같은 기형아 출산과 후일 장애성이 있는 순종과 같은 2세의 출생은 여흥 민씨와 3중으로 엮인 우생학적 이유 때문이라는 주장이 있다.

년도에 예고한 바대로였으나 말만 친정이지 실제로는 서태후가 실권을 쥐고 있었다.

신년하례 차 청에 다녀온 동지사로부터 동치제의 친정이 실행되었다는 소식을 들은 고종은 자신이 동치제보다 4살이나 많은데도 대원군으로부터 친정에 관해 어떤 언질이나 낌새가 없어 불만이었다. 그러나 천성이 유약하고 효성이 지극한 고종은 대놓고 불만을 표시할 수 없었다. 왕비는 고종의 친정 욕망을 알고부터 여러 계책과 조언을 하면서 고종으로부터 신임을 얻게 된다.

일본의 정한론 파동이 이와쿠라의 귀국으로 반전이 시작될 즈음인 1873년 10월 10일 고종이 포천의 최익현을 행동부승지에 임명했다. 최익현은 화서 이항로의 제자로 노론 계열의 성리학 원칙주의자였다. 고종이 22살인데도 대원군이 섭정을 계속하는 것은 유교 윤리에 크게 어긋나는 일이었다. 최익현은 10월 18일에는 우부승지로 21일에는 동부승지로 임명되었다. 최익현은 취임하거나 아니면 사직상소를 올려야 했다.

10월 25일 최익현의 사직상소가 올라왔다. 사직에 대한 의사 표현은 찔끔하는 대신 대원군에 대한 비판이 주를 이루었다.[13] 상소문을 읽어 본 고종은 "그대의 이 상소는 진심에서 우러나왔고 또 나를 위해 경계한 말도 매우 가상하다"고 비답[14]하면서 그를 호조참판으로 승진

---

13) 고종의 친정 같은 '정당한 논의'는 사라져 '나라를 위해 일하는 사람'은 괴벽스럽다 하고 대원군 '개인을 섬기는 사람'은 처신을 잘한다 칭찬받는 현실을 개탄하고, 이런 염치없는 사람들이 때를 얻고 있다며 대원군과 그 세력이 장악한 조정을 신랄하게 비판했다. 고종실록 1873.10.25

14) 상소에 대한 임금의 답변

시켰다. 게다가 "이렇게 정직한 말에 대하여 다른 의견을 내는 사람이 있다면 소인됨을 면치 못할 것"이라고 규정했다. '대원군 섭정을 반대하는 사람은 정직한 사람, 찬성하는 사람은 소인'이라고 단정한 고종의 가이드 라인이었으며, 자신의 친정 욕망을 최초로 공개적으로 드러냈다.

후일 사람들이 '최충신'이라고 부른 최익현의 상소와 고종의 비답은 조선 정계에 평지풍파를 일으켰다. 비답이 공표된 다음 날 정승들은 자신을 비판하는 상소를 올렸으며, 육조의 판서·삼사·승정원 관리들도 자아비판의 상소를 올려야 했다. 고종은 육조 판서들에게는 감봉, 삼사와 승정원 관료들은 모두 파면 조치했다.

대원군 측이 대반격에 나섰다. 최익현을 부자지간을 이간질하는 흉악한 사람, 사건을 날조하는 사람으로 공격했다. 그러나 고종은 공격하는 그들을 불충한 자라 비난하고 나아가 최익현을 비판하는 상소문은 접수하지도 못하게 했다. 이번 기회에 대원군을 하야시키고 친정하겠다는 고종의 의지는 단호했다.

대원군도 더 강력하게 반발했다. 섭정은 유지한 채 일을 거부하고 고종의 문안 인사도 받지 않았다. '모든 정무가 멈춰서 비판여론이 높아지면 마음 약한 고종이 스스로 찾아오겠지. 고종이 잘못을 빌며 계속해 달라고 간청할 때 못 이기는 척 응하리라.' 그러나 실제 상황은 대원군의 예상대로 전개되지 않았다.

이제 고종은 문안 인사도 오지 않았다. 효를 최고의 덕목으로 여기는 조선 시대에 자식이 부모에게 문안 인사를 안 한다는 것은 천하의 불효로 지탄받는 세태인데도 이를 감수하겠다는 고종의 강력한 의지의 표현이었다.

결국 궁색해진 대원군이 직접 고종을 찾아갔다. 지난 10년간 힘든 상황에서 자신이 섭정으로 얼마나 고생했는지, 얼마나 힘든 일들을 해 냈는지… 주저리주저리 늘어놓으며 앞으로도 국정은 자신이 아니면 헤쳐 나갈 수 없다는 논리를 펼쳤다. 열변을 토하는 대원군에게 고종은 아예 아무런 말을 하지 않았다고 한다. 마음 약하고 효성스러운 아들의 모습을 기대했던 대원군은 심한 충격을 받았다. 고종이 다른 사람처럼 아버지를 대한 것은 그만큼 친정의 욕망이 큰 탓도 있지만, 왕비의 코치가 큰 역할을 했기 때문이었다.

1873년 12월 궁궐과 운현궁을 잇는 직통 통로인 경근문과 공근문이 폐쇄된 데 이어 1874년 초 마침내 고종의 친정이 실현되었다. 친정이 실현되기까지 고종은 왕비의 내조에 힘입어 흔들리지 않고 버틸 수 있었다.

고종의 친정은 대원군의 몰락과 왕비의 정치 참여를 의미했다. 총명하고 똑똑한 왕비는 내조라는 명분으로 이후 고종의 왕권을 좌지우지하고 왕조 멸망의 큰 원인이 된 민씨 일가의 세도정치의 문을 활짝 열었다.

이후 대원군은 잊을 만하면 역사의 무대에 재등장하곤 하는데 칭송받던 과거의 대개혁가가 아니라 추한 모습으로 역사에 남게 된다.

박규수는 서울 북촌 재동에서 현감을 지낸 반남 박씨 박종채와 전주 류씨의 장남으로 태어났다. 열하일기와 허생전의 저자인 북학파 실학자 연암 박지원의 손자다. 넉넉지 못한 가정 형편에 어려서는 주로 아버지에게 글을 배웠고, 친인척들을 찾아가 배우기도 하였다.

15세 즈음에는 명망 높은 성리학자들과 망년지교[15]할 만큼 학문적으로 성장했다. 18세 무렵

| 박규수(출처: 위키피디아)

할아버지 박지원의 문인들을 찾아다니며 가르침을 청했는데, 그중에 당대의 명필이자 금석학자였던 추사 김정희도 있었다. 박규수는 성리학은 기본이고, 천문학·금석학·고고학·의상학·연금술·식물학·약학·미술·불교 등 다양한 분야를 공부하며 파고들었다. 이미 20세 전후의 박규수는 당대의 알만한 사람들에게는 글재주와 함께 다방면에 출중한 천재라는 명성을 얻고 있었다.

나이가 비슷한 효명세자와 박규수는 각별한 관계를 유지했다.[16] 효명세자가 대리청정할 때 벼슬이 없던 박규수를 불러들여 "박규수의 학

---

15) 망년지교(忘年之交)는 나이 차를 뛰어넘어 사귀는 것을 말한다.

16) 두 사람 간의 첫 만남에 관한 야사다. 순조 때 효명세자는 신분을 감추고 궁궐 밖 행차를 즐겼다. 하루는 재동 마을에서 낭랑하게 글 읽는 소리가 들려 찾아 들어갔더니 주인공이 박규수였다. 박규수와 대화를 한 효명세자는 그의 박학다식함을 칭찬하고 "장차 너를 기용하리라"고 언질을 주었다.

문은 누구도 따를 수 없을 정도로 출중하다"며 곁에 두었다.[17] 박규수도 안동 김씨 세도가를 배제하고 풍양 조씨, 남인, 소론 등 젊은 인재를 탕평 등용하는 효명세자의 개혁 가능성에 큰 기대를 걸었다.

1832년 효명세자가 갑자기 급서하자 박규수는 슬픔과 실망으로 충격을 받아 은거한다. 연이어 부모님마저 세상을 떠나자 무려 18년이나 칩거 생활을 하며 학문과 사상의 넓이와 깊이를 더하는 시기로 삼았다.

1848년 42세의 늦은 나이에 문과에 급제해 관직 생활을 시작했다. 헌종은 "일찍이 부왕의 사랑을 받던 너를 내가 너무 늦게 알아보았다. 앞으로 크게 쓸 것이니 진력하라"고 당부했으나, 박규수가 외직에 나간 사이 헌종이 승하했다.

철종이 등극하자 부안현감으로 부임하여 실학자 반계 유형원의 사적지와 『반계수록』 등 그의 저서들을 본 후, "세상을 구할 학문이 쓰이지 못했다"면서 안타까워했다. 1850년대 중반에 경상좌도 암행어사에 두 번이나 뽑혀 민정을 시찰했으며, 후반에 곡산부사로 재임하며 열악한 농민의 생활상을 직접 목격했다.

이즈음 청의 상황은 애로우호 사건으로 발생한 제2차 아편전쟁 후 체결한 톈진조약(1858년)을 청이 포기 선언하자 영프연합군 2만여 명이 1860년 톈진을 점령하고 베이징으로 진군했다. 함풍제는 동생 공친

---

17) 효명세자는 새벽 경연(經筵: 임금과 신하가 학문을 강론하는 일)에 박규수를 불러 신하들에게 주역을 강의하게 하고, 조부 박지원의 모든 저서와 그의 저술도 같이 올리라고 지시할 정도로 박규수를 아꼈다.

왕에게 협상을 맡기고 자신은 왕족, 대신, 후궁들과 함께 열하의 별궁 피서산장으로 피난길을 떠난 상태였다. 조선은 종주국 청의 황제가 수난을 겪고 있다는 것을 알고 나서 청 황제를 위문하기로 결정하고, 열하로 위문사절단[18]을 파견했다(1861.1).

청에 도착한 박규수는 처음으로 국제정세의 흐름과 서구 제국주의 침략의 실상을 알게 되었다. 애로우호 사건 때 청의 대응 방식과 이후의 전쟁에 대해서도 자세히 조사했다. 종주국 청이 불평등조약으로 영토를 뺏기고 국가 위신이 깎이는 모습을 목격하며 엄청난 충격과 함께 심각한 문제 인식을 하게 되었다.

6개월 후 귀국하여 박규수는 성균관 대사성이 되었으며, 1862년 진주 농민봉기가 발생하자 안핵사로 파견되었다. 박규수는 "백낙신의 재산몰수와 처벌을 통해 민심을 무마하고, 삼정의 문란이 근본 원인이니 근본 대책을 위해 삼정을 개혁할 기구의 신설"을 제안하였다.

1863년 고종이 즉위하자 승정원 도승지[19]에 임명되었다. 고종은 효명세자의 양자로 입적한 후 보위에 오르는 절차를 밟았는데, 효명세자빈이었던 조대비가 "박규수는 벼슬길에 오르지 않았을 때도 효명세자가 크게 쓰려던 인물"이라며 흥선대원군에게 적극 천거했다. 대사헌, 홍문관 제학, 이조참판, 한성부 판윤, 예조판서, 대사간 등을 역임하며, 1865년 경복궁 중건 시 대원군은 박규수를 중건책임자인 '영건도감 제조'직을 겸임시켰다.

---

18)   사절단은 정사 조휘림, 부사 박규수, 서장관(기록관) 신철구였다.

19)   국왕 비서실이 승정원이다. 승지는 비서관, 도승지는 비서실장이다.

신미양요

박규수가 평안도관찰사(평양감사) 재직 중 제너럴셔먼호 사건이 터진다. 미국 상선 제너럴셔먼호는 조선과 교역할 상품을 싣고 1866년 8월 9일 즈푸(현 옌타이)항을 출발해 8월 17일 평안도 황주목 송산리 앞에 닻을 내렸다.

황주목사는 셔먼호에 올라 이들과 문답하고 농태를 탐지했다. 이들은 조선과의 통상을 요구했으나 황주목사는 조선은 외국과의 통상을 법으로 금하고 있으니 즉시 돌아갈 것을 요구했다. 그래도 셔먼호는 며칠간 내린 비로 물이 불어난 대동강을 거슬러 올라와 수심을 측정하는 등 탐사작업을 펼쳤다. 조선 측에서는 셔먼호에 거듭 회선을 요구했으나 이들은 거부하고 평양 만경대까지 올라와 그들의 행동을 저지하던 순영 중군 이현익 일행을 나포해 억류하기에 이르렀다.

이렇게 되자 평양성의 관민들이 억류된 이들을 구출하기 위해 강변으로 몰려왔고 셔먼호는 대포와 총을 쏴 사태가 악화되었다. 며칠이 지나 강물 수위가 평상시로 돌아오자 모래톱에 선체가 걸려 꼼짝할 수 없게 된 셔먼호는 접근하는 사람들에게 대포를 발사하는 등 평양 사람 7명이 죽고 5명이 다치는 인명피해가 발생했다.

9월 5일 평양감사 박규수는 은밀하게 소형 선박을 셔먼호에 접근시켜 화공작전을 취하자 배에 있던 폭약이 폭발해 선원 대부분이 불에 타거나 물에 빠져 죽었다. 이 사건으로 박규수는 승진하고 대원군의 통상 거부 정책은 확고해졌다.

미국 정부는 몇 개월 후 청 주재 외교관을 통해 이 사건을 보고받았으나 당시 링컨 대통령의 암살과 후임 대통령의 탄핵 등 미국의 불안정한 정세로 즉각 대처할 수 없었다.

1867년 초 미 아시아함대 사령관의 지시로 슈펠트 제독은 황해도 장연 앞바다에 닻을 내리고 셔면호 행적을 조사했다. 일주일간 머물면서 슈펠트는 황해도 지방관을 통해 고종 앞으로 서신을 보냈다. 고종을 '대조선국 대국대왕'이라 극존칭을 사용한 편지에서 지난 여름에 조난당한 미국 상선 서프라이즈호 선원들을 안전하게 송환한 것에 대한 감사의 인사와 함께 자신이 셔면호 사건의 진상 조사와 생존 선원을 인도받기 위해 왔음을 정중하게 밝히고, 양국이 화목하고 앞으로 상선의 항행이 안전하기를 희망했다.

조선 조정은 긴박하게 이 편지의 진의와 대책을 두고 논의했으나 결국 지방관이 적절히 대응하라며 답장을 보내지 않았다. 답장을 받지 못한 채 슈펠트는 1월 말 물이 얼어붙고 있는 서해안을 급히 떠나고 말았다.

당시 평양감사로 있던 박규수는 며칠 후 이 소식을 듣고 일을 크게 그르쳤다고 분격해 하며 개탄했다. "상대가 정중하고 예의를 갖춘 편지를 보내왔는데 우리가 묵살했으니 어찌 문화민족이라 할 수 있는가? 강대국의 함장을 그리 취급했으니 무슨 재앙이 닥칠지 모른다"는 생각에 박규수는 후일을 대비해 자신을 황해도관찰사로 상정해 모의 답신을 작성한다. 박규수는 최대한 예의를 갖추어 제너널셔면호의 진실을 당당하고도 자상히 소명한다. 그리고 박규수는 "…이 사건의 시말은 이상으로 다 말했습니다. 귀국의 풍속이 예양을 숭상하며… 귀 서한에

'종전의 우호에 비추어 서로 해치는 일이 없도록 하자'는 등의 말에 대해서는 추호도 의심이나 우려를 하지 않습니다. 이에 삼가 답하니 헤아리기 바랍니다"라는 말로 서신을 마친다.[20]

박규수의 모의 서한은 훗날 조정에서 셔먼호 사건에 대한 조선의 견해를 대변하는 문서로 채택되었다. 청에서 영문으로 번역되어 청의 공문서에 첨부되어 미국에 전달되었다. 간접적이긴 했지만 조선이 미국에 보낸 최초의 공적 문서였다. 10년 후 조미수호통상조약을 추진한 슈펠트는 이 글에 대하여 "위정자의 높은 식견이 담겨 있고 진술의 진실성을 뒷받침하는 본질적 증거를 갖추고 있어서 셔먼호의 진실을 믿게 되었다"고 회고했다. 사전트 의원은 조선과의 수호통상조약 체결을 주장하면서 이를 낙관하는 근거로서 박규수의 문장이 보여준 '개명한 위정자의 경륜과 휴머니티'[21]를 들었다.

슈펠트 제독의 조사 다음 해(1868년) 페비거 함장이 대동강 하구에 들어와 셔먼호 침몰과 승무원 전원 사망 사실을 조선 정부로부터 확인받아 본국에 보고했다. 미국 정부는 자국의 함선과 국민이 미개국에 의해 당한 이 사건을 그냥 덮어둘 수는 없었다. 사건 조사와 응징을 위해, 또 가능하면 통상조약도 체결하려고 사건 발생 5년 후 실행에 옮긴 것이 바로 신미양요다.

베이징 주재 미국공사 로우는 미 아시아함대 사령관 로저스와 조선

---

20) 박규수, 자문 미국인의 조회에 대한 황해도관찰사의 모의답서, 『환재집』 제7권, 한국고전번역원

21) 'the sentiments of enlightened statesmanship and humanity', 김선홍, 조선이 미국에 보낸 최초의 공한은 연암 박지원의 손자가 쓴 것(조선의 의인, 조지 포크 18화), 오마이뉴스 2020.9.12

원정 계획을 수립했다. 일본처럼 조선도 무력시위를 통해 개항시키기로 하고 그 시기를 1871년 5월로 잡았다. 로우 공사는 청의 총리아문을 통해 사전에 자신들의 목적을 조선에 통지하여, 1871년 초 셔먼호의 진상에 대한 의문을 제기하고 자국 선박의 항해 안전보장과 통상조약의 체결을 요구했다.

박규수는 다시 한 번 셔먼호가 경계를 무단 침범했고 먼저 우리나라 사람에게 해를 가하여 발생했다는 미국 책임론을 강조했고, 조선은 작은 나라에 백성은 가난하고 재화는 적어 통상할 수 없다는 답신을 청을 통해 보냈다.[22] 당시 외교 관련 중요 문서는 박규수의 손을 거쳤으나, 대원군의 확고한 쇄국정책으로 인해 개인의 개방적 의견을 공문에 나타낼 수는 없었다. 안타깝게도 조선에 다가온 또 한 번의 개항 기회가 사라지는 순간이었다.

로저스 제독과 로우 공사는 1871년 3월 27일 기함 콜로라도호 등 5척의 전함에 1,230명의 병력을 이끌고 나가사키에서 출발했다. 이들은 4월 9~10일 탐문하러 온 조선의 관리에게 "대아메리카합중국의 흠차대신이 조선의 고위관리와 중요한 일을 협상하기 위해 기다린다"고 전했다. 그러나 조선이 어재연 장군을 진무 중군으로 임명해 경계를 강화하고 4월 15일부터 2일간 조선군과 미군과의 포격전이 발생했다. 막상 충돌이 일어나자 대원군이 4월 17일 미군 측에 다음과 같은 요지의 편지를 보냈다.

---

22) 고종실록 1871.2.21, 박규수, 자문 미국의 봉함을 전달해준 것에 대해 답하는 자문, 「환재집」
     제7권, 한국고전번역원

올봄 청을 통해 귀국 사신의 편지를 받았고 조선 조정에서는 그에 대한 회답 자문을 보냈는데 혹시 청을 통해 아직 못 받은 경우를 대비해 그 사본을 보냅니다…. 귀국이 예의를 숭상하는 풍속이 이름난 나라이며 귀 대인이 사리에 밝은 분일 텐데 이번에 어찌해 남의 나라에 깊이 들어왔습니까? …귀선이 규례를 벗어나 요새지 어구까지 깊이 들어온 이상 변경을 방비하는 신하들이 어찌 가만히 있을 수 있겠습니까? …조선이 외국과 서로 교통하지 않는 것은 500년간 지켜온 조종의 확고한 법이므로, 이번에 귀국 사신이 협상하려고 하는 문제는 애초부터 협상할 것이 없는데 무엇 때문에 높은 관리와 서로 만날 것을 기다리겠습니까? 동방이나 서양은 각기 자기의 정치를 잘하고 자기의 백성들을 안정시켜 화목하게 살아가며 서로 침략하고 약탈하는 일이 없도록 하니, 이것이 바로 천지의 마음인 것입니다. 풍파만리에 고생하였으리라 생각되어 변변치 못한 물품으로 여행의 음식물로 쓰도록 도와주는 것은 주인의 예절이니 거절하지 말고 받아주시기 바랍니다. 이만 줄입니다.[23]

4월 22일 미군 측의 답신이다.

　　…귀 조정이 우리나라 군주가 파견한 관리와 우의를 가지고 협상하려 하지 않는다는 것을 알 수 있는 데 매우 안타깝습니다…. 까닭 없이 우리를 공격한 문제에 대해서는 오히려 비호하면서 신하의 직책으로서 응당해야 할 일을 한 것이라고 했으나, 이는 귀국 군사와 백성들의 망동에서 생긴 것입니다. 귀 조정에서 그 책임에서 벗어나려고 한다면 고위관리를 파견하여 협의하는 것이 좋겠습니다. 그래서 우리가 서둘러 행동하지 않고 기일을 늦추어가면서 기다리는 것입니다. 만일 귀 조정에서 3~4일 내에 만나서 협상할 의사가 없는 것이 확인된다면 전적으로 우리가 처리하는 방식대로 할 것입니다. 보내준 많은 진귀한 물건들을 받고 은혜와 사랑을 충분히 알 수 있으며 무엇이라 감사드려야 할지 모르겠습니다. 그러나 마음대로 할 수 없어 보내온 예물은 돌려보냅니다. 이와 같이 회답합니다.

---

23)　고종실록 1871.4.17

미국은 개항 협상을 위해 기한이 지난 후에도 며칠간 더 기다렸다. 조선의 반응이 없자 미국은 결국 응징 모드로 돌아섰다. 4월 23일 상륙용 보트 20여 정에 분승한 미군 650여 명이 강화도 초지진에 상륙할 때 미 해군 함포가 불을 뿜었다.

다음날 광성보에서 치러진 대대적인 전투에서 조선군은 처절한 패배를 맛보았다. 8시간가량 치러진 전투에서 조선군은 어재연 장군 등 243명이 전사하고 솜옷에 불이 붙은 100여 명이 바다로 뛰어들어 자살했으며 20여 명이 포로로 잡혔다. 미군이 점령한 광성진에는 조선군 솜옷 속의 시체에서 살이 타는 냄새가 진동했다. 조선군이 방탄복이라며 9겹의 두꺼운 솜옷을 입고 양력 6월의 초여름 전투에 나선 탓이다.

미군은 장교 1명, 사병 2명의 전사와 10여 명의 부상에 그쳤다. 미군은 광성진 관아를 불태우고 초지진을 거점으로 주둔했다. 미군의 희망과는 달리 조선은 전혀 협상에 응할 기미를 보이지 않았다. 낮은 한강 수심으로 한양 진격도 어렵고 석탄과 식량부족 사태에 빠질 수 있다고 판단해 미군은 몰치도로 물러난 후 부상 포로 20여 명을 데려가라고 통고했으나 조선 측은 한사코 인수를 거부했다. 20일간 포로 인도를 빌미로 조선과의 마지막 협상 기회를 얻고자 시도했으나, 조선의 한결같은 메시지는 포로가 된 이상 죽이거나 살리거나 괘념치 않겠다는 것이다. 결국 미군은 애를 썼지만, 협상 기회조차 얻지 못한 채 물러날 수밖에 없었다.

미국은 승리했지만 원하던 목표를 얻지 못했다. 개항의 기회를 놓친 조선에게는 불운이었다.

> "조선군은 근대적인 총을 한 자루도 소지하지 못하고 있었다. 그들은 화승총과 같은 몹시 노후화된 병기로 근대적인 무기에 훌륭히 맞섰다. 그들은 결사적으로 장렬하게 싸웠다. 영웅적으로 그리고 아무런 두려움도 없이 진지를 사수하다가 전사했다. 어떤 나라의 장병도 고국을 위하여 이보다 더 잘할 수는 없을 것이다."
>
> 쉴리 소령, 회고록(Forty five years under the flag) 중

미국은 자신들이 보기에 작은 미개국에 추가 병력을 투입해 전면전을 벌일 정도의 매력을 조선에 느끼지 못했다. 뉴욕헤럴드(1871.6.17)는 다음과 같이 평가했다.

> "그것은 미개인들과의 작고 사소한 싸움이었다. 승리는 승리였지만 별로 기억하고 싶지 않은 무의미한 승리였다."

개화파 양성

1872년 박규수가 홍문관 대제학 시절 청 동치제 혼례식 축하사절단의 정사로 청을 방문해 양무운동을 목격하고 조선에도 개국과 개화의 필요성을 절감했다. 귀국 후 우의정에 올랐으며 대원군에게 천주교 박해와 척화론에 반대하는 의견을 개진했으나 채택되지 않았다. 정부 정책에 자신의 의견을 반영할 수는 없었지만 박규수는 청에 이어 국내에 다가오는 위기를 절감하고 가만있을 수는 없었다.

수년 전부터 박규수는 역관 오경석과 의관 유홍기(유대치)와 함께 풍전

등화처럼 위태로운 조선의 형세를 벗어나기 위해서는 일대 혁신이 필요하고, 양반 자제들을 개혁의 전사로 육성해야 한다는 점에 뜻을 같이했다. 1870년 즈음 이미 그는 기꺼이 자신의 사랑채를 젊은 엘리트의 산실로 내놓고 오경석과 유홍기와 함께 장래성 있는 젊은이들에게 지구의 등 외국 문물과 외국 서적 등을 건네주며 국제정세와 개화사상을 가르치고 있었다.

박규수의 사랑방을 드나들던 젊은이들은 김옥균, 홍영식, 박영교, 박영효, 서광범, 서재필, 김윤식, 유길준, 김홍집 등 후일 조선의 개화파를 망라한 인물들이었다. 박규수가 청년들에게 전달한 것은 곧 닥칠 심각한 민족적 위기를 대비해 개화파 정치세력이 주도하는 대혁신 조치가 절실하다는 것이었다.[24]

1873년 일본이 왕정복고에 따른 정식 수교를 조선에 요청해 왔을 때, 일본 국서의 황제(천황)를 의미하는 문구 때문에 조정에서 국서 접수 논란이 벌어졌다. 박규수는 "그들이 직함을 더한 것은 그 나라의 정령이 일신되어 저네들 내부 관작을 승진한 것인데, 이게 우리와 무슨 상관인가? 종래의 격식과 다르다고 힐책해 받지 않는다면 우스운 일이다. 저네들 내부형식에 불과하니 연연하지 말자"고 주장했다. 대원군을

---

24)   박규수가 청년들에게 전달한 정세 인식과 개화사상의 핵심이다.
  1. 서구열강에 의해 청이 붕괴되고 있는데 '입술과 이'의 관계에 있는 조선에도 곧 이 위기가 닥친다.
  2. 정치부패와 세계대세에 실각한 기존 정치·사회체제로는 향후 민족적 대위기를 극복할 수 없다. 자주적인 일대 혁신이 필요하며, 이는 새로운 혁신적 정치세력이 주도해야 한다.
  3. 신분제도를 철폐해 각계각층의 인재를 관직에 발탁하고, 쇄국정책을 버리고 자주적 개항을 단행해야 한다.
  4. 근대 과학기술문명과 자본주의를 습득해 세계대세와 보조를 맞춘다.
  5. 근대 군함을 구비하고 국방을 혁신하여 외세의 위협에 대처할 수 있는 자력국방을 해야 한다. 신용하, 개화사상의 형성, 「신편한국사」 37권, 국사편찬위원회

찾아가 일본이 평화적인 뜻으로 수교하려는 한 대국적 견지에서 서계를 받아들이자고 설득했으나 채택되지 못했다. 영의정 이유원과도 충돌하는 등 자신의 뜻이 받아들여지지 않자 관직에서 사퇴했다.

이후의 박규수

1875년 운요호 사건이 발생하자 박규수와 제자 김홍집 등은 수교를 촉구하고 결국 1876년 초 강화도조약을 체결했다. 그러나 위정척사파가 주도하는 여론은 그를 매국노로 몰아갔다. 근거 없는 모함에까지 시달리자 결국 병석에 누웠다. 제자 김윤식은 "공은 늘 천장을 쳐다보며 길게 탄식하며, '나라가 장차 망하면 가련한 우리 백성이 어찌 하늘로부터 버려져야 하는가'라고 하셨다. 걱정과 분함 때문에 병석에 누우셨다"고 전했다.

1876년 기로소에 들어갔으며, 수원유수에 임명되었다가 강화도조약 다음 해인 1877년 71세를 일기로 사망했다.

그는 평생 치열한 학구열에 불타며 다방면에 재능을 가진 천재였다.[25] 북촌에서 열리는 시 대회를 주관한 시인이며, 그의 글씨는 청나라 고관대작들의 칭찬을 받은 명필이었다. 그림과 글씨 수백 편을 남겼으나 6·25전쟁 때 대부분 소실되었다.

---

25) 그의 학풍은 이용후생의 실학파로 분류되나 제자 김윤식은 다음과 같이 평했다. "크게는 체국경야(體國經野)의 제(制)로부터 작게는 금석(金石)·고고(考古)·의기(儀器)·잡복(雜服) 등의 일까지 연구하여 정확하고 실사구시(實事求是) 하지 않는 바가 없고, 규모가 굉대(宏大)하고 종리(綜理)가 미세 정밀하였다."

고전 읽기와 공부 방법을 엮은 『상고도회문의례』 16권을 지었고, 직접 제작한 지구본 설계도 평혼의와 천문지도 간평의의 종이 제작본 등이 전한다. 문인화와 수묵화 외에 우리나라 지도와 세계지도 등을 제작했고, 해시계 등도 제작했다.

한 마디로 '조선의 레오나르도 다빈치'라 할 만하다. 아니 그 이상이다. 실학과 성리학 학자, 시인, 문장가, 예술가, 기술장인, 행정·외교·정치를 통합한 경세가, 계몽가이며 미래를 내다본 선각자였다.

신분 질서가 엄격한 당시 최고위직 양반이었으면서도 중인계급 오경석 및 유대치와 신분 차별을 스스로 허물어뜨리며 개화사상의 동지이자 친구로 교유한 신분체제의 파괴자이며 행동주의자였다. 우물 안 개구리인 조선의 안타까운 현실을 타개하기 위해 자신의 사랑방을 개방해 김옥균, 박영효, 김홍집, 서재필 등 개화파 태동의 산실과 요람으로 만든 소리 없는 혁명가가 아닐까? 현대에 살아있어도 각광받을 인플루언서이자 만능 셀럽이다.

제3장

다양성과 분열
1874년~1884년

| 축성의 달인 가토 기요마사가 임진왜란 직후에 쌓은 구마모
토성. 1877년 세이난 전쟁에서 반란군의 공격을 받은 신정부
군이 50일간 농성에 성공함으로써 그 견고함이 입증되었다.

| 1884년 갑신정변의 시발지였던 서울 종로구 견지동 우정국
건물(출처: 동아일보 자료)

1. 일본
비주류 전성시대와 자유민권운동

1874년 초 이와쿠라 도모미가 경호원과 함께 마차를 타고 가다가 백주 대낮에 자객들에게 습격당했다. 이와쿠라는 어깨에 부상을 입고 목숨을 건졌다. 정한론 무산에 반발한 고치현(전 도사번) 사족들이 벌인 정부 고관에 대한 암살 시도였다. 정한론에서 밀려난 강경파와 이들에 동조하는 사족들은 에도 시대의 무사 신분과 특권에 대한 향수를 자극해 무력으로 신정부에 반항했다. 사족들을 자극할 만한 신정부의 이슈가 있을 때마다 이들은 반란을 일으켰다.

초대 사법경 출신 에토 신페이에 의한 사가의 난(1874년), 폐도령 발표와 강제적 금록공채증서 발행으로 무사들에 대한 가록 지불이 중단되자(1876년) 일어난 신푸렌의 난, 아키즈키의 난, 바키의 난과 메이지 신정부 마지막 반란인 세이난 전쟁(1877년) 등이 그것이다.

정한론 파동에 밀려 참의를 사직한 도사번 출신의 이타가키 다이스케와 고토 쇼지로는 1874년 1월 '민선의원설립건백서'를 통해 삿초 출신들이 정치를 독점하는 정국을 비판하고 민선의원의 설립을 주장했다.

이는 이후 국회개설운동을 촉발하며 자유민권운동의 기폭제가 된다.

조선의 상소제도와 같은 여론 수렴 제도가 전혀 없었던 막부 시대와 차별화하기 위해 신정부는 여론 수렴과 입법 자문 기능을 하는 '좌원'을 설립해 누구라도 좌원에 상서를 할 수 있었다.

한편 신정부에서 신문은 급속히 발전해 여론의 중심으로 부상했다. 독자투고란을 통해 수많은 독자로부터의 애로사항이나 제안이 신문에 실렸다. 독자 확보와 콘텐츠 경쟁을 벌이다 보니 신문 중에는 좌원과 계약을 맺거나 인맥을 통해 좌원이 접수한 상서 중 이슈가 될 만한 것들을 보도하는 신문사들이 생겼다. 민선의원설립건백서는 이타카키와 고토가 좌원에 상서한 것을 정부의 논의 전에 한 신문이 대서특필했다. 이를 계기로 국회 설립에 관한 대논쟁이 벌어지게 되는데 상서와 신문이 접촉한 순간 일어난 스파크가 엄청난 여론을 폭발시켰다.

| 자유민권운동 탄압 풍자화(출처: 금성출판사 동아시아사 교과서)

이타가키와 고토는 뜨거워진 여론에 힘입어 이후 정치결사체를 설립해 자유민권운동에 헌신하며 정부의 압박과 탄압에도 불구하고 국회 개설과 헌법 제정을 위한 투쟁에 올인한다. 결국 1881년 10월 '메이지 14년의 정변'을 통해 당시 총리대신 이토 히로부미가 9년 후인 1890년에 국회를 개설하겠다는 대국민 약속을 조칙 형태로 발표함으로써 자유민권운동은 큰 성과를 거둔다.

◦ 에토 신페이(1834~1874)

'사가의 7현인'으로 꼽히는 에토 신페이는 사가번(또는 히젠번, 현 사가현)의 하급 무사의 장남으로 태어났다. 신페이는 어려서부터 번교에서 공부하다가 부친이 직업을 잃고 생활이 곤궁해지자 국학자의 주쿠에서 기숙하며 스승으로부터 존왕사상을 배우게 된다.

1857년 결혼하고 번의 서양식 포술과 무역 담당 업무를 했다. 1862년 허가 없이 번을 떠난 신페이는 교토에서 반막부운동을 벌이는 기도 다카요시 등과 교유하고 몇 개월 후 귀번했다.

| 에토 신페이(출처: 위키피디아)

그를 높이 평가한 번주의 배려로 탈번 처벌은 근신 처분에 그쳤다.

메이지 신정부가 수립되자 번의 업무에 복귀해 교토에 파견되었다. 보신전쟁에 신정부군으로 참여했으며, 게릴라전으로 저항하는 구 막부군 잔당을 서양식 포술로 진압하는 공을 세웠다. 신페이는 새 시대에 걸맞게 "수도 에도의 이름을 서쪽의 교토에 대응해 도쿄(동경)로 개칭할 것"을 제안해 신정부가 채택했다.

1870년 귀향해 번의 개혁을 실시하다가 신정부의 요청으로 태정관의 관리가 되었고, 1871년에는 국가조직의 정비업무를 맡아 근대 일본의 정부제도 수립과 신분제 타파 등의 법률 제정에 참여했다. 1872년 사법성 설치로 신페이는 초대 사법경에 임명되었다. 당시 사법성은 요즘으로 따지면 법무부, 검찰, 입법부, 사법부를 합친 막강한 부서였다. 신페이는 근대적인 많은 법률을 제정하며 사법 근대화에 앞장서서 경찰제도 정비와 사법제도 정비에 헌신했다.

신페이는 정부의 부정부패에 대해서는 엄격했다. 야마가타 아리토모나 이노우에 가오루 같은 신정부의 실세들과 관련된 사건도 그냥 넘기지 않았다. 결국, 이 두 명은 독직사건에 책임을 지고 물러날 수밖에 없었다. 또한, 신페이는 서구식의 삼권분립을 추구했기에 시기상조로 보는 정부의 주류와 대립했으며, 그가 추구하는 근대적 사법제도의 확립이 재정에 부담을 주면서 대장성과도 계속 갈등했다.

정한론 파동에서 주류 측에 밀려 신페이가 귀향할 무렵 사가현에는 정한론을 신봉하는 청년층 무사 단체 정한당, 구체제로의 복귀를 주장하는 장년층 반정부단체 우국당이 결성되어 불안한 정세에 휩싸여 있었기에 신정부의 주목을 받고 있었다. 바로 1개월 전 발생한 이와쿠라의 피습 사건으로 내무경 오쿠보는 사족들로 인한 치안 불안에 극도로 예민해 있었다.

1874년 2월 초 우국당 소속 무사가 관금을 보관하던 업자 사무실에 들이닥쳐 점원들이 도망간 사건이 내무성에 전보로 알려졌다. 오쿠보는 신임 현령을 임명하며 구마모토 주둔 부대의 사령관에게 사가현 사족의 진압을 명령했다.

며칠 후 내무경 오쿠보는 문관이면서도 병권을 쥐는 권한까지 천황으로부터 부여받아 정규의 정벌부대가 도착하기 전까지 인근 부대를 긴급 동원하는 등 병력을 충원하며 현지 군사를 원격 지휘했다. 신정부로부터 진압명령을 받은 구마모토 주둔 부대는 사가현 출신자가 많았기에 병사들이 동요했다. 그래서 사령관은 정규의 원군이 오기를 기다려야 한다고 주장했지만, 신임 사가현령이 강경하게 주장하자 2월 중순 육로와 해로의 2개 노선으로 부대를 출동시켰다.

다음날 해로군을 이끌었던 신임 현령이 구마모토 주둔군 640명과 함께 사가에 입성했고, 신페이는 신정부의 의중을 확인하고자 사신을 보냈다. 이때까지만 해도 신페이는 직전까지 자신이 신정부의 요직에 있었기에 신임 현령과 얘기가 잘 통하면 오히려 강경파 사족들을 설득할 생각이었다. 신페이의 사신이 현령에게 물었다.

"군대를 인솔해 사가에 입성한 것은 설마 우리들 사족을 죽이기 위해서입니까?"

"대답할 필요가 없다"는 답변이 돌아왔다.

이를 전해 듣자 신페이의 마음은 결정되었다. 그날 밤 소규모 전투가 벌어진 이후 3일간 사가성을 두고 공방이 벌어졌다. 사가성 안에는 신임 현령과 구마모토 부대 일부가 성을 사수하고, 성 밖에서는 신페이와 우국당 등 5천 명의 병력이 대포 등으로 공격했다. 사가성 공방전에서는 신정부군 병력의 1/3이 전사하고 패퇴했다. 문제는 그다음이었다.

오쿠보는 군함 15척에 병력과 무기를 싣고 직접 사가에 상륙했다. 오쿠보는 난에 불참한 사가와 인근의 사족들로부터 1만 명이 넘는 병력을 모으고, 도쿄에서 온 5천 명의 군사와 함께 결전을 준비했다. 2월 22일 결전은 몇 시간 만에 신정부군의 승리로 싱겁게 끝났다.

신페이는 일단 해산을 한 후 시간을 벌어 재기를 꾀하려 했으나 우국당은 결사 항전을 외쳤다. 사가군 연합체는 노선도 달랐지만 이렇게 지휘계통도 통일되지 못한 채 전투에 돌입했으니 그 결과는 자명했다.

결국 신페이는 정한당에만 해산명령을 내린 후 인근 가고시마의 사이고 다카모리를 찾아갔다. 정한론 때문에 같이 실각한 동기로서 동병상련의 도움을 받고자 했다. 사이고에게 난의 정당성과 동참을 호소했으나 사이고는 융숭히 접대만 하고 그를 그냥 돌려보냈다. 에토 신페이는 다른 협력자를 찾기 위해 다니다가 3월 말 체포되어 보름 후 참수되었다.

그는 사법경 재임 중 범죄인을 효과적으로 체포하기 위해 사진에 의한 지명수배제도를 도입했는데, 자신이 도입한 이 제도에 의한 사진으로 식별되어 체포당했다. 또 그는 재임 중 형 집행 후 효수를 금지했음에도 정작 자신의 머리는 효수당하는 비운을 맞았다.

자기가 만든 덫에 자신이 걸려든 에토 신페이, 자신의 목이 걸릴 줄 모르고 사법제도의 근대화를 추진한 그는 사가의 현인인가 아니면 우인인가?

。 사이고 다카모리(1828~1877)

사쓰마번의 가난한 하급 무사의 장남으로 태어난 사이고 다카모리는 여러 동생을 양육하며 힘든 어린 시절을 보냈다. 어린 시절에는 체구가 크고 동작이 느린 데다 얌전한 성격이었는데 성인이 되어서는 183㎝의 키에 100kg의 몸무게를 지닌 거구로 사람들을 압도했다. 18세에 번의 농정 관리로 등용되었고, 27세까지 농촌을 순회하며 마을 관리들을 지도했다.

| 사이고 다카모리 초상화(출처: 위키피디아)

사이고는 번주 나리아키라가 참근교대로 에도에 갈 때 수행하면서 두각을 나타내기 시작했다. 나리아키라는 존왕양이론이 확산될 때 에

도막부를 중심으로 개혁을 주장하는 공무합체론의 입장에 있었기에, 같은 입장을 가진 번들과 막부 사이의 연락책으로 사이고를 발탁했다. 사이고는 이를 통해 견문을 넓히고 지배층 인사들과 교류하며 정치적으로 성장했다.

이후 금문의 변, 막부의 1차 조슈 정벌에서 활약하며 생긴 조슈번과의 적대감을 사카모토 료마의 중재로 해소했다. 삿초동맹으로 막부의 2차 조슈 정벌이 실패하자, 여세를 몰아 유신 3걸로서 막부를 무너뜨리고 왕정복고의 쿠데타로 메이지유신에 성공한 이야기는 이미 기술했다.

정한론에서 밀려 사표를 낸 사이고가 고향 가고시마로 낙향할 당시 수천 명의 사족도 일제히 사직하며 행동을 같이했다. 다른 현의 사족 비율이 인구의 5% 정도인 데 비해 가고시마현은 25%로 크게 높았으며 이들 대부분은 보신전쟁에서 사이고와 함께 생사고락을 같이한 무사도 정신이 투철한 사람들이었다.

이들은 자제 교육을 위한 사학교를 설립해 가고시마 전역에 걸쳐 분교가 약 140개에 이르렀다. 또 사이고는 실업자가 된 사족들의 자급자족을 위해 농경지를 개간하고 감자, 고구마, 무 등을 재배토록 하였다. 이들의 수는 약 3만여 명에 달했고, 가고시마현은 중앙정부의 정책이나 지시도 통하지 않는[1] 사이고의 왕국이었다. 사학교는 보신전쟁 참가자들이 군사훈련도 시키고 있었기에 신정부 입장에서 볼 때 이들은 매우 위협적인 사병조직이었다.

---

1) 신정부의 폐도령과 태양력 반포에도 불구하고 가고시마는 사족들이 칼을 차고 다녔고 음력을 사용했다.

신정부의 징병제령에 의해 국민개병제가 1874년 실시되어 전국적으로 무사들이 옷을 벗고, 1876년 폐도령과 가록 지급의 중단으로 사족들이 곳곳에서 반란을 일으키는 등 사족들의 불만이 최고조에 이르렀다.

　1877년 초 불안을 느낀 신정부는 위험요인의 사전 제거 차원에서 오쿠보의 지시로 가고시마현의 무기 제조공장에서 시설과 탄약을 오사카로 몰래 운반하다가 발각되었다. 이 시설은 당시 일본 육군의 주력 개인화기였던 최신식 스나이더총의 탄약 제조설비였으며 가고시마 공장에서 독점적으로 생산해 전 육군에 공급하고 있었다. 가고시마 공장의 설비와 탄약들은 막부 말기 번주의 개인 자금과 무사들의 출연금으로 구비된 것이어서 사족이나 자손들은 당연히 그것을 사용할 수 있다는 인식이 있었다. 신정부의 반출은 이들 입장에서는 도둑질이었다.

　한편 전해에 오쿠보의 측근 경시청장은 가고시마의 내부 정탐 및 공작을 위해 경관 24명을 귀향 명목으로 가고시마로 보냈다. 이들의 행적을 수상하게 여긴 사학교 간부들이 이들이 밀정이라는 것을 밝혀내 체포했다. 심문과정에서 "반란의 낌새가 있으면 사이고를 암살하라는 명령을 받았다"는 자백을 받자 학생들은 격앙해 가고시마현은 폭발 직전의 상태가 되었다.

　1877년 2월 5일 사학교 간부와 분교장 전원이 모인 회의에서 출병론이 절대 다수를 차지하자 사이고는 "그대들의 뜻이 그렇다면 나의 몸을 내어줄 따름"이라며 출병을 수용했다. 폭설 속 열병식 후 제1대대가 구마모토성으로 출발했다(2.15). 정부는 반란 토벌을 결정하고(2.19) 총사령관에 다루히토 친왕, 부사령관에 야마가타 아리토모 육군 중장

과 가와무라 스미요시 해군 중장을 임명했다.[2]

2월 20일 사이고군이 구마모토성 근처까지 도착해 정부군 정찰대와 조우했다. 정부군의 발포로 세이난 전쟁이 시작된다. 사이고군의 구마모토성 포위 전략이 정부 지원군 도착으로 실패하면서 사이고군은 와다고에 전투에서도 패주했다.

마지막 시로야마 전투에서 사이고군은 400명 정도 남았고 정부군은 5만 명 이상이었다. 사이고군은 참호를 파고 버티면서 사이고의 구명을 위해 정부군에 사신까지 보냈으나, 야마가타의 정부군은 사이고에게 자결을 요구하는 서신을 발송하고 항복하지 않을 경우 총공격을 개시한다는 최후통첩을 했다.

마침내 9월 24일 정부의 총공격이 개시되고 시로야마의 한 동굴에 은신하던 14명의 사이고군은 최후까지 분전하다 모두 사망했다. 사이고 다카모리는 허리와 허벅지에 총상을 입자 정좌하여 천황을 향해 절한 후 할복했다.

사이고 다카모리에 관한 뒷얘기

에도시대의 무사들은 전투용 긴 칼(카타나)과 할복용 짧은 칼(와키자시)을 동시에 휴대했다. 무사들은 주군을 위해 전투에서 죽는 것을 영예로 여겼고, 여의치 않을 때는 할복으로 자결하는 것 또한 명예로

---

2) 메이지 시대의 전쟁 시 황족을 명예직 사령관으로 임명했다. 따라서 부사령관이 실질적 사령관이다.

생각했다. 할복 시에 스스로는 명이 끊어지기 어렵기 때문에 고통을 줄이기 위해 목을 다른 사람이 베어 절명시킨다(개착).[3] 사이고의 할복 시 개착인은 심복 부하였다. 그 부하도 이어서 할복했다.

유신 3걸 중 일본인에게 가장 많은 사랑을 받은 인물이다.[4] 주군에 충직하고 명리를 따지지 않은 성품에다 극적인 죽음을 맞은 비극의 영웅 이미지 때문이 아닐까?

그는 메이지 신정부를 탄생시키는 데 큰 공을 세운 유신 3걸이지만, 동시에 메이지 신정부에 반란을 일으킨 조적이기도 했다. 그의 동생[5] 또한 신정부에 혁혁한 공을 세워 요직을 차지했다.

| 우에노공원의 사이고 다카모리 동상

가쓰 가이슈 등이 그의 사후 명예 회복을 위해 노력했다. 그에 대한 국민들의 인기를 무시할 수 없어 결국 메이지 신정부는 1889년 제국헌법 반포 특별사면으로 사이고에게 정3위의 관위를 추증했고, 1898년에는

---

3) 개착(가이샤쿠 介錯)하는 사람을 개착인(가이샤쿠닌 介錯人)이라 하는데 일종의 망나니 역할이다.

4) 그의 인기를 바탕으로 후세에 그를 소재로 한 많은 소설, 드라마 및 영화 등이 제작되었다. 영화로는 세이난 전쟁 배경의 '라스트 사무라이(2003년 상영, 감독 에드워드 즈윅 , 주연 톰 크루즈)'가 유명하나 역사적 사실과는 동떨어진 내용이 많다.

5) 동생 사이고 주도(또는 사이고 쓰구미치)도 군인으로서 대만 정벌을 주도해 육군경(대신), 해군대신, 내무대신 등에 올랐고 해군 최초로 원수 칭호와 후작 작위를 받았다.

도쿄 우에노공원에 그의 동상을 세워 '라스트 사무라이'를 기렸다.

세이난 전쟁의 전비 조달을 위해 정부가 불환지폐를 남발해 극심한 인플레가 발생했다. 대책으로 증세 등 강력한 디플레 정책을 시행하는 바람에 일본 경제가 불황에 빠지는 등 홍역을 앓았다. 그러나 최후의 내전 세이난 전쟁이 수습되면서 오랫동안 산발적으로 신정부를 괴롭히던 사족 출신의 내란이 종식되어 신정부는 정치적 인징을 찾는다.

◦ 이타가키 다이스케(1837~1919)

도사번 무사 집안의 장남으로 태어났다. 1862년 요도공의 집사 역할을 하다가 잠시 막부에 파견되어 업무를 보기도 했다. 사임한 후 사이고 다카모리 등 삿초동맹의 주역들과 토막 운동을 벌였으며 보신전쟁 때 신정부군의 중심으로 활약했다.

메이지 신정부의 폐번치현의 확립에도 애를 썼으며, 1871년 신정부의 참의가 되어 개혁 주도세력의 일원이 되었다. 1873년 정한론 논쟁에서 주류에게 밀려 참의를 사직하고 그해 말 낙향했다.

1874년 1월 이타가키는 고토 쇼지로, 에토 신페이, 소에지마 다네오미 등과 함께 애국공당을 결성하고 민선의원설립건백서를 제출해 국회 개설에 관한 여론을 이끌어내며 이때부터 자유민권운동의 기수가 된다. 건백서의 핵심 내용은 다음과 같다.

> 현재의 정권은 위의 황실도 아래의 인민도 아닌, 오로지 관료들의 손에 장악되어 있다. 인민에게 참정권을 주고 선거에 의해 선출된 대의사(의원)로 구성된 국회를 열라. 국회를 열어 천하의 세론에 기초한 정치를 시행해 국가의 융성을 도모해야 한다.

이타카키 등은 최초의 정치결사 '입지사'를 설립해 민선의원 개설을 목표로 활동했다. 고치현에서 입지사가 결성된 것을 계기로 각지에서 정치결사가 조직되었으며 그의 노력으로 1875년 전국 연합체 '애국사'가 결성되었다.

자유민권운동이 활성화되자 정부는 여론을 완화하기 위해 1875년 오쿠보가 이타가키 및 기도와의 3자 회담을 열고 점진적 입헌 방향을 선언한 후 원로원, 대심원, 지방관회의 등 삼권분립의 모양새를 보여주었다. 그러나 정부는 외양과 달리 오히려 언론탄압 법규들을 공포하고 자유민권류의 정치평론과 반정부언론에 가혹한 탄압을 가했다.

세이난 전쟁이 진압되면서 반정부 운동이 사족의 무력 반항에서 자유민권에 기반을 둔 언론활동으로 탈바꿈하면서 1878년 오사카에서 애국사 재건운동이 개최되었다. 이타가키가 동지들과 애국사 재건을 위해 각지의 단체들과 연합을 위해 동분서주하던 1878년 5월 정국을 주도했던 오쿠보가 암살되었다. 정부는 자유민권론자들을 유력한 용의자로 보고 탄압과 감시를 더욱 강화했다.

탄압에도 불구하고 자유민권론자들은 애국사 활동을 근간으로 '국회 개설 청원 10만 명 서명운동'에 돌입했고 그 명칭도 '국회기성동맹'으로 바꾸었다. 1880년 11월 제2회 국회기성동맹 대회를 개최해 기존의 삿초 출신의 독재정치를 지양하고 국회와 헌법에 의한 입헌정치를 주장했다. 다음 대회에 헌법 초안을 마련해 지참할 것을 결의해 이후 민간에서 다양한 헌법안이 만들어지는 계기를 만들었다.

1880년 12월 이타가키는 애국사와 국회기성동맹을 통합해 일본 최초의 전국 정당인 자유당을 결성했다. 자유당은 사족과 농민을 중심으로 한 정당으로 프랑스 급진주의의 영향을 받았다. 이타가키가 불붙인 자유민권운동으로 인해 정부와는 별개의 정치활동 세력인 전국 정당이 만들어져 정부의 정책을 비판하고 독재를 견제하는 민주주의와 정당정치를 향한 일본 정치사의 큰 발걸음을 내디딘 것이다.

1881년 오랜 기간 정부에서 대장경을 역임했던 오쿠마 시게노부가 2년 내의 헌법 제정과 국회 개설로 영국과 같은 의원내각제를 시행하자고 주장하며 자유민권파에 동조하는 바람에 정부 내의 이토 히로부미, 이노우에 가오루, 야마가타 아리토모 등 조슈 출신의 주류와 각을 세웠다.

이즈음 홋카이도개척사 관유물 헐값 불하사건[6]이 터져 정부는 곤혹스러웠다. 정부에 대한 비판여론은 비등하고 정부 견제를 위한 국회개설운동이 국민들에게 먹히며 급격히 탄력을 받기 시작했다. 궁지에 몰린 정부는 이토의 주도하에 헐값 불하사건의 언론 유출자로 지목한 오쿠마를 대장경에서 파면하고 9년 후에 국회를 개설하겠다는 '메이지

---

6) 정부는 홋카이도 개척을 위해 1869년 홋카이도개척사를 신설하고 구로다 기요타카(강화도조약의 일본 측 정사. 후일의 제2대 총리대신)를 개척사 장관으로 임명했다. 10년간 1,400만 엔을 투입했는데 효과가 미미한데다 정부가 긴축정책으로 개척사의 관유물(사업권, 토지, 시설 등 자산) 매각 방침을 정했다. 구로다가 헐값 38만 엔에 같은 사쓰마 출신 상인에게 매각을 추진하다가 언론 보도가 터지면서 특혜 시비에 휘말렸다.

14년의 정변(1881.10)'을 일으켰다. 정부는 위기 탈출책으로 다급하게 극약처방을 한 셈인데, 국회 개설 시기(1890년)를 정부가 약속했다는 점에서 자유민권운동의 귀중한 성과였다.

정부의 국회 개설 방침이 공표되자 정당이 결성되고, 국민의 지지를 받기 위한 정당들의 노력이 활발해졌다. 정부에서 축출된 오쿠마 시게노부는 입헌개진당을 결성해(1882년) 도시의 신흥자본가와 지식인을 기반으로 영국식 의회정치를 목표로 점진적인 개혁을 주장했다.

1882년 4월 자유당의 이타가키가 전국을 순회하며 유세를 벌이던 중 괴한의 습격을 받으며 외친 "이타가키는 죽어도 자유는 죽지 않는다"는 명언은 사람들에게 깊은 인상을 남겼다. 이 피습 사건으로 인해 그의 명성은 더욱 높아지고 자유민권운동의 저변이 크게 확대되었다.

자유민권운동이 정당들에 의해 다시 불붙을 것을 염려한 정부는 갖가지 방법으로 탄압을 가했다. 1882년 어용정당을 만들고, 자유민권운동의 주도자 이타가키의 해외 출국을 추진하는 등 교묘한 술수도 썼지만, 압권은 미시마 미치쓰네였다. 1882년 후쿠시마 현령으로 부임한 미시마는 "내가 현령으로 있는 동안 방화범, 강도 그리고 자유당은 살려두지 않겠다"고 공언했다. 그는 대대적인 도로개설에 착수하면서 백성들에게 세금과 부역을 부과하려고 제출한 의안이 자유당 우세의 현의회에서 부결되었다. 그런데도 1883년 공사를 강행하자 이에 반대하는 자유당원과 농민 수백 명을 체포하고 지도자 6명은 내란음모죄로 몰아 투옥했다.

노골적인 정부의 탄압에 분개한 자유민권운동의 과격파들은 가바산

사건(1884.9), 군마 사건(1884.9), 지치부 사건(1884.10) 등 반정부 실력행사에 들어갔다.[7]

| 이타가키 다이스케(출처: 위키피디아)

자유민권운동이 과격화되자 폭동 및 혁명화를 우려한 이타가키는 1884년 10월 스스로 자유당을 해산시켰으며, 입헌개진당도 수뇌가 탈당하여 자유민권운동은 침체기에 들어가게 된다.

이후의 이타가키 다이스케

국회 개설이 임박하면서 1890년에 입헌자유당이 결성되었고, 이듬해 자유당으로 명칭을 바꾸어 이타가키가 당 총리에 취임했다. 그는 1896년 제2차 이토 내각의 내무대신이 되면서 정적이었던 이토 히로부미와 한패가 되어 변절했다는 지탄을 받았다.[8] 또 그는 1898년 제1차 오쿠마 내각의 내무대신이 되어 정국의 중요한 한 축을 담당했는데 이것이 그의 마지막 공직이었다.

1900년 정계에서 은퇴한 후 사회문제의 해결에 주력했다. 1904년부터 여러 잡지의 발행에 관여했고 1919년 83세의 나이로 사망했다.

---

7) 과격파들이 일으킨 당시의 사건들을 일컬어 일본에서는 '격화사건'이라 한다.

8) 일부 신문에 "이타가키는 출세했지만 자유는 죽었다"며 그의 변절을 조롱하는 삽화가 실렸다.

민중들과 함께 한 '야당 정치인', '서민파 정치인'으로 국민들에게 인기가 있었다. 사후에도 민주정치의 선구자로 추앙받아 일본 국회의사당에 동상이 세워져 있다. 오랫동안 군부와 관료 출신이 지배하는 단색의 일본정치를 여론과 정당을 통해 국민에게 가까이 다가가는 컬러풀한 일본정치로 탈바꿈시켰다. 현대 민주주의의 특성인 다양성을 일본 국민들에게 최초로 선사한, 시대를 앞서간 정치인이었다.

。 후쿠자와 유키치(1835~1901)

나카쓰번(현 오이타현의 일부)의 하급 무사의 둘째 아들로 태어났다. 에도시대 오사카는 전국에서 생산된 쌀이 모여 상품화되는 장소였다. 부친은 번이 생산한 쌀의 오사카 창고를 관리하고 있었기에 후쿠자와 유키치는 어릴 때 오사카에서 살다 부친이 사망한 후 번으로 돌아왔다. 그의 자서전에 의하면 번듯한 대도시에서 시골 번으로의 환경 변화에 매우 실망한 것으로 묘사되었다.

유키치는 소년 시절 유교 경전을 공부하던 중 고루한 한학에 반발해 1854년부터 난학을 공부했다. 치열한 공부 끝에 난학에 자신감이 생기자 1858년 에도에 난학 주쿠를 열었는데 이것이 게이오대학의 기원이 되었다.

서구문물과 언어를 잘 안다고 자부했던 유키치가 1859년 요코하마에 구경하러 갔다가 큰 충격에 빠진다. 조그만 어촌에 불과했던 요코하마가 개항과 함께 천지개벽한 모습에 일단 놀랐다. 수많은 상점의 간판, 외국인과 상인들의 대화가 모두 영어인 사실을 알고 한 글자 한 마디도 이해 못 한 유키치는 크게 낙담했다. 유키치는 다음날부터 영어를 독학하기 시작했다.

미일수호통상조약 체결 다음 해(1859년) 막부는 조약서 교환을 위한 방미사절단을 보내기로 했다. 사절단이 승선할 미 군함 외에 얼마 전 네덜란드에서 구입한 간난마루호에 경호원들이 타기로 했는데 함장은 가쓰 가이슈였고 기무라 가이슈가 사령관이었다. 이 소문을 들은 유키치는 미국에 가고자 갖은 노력 끝에 사령관에게 연줄이 닿아 마침 수행 비서가 필요한 사령관의 도움으로 간난마루호에 승선하여 37일간의 항해 끝에 샌프란시스코에 도착했다. 함장 가쓰 가이슈는 뱃멀미가 심해서 선실 안에 늘 누워있었는데, 유키치는 평생 가이슈를 함장 구실을 못한 무책임한 인사로 비난했다.

미국에서 한 달 생활한 유키치는 상상을 초월한 풍부한 물질문명에 놀랐다.[9] 또 그간의 난학 공부로 기술과 관련된 이공학은 설명을 들으면 어느 정도 이해했지만, 민주주의 정치와 사회문제는 전혀 이해할 수 없었다. 유키치는 귀국하자마자 자신의 난학 주쿠를 영어 중심으로 완전히 바꾸었다.

---

9) 유키치는 화려한 호텔의 카펫 위를 구두를 신은 채 걷고, 겨울철이 아닌데도 잔에 있는 얼음을 보고 눈을 의심했다. 화재가 나면 못을 줍겠다고 사람들이 몰려드는 일본과 달리 철을 쓰레기처럼 버리는 미국에 놀랐다.

유키치는 1861년 유럽사절단으로 1년가량 유럽을 방문했다. 그는 프랑스에서 정부 외에 국민이 선출한 의회라는 권력기관이 있다는 사실을 알고 놀랐다. 또 설명만으로는 이해가 안 되어 우체국에 직접 가서 궁금한 것을 질문해 가며 파악한 우편제도는 그 편리함에 감탄했다. 사절단은 네덜란드, 독일, 러시아를 거쳐 1년 만에 귀국했다. 유키치는 받은 출장비를 모두 서적을 사는 데 사용했다.[10]

1867년 재차 미국 파견 후 귀국선에서 술 마시고 취기가 올라 막부의 부패상과 쇄국정책을 비난한 죄로 유키치는 귀국하자마자 근신처분을 받았고 서적도 막부에 압수되었다. 3개월 만에 징계는 풀렸으나 2개월 뒤 에도막부는 역사에서 사라졌다.

막부 말기와 메이지 초기 그를 일본 제일의 계몽사상가로 우뚝 서게 한 기념비적인 저서가 1866년 발간된 『서양사정』이다.[11]

『서양사정』은 유럽과 미국의 역사, 정치, 조세, 국채, 화폐, 회사, 외교, 군사, 교육 및 학교제도, 신문, 도서관, 병원 등은 물론 일상생활까지 소개했다. 특히 미국과 영국의 역사와 제도에 대해 집중적으로 다루면서 의회제도와 민주주의 제도를 자세히 설명했다. 일본인들이 처음 듣는 서구의 제도와 문물을 자세히 소개한 『서양사정』은 일본 열도를 엄청난 충격으로 강타했다. 지배층과 지식인들은 물론 일반인들까지 막번 체제와는 전혀 다른 선진 외부세계의 사정을 알게 되어 구체제의 붕괴와 메이지 신정부의 출범에 기여했다.

---

10) 이때 그가 사 온 서적은 웹스터사전 90권, 영문법 254권, 대수·기하 133권, 물리·화학 81권, 군사 9권, 경제·법률 6권 등 총 43종 695권이나 되었다.

11) 『서양사정』은 1편(3권), 외편(3권), 2편(4권)으로 구성되었다. 미국과 유럽여행을 마친 4년 만인 1866년 1편, 메이지유신이 일어난 1868년 외편, 1870년 2편을 발간했다.

두 번째 베스트셀러는 1872년 초편을 낸 『학문의 권장』이었다.[12] 완간된 『학문의 권장』은 낱권 소책자를 합쳐 모두 370여만 부가 판매되었다고 하니 당시 3,500만 명의 일본 인구를 감안하면 초베스트셀러였다.

근대화를 절박하게 추구하던 메이지유신 시대의 일본과 일본인들이 나아가야 할 길을 알려주는 등대와 같은 역할을 한 책이다. '하늘은 사람 위의 사람을 만들지 않았고 사람 아래의 사람을 만들지 않았다'로 시작하는 『학문의 권장』은 새로운 사회가 취해야 할 모습을 논하며, 이는 근대 서구 문명의 기초가 된 서양 학문을 통하지 않고는 이루어질 수 없다는 것이 핵심 내용이다.

평등사회를 추구하며 개인의 독립 없이는 국가의 독립이 있을 수 없고 개인의 독립은 서양 학문으로 기력을 회복하는 것밖에 방법이 없다. 또 국가적 독립을 유지하려면 다른 나라와의 원활한 교제가 중요하며 개방이 필수적이다. 정부가 시혜적 입장에서 베풀어주는 어진 정치는 기만이며, 국민은 좋은 정치를 받아야 할 권리가 있다. 따라서 주군을 위해 목숨을 바치거나 주군의 명령으로 할복하는 등의 전통적 행위는 비문명적인 야만이라 비판했다.

현대 시민사회에서는 당연한 말이지만 수백 년 된 막부의 잔재와 정신이 뿌리 깊게 박혀있던 메이지 초기의 일본인들에게는 충격적인 가치관이었다. 이와 같은 문제 제기에 대해 당시 지식인들과 언론에서는 큰 화제와 논쟁거리가 되었다.

연이은 초베스트셀러의 작가이자 계몽사상가로 전국적인 명성과 평생의 부를 이룬 유키치는 1875년 『문명론의 개략』을 출간했다.

---

12) 고향 나카쓰의 학교 개관을 기념하기 위해 써 보낸 글에 대한 고향 사람들의 반응이 좋아 1872년 초편을 낸 데 이어 후속편을 계속 썼고 각 편이 완성될 때마다 소책자로 나왔다. 유키치가 1876년까지 5년간 17편을 쓰고서야 두꺼운 책이 되었다.

그는 인류 문명이 '야만', '반개'(반개화), '문명'(개화)의 3단계를 거쳐 발전한다고 보았다. 문명 단계에 조금 부족한 일본이 빨리 부국강병에 노력해 서양 수준의 문명 단계에 진입해야 진정한 독립을 쟁취할 수 있을 것이라 주장했다. 동양의 문명을 극도로 비하해 중국과 조선을 반개의 단계로 보고, 일본이 아시아 수준을 빨리 탈피해 서구와 대등한 수준에 오른 후 일본이 이들을 주도적으로 문명개화의 단계로 이끌어야 한다는 그의 1880년대의 탈아론 사상이 『문명론의 개략』에서부터 싹텄다.

| 일본 화폐 일만 엔권에 있는 후쿠자와 유키치 초상

그는 자신의 사상과 노선을 정부 정책에 반영하기 위해 더 영향력 있는 활동을 하기 시작했다. '시사신보(지지신보)'라는 일간지의 창간이었다(1882.3.1). 그는 매일 사설과 논설로 자신의 주장을 신문에 담았다.

창간 시부터 그가 죽기 직전까지 조선과 중국 문제에 관한 사설과 논설만 무려 1,500편이나 되었다. 초기에는 "공동으로 서구 열강의 위협에 맞서는 것" 또는 "일본이 돌담집으로 화재 방비를 하더라도 판잣집 조선에 화재가 발생하면 일본에도 피해가 닥친다"는 '옆집 화재의 비유'처럼 공동 안보를 주장했다.

그러나 자신이 후원했던 김옥균 등 개화파가 갑신정변에서 실패하자 극도의 분노와 좌절감으로 "일본은 후진 아시아를 벗어나 서구와 동등한 대열에 서야 한다"고 주장하기 시작했다(탈아입구론).[13]

여론에 지대한 영향을 미치는 유키치에 대하여 메이지 신정부는 영입을 시도했다. 민간에 남아 자유롭게 입지를 하겠다는 그의 확고한 신념으로 정부는 영입을 단념했지만, 그는 정부의 정책 수립과 여론에 많은 영향을 미쳤다.

이후의 후쿠자와 유키치

1890년 게이오의숙(주쿠)에 대학부를 설치해 게이오대학이 되었다. 1894년 청일전쟁 시 모금운동을 추진해 1만 엔을 성금으로 기탁했고, 승전 후에는 죽어도 여한이 없다며 기뻐했다. 전쟁 전 극심하게 분열되었던 일본의 각 정파와 국민들이 전쟁 승리에 도취되었다. 정부는 연전연승하는 승전 소식을 대대적으로 홍보하고, 극장에서 환등기를 통한 슬라이드 사진으로 전투와 승전 장면들을 볼 때마다 일본인들은 환호하고 미쳐 날뛰었다. 마치 우리나라의 2002년 월드컵축구대회의 응원 열기가 전쟁 기간 내내 유지되었다고 보면 된다.

이때부터 일본의 우월감으로 아시아 국가를 침략하는 것이 당연하

---

13) 탈아입구론(脫亞入歐論) 또는 탈아론(脫亞論)은 일본이 서구와 동등하게 식민지 경영을 하겠다는 발상이 깔려 있다고 볼 수 있다.

다는 유키치의 탈아입구론이 현실화되었다. 일본 최고의 지성인이자 계몽사상가라는 유키치조차도 이 열광적인 분위기에서 빠져나오지 못할 정도로 일본 국민 중 누구 한 사람의 이견도 없이 모두 군국주의와 국수주의의 광풍에 휩쓸렸다.

결국 후일 제2차 세계대전 패망이라는 국가의 처절한 비극을 겪고서야 일본인들은 환각에서 깨어난다. 국가나 사회가 오직 한 가지 이념과 사조의 광풍에 빠져 있을 때가 가장 위험하다는 것을 역사는 알려 준다. 열광의 사회 분위기가 마약처럼 개인의 이성을 마비시키기 때문이다. 나치즘의 독일, 파시즘의 이탈리아, 천황제 군국주의의 일본, 문화혁명기의 중국이 그렇다.

근대화에 어두운 시기 일본의 선각자이자 등불로 평가받은 후쿠자와 유키치는 이와 같이 말년에는 자신만의 독특한 불빛을 잃은 채 1901년 66세로 사망했다.

2. 조선
개화와 수구

가. 제1차 수신사 파견

1876년 2월 3일 강화도조약(또는 병자수호조약)을 운요호 사건에 의한 일본의 위력에 밀려 체결은 했으나 조선 조정은 고종과 박규수 등 극소수의 개화론자를 제외한 대다수가 전쟁을 피하기 위한 임시방편이었지 개화정책으로 돌아선 게 아니었다. 게다가 위정척사파 등 유림의 개화 반대 상소가 빗발쳐 이들을 설득하고 국론을 수습하는 일이 당면과제였다.

고종은 조약 체결 시 일본이 권유한 사절 파견을 조기 결정해 김기수를 수신사로 파견하기로 결정했다(1876.2.22).[1]

일본은 최고급 증기선으로 배편을 준비하는 등 파격적 의전과 함께 부처 간 전폭적인 협조로 일본의 발전상을 잘 보여줄 수 있는 대표적인 기관과 장소들을 선정해 일정을 마련하는 등 부산을 떨었다. 또 일정을 최대로 늘려 사절이 많은 곳을 방문해 근대적 부국강병책을 시행

---

[1] '수신사'의 뜻은 '신뢰를 닦는 사절'이다. 종전 조선통신사의 왕래로 이루어진 신뢰가 한동안 무너져 있었기에 이번에 다시 닦는다는 의미였다. 조정은 조약 체결의 의미를 조선통신사의 복구 정도로 이해했다.

하는 일본을 보여주고 싶어 했다.

김기수는 20일간 일본에 머물면서 천황을 예방하고 이토 히로부미, 이노우에 가오루 등 일본 정부의 주요 인사를 만났다. 또 전신과 철도 가설, 군함과 대포 제조 등 군사, 기계, 학술, 교육 등의 시설을 관람하는 등 특별한 환대를 받았다. 그러나 정사 김기수의 소극적 자세 때문에 깊이 있는 근대화 시찰이 되지 못했고 귀국 후 일본의 발전상을 임팩트 있게 조선 조정에 전달하지 못했다.

도대체 왜 김기수는 시종일관 소극적으로 행동했을까? 김기수 본인이 귀국 후 작성한 저술 『일동기유』의 몇 대목만 읽어보면 금방 의문이 풀린다.

| 1876년 일본 체류 중의 수신사 김기수
(출처: 위키피디아)

장면 #1

　사신의 칭호가 수신사이니, 수신이란 옛 우호를 닦아 신의를 돈독히 하는 것이다. 사명(외교사령)으로 인도하고 위의로 성사시키며, 과격하게 하지도 순응하지도 않으며, 장중하고 신중하게 스스로를 다잡는다. 만일 임금의 명을 욕되게 하지 않는다면 그럭저럭 괜찮게 해낸 것일 뿐이다(『일동기유』 권1 상략6칙).

　외교관 미야모토 오카즈가 많은 곳을 시찰하기를 권유한 데 대한 답변: 이번 사행은 전적으로 지난봄 사행(강화도조약 체결을 위한 구로다의 방문)에 대한 답례 때문입니다. 수신사 사행의 의미가 진실로 여기에 있는 것이지 사실 다른 공적인 일이 있는 것은 아니니 빨리 귀국해야 합니다(『일동기유』 권2 문답9칙).

장면 #2

출발할 때 선상에 서양 오랑캐가 서 있는 것을 보았다. 그자가 내리는 것을 못 봤는데 닻줄을 올렸다. 호송관에게 말을 전했다.

"이것이 비록 일본 선박이지만 오늘 임무는 우리를 호송하는 것이니 우리 선박이나 마찬가지다. 우리 선박에 서양 오랑캐가 무슨 말인가? 어서 내리게 하라."

호송관이 말했다.

"외무성이 수신사를 잘 호송하려고 서양인에게 맡긴 것이니 물러나게 하는 것도 내가 결정할 수 없다. 일본인 운항 실력이 아직 서양인에 못 미쳐, 멀리 갈 때마다 서양인을 써서 지시를 받아야만 만전을 기할 수 있다… 수신사 의향이 정 그렇다면 외무성에 보고해 회답대로 하겠다."

외무성 회답이 도착했다. 서양인을 하선시켰다(『일동기유』 권1 정박14칙).

장면 #3

일본 외교관으로부터 천황의 접견 계획을 듣자 김기수는 조선통신사가 국서를 가지고 와서 쇼군을 배알한 적은 있지만, 이번에는 국서도 없고 더욱이 조선통신사가 천황을 배알한 전례는 없다고 단호히 거부했다. 그러나 수신사의 도착 소식에 천황이 일정을 바꾸면서까지 기다린다고 전하자 마지 못해 천황을 배알했다. 이 문제로 일본 외교관들과 많은 실랑이를 벌였다(『일동기유』 권2 문답9칙).

장면 #4

일본 측은 수시로 김기수에게 유람(또는 완상)[2]을 권유하지만, 자신은 신의 회복과 우호를 닦기 위해 왔을 뿐이라고 대부분 거절한다. 심지어 견학을 통해 조선의 부국강병을 도모하고 양국이 의지해 외국의 침입에 대비하자는 외무성 권대승 모리야마 시게루의 간곡한 권유도 거절한다.[3]

---

2) '유람' 또는 '완상'은 오늘날의 '기업(기관) 탐방', '산업 시찰' 정도로 이해하면 된다. 후일의 조사시찰단을 신사유람단이라 부른 것도 마찬가지다.

3) 『일동기유』 권2 문답9칙

> 귀국 후 "정탐을 안 할 바에 일본에 왜 갔느냐?"는 누군가의 추궁에 그는 다음과 같이 답변했다. "…우리 울타리를 튼튼히 하면 도적이 들어올 수 없고, 혈기를 충족하면 병이 생기지 않는 것이다… 그대는 어찌 근본을 도모하지 않고 구구하게 바깥의 말엽에 신경을 쓰는가? … (그들을) 충신으로 이끌고 도덕으로 인도하며 다시 외면을 온화하게 하고 마음을 바르게 하며, 오는 사람을 사랑하고 가는 사람을 경계하면 역시 우려가 없을 것이다."(『일동기유』 후서)

앞뒤가 꽉 막힌 답답함만 느껴지지만, 당시 성리학에 물든 조선 선비들의 전형적 모습이다. 조정 관리들도 마찬가지였다. 그러한 당시의 분위기를 이해해도 아쉬움이 크게 남는다.

사절 파견 결정부터 출발까지 2개월 남짓 기간에 당시 조선의 사정상 개화를 국론으로 정하기는 힘들었을 것이다. 그렇지만 개화 수용성이 높은 인물이나 적극적인 인물로 수신사를 선발했어야 하지 않았을까? 이마저 힘들다면 김기수의 하직인사 때 고종이 눈물을 글썽이며 고생 기간을 줄여준다고 일본 체류 기간 보름을 넘지 말라고 당부할 게 아니라, 조약 체결 후 첫 사절로서의 사명감을 심어주고 적극적인 견학과 시찰로 우리나라 발전의 밑거름이 되어야 한다고 당부했어야 하지 않았을까? 5년 전 유럽시찰을 위한 이와쿠라사절단을 전송하며 사명감에 호소하던 태정대신 산조 사네토미의 전송사가 떠오른다. 76명의 1차 수신사 사절은 아주 오래된 조선통신사에 충실한 여정을 마치고 6월 귀국했다.

나. 제2차 수신사 파견

1879년 3월 일본이 류큐왕국(현 오키나와)을 병탄하자 청의 이홍장은 조선이 다음 차례라고 우려해 전 영의정 이유원에게 편지를 보냈다. 이홍장은 조선에 서구열강과의 통상을 권유해 '균세의 책략'[4]으로 일본을 견제하는 정책을 권했다.

고종은 이홍장의 제안을 완곡하게 거절하는 대신 일본 정세를 정확히 파악하기 위한 사절 파견이 시급하다고 판단했다. 김기수의 파견 후 4년 만의 일이었으니 아까운 4년을 허송세월한 셈이다.

제2차 수신사는 시무에 밝은 예조참의 김홍집이 정사로서 이조연, 강위, 윤웅렬 등 58명의 사절단을 이끌고 1880년 6월 26일 부산을 출발 7월 6일 도쿄에 도착했다.

1880년 일본 체류 중인 수신사 김홍집
(출처: 위키피디아)

김홍집은 7월 9일 외무성을 방문해 예조판서의 서계를 전달했는데 핵심 현안은 관세 면제의 철폐와 방곡(미곡 수출 금지)이었다. 강화도조약 체결 시 조선 관리들의 국제법 지식 부족의 결과물인 불평등조약을 시정하려는 의도였다. 외무성과의 회담(7.20, 7.26)에서도

---

4)   여러 서구열강과 수교해 여러 국가의 공개적 감시와 견제를 통해 한 국가에 침략당하지 않는 세력 균형을 이용한 일종의 이이제이(오랑캐를 이용해 다른 오랑캐를 견제하는) 책략

이 문제를 제기했으나 일본은 회피했다. 일본은 외교 현안에는 소극적이었지만 수신사에 대한 의전과 예우는 상당했다. 김홍집은 천황을 예방하고 일본의 주요 정치지도자들과도 만났다.

일본과의 현안 교섭이 여의치 않자 홍집은 일본 주재 청 공사 하여장과 참찬관 황준헌을 7월 15일부터 6차례 만나 필담으로 일본과의 외교 현안은 물론 세계정세와 일본의 내정, 외교, 통상 등 여러 관심사를 논의하고 조언을 구했다. 하여장은 러시아의 조선 침략을 우려하며 그 대책으로서 여러 국가와 수교를 통한 러시아 견제책을 제시하며, 특히 미국과의 수교를 강력히 권했다.[5]

청 외교관과 일본 지도자로부터 김홍집이 가장 많이 들은 경고는 조선에서는 전혀 몰랐던 러시아의 위협이었다. 당시 러시아가 두만강 하구에 군함과 병력을 집결하는 소식, 조선을 돌아 산동반도에 상륙한 후 베이징을 공격하는 시나리오를 보도하는 일본 신문이 많았다. 러시아가 경로를 바꾸어 조선이나 일본을 칠 가능성에 중국과 일본은 긴장하고 있었다. 외무경 이노우에 가오루와 하나부사 공사도 김홍집에게 러시아의 위협에 맞서 3국이 힘을 합쳐야 한다고 주장했고, 청의 외교관들도 마찬가지였다.

8월 2일 황준헌은 김홍집에게 관세 문제와 방곡 문제에 관한 자세한 조언을 하고 나서, 『조선책략』과 서구문물 소개서 『이언』을 건네주었다. 『조선책략』은 그간의 필담만으로는 부족하다고 여긴 청 공사 하여장이

---

5)   황준헌·김홍집, 『조선책략·대청흠사필담』, 보고사, 86~88쪽

지시해 황준헌이 만든 책자다.[6] 『조선책략』의 주요 내용을 요약하면 다음과 같다.

1. 러시아의 영토 확장 사례를 들어 부동항을 얻기 위한 러시아의 남하정책을 설명하고, 아시아의 요충지 조선을 러시아는 조만간 반드시 빼앗을 것이다.
2. 그 대책으로 균세의 책략에 의거해 한 강대국의 조선 침략을 막아야 한다. 그 전제로 쇄국책을 개화통상 정책으로 전환해야 한다.
3. 개화통상의 파트너는 '친중국'·'결일본'·'연미국'으로 중국·일본·미국이다.
4. 조선의 쇄국은 20~30년 전 중국과 일본의 상황과 같아서 형세의 절박함을 모르는 조선이 안타깝다. 오직 조선의 인재가 빨리 일어나 도모하여 그 방도를 얻으면 강해지고 그 방도를 잃으면 망할 것이다. 조선의 종묘와 사직이 여기에 달려있다.
5. 수교 후 외교관을 파견해 상주시킨다. 청 상인들이 조선의 각 항구에서 통상하여 일본 상인의 농단을 막고, 조선인들이 나가사키·요코하마에서 교역을 익힌다. 학생과 군인 등이 해외에서 서양 언어와 서양 학문을 배우고 서양의 군사훈련을 받고 기계 제조를 배워야 한다.

진실로 이와 같이 한다면 조선 자강의 기초는 여기에 근거할 것이다.[7]

마지막 회담에서 하여장은 러시아의 위협에 대처하기 위해 미국과의 수교를 재차 강력하게 권고했다. 김홍집은 관세와 방곡 등 외교 현안의 타결에는 실패했지만 청의 조언으로 그 해결 방안을 알게 되었고, 일본의 발전상과 국제정세를 새롭게 깨달은 상태에서 귀국했다.

고종은 김홍집의 보고를 통해 확인한 정세 판단, 이노우에의 서한, 『조선책략』 등을 보고 개화의 방침을 굳혔다. 고종은 즉시 『조선책략』을 전·현직 대신들에게 돌려 읽도록 해 개화의 여론이 확산되길 기대

---

6) 『조선책략』의 정식 명칭은 『사의조선책략』이다. '사의' 즉 개인 의견이라는 접두어가 붙었으나 이홍장, 하여장 등 청의 외교라인의 의견이 반영된 당시 국제정세 하에서 조선이 취해야 할 외교정책을 제시한 사실상 청의 공식 입장이다. 이하 『조선책략』이라 한다.

7) 황준헌·김홍집, 『조선책략·대청흠사필담』, 보고사, 17~37쪽

했다. 또 일본 체재 중 김홍집을 도와준 개화승 이동인을 몰래 정탐위
원으로 결정(9.3), 일본에 파견해 미국과의 수교 결심을 청에 알리는 등
개화 결심을 빠르게 행동으로 옮기기 시작했다.

。 이동인(1849?~1881)

  개화승 이동인의 출생과 성장 그리
고 사망에 관하여는 미스터리다. 역사
의 무대에 등장하는 1년도 안 된 짧은
기간에 강렬한 빛을 발하고 사라졌다.
경상도 양산 출신으로 알려진 이동인
은 일찍이 승려가 되었다. 부산 범어
사 또는 통도사에 있다가 1860년대부
터 한양의 봉원사에서 활동했다. 일
본통으로 알려진 스님은 개화파 유홍
기(유대치)와 교류하고 있었다. 1870

| 이동인(출처: 나무위키)

년대에 유홍기의 소개로 자연스럽게 박규수의 사랑방에 드나들던 젊
은 개화파 엘리트 김옥균, 박영효, 서광범, 서재필 등과 알게 되었다.

  1877년 일본불교 정토진종 본원사의 부산별원(주지: 오쿠무라 엔신)

이 개설되어 개화와 일본에 관심이 많던 스님은 여기에 출입하게 되었고, 주지 엔신은 그의 비범함을 첫눈에 알아보았다. 당시 천민에 속하는 승려가 상당한 학식은 물론 진보 지식인과 엘리트 관리들과 교유하는 것을 예사롭지 않게 본 것이다.

이동인이 일본에 직접 가보고 싶어 하자 김옥균, 유대치는 물론 주지 엔신이 후원하여 이동인은 1879년 9월 밀항하여 일본 교도의 동본원사에 거주하게 되었다. 여기에서 일본어를 심화하여 배우면서 변모된 일본 사회를 관찰하고 근대 시설을 둘러보았다. 일본의 새로운 제도, 교육, 공장, 과학 기술 등 근대문물과 관련된 책을 구입해 김옥균, 서재필 등 개화파들에게 전달했다. 이들은 그가 전해주는 정보와 도서로 일본 사정을 자세히 알게 됐고 더욱 열렬한 개화파가 된다. 그는 이 기간 중 수계하여 일본 정토진종의 승려(법명: 천호)가 되었다.

교토 생활 6개월 후 이동인은 도쿄의 본원사 아사쿠사 별원에 들어간다. 도쿄에 오자마자 이동인은 흥아회에 가입하고 기금도 출연했다. 1880년 2월 창립된 흥아회는 서양세력의 위압과 그들로부터 받는 모욕을 극복하기 위해 한·중·일 동양 3국이 연대하자는 취지의 모임이다. 유명인과 중국 외교관들도 참여하는 등 면면도 다양하여 이동인은 적극 참여했다. 후일 흥아회는 동양평화론을 앞세운 일제의 침략주의에 이용되었으나 이동인이 가입할 초창기의 흥아회에는 전혀 그런 성격이 없었다. 흥아회의 취지에 공감한 이동인은 창립 직후인 1880년 4월 흥아회 회장에게 격정적인 편지를 보냈다.

> 오늘날 아시아가 쇠미하여 서양인들에게 굴욕을 당하는 것은 변통할 때 변통하지
> 못하기 때문입니다. 반면에 서양인들은 서로 상대방의 장점을 본받아 수시로 변통해
> 실익을 취합니다. 때문에 동양인은 갈수록 곤궁해지고 서양인은 갈수록 강해집니다.
> …조지 워싱턴이 이끌었던 미국은 영국에 대항해 독립을 쟁취했습니다. 전 세계 인
> 구의 70%에 해당하는 7억 인구를 지닌 아시아에도 인물이 없을 수 없으니 아시아의
> 인사들도 스스로 분발할 것을 촉구합니다. …마침 도쿄에 오자 이 회가 창설되었다
> 는 소식을 듣고서 저는 땅에 엎드려 합장했습니다. 저도 모르게 눈물이 흥건히 얼굴
> 을 적셨습니다. 이에 학자금 30금을 출연해 설립비 명목에 보탬이 되고자 합니다.
> 물방울이 보탬이 되지 못함을 압니다. 하지만 혹시라도 저의 말로 분연히 일어나는
> 사람이 있어서 대세를 한번 바로잡아 억만이 사는 우리 아시아를 이 시대의 종주
> 로 만든다면 보탬이 되는 바가 없지 않을 것입니다.

1880년 5월 이동인은 느닷없이 주일 영국공사관의 사토우를 찾아가
조선이 몇 년 안에 외국과 수교할 가능성이 크다며 영국의 의향을 타
진하고 개화를 위한 조선 조정의 정변을 시사하기도 했다. 인삼 무역
가능성을 타진하고 조선에 보낼 시계 구입을 요청하기도 했다.

외교관 사토우는 "야만 미개한 조선을 개화 발전시키기 위해 밀입국
했고, 이름까지 그 취지에 맞게 개명했다"[8]는 이동인의 솔직함과 충정
에 반해 이후 두 사람은 친구처럼 가까워진다. 정확하게 표현하면 서로
의 니즈가 맞아 떨어졌다. 수교 통상을 대비해 조선어를 배우려는 사토
우에게는 조선어 선생이 필요했고, 선진국의 정보 네트워크가 필요한
이동인에게는 영국 외교관 사토우가 적격이었다. 이동인과의 만남과 그

---

8) '야만 미개한 조선'이란 뜻의 성 '아사노(朝野)', 이름은 '동인'의 일본식 발음인 '도진(東仁)'을 그대
로 사용했다.

의 일본 행적은 사토우의 일기에 기록되어 있다.

이즈음 김옥균이 보낸 또 다른 개화승 탁정식이 도쿄의 이동인을 찾아와 사토우에게 소개했다. 이 인연으로 탁정식은 후일 고베 주재 영국 영사 아스턴(사토우의 친구)의 한글 선생이 되고, 아스턴은 초대 조선 주재 영국총영사가 된다. 이동인은 탁정식의 귀국 편에 김옥균에게 시계, 싱냥, 망원경, 옥양목, 서양 문물 사진 등을 선했다.

이동인의 인생에 전환점이 찾아오는데 바로 조선의 제2차 수신사 김홍집을 일본에서 만난 것이다. 극적인 만남이어서 간단히 소개한다.

수신사 김홍집의 도쿄 숙소가 마침 이동인이 묵고 있는 아사쿠사 별원으로 정해졌다.

이를 알게 된 이동인은 당초 이들을 피해 조선으로 들어갈 계획을 세웠다. 조선 정부 입장에서 이동인은 밀출국범인데다가 천민 승려가 서양 외교관들을 만나 국사를 논의했으니 국사범이기도 했다.

그러나 고민 끝에 다시 생각을 고쳐먹고 계속 머무르기로 했다. 한발 더 나아가 수신사 일행이 도착했을 때 아사쿠사의 주지 스즈키와 하나부사 공사[9]에게 김홍집과의 면담 주선을 부탁했다. 하나부사와는 전년부터 알고 지낸 사이였다. 밀항자임이 들통나면 무슨 일이 있을까 염려해 하나부사가 손사래를 치자, 이동인은 "내가 일본에 들어온 것은 나라의 은혜에 보답하고 부처님의 은혜에 부응코자 한 것임에, 나라를 위해서라면 어떠한 일이 생겨도 걱정하지 않으니 바라건대 수신사를 만나 뵙도록 해 달라"고 청하자 이들이 감동해 면회를 알선하게 되었다.

이동인은 일본의 승복을 입고 김홍집 앞에 나타나 자신이 일본 승려 아사노라

---

9) 초대 조선 주재 일본공사. 강화도조약 체결 후 일본이 요구한 외교관 상주와 상설공관 이슈는 근대외교에 깜깜한 조선 정부에게는 청천벽력이었다. 수년 간 일본의 집요한 요구와 조선이 이를 이해하기까지 하나부사 공사는 조선과 일본을 왕래하며 일을 볼 수밖에 없었다.

고 소개한 후 첫 대화를 시와 문장으로 시작했다. 당대 최고의 지식인이자 한시에 일가견이 있는 김홍집이 대구하며 즐거운 대화가 오고 갔다. 분위기가 무르익자 이동인은 세상 돌아가는 이야기, 국제 및 일본 정세를 설명한 데 이어 조선의 실상과 장래 나아갈 방향까지 열변을 토했다.

김홍집이 조선 정세까지 정확하게 알고 있는 이동인에 감탄하는 순간 이동인은 실수를 가장해 조선말을 흘렸다. 유창한 조선말이 흘러나오자 김홍집의 눈이 휘둥그레진 순간 이동인이 무릎을 꿇으며 밀항을 이실직고하고 뜨거운 눈물로 진심을 토로했다.

이에 김홍집은 한편으로는 놀랍고 한편으로는 기뻐서, 그의 손을 잡고 눈물을 흘리면서 그의 뜻을 칭찬하고, "우리나라에도 이와 같이 훌륭한 남아가 있었던가" 하고 부르짖었다고 한다.[10]

일본 체재 중 이동인의 도움을 크게 받은 김홍집은 조선 조정에 꼭 필요한 인재로 판단해 이동인을 귀국시켰다. 밀출국자였기에 고베까지는 같은 배로 왔으나 이후의 여정은 달리해 김홍집은 부산항으로, 이동인은 원산항으로 귀국했다.

귀국 후 김홍집은 당시 개화파이며 조정의 실세인 민영익에게 이동인을 소개했다. 민영익은 이동인과 만나본 후 자기 사랑채에서 머물게 하며 극진하게 대우했다. 며칠 후 민영익은 이동인을 고종에게 소개하고 알현시켰다.

이동인을 만나본 고종은 이후 이동인을 총애하며 개화정책 추진에 그를 적극 활용한다. 대다수 관리와 보수 유림의 개화 반대여론을 잘 알고

---

10) 김선홍, 이동인과 조선사절단 김홍집의 극적인 만남(조선의 의인, 조지 포크 24화), 오마이뉴스 2021.2.8

있는 고종은 미국과의 직접 루트가 없기에 밀사를 통해 하여장에게 알릴 수밖에 없었다. 개화여론의 형성에 시간이 걸린다고 보고, 고종은 『조선책략』에서 권고한 '연미'책을 이동인이라는 밀사를 통해 먼저 시작했다.

조정의 뒷받침을 위해 고종은 긴급지시로 영의정 이최응 등 원로대신 6명에게 『조선책략』을 검토케 했다. 대신들의 의견은 적극 찬성과 시기상조로 나뉘었지만, 의견을 조율해 전반적으로 조선책략에 공감하는 내용의 『제대신헌의』가 고종에게 제출되었다. 고종은 『제대신헌의』 등 조선 조정의 뒷받침이 될 만한 증빙들과 함께 이동인과 탁정식을 일본에 밀사로 파견했다(1880.10.3).

이동인은 일본 도착 후 영국공사, 이와쿠라 도모미, 하여장 등을 만나 조선 조정의 정세가 급변했음과 미국과 스스로 수호조약을 맺겠다고 말했다. 그러나 일본은 미국보다는 독일과의 수교를 언급했고, 청은 조선이 독자적으로 미국과 수교하는 것을 내심 원치 않았다. 하여장은 이동인과의 회담 후 청이 계속해서 조선에 영향을 미치는 방안을 정리해 이홍장에게 보고했다. 이에 따라 조선의 미국과의 조약 체결 과정은 청이 전적으로 주도하게 된다.

한편 조선 조정의 일본에 대한 태도는 완화되어 그간 반대했던 하나부사 공사의 조선 상주를 묵인하고 그동안 미루어 왔던 인천 개항에도 동의했다.

이동인이 일본에서 귀국한 1880년 11월 10일 이후 정부조직 개편이 급물살을 탔다. 12월 본격적인 개화 추진기구로 통리기무아문을 설치해, 영의정 이최응이 총리대신에 임명되고 민씨 척족과 왕실 측근 위주로 실력자 10명이 당상에 임명되었는데 개화파는 김홍집이 유일했다. 중견 인물들이 12개사의 낭청, 역관들은 참사, 이동인 등이 참모관으로 발탁되었다. 텐진의 무기공장에 기술 습득을 위한 고종의 유학생 파견 의향을 이홍장이 승락하자 영선사의 선발 등을 위해 통리기무아문이 빨리 설치되었다.

통리기무아문은 1881년 1월 개화정책 추진에 필요한 정보 수집과 인재 양성을 위해 일본에 대규모 조사시찰단(속칭 '신사유람단') 파견을 결정하고, 시찰단 구성을 준비하던 중 핵심 참모관 이동인이 갑자기 실종되었다. 막 시작한 개화정책의 추진에 상당한 역할을 하던 이동인의 실종사건은 고종의 개화정책 추진이 험난할 것임을 예고했다.

수백 년간 뼛속과 정신까지 완전히 성리학에 물든 조선의 양반 지배층은 자신들을 위협하는 개화사상과 정책을 그것도 천민이 주도하는 현실을 참을 수 없었다. 참고로 승려가 한양 도성을 출입할 수 있게 된 것은 14년 후인 2차 갑오개혁 이후다. 이동인은 개화반대파에 의해 암살되었다.[11]

개화승 이동인… 동트기 직전 아직도 깜깜한 조선 하늘에 밝은 빛을 내며 사라진 혜성이었다.

---

11) 영국과의 수교를 우선한 이동인을 미국과의 수교를 추진한 김홍집파에서 암살했다는 주장이 있으나 이는 설득력이 없다. 이동인이 심정적으로는 영국과의 수교를 설사 선호했다고 하더라도, 조정의 관료가 된 이상 고종과 조정에서 연미책을 결정했고 또 그에 따라 미국과의 수교 협상을 위한 최초의 조약안을 그가 직접 만든 점이 이를 반증한다.

。 최익현(1833~1907)과 김평묵(1819~1891)

면암 최익현과 중암 김평묵은 화서 이항로의 제자들이다. 이항로는 성리학의 주리론 대가로서 '존왕양이·춘추대의'라는 유교 윤리와 아울러 '임금 사랑하기를 아버지처럼 하고 나라 걱정하기를 내 집처럼 한다'는 애국사상과 자주의식을 강조한 위정척사론의 사상적 기초가 된 인물이다. 병인양요 시 이항로

| 최익현 초상(출처: 국립중앙박물관 소장)

는 "양이와 수교 통상하는 것은 금수의 세계로 떨어지는 것"이라는 상소를 올려 위정척사운동의 시발이 되었다.

위정척사운동은 강화도조약을 전후해 본격적으로 불거졌다.

일본과의 수교에 반대한 위정척사파의 논리는 "일본과 서양은 같은 양이다(왜양일체론)", "개항 여부가 사람으로 남느냐 금수(짐승)로 전락하느냐를 결정한다(인수론)"였다. 이에 반해 개항을 결심한 고종은 "일본은 서양과 다르다. 일본과의 이번 수교는 옛날의 우호를 되살리는 것일 뿐"이라고 이들을 설득하며 "끝까지 거부하는 자는 역적"이라는 논리를 펼쳤다. 결국 고종은 개화에 방점이 있으면서도 강력한 유림의 반대에 직면하자 "일본과의 수교는 개화가 아니라 과거에 이미 행했던 조선통신사 왕래나 왜관에서의 제한된 무역 정도"로 스스로 의미를 축소해 후퇴해 버렸다. 고종의 이러한 논리와 스탠스는 후일 개화를 본격

추진하면서도 조정의 공론을 통해 정정당당하게 하지 못하고 은밀하게 할 수밖에 없는 태생적 한계로 작용한다.

최익현은 지부복궐상소[12]를 통해 다음과 같이 주장했다.

일본과 수교를 하면 나라가 망하는 5가지 이유는,
1) 화친이 저들의 애걸에서 나왔다면 우리가 그들을 제어하여 그 화친을 믿을 수 있지만, 우리가 겁나서 화친을 한다면 지금 당장은 숨을 돌릴 수 있겠지만 이후 그들의 끝없는 욕심을 무엇으로 채워주겠습니까?
2) 저들의 물화는 사치한 공산품으로 무한하고, 우리의 물화는 백성들의 생명이 달린 토지에서 나오는 유한한 것이라서 저들과 교역하면 수년 후에는 나라가 황폐해지고,
3) 천주교가 전국에 포교되어 관습은 타락하고 국민은 금수가 되며,
4) 금수와 같은 저들이 국내 거주 시 우리의 재산과 부녀를 마음대로 약탈하고,
5) 병자호란 때의 강화를 예로 들며 일본과의 강화 주장자들이 있지만, 일본은 재물과 여자만 알고 사람의 도리를 모르기 때문에 수교하면 나라가 망합니다.
또한, 지금 기어든 왜인들은 서양 옷을 입고 서양 포를 쏘며 서양 배를 타고 다니니, 이는 왜인이나 서양 사람이나 한 가지라는 것의 뚜렷한 증거입니다. 무엇 때문에 그들에게 속겠습니까?[13]

김평묵도 이때 유인석 등 제자의 청으로 척화상소의 초고를 지었다. 이후의 최익현의 활동에 관하여는 후술한다.

---

12) '지부복궐상소(持斧伏闕上疏)'는 도끼를 품고(持斧) 궐 앞에 엎드려(伏闕) 본인의 주장이 받아들여지지 않으면 도끼로 목을 치라는 뜻의 강경한 상소를 말한다. '복궐상소'는 '복합상소(伏閤上疏)'라고도 한다.

13) 최익현, 『면암집』 제3권, 지부복궐척화의소 병자년 정월 22일, 고종실록 1876.1.23.

강화도조약이 체결된(1876.2.3) 뒤에도 위정척사운동은 간헐적으로 계속되다가, 김홍집이 가져온『조선책략』이 발단이 되어 본격적으로 다시 불이 붙는다.

1880년 10월 1일 병조정랑 유원식의 상소가 올라왔다. 상소의 요지는『조선책략』을 받아 와서 왕에게 올린 김홍집을 처벌하고 정학 부흥과 사학 퇴치를 위해 대원군이 폐지한 서원의 복설을 요구했다.[14] 고종은 "개화 찬성은 충성, 반대는 역적"이라는 논리로 유원식을 유배형에 처했다. 이후에도 개화정책에 반대하는 상소에 대해 고종은 엄벌했다.

그러자 위정척사파는 이제 개별 상소가 아니라 만인소[15]로 대응했다. 안동 도산서원의 유생 모임(1880.11.1)에서 촉발된 영남만인소는 이만손을 소두[16]로 추대한 후 만인소안을 공모했다. 만인소안을 확정해(1881.1.20) 연명으로 서명하고 2월 4일 한양으로 출발했다. 300여 명의 영남 유생은 2월 18일 한양에 도착해 대궐 앞에 엎드려 만인소 접수를 요구했다. 소문을 듣고 합류한 유생들까지 합쳐서 복합 유생은 4~5백 명으로 늘어났고 고종의 명으로 결국 2월 26일 영남만인소가 접수되었다. 영남만인소는『조선책략』과 김홍집을 비난하며 고종의 위정척사 의지를 일깨우는 내용이었다.

---

14) 고종실록 1880.10.1

15) 1만 명이 서명한 상소문. 1만 명은 당시 한 도에 거주하는 유생 전체에 상당하는 인원이기에 만인소가 갖는 정치적 파급력과 여론에 미치는 영향력은 대단했다.

16) 연명상소의 우두머리

고종의 비답[17]에도 불구하고 유생들이 계속 복합하여 자신들의 요구를 주장하자 고종은 소두 이만손 등을 유배형에 처했다. 김평묵은 이때 김홍집이 『조선책략』을 유포한 것을 비판하고 영남 유생들의 상소문을 보고 감탄한 후 이들을 적극 후원했다. 또 경기도 유생을 위해 상소문을 직접 짓기도 했다.

이번에는 전라도, 충청도, 경기도, 강원도 유생들이 복합하여 만인소를 올리는 등(4월) 조선 8도의 유생들이 연이어 만인소를 올리자 고종은 결국 이들의 위세에 밀려 척사윤음[18]을 반포했다(5월). 그러나 고종의 기대와 달리 위정척사파는 더욱 강경해졌다. 1881년 가을에는 8도 유생 수백 명이 집단으로 한 달이 넘도록 복합하며 개화정책 취소와 관련자 처벌을 요구했다.

시간이 흐르며 이들은 점점 더 과격해졌다. 강원도 유생 홍재학은 고종이 무식하고 사심이 많아 개화파에게 놀아난다며 상소를 했는데, 이 상소문의 끝에 김평묵은 자신의 견해를 덧붙였다. 고종은 홍재학을 체포해 조사한 후 능지처참형에 처하고, 그간 만인소 운동을 고무하며 유생들에게 큰 영향을 미친 김평묵을 유배형에 처했다. 후일 김평묵은 1891년 사망한다.

---

17) "위정척사하는 일에 어찌 그대들의 말을 기다리겠는가? 『조선책략』은 깊이 파고들 것도 없지만 그대들도 잘못 보고 지적하고 있다. 이를 빙자해 또 번거롭게 상소한다면 조정을 비방하는 것이니 선비로 대우할 수 없고 처벌할 수밖에 없다. 이 점을 잘 알고 물러가라" 고종실록 1881.2.26

18) 척사윤음이란 사(邪)를 배척하고 정(正)을 보위하겠다는 내용의 윤음(백성과 신하에게 내리는 말과 글)이다.

이제 고종과 위정척사파는 서로 물러설 수 없는 형국이 되었다. 홍재학과 함께 복합상소운동을 주도하던 충청도 유생 강달선은 유생들의 힘으로 고종을 축출할 계획을 세웠다. 대원군의 서장자인 이재선을 포섭해 대원군의 협조를 받으려 했다. 어리숙한 이재선은 자신이 왕이 된다는 욕심에 강달선에게 포섭되었고 대원군은 이들을 이용해 재집권할 욕심이 생겼다. 거사가 성공하면 이재선을 추대해 자신은 섭정이 되고, 실패 가능성이 높으면 이재선에게 책임을 씌우고 자신은 빠져나올 심산이었다. 이들은 과거시험일(1881.8.21) 유생들을 선동해 일본공사관을 공격해 일본인을 축출하고 고종을 폐위시킬 계획이었다. 대원군은 진행과정을 보고받으며 예의주시하고 있었다.

거사 전날 밤 이들은 거사계획을 최종 점검했다. 자금과 병력을 모으지 못했지만 유생들을 선동하면 승산이 있다고 보고 그대로 추진하기로 했다. 다음 날 아침 이런 내용을 전해 들은 대원군은 강달선 등을 불렀다. 대원군은 그 자리에서 강달선 등을 '금품을 갈취하려 사람들을 선동한 사기꾼'으로 몰아 체포했다. 실패할 가능성이 높다고 보고 빠져나갈 구실을 만든 것이다.

이재선과 나머지 주모자들은 종전보다 구체적으로 모의를 추진했다. 이들이 모의를 구체화하던 중 배신자의 고변에 의해 역모가 드러났다. 이재선은 범행을 부인했지만, 관련자와의 대질을 통해 실토할 수밖에 없었고 대원군은 교묘하게 빠져나갔다. 고종은 이복형인 이재선을 제주도로 유배시켰으나 사형을 주장하는 조정의 거듭된 주장에 결국 이재선은 사사되었다(토왜반정역모 사건).

이후 고종이 추진하는 개화정책은 유림의 반발에 주눅 들어 당당하게 공식적으로 진행하지 못하고 은밀한 편법으로 추진된다. 대표적으로 조사시찰단 파견과 조미수호조약 체결 과정이 그러하다.

통리기무아문의 일본 조사시찰단 구성과 준비 중 이동인이 암살되고 만인소 등으로 유림이 극렬 반발하는 와중에 1881년 1~3월 박정양, 홍영식, 어윤중 등 12명의 조사시찰단의 조사가 부산에 모였다. 이들은 수차에 걸쳐 '동래암행어사'라는 직함으로 한양에서 각자 출발하여 집결할 수밖에 없었다. 이들이 일본 조사시찰단이라는 것을 안 사람은 고종을 포함한 극소수뿐이었다. 몇 개월에 걸쳐 모인 64명의 시찰단은 남의 이목을 피해 4월 일본으로 출발했다.

또 다른 예인 조미수호통상조약 체결 과정을 살펴보자. 이동인 귀국 후의 연미책은 일본에 남은 탁정식이 진행했다. 1880년 11월 21일 일본 주재 청공사 하여장을 방문한 탁정식은 연미책을 좀 도와달라고 요청했다. 당시 조선이 자주적으로 서구와 조약을 맺는 것에 불안해하던 하여장은 즉시 황준헌을 시켜 청의 종주권 조항이 들어간 조미수호조약 초안을 마련해 이홍장에게 보고했다.

당초 고종은 이홍장과 서신 왕래가 있던 전 영의정 이유원의 서신으로 조선 조정의 확고한 연미 방침을 하여장에게 보여주려 했다. 그러나 이유원의 비협조로 여의치 않자 자신 주도의 연미를 중국 주도로 바꾸고 자신은 중국 뒤에 숨는 전략을 택했다. 고종이나 이유원이 선뜻 앞에 나서지 못한 것은 위정척사운동이 맹렬할 때였기에 자신들이 유림의 직접 타겟이 되는 것을 원하지 않았기 때문이다.

이에 따라 당초 하여장을 통해 일본에서 미국공사와 연미를 추진하려던 계획이 청에서 이홍장이 진행하는 것으로 루트가 바뀌었다. 이홍장은 프랑스 유학파 출신 마건충이 작성한 조약 초안을 고종에게 보냄과 동시에 조선의 수교 희망 사실을 미국 측에 알렸다. 이에 따라 미국의 전권대표 슈펠트[19]가 텐진에서 이홍장과 회담했다(1881.5).

고종은 텐진 무기공장에 유학생과 함께 파견될 영선사[20]를 활용해 청이 주도하는 조약에 관여하고자 했다. 영선사 김윤식은 바오딩과 텐진에서 총 7차례에 걸친 이홍장과의 필담을 통한 회담에서 청의 초미의 관심사인 속방 문제에 관하여 토론을 했다. 김윤식은 청과의 관계는 사대의 의리를 지키면서 유사시 청의 보호를 받을 수 있는 청의 속국으로 규정하는 것이 안전하고, 다른 국가와의 관계는 자주의 입장에서 대등한 입장이 되는 자주독립국으로 행세하는 것이야말로 일거양득의 좋은 방법이라고 생각했다. 이렇게 결정된 청의 속국이면서 동시에 자주독립국이라는 상호 모순된 조선의 국제법적 위상은 후일 큰 문제를 일으키

| 이홍장(출처: 나무위키)

---

19) 슈펠트는 1867년 제너럴셔면호의 행적 조사를 위해 서해안을 방문했던 인물이다.

20) 유학생 인솔 사절인 영선사는 당초 4월 파견 계획이었으나 격렬한 위정척사운동으로 연기되어 토왜반정역모 사건이 마무리된 9월 말 파견되었다. 영선사 김윤식은 본연의 임무 외에 조미수호 조약 협상이라는 비밀임무를 고종으로부터 부여받은 밀사이기도 했다.

게 된다.[21]

가장 껄끄러운 속방 문제를 마무리한 이홍장은 1882년 2월 7일 텐진에서 슈펠트와 조약문 협상에 들어갔으며, 그간 조선과 논의된 이동인 안, 황준헌 안, 마건충 안을 참조해 조선과 미국과의 수호통상조약안(이홍장 안)을 마련했다.

이홍장 안의 핵심은 속방 조항이지만, 미국의 안에는 이러한 속방 조항이 없었다. 수많은 논쟁[22] 끝에 두 사람은 속방 조항을 조약에서 삭제하는 대신 부속문서에 넣는 것으로 봉합하고 1882년 3월 1일 전문 15조로 된 조약문에 합의했다. 이에 따라 슈펠트와 마건충이 조선으로 와서 조선 측 대표인 신헌, 김홍집과 만나 1882년 4월 6일 조미수호통상조약에 조인했다.

오랜 세월 속방으로서 중국에 전일적 사대외교만 하던 조선이 독립국으로서 서구와 개방적 다변화 외교로의 대전환을 하는 시발점이 된 조미수호통상조약 체결을 주도한 인물은 이와같이 직예총독과 북양대

---

21) 1894년 동학농민군 토벌을 위해 청군이 파병되자, 공관 보호를 위한다며 동시에 출병한 일본은 '자주독립국으로 일본과 강화도조약을 체결한 조선이 청의 속방국이냐 아니면 자주독립국이냐?'의 이슈를 제기했다. 공관 보호 명분상 너무 많은 병력을 출동시켜 외교적 수세에 몰렸던 일본이 속방론 이슈를 제기하며 공세적 태도로 돌변했다. 결국 속방론은 일본군의 경복궁 점령과 청일전쟁 발발의 한 빌미가 되었다.

22) 이홍장안 제1조가 "조선은 중국 속방이나 내정과 외교는 자주로 했다"는 속방 조항이다. 조선은 오랫동안 중국의 속방이었고 조약문에 들어가는 것을 조선도 인정했다는 점을 들어 이 조항이 반드시 있어야 한다고 이홍장은 주장했고, 슈펠트는 조선이 자주적 내정과 외교를 해왔다면 삭제를 주장했다.

신을 겸한 청의 이홍장이었다.

조약을 청이 주도한 이유는 국내의 반대여론 극복에 대한 고종의 자신감 부족 때문이다. 정책 추진 과정에서 장애물이 나타나는 경우 이를 정면으로 돌파하지 못하고 늘 우회하거나 회피하는 고종의 습성은 앞으로도 계속된다.

고종의 밀사 외교라는 것이 다 이런 고종의 습성 탓에 벌어지는 일들이다. 정규의 조직 계통과 공식적인 자리에서는 말 못하고, 공식적 의사결정과는 다른 자신의 심중을 중심으로 극소수 비선라인을 통해 국가를 경영하다 보니 국정의 방향성에 혼란을 가져오고 한정된 국가역량을 소모하게 만든다. 아버지 대원군과 대비되는 나약하고 겁 많은 성품과 강력한 추진력의 결여라는 지도자로서의 핸디캡은 격랑의 시대를 헤치며 나아가야 하는 조선호의 앞날에 번번이 결정적인 장애로 작용한다.

임오군란, 흥선대원군 33일간 재집권하다

개화기구 통리기무아문의 첫 군제 개편으로 창설된 별기군은 신식 사관생도 훈련부대였다.[23] 전년 80명으로 시작된 사관생도가 1882년 2월 140명으로 늘어났고, 3월부터는 6개월 속성과정을 거친 생도들이 장교로 임용되기 시작했다. 교관은 일본공사관 공병장교 호리모도 소위다. 복식 및 훈련이 서양식이었으며 이들 별기군 출신들은 임용, 승진 등에서 우대받아 구식 군대의 불만이 커지고 있었다. 당시 한양에는 약 1만

---

23) 사람들은 이때의 신식군 별기군을 '왜별기', 임오군란 후 원세개가 훈련시킨 신식군 신건친군을 '청별기'라 불렀다.

명의 구식군이 있었고 절반 정도가 구조조정 대상이었다. 국가 재정은 점점 악화되어 구식군에게는 봉급이 13개월 치나 밀려 있었다.

1882년 6월 5일 한 달 치 봉급으로 받은 곡식에 겨가 가득했다. 불만이 폭발한 군사들은 선혜청 당상 민겸호의 청지기(잡무담당자)에게 달려가 항의했다. 김춘영이 대표로 앞장서 항의하다가 싸움으로 번져 3인이 합세해 청지기를 집단 구타했다. 소식을 들은 민겸호는 본때를 보이겠다며 주동자 4명을 투옥한 후 죽여버리겠다고 공언했다. 왕비의 양오라버니 민승호의 친동생 민겸호는 탐욕스럽고 무식하다는 소문이 자자했다.

김춘영의 아버지 김장손 등 주동자 가족들은 '굶어 죽으나 법으로 죽으나 마찬가지다. 그럴 바엔 분이나 풀어보자'며 통문을 작성해 돌렸다. 당시 왕십리는 군인들이 집단으로 모여 사는 마을이었다. 군병 및 하층민 가족들이 호응하면서 6월 9일 아침 수백 명이 동별영[24]에서 구속자 석방을 요구하다가 민겸호의 집으로 몰려갔다. 민겸호는 없었으나 폭도로 변한 군병과 하층민들은 닥치는 대로 부수고 짓밟았다. 오후가 되자 폭동은 한양 전역으로 번져 포도청을 습격해 4명을 구출하고 민씨 척족들을 찾아내 죽였다. 또 별기군 훈련장을 습격해 호리모도를 살해하고 일본공사관을 습격해 파괴했다.

막상 분풀이는 했지만, 슬슬 뒷일이 걱정되었다. 김장손 등 주동자들이 생각[25] 끝에 찾아간 곳이 운현궁이었다. 대원군은 이들을 만나 장시

---

24) 훈련도감의 본영. 현재 종로구 인의동 종묘 부근이다.

25) 사태가 여기에 이르기까지 원인 제공을 한 것은 부정부패를 일삼고 개화랍시고 별기군을 만든 민씨 척족이기에 그 정점에 있는 왕비를 제압할 만한 사람은 대원군뿐이라는 생각이었다.

간 대화를 나누었다.

다음날 군사들은 왕비를 죽이기 위해 창덕궁으로 쳐들어가 민겸호와 대원군의 형 흥인군 이최응 등을 살해했으나 왕비는 찾지 못했다.

그녀가 궁궐을 탈출하게 된 경위는 이렇다. 변란을 알게 된 왕비는 상궁으로 변장해 가마를 타고 대궐 밖으로 나가려다가 난군들이 달려들어 가마의 위상을 찢고 왕비의 머리채를 잡아 땅에 내동댕이쳤다. 왕비가 난자당하기 직전 무예별감[26] 홍계훈이 나서서 "이는 상궁이 된 내 누이다"라며 얼른 왕비를 업고 궁궐 밖으로 뛰어나갔다.

6월 13일 왕비는 한양 민응식의 집에서 다음 날 충주 장호원의 민응식 고향집으로 출발했다. 19일 충주에 도착한 왕비는 은신하며 상황이 바뀌기를 기다리고, 한성의 고종은 통제 불능 상황이 되자 "지금부터 크고 작은 모든 일은 대원군이 품결한다"는 왕명을 내렸다.

대원군은 재집권하자 고종과 왕비가 추진한 개화정책을 모두 원점으로 되돌려 놓았다. 왕비의 행방이 묘연하자 대원군은 왕비의 사망을 공표했다. 왕비의 사망을 공인해야 난군들의 흥분을 가라앉힐 수 있기도 했지만, 혹 왕비가 살아 있더라도 죽은 사람으로 간주하겠다는 대원군의 의지 표명이었다.

대원군은 청군에 납치되는 7월 13일까지 33일간 집권한다. 난군들은 민씨 척족과 개화파를 색출해 체포, 감금 및 살해하고 부호들의 집을 습격했다. 또 왕비의 빈소에 분향하려는 양반들에게 길거리에서 봉변을 주는 바람에 조문객이 거의 없었다.

한편 난군의 공격을 받은 하나부사는 부하 직원들과 인천에서 영국

---

26) 무예별감은 왕 호위 및 궁궐 숙위를 담당하는 군인이다. 실제로 홍계훈의 누이 중 상궁이 있었다.

배를 타고 탈출했다. 6월 15일 나가사키에 도착한 하나부사가 외무성에 상황을 보고하자 일본은 16일 긴급 내각회의를 소집, 격론 끝에 천황이 온건론을 채택하여 조선에 사죄와 배상을 요구하기로 했다. 전권위원에는 하나부사가 임명되고 군함 4척과 수송선 3척에 병력 1,500명을 파견하기로 했다.

텐진에서 군란 소식을 들은 영선사 김윤식은 텐진해관장 주복을 찾아가 변란의 배후는 대원군이라 추정했다. 김윤식은 "청이 주도적으로 정리하는 것이 좋겠다. 병사 천 명만 군함에 태워 일본보다 먼저 도착해야 한다"고 요청했다. 북양함대 제독 정여창과 마건충에게 군함 3척으로 조선출동 명령이 내려지고 마침 텐진에 머물던 어윤중이 함께 귀국길에 올랐다.

6월 27일 인천에 도착한 마건충은 하루 만에 상황을 파악하고 돌아온 어윤중과 필담을 나누었다. 두 사람은 군란의 배후가 대원군이며 그가 건재하면 일본과의 전쟁이 불가피하다는 데에 인식을 공유했다.

6월 29일 1,500명의 군사를 태운 일본 함대가 인천에 도착하자 청은 7월 7일 오장경 지휘 하의 3천 명의 추가 청군을 남양에 도착시켰다. 김윤식은 청군과 같이 오면서 배 안에서 오장경의 막료인 24세의 원세개(위안스카이)를 소개받아 친분을 다졌다. 청군은 7월 8일 남양에 상륙해 원세개를 포함한 선발대를 한양으로 급파한 후 7월 12일까지 청군 3천 명 모두가 한양에 입성했다.

7월 13일 마건충은 정여창, 오장경과 함께 대원군을 예방했다. 예방을 받았으면 답방하는 것이 당시의 예의였기에 오후 4시경 대원군이 수십 기를 거느리고 청 군영을 찾아왔다. 마건충은 대원군과 필담 중

일행들을 분리시킨 후 대원군을 납치해 톈진에 보냈다. 대원군 재집권은 33일로 막을 내렸다.

한편 충주로 도망간 왕비는 양반 규수처럼 변장하고 하루하루를 보내고 있었다. 울적한 마음에 인근 국망산에 올라 멀리 한양 쪽을 바라보며 자신이 다시 돌아갈 날만 학수고대하고 있었다.

민응식의 고향 집에 있는 신씨라는 여종이 무료해 하는 왕비에게 인근에서 용하다는 무당을 소개했다. 일찍 과부가 되는 바람에 먹고 살기 위해 관왕(관우)를 모시는 무당 박창렬이다. 무당 박씨는 왕비에게 반드시 8월 보름에 한양으로 올라가 귀한 자리에 오를 것이라고 예언했다.[27] 매우 흡족한 왕비는 무당 박씨에게 매일 집으로 놀러 오라고 간청하고 만남이 거듭되면서 둘 사이는 흉허물없는 사이가 되었다.

왕비는 은밀히 고종에게 연락을 취하며 때를 기다렸다. 대원군 납치 후 왕비의 소재를 알게 된 고종은 오장경에게 어윤중과 청군을 급파해 왕비를 맞아 오게 했다. 어윤중이 장호원에 도착한 때는 7월 27일이었다. 왕비는 군사들 호위를 받으며 다음 날 한양으로 향했다. 올 때는 초라한 도망길이었지만 갈 때는 위풍당당한 왕비의 행차였다. 왕비의 행렬은 8월 1일 한양에 입성했다.

왕비는 박씨의 신통력을 믿게 되면서 박씨를 동행시켰다. 왕비는 궁궐에 같이 사는 박씨에게 모든 근심 걱정을 털어놓으면 박씨의 조언과 굿에 온갖 시름이 사라지는 듯했다. 그녀에 대한 왕비의 신임은 날로 더해갔다.

유교 국가 조선의 궁궐에 무당이 오래 머물면 여러 말들이 나오기에 왕비는 박씨의 거처를 위해 관우 사당을 짓기로 하고 고종을 설득해 국가 재정으로 1882년 말 공사를 시작해 1884년 가을 완공한다. 동소문 안쪽에 지어진 관우 사당은 한양의 북쪽에 있어서 북관왕묘 또는 북묘라고 불렸다. 북묘는 고종이

---

27) 한양에서 오신 귀한 손님이니 특별히 잘 모시라는 주인의 각별한 분부, 국망산에 올라 한양 쪽을 바라보며 뭔가를 간절히 소망하는 것 같다는 얘기를 신씨로부터 귀띔을 받은 무당 박씨는 왕비가 듣고 싶은 말을 해주었다.

앞장서 건설했고 비문을 몸소 지은 점으로 보아[28] 고종 역시 박씨에게 미혹되었음이 틀림없다. 고종과 왕비는 박씨를 진령군으로 불렀다. 악귀를 쫓는 수호신이라는 뜻이다.

진령군은 고종과 왕비를 등에 업고 인사에 개입하는 등 대표적 권력농단자로 지목되어 후일 갑오개혁 때 탐관오리들과 함께 유배형에 처해졌다.

◦ 김옥균(1851~1894)과 박영효(1861~1939)

1851년 2월 23일 공주에서 안동 김씨 김병태와 은진 송씨의 사이에서 김옥균이 태어났다. 살결이 백옥같이 희다고 하여 이름을 옥균으로 지었다 한다. 옥균은 어려서부터 문장, 시, 글씨, 그림, 음악 등에 두루 능했다.[29]

6살 때 옥균은 5촌 당숙인 김병기의 양자가 되었다. 통상 장남은 양자로 보내지 않던 시절 생부 김병태는 교육과 출세를 위해 장남 옥균을 지방 수령에게 양자로 보냈다. 입양 후 옥균은 유명한 선생들을 찾아다니며 공부에 전념했고, 11세에는 양부가 강릉부사로 발령 나자 강릉의 송담서원에서 공부했다.

---

28) 고종은 "어느 날 관우 장군이 나와 왕비의 꿈에 현몽했는데 자상하게 돌봐주시는 듯 하여 자리를 물색해 숭교방 동북쪽 모서리에 사당을 지었다"고 비문을 지었다. 고종은 완공을 축하하기 위해 북묘에 참배했다. 창덕궁과 북묘 사이에 새 길도 만들고 문무백관과 왕세자도 함께 참배했다. 고종실록 1883.10.21

29) 옥균이 6살 때 부친이 밝은 보름달을 가리키며 글을 지어보라고 했다. 옥균이 잠시 머뭇거리다가 다음과 같은 글을 지었다고 한다. "월수소조천하(月雖小照天下) 달은 비록 작지만 천하를 비춘다."

| 김옥균(출처: 위키피디아)　　| 박영효(출처: 조선귀족열전)

　　김옥균보다 10살 연하인 박영효는 1861년 반남 박씨 박원양과 전의
이씨의 아들로 수원에서 태어났다. 1870년경 옥균과 형 박영교를 따라
박영효는 박규수의 사랑방에 드나들며 그의 문하가 되었다. 신분제의
부당성을 깨달은 후로는 중인계급인 역관 오경석, 의관 유홍기로부터
도 개화사상과 신문물을 배웠다. 유길준, 서광범, 서재필 등 동문수학
하는 영재들과 봉원사의 개화승 이동인을 만나 일본 서적과 성냥, 망
원경 등 신기한 물건을 보며 개화사상을 심화시켰다.

　　1872년 김옥균이 장원급제하여 성균관 전적(교수 요원)에 보임되어
비로소 개화파 씨앗이 조정에 심어졌다. 이 해에 박영효는 박규수의
추천으로 철종의 딸 영혜옹주와 결혼했다가[30] 3개월 만에 사별했다.

---

30)　옹주와의 혼인으로 박영효는 금릉위의 봉작과 상보국숭록대부 품계를 받고 삼정승과 같은 반열
　　에 올랐다.

1874년 옥균은 홍문관 교리로 임명되어 이 무렵부터 개화당의 형성에 진력해 다수의 동지들을 규합했다. 1879년 이동인을 일본에 밀항시켜 일본의 근대화 실태를 알아보게 하고, 조사시찰단의 파견을 주선하도록 했다.

옥균은 직접 일본의 근대화 실정을 확인하기 위해 1882년 3월 일본에 건너갔다. 일본이 동양의 영국과 같이 되어가는 것을 직접 본 후 조선은 동양의 프랑스와 같은 근대국가가 되어야 한다고 생각하고, 그는 하루빨리 조선의 정치사회 전반에 걸친 대개혁이 필요함을 절감했다.

이제 조선에서도 개국과 개화가 대세가 되었다. 각국이 조선과 수교를 시작하며 외교적 경쟁을 펼쳤고, 특히 임오군란 이후 각각 종주국과 피해국 지위를 이용한 청과 일본은 치열한 각축전을 벌였다. 개화가 대세임을 깨달은 조선 관리들은 경쟁을 벌이는 청이나 일본에서 쉽게 개화추진의 동력을 얻고자 했다.

자연스럽게 개화 추진세력이 친청파와 친일파로 분리되기 시작했다. 친청파는 어윤중, 김윤식, 김홍집[31] 등이었고, 개화당이라 불린 친일파는 김옥균, 박영효, 홍영식, 서광범, 유길준 등이었다. 이 시기의 개화 추진 인사들은 '조선이 망하지 않으려면 종래의 쇄국에서 하루빨리 벗어나야 한다'는 절박한 인식을 가지고, 어느 파든 사심 없이 애국적 관점에서 개화를 추진했다. 개화의 꽃을 피운 적이 없는 황무지 조선에서 '개화의 씨앗과 훈풍을 얻을 파트너가 누구냐'의 문제였기에 인맥이

---

31)   김홍집은 친청파 또는 친일파로 분류하기가 곤란할 정도로 중립적이지만, 어윤중, 김윤식과 가까웠기에 친청파로 분류했다.

나 해당국 체류 경험 등에 의해 친일파와 친청파로 나뉜 것이다. 후일 망국 과정에서 나타나는 사리사욕과 일신의 영달을 취한 '친일파'와는 전혀 다른 개념의 '친일'임을 알고 가자.

갑신정변

조선은 재정난에 허덕이며 청의 간섭에 시달리고 있었다. 일본에 줄 임오군란 배상금 외에도 개화에 따른 재정지출이 급증했으나 수입은 뾰족한 대책이 없었다. 개화파는 차관을 도입해 재정지출에 대응하고 청 차관을 상환해 청의 간섭을 피하자고 고종을 설득했다.

임오군란 이후 청의 간섭과 횡포는 점점 심해지고 있었다. 몇 가지 사례만 보자.

1. 1882년 8월에 청과 체결한 통상조약인 조청상민수륙무역장정 첫머리에 "조선은 청국의 속방이다"라고 명문으로 규정했다.
2. 조선에 주재한 청의 상무위원 진수당은 "조선이 중국의 속국"이라는 대형 방문을 남대문에 게시했다.[32]
3. 청군이 광통교 약국에서 무료로 약을 빼앗으려다가 약값을 요구하는 주인 최씨의 아들을 사살하고 주인에게도 총을 쏘아 중상을 입혔다. 한성순보가 이를 보도하자 청군은 한성순보를 발행하는 통리기무아문의 박문국을 습격했다.[33]

군란을 수습한 제물포조약에 따라 조선은 일본에 사과를 위한 사절을 파견해야 했다. 고종은 박영효를 정사, 서광범을 종사관에 임명하고

---

32) 『윤치호일기』 1883.10.3
33) 한성순보 제10호 1884.1.3, 『윤치호 일기』 1884.1.3

김옥균과 민영익을 수행원으로 파견했다. 김옥균과 민영익은 일본이 청을 견제할 의사가 있는지, 조선에 차관을 제공할 의향이 있는지 확인하라는 고종의 밀명을 받았다. 이때 일본으로 가는 배에서 박영효가 태극기를 만들었다.

이들은 메이지 천황을 예방하고 국서를 전달했다(1882.10.19). 천황은 공식 접견 후 김옥균과 민영익을 별도로 만났다. 두 사람은 청의 내정간섭 상황을 설명하고 차관 요청을 했으나 일본 정부는 생색내기 정도로 대응했다.[34] 옥균과 서광범은 일행들보다 3개월가량 더 남아 차관을 추진했으나 결국 실패하고 1883년 1월 빈손으로 귀국했다.

옥균이 귀국해 보니 그사이 조선은 완전한 청의 속국으로 변해 있었다. 또 집권 친청 수구당은 재정난 타개책으로 묄렌도르프를 앞세워 당오전을 찍어낼 참이었다. 이에 개화당은 당백전 주조로 인플레를 유발한 대원군의 폐해를 상기시키며 강하게 반대했다. 그러자 고종은 타협책으로 당오전을 찍어내 일단 급한 불을 끄고, 장기적으로는 개화당이 차관 도입을 재추진하도록 개화당을 지원했다.

옥균은 차관 도입을 위한 고종의 위임장까지 받아 다시 도일했으나 (1883.6), 교섭에 응하는 일본 관리들의 반응이 냉담했다.[35] 결국 옥균

---

34) 차관 요청액 300만 엔은 조선 정부의 2년 치 수입에 해당하는 큰 금액이었다. 천황으로부터 검토 지시를 받은 일본 정부는 임오군란 배상금의 지급을 10년 연기하고 17만 엔의 차관을 주었다. 1회 배상금 지급과 사절단의 각종 경비로 사용하니 남은 게 없었다.

35) 군란 후 부임한 다케조에 공사의 "조선 정계에서 개화당이 무력하다"는 보고서가 계속 올라갔기 때문이다. 근본적으로는 일본 정부가 300만 엔의 차관을 제공할 여력이 없었다.

이 또 빈손으로 귀국하자(1884.4) 고종과 왕비의 개화당에 대한 불신은 커졌다. 게다가 왕비의 남동생 민영익은 어느새 친청 수구파로 변해 있었다. 그간 개화 추진세력의 동지였던 권력 실세가 친청 수구파로 돌아선 것은 개화당 입장에서 큰 타격이었다. 이후 고종과 민영익의 불신으로 개화당의 입지는 급격히 좁아졌다.

1883년 10월 고종은 미국에 군사교관 파견을 요청했다. 일본 하사관학교에서 훈련 중이던 서재필 등 사관생도들이 귀국하면 이들이 미군 교관들로부터 좀 더 훈련을 받은 후, 신설할 사관학교의 교관으로서 장교 양성의 핵심 요원이 될 그림이었다. 이를 위해 미국상사를 통해 3천 정의 미제 소총도 구입했다.

그러나 고종의 희망과는 달리 미국은 수교 후 조선에 점차 흥미를 잃고 있었다. 교관 파견 요청에 미국은 1년씩이나 무반응이었다.

개화당이 계획하던 사관학교 설립은 청군의 압력과 친청 민씨척족정권의 반대로 무산되고 민영익은 조선군 훈련을 위해 청에서 5명의 교관을 불렀다. 이는 청의 속국화에 개탄하고 있던 개화당 요인들을 자극했고, 특히 귀국한 사관생도들은 크게 실망했다. 자신들의 미래가 사라졌기 때문이다. 옥균을 추종하는 사관생도들은 수구친청파에 대한 불만이 극에 달했고 결국 정변의 주축 행동대원이 된다.

베트남 문제를 둘러싸고 청과 프랑스 사이에 전쟁 조짐이 보이던 1884년 5월 청은 한양에 주둔한 청군 3천 명 중 절반을 철수시켰다. 8

월 청프전쟁이 발발하자 정변을 준비하던 개화당은 쾌재를 불렀다.

사실 개화당은 정변을 대비해 1883년부터 은밀하게 병력을 규합하고 있었다.[36] 사관생도가 귀국하고 북청군이 입경하자 고종의 신임이 두터운 환관 류재현[37]과 수구파가 그 위험성 등을 자꾸 거론하여 고종은 결국 북청군의 대부분을 회군하라는 명령을 내리고(9.15), 정변 준비가 차질을 빚자 개화당은 급해졌다.

이즈음 한양에 귀임한(9.12) 다케조에 공사는 청과 친청 수구파를 비난하며 종전의 태도를 돌변해 개화당에 호의를 보였다.[38] 옥균은 9월 하순부터 10월 초순까지 다케조에를 수차 만나 개화당 거사 시 일본의 지원을 받기로 합의했다.

> ### 거사 당일(1884 .10.17)
>
> 오후 7시 우정국 낙성식 축하연이 열렸다. 외국 외교관들과 주빈 우정국 총판 홍

---

36) 개화당의 병력 증강과 규합에 친청 민씨척족세력 수구파는 군제 개편과 인사 등으로 견제했다. 수구파의 방해 책동을 극복하며 개화당은 다음과 같이 병력을 준비했다.
   1. 수구파 한규직의 친군영 전영에 배속된 광주군 500명 (광주유수로 좌천된 박영효가 양성한 광주군을 수구파에 뺏긴 셈이었지만 핵심 전력은 비선 라인 개화당의 지휘 하에 있었음)
   2. 개화파 무관 윤웅렬이 양성한 북청군 500명
   3. 일본 하사관학교 출신 서재필 등 사관생도 14명
   4. 개화당 핵심 인사들과 끈끈하게 연결된 장사 30명과 전영의 장교 13명으로 구성된 개화당 비밀결사 '충의계' 계원.

37) 환관 류재현은 원래 개화당이었으나 집요한 포섭으로 수구파로 넘어갔다.

38) 고토 쇼지로의 자유당이 "청과 프랑스가 갈등할 때 일본은 개화당을 지원해 청을 한반도에서 몰아내야 한다"고 주장했는데, 청프전쟁이 일어나자 일본 정부가 이를 채택했다. 훈령을 받은 다케조에는 고종을 알현해 조선이 개명한 정치로 나아가는데 보탬이 되라며 천황의 임오군란 배상금 잔액(40만 원) 탕감 조치를 전했다. 고종실록 1884.9.15

영식을 비롯해 옥균, 박영효 등 개화파와 한규직, 이조연, 민영익 등 수구파 실세들이 참석해 연회가 한창일 때 우정국 북쪽에서 "불이야" 하는 소리가 들리고 소란해지자 연회장 안의 사람들이 모두 자리에서 일어났다. 순간 피투성이가 된 민영익이 연회장으로 비틀거리며 들어 왔다. 민영익은 잽싸게 먼저 나갔다가 개화당 장사들의 칼에 맞았다. 연회장은 완전히 아수라장으로 변했다.

옥균과 박영효, 서광범 등은 일본공사관을 거쳐 대궐로 달려갔다. 옥균은 편전으로 들어가 환관 류재현에게 고종이 급히 일어나시도록 요청했다. 고종의 침실에서 사변을 아뢰고 잠시 다른 궁궐로 옮길 것을 요청했다. 왕비가 옥균에게 "사변이 청국 측에서 나왔는가, 일본 측에서 나왔는가?"를 물을 때 엄청난 폭발음이 들렸다. 혼비백산한 고종과 왕비를 모시고 경우궁을 향해 가는 도중 옥균의 요청으로 고종은 "일본공사는 와서 짐을 호위하라"는 친필 칙서를 박영효에게 써 주었다.

고종을 모신 옥균 일행이 경우궁[39] 뜰에 이르렀을 때 박영효와 다케조에가 일본군을 인솔해 왔다. 사관생도 13명과 개화당 장사들은 내위, 전영 소대원 50명은 정전 뜰, 일본군 150명은 대문, 친군영 전영 및 후영 병사들이 외위를 지켰다. 정변은 일단 성공했다.

우정국에서 도망갔던 이조연이 고종의 소식을 듣고 찾아와서 먼저 도착한 수구파 한규직, 윤태준 및 환관 류재현과 쑥덕거렸다. 박영효가 이들에게 위급한 시기에 영사들이 한가하다고 힐책하자 먼저 문을 나서던 윤태준이 처단되고, 이어 한규직과 이조연은 경우궁 후문에서 처단되었다. 친군영의 전영, 후영, 좌영의 3영사가 죽고, 우영사 민영익은 중상을 입어 4군영의 지휘관 모두가 처단된 데 이어 이튿날 새벽까지 수구파 요인들이 차례로 처단되었다.[40]

환관과 궁녀 수백 명이 좁은 방에 뒤섞이자 마구 떠들어댔다. 옥균은 서재필을 시켜 환관 류재현을 묶어 오게 했다. 사람들 앞에서 개화당에 대한 모함을 한 죄 등 죄목을 낱낱이 밝히고 목을 베었다. 이후 모든 사람들이 조용해지며 개화당의 지시를 잘 따랐다.

---

39) 순조의 생모 수빈 박씨의 사당. 현 종로구 계동 146-2 위치다.

40) 고종실록 1884.10.18

거사 2일째(1884.10.18)

이른 아침 개화당은 고종에게 품의해 신정부의 수립에 착수했다.[41] 또 신정부는 외교사절들을 초빙해 고종이 신정부 수립과 대개혁정치의 실시를 알리며 정변이 안정권에 들어갔다고 생각했다. 그러나 철통같이 호위한 경우궁 안에서 틈이 벌어지고 있었다.

정신없이 피난 올 때만 해도 고종과 왕비는 정변 주체를 몰랐으나, 밤새 측근들이 살해되는 것을 보고 친청 민씨척족수구파를 적으로 하는 개화당 정변임을 깨닫고 왕비는 책략을 썼다. 개화당 지지자로 위장한 경기관찰사 심상훈이 아침에 경우궁에 들어와 문안할 때 왕비는 내부 상황을 민영환에게 알리도록 지시하며 자신의 밥사발 밑에 몰래 쪽지를 붙여 올리는 연락 방법을 알려주었다. 민영환은 청의 원세개와 논의한 후 거처를 창덕궁으로 옮기라는 내용의 쪽지를 밥사발 밑에 붙여 올렸다.

이후 왕비는 경우궁이 좁다며 창덕궁으로의 환궁을 요구했다. 옥균은 며칠만 참아주시기를 간청했으나 받아들여지지 않아 인근의 계동궁[42]으로 옮겼다. 왕비는 여전히 좁다며 환궁을 계속 요구했고 고종은 내막도 모른 채 왕비를 지지했다.

옥균은 창덕궁 환궁 요청을 거절했다. 고종과 왕비의 분부가 있어도 절대 계동궁을 떠나면 안 된다고 다케조에의 다짐을 받고 잠시 밖에 나갔다 온 사이 우려한 일이 벌어졌다. 고종이 다케조에에게 환궁을 간절히 요청하자 결국 다케조에가 1시간 후에 환궁하겠다고 답변을 하고 만 것이다. 결국, 오후 5시경 창덕궁으로 환궁했다. 저녁부터 옥균의 주도로 핵심인사들과 신정부의 혁신정강을 논의하며 밤을 새웠다.

거사 3일째(1884.10.19)

밤새운 논의 끝에 결정된 혁신정강은 오전 9시경 국왕의 전교형식으로 공포되

---

41) 신정부의 인사는 개화당과 왕실 종친으로 구성했다. 영의정은 고종의 사촌형 이재원, 좌의정은 개화당 대표 홍영식을 앉혔다. 친청 민씨척족세력에 홀대받던 대원군 계열의 인물들을 포용해 왕실 존중의 모양새를 보이고, 옥균은 호조참판(차관)을 맡아 자리를 탐하는 모양새를 피했다. 온건개화파 김윤식, 김홍집, 신기선, 이건창 등도 기용했다.

42) 고종의 사촌형 완림군 이재원의 집. 현 현대그룹 사옥 위치다.

고 한성 시내 중요한 장소마다 게시되었다.[43] 신정부는 청군의 공격에 대비해 조선군 무장을 신무기로 강화하기로 했다. 이에 미국에서 구입해 무기고에 보관해 둔 최신식 소총 3천 정을 꺼내보고 깜짝 놀랐다. 모두 다 녹슬어 있었다. 다케조에가 겁을 먹고 일본군을 철수하겠다고 했다. 무기들이 정비되는 3일만 기다려 달라고 옥균이 간곡히 요청해 다케조에가 철병을 철회했다.

오후 3시경 고종이 '대정유신의 조서'를 내려 혁신정강을 기본으로 대개혁을 한다고 반포한 즈음 청군 1,500명이 돈화문과 선인문 양쪽으로 공격해왔다. 전공을 차지하기 위해 원세개가 청에서 올 원병을 기다리지 않고 출병을 재촉한 탓이다. 외위를 담당한 조선군은 구식 무기로 용감히 응전했으나 병력과 무기의 열세로 결국 패퇴했다. 일본군은 제대로 전투도 하지 않고 철병을 시작했다.

개화당은 실패를 자인하고 옥균, 박영효, 서광범, 변수, 유혁로, 서재필 등 사관생도 일부는 일본에 망명하기로 하고, 홍영식은 박영교, 신복모 및 사관생도 출신 7명과 함께 끝까지 고종을 호위해 수행했다. 젊은 개화파 엘리트들의 열정과 이상은 10월 19일 밤에 붕괴되어 개화당 집권은 결국 '삼일천하'로 끝났다.

젊은 열혈 엘리트들을 기다리고 있는 것은 처참한 죽음과 처절한 고통뿐이었다. 고종을 모시고 북산에 도착한 홍영식 일행은 고종을 청군 군영에 옮긴 후 체포되어 청군에게 참살당했다. 옥균 일행이 다케조에를 따라 일본공사관에 밤 늦게 도착해보니 공사관은 피난 온 일본인 거류민들로 북새통이었다. 다음날 재집권한 수구파 정권에서 일본군의 정변 가담에 항의하는 공문이 오고, 청군과 수십 명의 조선 군중들이 고함을 지르며 일본군 보초병과 충돌하고 있었다.

---

43) 혁신정강 중 현재 전해지는 것은 14개 조항뿐이며 그 주요 내용은 다음과 같다.
 - 청과의 전통적 관계(사대조공)를 단절하고 조선이 완전한 자주독립국가임을 선언
 - 반상(양반과 상민)의 신분제도 철폐, 인간 평등과 신분 차별 없는 인재 등용
 - 근대적 내각제도 운용, 왕실사무와 국가행정사무 분리, 근대적 입헌군주제의 지향
 - 재정의 단일창구화, 예산 및 결산 제도 도입, 조세제도 개혁, 수구파의 이권과 그 행동대 보부상의 거점인 혜상공국 폐지 등을 통한 경제 개혁
 - 편제와 훈련방식이 각각 다른 4영을 통일, 일본 유학 교관이 국내 신설 사관학교에서 장교 양성해 자주적 정예군대 육성
 - 구 지식의 상징인 규장각 철폐, 학교 설립을 통해 민중들에게 신교육 실시
 - 경찰제도와 형사정책의 근대적 개혁 등

도주와 은신

옥균 등 개화당 9명은 10월 20일 오후 공사관 직원들과 일본군을 따라 인천으로 출발했다. 이들은 다음날 오전 7시경 제물포의 일본영사관에 도착해 일본인으로 변장한 후 일본 조계지역에 은신했다가 인천항에 정박한 우편선 치도세마루호에 미리 들어가 숨어 출항을 기다리고 있었다.

친청 수구파 정권은 10월 21일 김옥균, 박영효, 서광범, 서재필을 '4흉'으로 지목하고, 외부독판(장관) 조병호와 협판(차관) 묄렌도르프에게 4흉의 추격·체포를 지시했다. 묄렌도르프는 인천감리를 대동해 다케조에에게 역적들을 인도하지 않으면 중대한 국제문제가 될 것이라고 위협하자 다케조에는 배에 돌아와 옥균 일행의 하선을 요구했다. 그 광경을 목격한 일본인 선장 쓰지가쿠 사부로가 다케조에를 질타[44]한 후 묄렌도르프까지 물리쳤다.

10월 24일 새벽 제물포항을 떠날 때까지 옥균 일행은 배의 밀실에 숨어 있었다.

관련자 처벌

고종은 청군에 인계된 다음 날 원세개 군영으로 옮겨졌다. 고종은 3

---

44) "내가 개화당 인사들을 승선시킨 것은 공사의 요청이 있었기에 공사의 체면을 존중했기 때문이다. 이 사람들은 공사의 말을 믿고 뭔가를 도모하다가 잘못되어 쫓기는 모양인데, 죽을 줄 뻔히 알면서도 이들을 배에서 내리라는 것은 도리가 아니다. 이 배에 탄 이상 모든 게 선장 책임이다. 인간의 도리로는 도저히 이들을 배에서 내리게 할 수 없다."고 선장이 질타했다. 다케조에가 우물쭈물하자 선장이 직접 "그런 사람들은 탄 적이 없고, 국제법상 선박은 해당 국가의 영토로 치외법권이며 수색을 강행하면 외교문제로 삼겠다"고 묄렌도르프를 물리쳤다.

일간 체류하며 심순택을 영의정으로 삼아 친청 수구파 정부를 구성했다. 수구파 정부는 개화당이 왕의 재가를 받아 내린 일체의 정강과 제반 조치가 무효임을 선언하고, 10월 22일부터 정변 관련자 색출과 체포령을 하달했다.

가족에 대해서는 대명률의 연좌법이 적용되었다.[45] 이를 아는 가족들은 대부분 스스로 죽음을 택했다.

김옥균 가족

옥균의 부인 유씨는 심복 하인의 도움으로 딸을 데리고 충청도 옥천으로 도망가서 개화당의 새 세상이 열릴 때까지 숨어 지냈다. 갑오개혁(1894년) 후 박영효와 동지 이의고의 도움으로 부인 유씨는 김영진을 양자로 맞아 생계를 꾸려갔다. 생부 김병태는 삭탈관직 후 투옥되었다가 옥균이 상하이에서 암살된 두 달 후(1894.4) 교수형에 처해졌다. 모친은 남편 체포 시 딸과 함께 약을 먹고 자살했다.

홍영식 가족

아버지 홍순목(전 영의정)은 손자, 며느리와 함께 음독자살했다. 이를 본 어머니 한씨 또한 자살했다. 홍영식 부인은 자살을 강요하는 시아버지에게 아들과 도망치면 안 되겠느냐 애원했지만, 시아버지는 구차하게 살지 말라며 극약을 내렸다. 이복형 홍만식은 백부의 양자로 들어가 이조참판까지 역임했으나 자살미수로 투옥되었다. 갑오개혁 때 신원되었으나 1905년 을사조약 체결 시 자살했다.

---

45) 모반대역죄인의 아버지와 16세 이상 아들에게는 교형, 16세 이하 아들과 모, 첩, 조손, 형제자매 및 아들의 처첩은 공신가의 노비로 삼고 모든 재산을 몰수하며, 백숙부와 조카는 유배형에 처해졌다.

박영효 가족

형 박영교는 홍영식과 함께 청군에게 참살당했다. 아버지 박원양은 박영교의 아들을 죽인 후 부인과 함께 자살했다. 박원양의 시체는 제자 어윤중과 사돈 김윤식이 거뒀다. 형 박영호는 이름을 바꾸고 산속에 숨어 살다가 1894년 갑오개혁 이후 철종의 능을 관리하며 살았다.

서광범 가족

아버지 서상익(전 이조참판)은 수감되어 있다가 옥사하고, 서광범의 아내 박씨는 출옥해 모진 목숨을 이어가다가 서광범이 갑오개혁 때 귀국하자 재회했다.

서재필 가족

형과 같이 정변에 가담한 동생 서재창은 도주 중 체포되어 처형당했다. 아버지 서광효도 아내와 함께 자살했다. 형 서재형은 은진감옥에서 옥사했으며, 막냇동생 서재우는 나이가 어려 겨우 죽음을 면했다. 부인 광산 김씨는 친정을 찾아갔는데 승지였던 친정아버지 김영석은 딸을 집안에 들이지도 못하게 한 후 시집 귀신이 되라며 돌아가는 가마에 독약 그릇을 하나 넣어주었다. 노비가 되느니 죽는 게 낫다는 시어머니와 김씨는 같이 독약을 마셨다. 서재필의 두 살배기 아들은 김씨 젖을 물고 독이 퍼져 죽었다거나 혹은 굶어 죽었다고 한다.

친청 수구파정권은 개화당 잔존 세력에 대한 매몰찬 추적을 지속했다. 1884년 말까지 12명을 체포해 처형시켰으며, 1886년에도 10여 명을 체포해 처형하는 등 개화당이라는 이유로 처형된 희생자 수는 약 100여 명으로 추산된다.

갑신정변 시 피해자는 조선군 전사자 38명, 민간인 사망자 95명의 조선인 피해자가 있었고, 외국인으로는 청군 사망자 11명과 부상자 30

명, 일본 민간인 38명의 사망자와 일본군 2명의 전사자가 발생했다.

한편 중상을 입은 민영익은 목숨이 위태로웠으나 미국인 의사 알렌의 치료로 몇 개월 만에 극적으로 회생한다. 남동생을 치료하는 알렌에게 왕비는 거금을 하사했다. 서양 의술의 우수성을 목격한 고종과 왕비는 이후 알렌을 신임한다.

개화당은 궤멸하였고 이후 감히 개화를 말하는 사람이 없게 된다. 뒤늦게 시작한 개화정책이 암흑기에 들어가며 인재들을 잃은 것은 조선의 불운이었다. 정변 수습의 공을 내세워 속방화 정책을 가속하는 청과 피해자를 자처하는 일본 때문에 그러잖아도 허약한 조선 정부를 더욱 옥죌 청구서가 기다리고 있었다.

톈진조약

청프전쟁 중이라 청은 사건을 더 이상 확대시키지 않는다는 방침을 정하고 이홍장에게 사건처리를 맡겼다. 이홍장은 일단 정여창을 군함 2척과 함께 조선에 먼저 출동시키고 오대징을 파견해 진상 조사를 했다. 정여창은 500명의 군대로 먼저 남양만에 도착해 한성에 들어왔고 (11.8), 오대징은 11월 17일 한성에 들어왔다.

청은 본국 방침에 따라 조선 정부가 사과사절 파견 및 배상금 지불 등의 굴욕적인 한성조약을 일본과 체결하는 것을 지켜볼 수밖에 없었다. 일본도 한성조약으로 기대 이상의 성과를 얻었기에 청과 타협하기로 방침을 정했다. 이홍장과 이토 히로부미가 톈진조약을 체결했다

(1885.3.4).[46]

　텐진조약은 주인인 조선의 의사와는 상관없이 청일 양국이 조선에 파병 시 상호 통지한다는 말도 안 되는 침략적 조약으로서 당시 조선의 국력과 국제적 위상이 그대로 드러나 있다. 이 파병권으로 인해 동학농민운동 때 양국 군이 조선에 파병되어 결국 청일전쟁이 발발한다는 점에서 텐진조약은 동북아시아의 운명을 결정한 중요한 조약이다. 청에 비해 아쉬운 입장의 이토 히로부미가 텐진까지 가서 이홍장과 담판해 조약을 체결했다. 조선에 대한 영향력 면에서 그간 늘 청에 뒤처졌던 일본이 대등한 권리를 청으로부터 인정받은 점에서 일본의 외교적 성과다.

　혁신정강을 보면 개화당이 지향했던 목표가 보인다. 수백 년간 지속된 성리학에 입각한 봉건적 왕조정치와 사회체제를 일거에 혁파한 후 만민평등사상에 입각한 근대적인 자주독립국을 세우는 것이었다. 민씨 척족정권의 정점인 왕비가 얄팍한 계책으로 청군을 끌어들이지 않았다면, 고종이 조금만 더 소신이 있었더라면 조선은 새로운 근대적 국가가 되었을 가능성이 높다는 점에서 갑신정변의 실패는 매우 안타까운 사건이며 우리 근대사를 후퇴시킨 비극이다.

---

46)　텐진조약의 주요 내용.
　　1. 청과 일본은 조선 주둔군을 철수한다. 조약 서명일부터 4개월 이내에 양국군은 완전 철수한다. 청군은 마산포에서 일본군은 인천항에서 철수한다.
　　2. 병사를 교련해 자치 치안을 하도록 조선 국왕에 권한다. 조선 국왕이 양국을 제외한 다른 외국 무관들을 초빙해 교련의 일을 위임하도록 한다.
　　3. 조선에 변란이나 중대 사건이 있어 일국이 파병을 요할 때 먼저 상호 문서를 통지하고, 그 사건이 진정되면 즉시 철병해 다시 주둔하지 않는다.

이후의 김옥균과 박영효

제물포항 출발 3일 만인 10월 26일 나가사키에 도착한 일행 9명은 12월 하순 도쿄에서 후쿠자와 유키치의 환대와 위로 속에 그의 집에 2개월가량 머물다가 1885년 2월 아사쿠사 혼간지 별원, 또 요코하마로 거처를 옮겼다. 김옥균, 박영효, 서광범, 서재필 4인과 행동대원 5명은 여기서 각자의 길을 가기로 했다.

일본 정부의 냉대에다 불길한 소문으로[47] 박영효, 서광범, 서재필은 미국행을 결심했고 행동대원들과 함께 1885년 6월 11일 샌프란시스코에 도착했다. 서광범은 보빙사 시절 방문했던 동부로 출발했고, 박영효와 서재필은 남았다. 서재필은 밑바닥 일부터 바로 시작했으며, 박영효는 왕족 출신 망명객으로 후원자를 찾았으나 '양반을 몰라보는' 미국에 실망하고 2개월 만에 일본으로 돌아갔다.

일본에 남은 옥균은 재기의 꿈을 버리지 않았다. 그러나 조선은 김옥균에 대한 소환 요구를 일본 정부가 거절하자 자객을 보내기 시작했다. 옥균은 1886년 6월 총리대신 이토와 외무대신 이노우에에

| 일본에 망명 중인 갑신정변 주역들
왼쪽부터 박영효, 서광범, 서재필, 김옥균

---

47) 일본 정부가 정변 관련자들을 조선에 송환할지 모른다거나 조선에서 자객을 파견한다는 소문이 나돌았다.

게 신변 보호를 요청했다.

이제 옥균은 일본 정부에 골치 아픈 존재였다. 고민하던 일본 정부는 1886년 8월 9일 그를 오가사와라 제도[48]로 추방했다. 섬에서 그는 틈나는 대로 자신의 소회를 담은 한시를 짓고 글씨도 쓰며 그곳 어린이들을 모아놓고 이야기를 해주기도 했다. 그중 9살의 와다 엔지로를 특히 귀여워하여 두 사람의 운명적인 만남은 이어진다.

1887년 봄 일본 바둑계의 명인 본인방 슈에이가 찾아와 3개월 정도 함께 바둑을 두며 망명객을 위로했다.[49] 1888년 음습한 기후와 울화증으로 옥균은 류머티즘, 위장병, 안질까지 겹쳐 건강이 악화되자 내무대신 야마가타 아리토모에게 다른 곳으로 옮겨줄 것을 호소하여 삿포로로 이송되었다.

8월 초 홋카이도 지사의 배려로 도청 관사에 임시로 거처를 정하자 언론들의 관심과 함께 그는 지역의 명사가 되었다. 옥균은 그곳의 정·재계 인사들, 시민들과 두루 교제했다. 또한, 슈에이 등 바둑 동호인들과 치도세마루호 선장 쓰지가쿠 등이 수시로 찾아왔다. 류머티즘과 위장병이 재발해 온천을 자주 다니던 어느 날 옥균은 하코다테의 한 온천에서 스키타니라는 미모의 여인을 만나 사랑에 빠졌다.

---

48) 도쿄에서 남쪽 필리핀해 방면으로 1,100Km 떨어진 서태평양의 작은 섬들로 이루어진 아열대 원시림 제도. 10년 후 아관파천으로 일본에 망명한 유길준이 일본 정부에 의해 추방된 섬이기도 하다.

49) 슈에이는 옥균보다 한 살 아래로 도쿄에서 알게 되었는데 옥균의 박학다식하면서도 인간적인 면모에 반해 우정을 나누었다. 옥균의 바둑 실력은 아마 5단 정도였으며 이들의 기보는 현재 남아있다고 한다.

1889년 증세가 악화되어 도쿄 종합병원에서 치료를 받았다. 홋카이도에서 친분을 맺은 교장 등 지인들이 도쿄까지 동행했다. 물론 스키타니도 같이 도쿄에 와 살며 아들까지 낳았다. 훗날 옥균은 홋카이도의 많은 지인의 도움과 우정, 그리고 연인 스키타니의 사랑과 헌신적인 간호를 잊을 수 없다고 회상했다.

1890년 11월 옥균은 마침내 도쿄에서의 자유거주를 허용받았다. 이때부터 그의 자유분방한 생활이 시작되어 많은 여성과 염문을 뿌렸다.[50] 문란한 사생활에 대해 박영효는 충고했지만, 그는 귀담아듣지 않았다. 두 사람은 혁명이라는 목표는 같았지만, 개인적으로는 판이한 성격 차이를 보였다. 옥균은 사교적이며 개방적인 성격으로 때로는 파격적 행동도 마다치 않았으나, 박영효는 남의 눈을 의식해 양반 행세를 했다. 박영효는 암살의 위험을 줄이기 위해 외부활동을 자제하고 독서, 영어 공부와 신학문을 익히면서 조용히 훗날을 기약했다.

암담해진 조국의 현실과 일본 정부의 냉대를 견디지 못해 옥균은 이홍장을 만나기 위해 상하이행을 결심했다. 이홍장의 양자 이경방의 회유가 계기가 되었고, 옥균에 접근한 자객 이일직과 홍종우의 경비 제공 유혹 때문이었다. 후쿠자와 유키치 등 지인들은 상하이행을 만류했으나 그의

---

50) 그의 방탕한 생활은 암살의 위험을 피하는 방책으로 모든 것을 포기한 사람처럼 보이기 위함이라는 주장도 있다. 하숙집 주인, 여관 주인 등 많은 여성들이 그의 수려한 용모와 달변, 다재다능함 등에 매료되었다. 나미와 나카라라는 여성은 각각 옥균의 아들과 딸을 낳았다. 후일 그의 사망 소식을 듣고 한 기녀는 자살하고, 그의 위패를 모시겠다는 여인이 7명이나 나타났다고 한다.

결심은 확고했다. 홍종우는 프랑스 유학파 출신으로 고종이 보낸 자객이었으나, 프랑스 요리 솜씨와 갑신정변 때 청군에 참살된 홍영식의 일가라는 거짓말로 옥균을 안심시켰다. 소년 와다도 상하이행에 동행했다.

1894년 3월 27일 상하이에 도착해 미국 조계지의 여관 동화양행에 숙소를 정했다. 옥균과 와다는 2층 1호실, 통역관 우바오런은 2호실, 홍종우는 3호실에 투숙했다. 저녁에 상하이에서 영어 교편을 잡고 있는 윤치호를 만났다. 윤치호는 옥균의 이야기를 듣고 "홍종우는 조선에서 보낸 스파이 같으니 조심하라"고 경고했으나, 옥균은 "그럴 리 없다"고 대응했다고 한다.

다음날 점심을 마친 일행은 오후에 상하이 시내를 구경하기로 하고 와다를 시켜 마차 세 대를 불러오도록 했고, 통역인에게는 외출 시 입고 다닐 중국 옷을 사오도록 했다. 시간이 남기에 옥균은 비스듬히 누워 사마광의 자치통감을 읽고 있었다. 기회를 노리던 홍종우는 옥균 방으로 가 책을 보다 눈이 마주친 옥균을 향해 권총을 3발 발사했다. 머리, 가슴, 등에 한 방씩… 그는 절명하지 않고 방 밖으로 기어나와 건넛방 앞 복도에 쓰러져 마지막 숨을 거두었다.

총소리를 듣고 달려온 와다는 피투성이가 된 김옥균을 안고 통곡했다. 17세 소년이 감당하기에는 너무 끔찍한 사태였다. 정신을 차린 후 와다가 시체를 일본에 송환하는 절차를 밟는 사이 시신이 사라졌다.

시신 처리는 청과 일본영사관의 협의로 일사천리로 진행되었다. 경찰에 의해 병원 영안실에 안치되었다가 청의 군함에 실려 4월 12일 인천항, 다음날 양화진에 도착했다. 배에는 암살범 홍종우가 동승했으며,

관 위에는 '대역부도옥균'이라는 흰 천이 덮여 있었다. 원세개가 4월 14일 시신을 조선 정부에 인도하자 조선 정부는 즉시 능지처사하여 44세의 김옥균은 시신으로 사지가 갈라지는 또 한 번의 죽임을 당했다.[51]

그의 묘지는 일본에 2군데, 한국에 1군데 있다. 도쿄 아오야마 레이엔 공동묘지의 외국인 묘역에 있는 그의 묘지에는 유길준이 지은 비문이 새겨져 있다.

> 오호라 비상한 재주를 타고나
> 비상한 시대를 만났으며
> 비상한 공적을 이루지 못하고
> 비상한 죽음을 맞이하였으니
> 하늘이 김 공을 낳은 것이 이와 같도다.
> 뜻이 크고 뛰어나 작은 일에 개의치 않고
> 착한 일을 보면 자기 일같이 여기고
> 호쾌한 의협심으로 많은 사람을 끌어안는 것이
> 공의 성품이다.
> 걸출하고 당당하게 우뚝 서서 소신껏 행동하고
> 백 번 꺾여도 굴하지 아니하며
> 천만번 그 길을 다시 가는 것이
> 공의 기상이어라.

김옥균, 혜성처럼 떠오르다 운석으로 떨어진 시대의 풍운아였다.

---

51) 이경방의 상하이행 권유, 사망 직후의 청일간의 시신 처리 과정, 국제법적 문제가 내포되어 있음에도 살해범 홍종우를 시신과 함께 즉시 조선 정부에 인계한 점 등을 고려할 때 그의 암살 사건은 한중일 3국 정부가 적극 공모까지는 아니더라도 상호 묵시적으로 용인한 범죄라는 주장이 설득력이 있어 보인다.

박영효는 1888년 초 일본에서 세계정세와 국정 전반에 걸친 장문의 개혁건백서를 상소 형태로 고종에게 올렸다. 그러나 개혁건백서 편지의 주소지를 알아낸 조선의 수구파들은 1892년 박영효를 암살하기 위해 수차례 자객을 보냈으나 사전에 정보를 탐지한 일본 정부 측의 대응으로 일부는 일본 경찰에 체포되는 등 암살 기도는 미수에 그쳤다.

청일전쟁이 진행되던 1894년 12월 조선 조정을 장악하려는 조치의 일환으로 이노우에 가오루 신임공사의 영향 하에 김홍집-박영효 연립 내각(제2차 김홍집 내각)이 출범해 박영효가 내무대신에 기용되었다.

1895년 초부터 박영효는 독자 권력기반을 구축해 군대, 경찰과 지방관의 요직을 측근들로 채웠다. 5월 군부를 장악하려는 파동을 일으켜 결국 김홍집을 몰아내고 총리대신서리가 된 후, 6월 2일 박정양-박영효 연립내각이 출범하고 내무대신 박영효가 실권을 장악했다. 이후 군부 및 경찰조직, 지방행정조직의 개혁을 명분으로 세력 공고화에 나서다가 권력을 만회하던 왕비와 부딪혔다. 결국 왕비 제거 등을 기도한 혐의로 체포가 결정되자, 박영효는 측근과 함께 일본으로 재망명했다 (1895.7.7).

박제순 내각의 알선으로 1907년 사면을 받고 귀국해 금릉위에 복위되고 7월 궁내부대신으로 임명되었다. 그해 고종의 양위를 반대해 8월 황태자의 대리청정 진하행사에 불참했다는 이유로 탄핵을 받았다. 같은 사유로 이완용의 상소로 법부에 구속되었다가 제주도 유배를 갔다.

한일합방 이후 후작 작위와 은사공채 28만 원을 받았다. 초기에는 조선총독부의 협조에 응하지 않는 등 정치활동보다는 기업 활동과 은행 주주 참여 등 경제적 활동에 전념하며 경방과 동아일보의 초대 사장을 역임했다.

1920년대부터 조선총독부의 협조 요청에 응하여 중추원 고문 등 공직을 맡았다. 이완용의 사망으로 공석이 된 중추원의 부의장에 올랐으며 조선귀족회 회장에 취임했다. 1930년대에 조선총독부 중추원 고문과 조선인 최초의 일본 귀족원 의원이 되는 등 친일에 적극 가담했다. 얼짱 왕족으로 알려진 이우[52]가 일본 황실과의 정략적 결혼을 반대하자 그는 1935년 손녀 박찬주와의 결혼을 추진해 성사시켰다. 박영효는 1939년 79세로 천수를 누린 후 사망했다.

정변 동지 김옥균의 일생보다 2배를 살면서 태극기 제작, 갑오개혁 참여, 초대 동아일보 사장 역임 등 많은 업적과 화려한 커리어를 남겼음에도 그에 대한 역사적 평가가 옥균의 절반에도 크게 못 미치는 이유는 뭘까?

권력 집착 성향 등 옥균의 인간적 매력과 대비되는 그의 성품 탓으로 돌릴 수도 있다. 그러나 무엇보다도 망명자의 고단하고 열악한 여건하에서도 조국이 처한 암담한 현실을 깨기 위해 뭔가를 도모하려다가 비극적인 최후를 맞이한 옥균에 비해 공고화된 일제의 통치에 점차 순응해가며 천수를 누린 박영효의 삶이 흑백처럼 대조되기 때문이 아닐까? 2009년 11월 친일반민족행위진상규명위원회가 발표한 친일반민족

---

52)   의친왕의 차남

행위자 705인 명단에 포함되었다.

　개명된 자주독립국가를 만들겠다고 목숨까지 걸었던 엘리트 왕족 청년이 망명과 암살 위협 등 굴곡진 인생 끝에 결국 친일로 전향하는 그의 인생사에 슬픈 한일근대사가 압축되어 있다.

제4장

근대국과 속방국
1885년~1893년

| 제국헌법 반포 약도
1889.2.11. 제국헌법을 반포한 날 일본 전역이 축제 분위기에 휩싸였다.

| 원세개와 자식들
원세개는 생전 10명의 부인에게서 17명의 아들과 15명의 딸을 얻었다. 조선에 머무는 10여 년 동안 3명의 조선 여인으로부터 7남 8녀를 둔 원세개는 조선 조정 위에 군림한 사실상 조선 총독이었다.

1. 일본
근대국가화

이 기간은 일본이 서구와 같은 근대국가의 수준에 도달하기 위해 내각제 도입, 헌법 제정, 국회 개설 등 근대국가의 기본 틀을 형성하고 내치에 집중하며 국력 배양에 힘쓴 시기다.

헌법 조사차 유럽을 시찰하고 돌아온 이토 히로부미의 주도로 화족령을 제정하고(1884년), 천황은 화족들에게 5등급의 작위[1]를 수여해 세습이 가능하도록 했다(1885년). 이토는 후일 제정될 헌법에 의해 민선국회가 설립되더라도, 화족으로 구성될 귀족원의 견제가 가능한 양원제[2]를 염두에 두고 그 토대를 하나씩 쌓아가고 있었다.

그간의 태정관제를 폐지하고 서양식 내각제로 전환했다(1885년). 총리대신이 내각을 총괄하며, 내각은 외무성, 내무성, 대장성, 육군성, 해군성, 사법성, 문부성, 농상무성, 체신성의 대신들로 구성하고, 별도로 황실 사무를 담당하는 궁내성을 두었다. 황실을 정치에서 분리해 황실의 안정을 유지하기 위해서였다.

---

1) 공작, 후작, 백작, 자작, 남작
2) 민선국회가 오늘날의 중의원이고, 화족에 의한 귀족원은 오늘날의 참의원이다.

천황과 국가의 인감 관리와 천황을 보좌하는 내대신이라는 별도의 한직을 만들어 종전의 태정대신 산조 사네토미를 그 자리에 앉히고, 이토는 자신이 만든 내각제의 일인자가 되었다. 조슈번 하급 무사의 축에도 못 끼었던 이토는 백작 작위와 함께 초대 총리대신과 궁내성대신을 겸하며 정계와 행정부를 좌지우지하는 막강한 위치에 올랐다.

이토는 내각을 운영하며 조슈 출신과 사쓰마 출신의 균형 유지에 매우 애를 썼다. 초대 내각의 출신 구성은 다음과 같다.

조슈번 출신:	총리대신 이토 히로부미, 외무대신 이노우에 가오루, 내무대신 야마가타 아리토모, 사법대신 야마다 아키오시
사쓰번 출신:	대장대신 마쓰카타 마사요시, 육군대신 오야마 이와오, 해군대신 사이고 주도, 문무대신 모리 아리노리
도사번 출신:	농상무대신 다니 다테키
막부 출신:	체신대신 에노모토 다케아키

이후 상당 기간에 걸쳐 총리대신은 삿초 두 번 출신이 번갈아 가며 차지한다. 특히 이토는 무려 4번에 걸쳐 총리대신을 역임한다. 초대 총리 이토의 후임으로 구로다 기요타카(사쓰마), 야마가타 아리토모(조슈), 마쓰가타 마사요시(사쓰마), 이토(조슈), 마쓰가타(사쓰마), 이토(조슈)의 순으로 13년간 삿초 출신이 총리를 독식했다.

메이지 천황이 제국헌법을 공포해[3] 일본은 동아시아에서 근대적인 헌법을 가진 최초의 입헌국가가 되었다. 제국헌법에서 상징적인 두 조문만 살펴보자.

> 제1조: 대일본제국은 만세일계의 천황이 통치한다
> 제3조: 천황은 신성하여 침범할 수 없다.

이와 같이 다른 헌법에서 볼 수 없는 제국헌법의 핵심은 다음과 같다.

> − 천황에게 신격(신성)과 광범위한 통치권을 부여한다.
> − 선전, 강화, 조약 체결권, 개헌 발의권을 천황만이 갖는다.
> − 참모본부와 군령부를 천황 직속으로 하여 내각과 분리시킨다.

태양의 여신 아마테라스 후손으로부터 내려온 만세일계의 천황은 살아있는 신이고, 천황이 다스리는 나라 일본은 신도와 결합된 제정일치의 나라임을 천명했다. 서구화와 근대화를 추종하는 메이지유신의 기본방향과는 전혀 어울리지 않는 원시 제정일치로의 복귀는 일본 근대화의 장애와 한계로 작용하게 된다.

제2차 세계대전의 패배로 제국헌법은 비록 폐지되지만[4] 약 60년에 걸친 제국헌법의 영향은 일본인의 정신세계와 일본 사회 곳곳에 잔재

---

3)   1889.2.11 공포된 대일본제국헌법은 제국헌법, 또는 메이지헌법으로 불리운다.
4)   제2차 세계대전 패배 후 신헌법은 1947년 시행된다.

로 남아있다. 또한 참모본부와 군령부를 친황 직속으로 두어 군부가 내각의 통제 없이 천황 중심의 군국주의로 치달릴 수 있는 기틀이 제국헌법에 마련된 것도 원폭 투하라는 인류 역사의 비극을 잉태하게 된 한 원인이다.

｡ 이토 히로부미(1841~1909)

우리 역사 교과서에 도요토미 히데요시와 함께 가장 많이 등장하는 일본인이다. 그럼에도 불구하고 우리나라 사람들이 그에 대해 잘 모르는 것 또한 사실이다.

이토 히로부미는 조슈번에서 농민의 장남으로 태어났다. 아버지가 이토 가문의 양자가 되면서 이토 성을 갖게 되었

| 이토 히로부미(출처: 위키피디아)

다. 양자가 된 후 이토 집안이 최하급 무사 신분을 얻으면서 이토 히로부미 부자도 최하급 무사 신분을 겨우 얻게 된다. 하급 무사의 축에도 못 끼었다고 하니 아마도 하급 무사의 심부름이나 허드렛일을 도와주는 정도였을 것이다.

이토가 16세 때 번에 할당된 지역의 해안경비를 맡은 무사들의 잔심부름을 하게 되었는데 이토의 총명함이 지휘관의 눈에 들어왔다. 다음 해 이토가 번으로 귀향할 때 지휘관은 친구 요시다 쇼인과 기도 다카요시에게 이토를 추천했다.

이후 이토는 쇼인의 쇼카손주쿠에 입문했다. 신분이 미미한 이토는 입문 초기 무사 가문의 자제들로부터 무시당하였으나, 쇼인의 문하에서 존왕양이사상을 배우고 성장하면서 다카스기 신사쿠, 이노우에 가오루 등을 알게 되었다. 1859년에는 기도 다카요시를 수행해 에도의 조슈번 저택에서 공부와 일을 병행했다. 스승 요시다 쇼인이 처형된 이후에는 다카스기 신사쿠의 조직에서 존왕양이운동의 일환으로 여러 테러활동에 가담했다. 특히 1862년 말 이토는 신사쿠 등과 함께 건축 중인 영국공사관을 습격해 방화했으며 이 일로 존왕양이의 대의를 밝혔다는 표창을 받아 조슈번에서 기도 다카요시의 시종으로 무사에 준하는 신분으로 승격되었다. 신사쿠와 함께 반막부활동에 전념해 1863년 막부의 밀정 암살에 가담했고, 막부에 협조한 국학자와 제자를 살해하기도 했다. 당시 존왕양이는 반막부 테러를 의미할 때였다.

1863년 5월에 5인의 젊은 조슈 청년이 영국 유학을 떠났다가, 이토와 이노우에는 조기 귀국해 양이 실행 보복을 펼친 서구 연합함대와의 강화협상에 신사쿠의 통역으로 참가했음은 기술했다.

막부의 1차 조슈 정벌 중(1864년) 조슈번의 내분으로 신사쿠 등 존왕양이파가 실각했고 암살의 위협을 피해 숨어다녔다. 신사쿠가 다시 번에 돌아와 궐기를 촉구했을 때 실패 가능성이 높다고 보고 거절한 야마가타와 달리 이토는 제일 먼저 합세하였고, 1865년 2월 신사쿠를 중심으로 존왕양이파들이 번의 정권을 다시 장악할 수 있었다. 후일 이토는 "내 인생에서 유일하게 자랑할 수 있는 것이 있다면 이때 가장 먼저 다카스기 신사쿠씨에게 달려온 것"이라고 회고했다.

'하이 리스크, 하이 리턴.'

이후 조슈를 이끌던 신사쿠는 이토를 확실히 믿고 중용하게 된다. 막부의 2차 조슈 정벌에서 조슈가 막부군에 압도적 승리를 거둘 수 있었던 것은 조슈 명의로는 무기를 살 수 없던 당시 사마모토 료마의 노력으로 삿초동맹이 맺어지면서 사쓰마의 명의로 무기를 구입해 조슈가 사용할 수 있었기 때문이다. 이때 무기 구입의 실무 책임자가 이토였기에 그 공적을 인정받아 이때서야 비로소 번주로부터 정식 무사 신분을 수여받는다(1867년).

1868년 메이지 신정부가 수립되자 외국사무 담당을 맡아 본격적인 관료생활을 시작한다. 이후 통상, 금융, 식산흥업을 담당하고, 철도 개통과 화폐 개혁, 조세 업무 등을 담당하다가 공부대보로 승진해 식산흥업정책의 책임자가 되었다.[5]

이토는 1871년 이와쿠라사절단의 전권부사로 임명되어 2년 동안 미국과 유럽을 방문 시찰했다. 사절단의 정사는 우대신 이와쿠라 도모미

---

5) 식산흥업은 상공업 등의 산업진흥을 뜻하고, 공부대보의 직책은 공부성 차관이다.

였으며, 부사는 기도 다카요시, 오쿠보 도시미치, 야마구치 마스카 그리고 이토였다. 유신 3걸인 기도나 오쿠보보다 격이 많이 떨어짐에도 이토가 동급의 부사로 임명된 것은 사절단의 정사 이와쿠라의 특별 요청이었다고 하니 이토는 업무 능력 외에도 사람과의 친화력이 좋았음이 틀림없다.[6]

이토가 사절단과 함께 귀국한 1873년 9월에는 정한론 파동이 한창이었는데, 파동의 결과로 사이고 다카모리, 이타가키 다이스케, 에토 신페이 등 강경론자들이 대거 사직하자 이토는 그들이 비운 자리 중 하나인 공부경(공부성대신)으로 승진했다. 이후 내무경 오쿠보 도시미치와 대장경 오쿠마 시게노부와 함께 오쿠보 독주정치의 핵심 일원이 된다.

1874년부터 자유민권운동이 활발해지면서, 대만 침공에 반대한 기도는 사직한 후 입헌정체를 주장하며 오쿠보 정권을 압박했다. 이토와 이노우에의 주선으로 오사카 3자회담(오쿠보, 기도, 이타가키)이 열려 입헌정체로 점진적으로 이행한다는 합의를 이루었다. 이에 따라 오쿠보 정권은 삼권분립의 시늉을 냈으나 실제로는 자유민권운동에 대한 탄압을 더 강화했다.

사이고 다카모리가 일으킨 세이난 전쟁(1877년)을 진압하며 그간 정

---

6)   이토는 누구와도 교우하고, 마시기도 하고 담소를 나누기도 했다. … 천하 국가에 관한 것, 고금의 영웅과 위대한 사람들에 관해 논하는 것 등… 사람에 대해서도 술에 대해서도 그다지 가리는 성격은 아니었다. 오쿠보 도시미치의 자식인 마키노 노부아키의 회고록에는 "이토씨는 상대가 대신이든 서기관이든, 노인이든 청년이든 그런 것에 전혀 신경을 쓰지 않아 친해지기 쉬운 사람이었다. 누구든지 상대가 말하는 것을 경청하고 때로는 말하는 것이 틀렸다는 것을 거리낌 없이 지적하는 식이었다"라고 적혀있다. 와카모리 타로, 『술로 풀어보는 일본사』, 이상, 413쪽

국을 주도했던 오쿠보가 암살되자(1878.5) 그 자리를 이토가 물려받았다. 세이난 전쟁 중 병사한 기도를 포함해 유신 3걸이 모두 사망했기에 이제 이토를 견제할 세력은 오랜 기간 대장경을 역임한 오쿠마 시게노부 정도 외에는 없었으니 이토는 흔히 말하는 관운이 매우 좋은 사람이었다.

1870년대 후반 국회 개설과 입헌정체를 주장하는 자유민권운동이 크게 일어나자 이와쿠라는 1879년 12월 각 참의들에게 입헌정체에 관한 의견서를 내도록 했다. 대부분의 참의들이 국회 개설과 입헌정체에 소극적이거나 반대했다.

그러나 이와쿠라는 자유민권운동권에 빌미를 주지 않도록 천황권을 극대화한 헌법과 양원제 국회 개설을 구상하고 있었다. 눈치 빠른 이토는 국회 개설을 천황에 일임해야 한다던 당초의 주장을 바꾸어 이 구상에 따라 장차 일을 추진하기로 했다. 그러나 뒤늦게(1881.3) 의견서를 제출한 대장경 오쿠마 시게노부가 영국식 의원내각제와 2년 만의 국회 개설을 주장함으로써 그간 같은 주류라고 생각했던 이와쿠라와 이토를 충격에 빠뜨렸다. '홋카이도개척사 관유물 헐값 불하사건'을 계기로 오쿠마를 파면하고 국회 개설 조칙을 발표한 것(메이지 14년의 정변)은 이미 기술하였다.

이후 정국은 완전히 이토가 주도해 나간다. 이토는 헌법 제정 준비를 위해 서구 헌법 조사의 명목으로 유럽에 갔다(1882.3). 헌법학자들과

정치인들로부터 의회의 권한을 약화시키라는 충고를 들었다.[7]

1883년 귀국 중 이와쿠라의 사망 소식을 들었으며, 귀국 후에는 이와쿠라의 역할까지 담당하며 천황의 절대적 신임 하에 일본정치의 명실상부한 주도자가 되었다. 이토가 주도한 화족령 제정, 태정관제 폐지 및 내각 신설 등의 정치제도 개편에 관하여는 기술했다.

1885년 초대 내각의 총리대신에 올라 헌법 및 황실전범의 초안을 완성했으며, 1888년 천황의 고문기관 추밀원이 신설되자 총리를 사임하고 추밀원 의장이 되어 그간 비밀리에 진행하던 헌법 제정 작업을 공식적으로 진행했다. 오랫동안 준비한 이토의 노력 끝에 구로다 내각 하에서 제국헌법이 반포되었다.

1890년 제국의회가 개원하고 이토는 귀족원(현 참의원) 초대 의장에 선출되었다. 국회 개설 이후 여소야대 정국에서 정부는 야당의 예산삭감 투쟁에 시달렸는데, 이에 굴복해 마쓰카타 내각이 1892년 중의원을 해산했다.

이토가 다시 총리로 선출된 제2차 이토 내각 시절 청일전쟁과 을미사변이 일어났다. 자유당의 이타가키를 내무대신으로 영입해(1896.3) 자유민권파와의 타협을 도모했으나 민권파와 정당을 적대시하는 야마가타파의 반발로 결국 총리를 사임했다(1896.8).

---

7) 베를린에서 루돌프 폰 그나이스트로부터 헌법학을 배우며 의회 권한의 약화, 국왕권과 행정권의 강화를 충고 받았으며 오스트리아 빈 대학의 로렌츠 폰 슈타인도 유사한 권고를 했다. '철혈재상'으로 알려진 비스마르크의 조언도 들었는데 그의 지도력으로 유럽의 지도적 국가로 부상한 독일제국의 헌법이 일본에 가장 알맞다고 이토는 판단했다.

이후의 이토 히로부미

야당의 공세로 중의원이 해산되자 1898년 1월 제3차 이토 내각이 출범했다. 총선 후 제1당 자유당과 제2당 진보당이 손잡고 정부의 증세안을 부결시키자 의회를 해산했다. 이토는 정당 결성의 필요를 뼈저리게 느껴 정당 결성을 추진했지만, 반정당론자 야마가타의 반대로 6월 총리를 사임했다.

이토는 드디어 입헌정우회를 창당해 총재가 되었다(1900.9). 야마가타의 후임으로 총리가 되어 제4차 이토 내각이 발족했으나(1900.10) 건강 악화로 휴양을 하는 등 단명 내각(1901.5)에 그쳤다.

대외적으로 일본은 청일전쟁의 전리품에 대한 삼국간섭(1895년) 이후 만주와 한반도에서의 영향력을 강화하려는 러시아와 충돌할 수밖에 없었다. 이에 대한 대책에 관하여 일본 정파는 러시아와의 협상파와 영일동맹파로 나뉘었다.

야마가타의 영향 아래 있는 가쓰라 내각은 영일동맹을 추진하여 러시아 견제와 만주 및 한반도 진출을 추진하려 했고, 이토는 영일동맹이 러시아를 자극할 우려가 있다고 보고 일단 러시아와의 협상을 주장했다.

이에 따라 이토는 1901년 11월 말 러시아 외상 람스도르프와 회담을 했으나 협상이 실패하였고, 야마가타의 오른팔이라고 평가받는 가쓰라 내각은 영일동맹을 체결했다(1902). 날로 첨예해지는 러시아와의 대립에 이토는 러시아와의 교섭 재개를 한 번 더 추진하려 했으나, 야마가타와 가쓰라는 천황을 움직여 이토를 추밀원 의장으로 임명해 정계 일선에서 물러나도록 했다. 이때부터 일본 정계는 주로 야마가타의 정치 노선이 지배했다.

1904년 2월 이토는 야마가타와 함께 원로로서 어전회의에 참석해 러일전쟁의 개시 결정에 관여하였고, 3월 한성을 방문해 고종을 알현하고 일본에 대한 협조를 요청했다. 1905년 11월 한국의 외교권을 박탈하는 을사조약의 체결을 한성에서 지휘하고, 다음 해 초대 통감에 취임했다. 을사조약 체결 후 영친왕 이은의 보호자로서 영친왕을 일본으로 데려갔다. 이토는 스승을 자처하며 영친왕에게 일본어와 군사 지식을 직접 가르쳤다.

| 1905년 이토 히로부미와 영친왕(출처: 위키피디아)

1907년 헤이그 밀사 사건을 계기로 이토는 고종을 압박해 순종에게 대리청정시킨 후 그해 말 고종의 양위를 추진했다.

1909년 조선의 강제합병 방침이 결정된 이후 이토는 6월 통감직을 사임하고 추밀원 의장에 네 번째로 임명되었다. 당시 일본의 만주 경영이 당초 예상보다 순조롭지 못했는데, 뒤늦게 식민지 경영에 나서기 시작한 미국의 만주진출설이 돌자 이토는 만주를 양분하기로 한 러시아와의 협력을 강화하기 위해 러시아 재무장관과 회담할 예정으로 하얼빈을 방문했다(1909.10.26). 하얼빈에 도착한 이토를 환영하는 러시아 군대의 열병식이 끝나고 현지 일본인들의 환영 인파가 이토에 접근할 때 안중근 의사에 의해 저격당해 69세로 사망했다.

일본 근대사를 간단히 보려면 이토 히로부미를 보면 될 징도로 그의 일생에는 막부 말기에서 메이지유신을 거쳐 일본의 제국주의에 이르는 일본 근대사가 압축되어 있다. 그는 일본에서 '내각의 아버지'로 불리며 '메이지 정부의 원훈'으로 공인되고 평가받는다. 역대 일본 총리대신 중 네 번에 걸쳐 총리를 역임한 유일한 정치인이기도 하다. 일본 정계가 특정 이슈에 대해 강온의 노선 대립이 있을 때 이토는 대부분 온건론의 입장에서 강경파와 대립했다.

그러나 침략성이 본질인 일본 제국주의에서의 온건론이라고 해봤자 주변국에는 교활한 침략이고 악몽이었다. 일본에서는 '메이지의 원훈'이지만 그런 의미에서 여러 역사적 사건과 얽힌 우리나라에 그는 '제국주의의 원흉'일 뿐이다.

。 야마가타 아리토모(1838~1922)

야마가타 아리토모는 조슈번 하기에서 하급 무사의 아들로 태어났

다. 요시다 쇼인의 쇼카손주쿠에서 수학하며 존왕양이사상과 반막부
의식을 배양했다. 그는 다카스기 신사쿠가 만든 기병대의 핵심 지도자
였다. 다양한 계층의 국민들로 구성된 기병대는 서양식 무기와 전법으
로 무장했다. 신사쿠는 번의 정권을 잡은 후 정무는 기도 다카요시에
게, 군사는 야마가타 아리토모에게 모두 맡기다시피 했다.

야마가타는 조슈번의 양이 실행에
대한 서양 연합함대의 2차 보복 공격
에 맞서 싸우다가 부상을 입었다. 이
때 서양 군사력의 월등함을 깨달았
다. 이후 기병대의 전투력 향상에 전
념하며 토막 운동을 벌였으며 메이지
신정부가 수립된 이후 벌어진 보신전
쟁에서 조슈번의 군대를 이끌고 구
막부군을 진압했다.

| 야마가타 아리토모(출처: 위키피디아)

1869년 그는 사이고 다카모리의 동생 사이고 주도와 함께 서양식 군
대를 연구하기 위해 유럽에 파견되었다. 야마가타는 프로이센의 군국
주의를 통한 국가 발전에 깊은 감명을 받았으며, 귀국 후 육군경에 임
명되어 프로이센을 모델로 군의 근대화를 추진하고 1873년 징병제 도
입을 발표해 조슈번의 기병대 실험을 전국으로 확대했다.

징병제와 폐도령(1876년)은 사족들의 불만을 가져와 연이은 사족의
반란으로 향후 많은 사회불안을 야기한다. '전투는 무사의 고유임무'라

는 전임의식과 칼을 차야만 무사임을 나타내는 수백 년간의 특권의식을 사족들은 쉽게 버릴 수 없었다. 사족들은 징병제에 반발했다.[8]

메이지유신 동지였던 사이고 다카모리가 일으킨 마지막 반란 세이난 전쟁을 진압하는 데에 야마가타는 육군을 총지휘했다. 할복한 사이고의 목이 자기 앞에 바쳐지자 야마가타는 직접 들고 염불을 외웠다고한다. 목숨을 끊은 옛 동지의 명복을 빌어주어야 마음이 편해질 정도로 야마가타와 사이고는 조슈번과 사쓰마번을 상징하는 군사지도자들로서 삿초동맹에 기반한 공동의 무력으로 막부를 타도한 일등공신들이었다.

야마가타는 1878년 무용, 성실, 천황에 대한 충성을 담은 군인훈계를 발표하고, 1882년 천황은 이를 뒷받침하는 군인칙유를 선포하여 제2차 세계대전 패전 시까지 일본군의 정신적 지침이 되었다.

야마가타는 1883~1889년 내무대신이 되어 지방자치단체를 설립하고 경찰제도를 현대화했다. 이 시기는 자유민권운동이 격화되며 국회 개설을 염두에 둔 정당 활동, 헌법 제정 논의와 조약개정 반대 운동이 활발한 시기였다. 이때 그는 치안의 총책임자로서 자유민권운동을 대대적으로 탄압했다.

그의 탄압 조치 중 압권은 1887년 12월 조약개정에 반대하는 자유

---

8) 사족들은 자신들보다 하위 신분이었던 농어민, 도시 서민, 승려 등과 같이 섞이는 것이 못마땅했다. 또 한 명이 무술의 종합체로서 상대방과 겨루는데 익숙한 사무라이들이 한 가지 기능만 잘하면 되는 서구의 분업화 전투 방식을 꺼렸다.

민권론자 570명을 도쿄에서 추방한 일이다.[9] 주요 신문들이 신조약안에 대해 격렬히 비판하고 조약개정에 반대하는 수천 명의 청년이 도쿄에서 데모하며 대거 관청에 몰려갔다. 사법대신조차 "신조약안을 강행하면 민심이 폭발해 내각이 붕괴될 우려가 있다"며 반대했다. 이토 내각은 조약개정안 파기에 내몰리며 결국 외무대신 이노우에가 사임했다.

1888년 2월 후임 외무대신으로 임명된 오쿠마 시게노부는 1889년 서구와의 교섭 끝에 조금 더 진전된 조약개정안을 도출했지만, 이 역시 강력한 반대에 직면한다. 완전한 평등조약으로의 개정을 촉구하는 건백서가 전국에서 쇄도하며 여론이 들끓는 가운데 극우단체 현양사의 직원 한 명이 오쿠마에게 폭탄을 투척하고 할복하는 사건이 발생했다 (1889.10). 오쿠마는 한 다리를 잃는 중상을 입고 목숨은 건졌지만, 정부는 조약개정안을 파기하고 구로다 내각이 총사퇴했다.

1889년 12월 총리대신에 오른 야마가타는 제국헌법에 따라 1890년 제1회 총선거를 실시했다. 유권자는 전 국민의 1%에 불과했으나 역사적인 중의원 선거에서 300명의 의원이 선출되었다. 입헌자유당 130명,

---

9) 서구와 맺은 불평등조약의 개정이 어렵다는 것을 알게 된 신정부는 장기적인 계획을 세웠다. 외무대신 이노우에는 1883년 영빈관 준공 후 외교관들에게 연회를 통해 분위기를 조성한 후 서구 열강에 조약 개정 회의를 제안했다. 1886년 5월 조약 상대국의 대표가 모두 도쿄에 모여 일본이 관세자주권 및 개항장 주권을 회복하는 대신 일본 영토의 전면적 개방이라는 신조약안의 기초작업을 1년에 걸쳐 마무리했다. 문제는 신조약안에 부수된 두 조건(모든 신규 법안을 조약 상대국에 제출, 외국인 재판관에 의한 외국인 재판)이 알려지자 반대 여론이 들끓었다. 여론은 분노하고 농상무대신도 사직했다. 해산된 자유당을 재건하려는 움직임과 별개로 고토 쇼지로 등이 정해구락부를 결성해 이토 내각의 총사퇴를 요구했다. 그러자 내무대신 야마가타가 1887년 12월 경찰 비상소집과 보안조례를 발동해 정부 공격에 앞장선 570명의 자유민권론자들을 도쿄에서 추방했다.

입헌개진당 40명 등 야당의원이 여당의원에 비해 압도적인 우위를 보인 채 제국의회는 1890년 11월 29일 역사적인 막을 올렸다.

역사적인 국회 개원연설에서 야마가타 총리는 현역 군인답게 일본의 '주권선'과 '이익선' 개념을 주장했다. 그는 "주권선을 수호하기 위해 이익선을 선제적으로 확보해야 한다"면서 조선을 핵심적 이익선으로 규정했다. 이는 일찍이 후쿠자와 유키치의 '옆집 화재의 비유'를 군사 전략적으로 이론화한 것으로 볼 수 있다. 임오군란 이후 압도적인 청의 영향력 하에 들어간 조선에서 일본 정부는 그간 경제적 이익에만 관심을 두었던 것과는 달리 이때부터 조선에서의 정치적 우위 확보책을 검토하기 시작했다. 그는 육군 대장으로 승진해 메이지유신 시대의 정신적 지침 교육칙어를 발표했다.

이후의 야마가타 아리토모

총리에서 물러난 뒤 1894년 청일전쟁이 일어나자 조선에 주둔하는 1군 사령관이 되었고 1898년 원수로 승진했다.

1898년 두 번째 총리대신이 되어 제2차 야마가타 내각을 구성했다. 그의 내각은 절반 이상이 군 장성으로 구성되어 군국주의와 팽창주의를 가속화시켰다.

1903~1909년 이토와 함께 번갈아 추밀원 의장을 맡았고, 1904년 참모총장으로서 군을 지휘하며 러일전쟁을 승리로 이끌어 공작 작위를 받았다. 이토의 암살 이후 군부와 관료를 마음대로 부리며 독재 권

력을 휘둘렀다. 1921년 히로히토 황세자(후일의 쇼와 천황)의 결혼에 간섭해 비난을 받다가 다음 해 85세로 사망했다.

'일본 군국주의의 아버지'로 평가받을 정도로 철저한 군인정신과 국가주의의 소유자였다. 군인칙유, 교육칙어 등으로 공표된 그의 군국적이고 국가주의적인 정신은 메이지 시대 일본의 전 분야에 스며들었으며, 이런 국가적 성향은 메이지 이후에도 일제의 군국적 팽창을 가속화해 결국 일본이 제2차 세계대전까지 달려가게 만들었다.

。 에노모토 다케아키(1836~1908)

에노모토 다케아키는 에도에서 막부의 신하였던 집안의 둘째 아들로 태어났다. 아버지는 천문학과 지도 제작으로 유명한 이노 다다타카[10]의 수제자로서 큐슈 전역을 돌며 '대일본연해여지전도'의 제작에 참여한 후 막부의 무사가 되었다.

이런 집안의 영향을 받아 에노모토는 막부에 대한 충성과 과학자가

---

10) 이노 다다타카(1745~1818)는 에도시대의 상인, 천문학자, 지리학자다. 근대 천문학적 지식을 기반으로 막부의 지도 제작 의뢰를 받고 1800년 에도에서 에조치까지 측량 여행을 간 것을 필두로 1816년까지 10차례 측량 여행을 해 수집된 자료를 바탕으로 1817년 '대일본연해여지전도(흔히 '이노도'라 한다)의 제작에 착수했다. 그는 지도의 완성을 보지 못하고 1818년 사망하지만 제자들이 마무리하여 1821년 이노도가 완성되어 막부에 제출되었다. 경도, 위도 등이 표시되었으며 일본인이 실측에 의해 직접 만든 최초의 근대적 지도다.

지녀야 할 자질을 겸비한 인물로 성장했다. 15세 때 창평판학문소[11]에 입학해 공부한 후 하코다테 봉행의 수행 비서로 에조치의 하코다테에 부임했다. 에노모토의 에조치와의 첫 인연이며 후일 그의 에조치 개발에 대한 꿈이 잉태된 시기였다.

| 에노모토 다케아키(출처: 위키피디아)

21세 때 창평판학문소에 재입학해 공부하다가 나가사키의 해군전습소에 입학해 가쓰 가이슈를 만난다. 네덜란드 교사로부터 기관학이나 화학 등을 배운 그는 곧 두각을 나타내 1858년 에도에 개설된 쓰키지 군함조련소의 교수가 되었다.

막부는 1862년 네덜란드에 군함 1척을 발주하며 동시에 에노모토 등 9명의 유학생과 조선 기술자를 간닌마루호에 태워 네덜란드에 파견했다. 네덜란드에서 에노모토는 나가사키 해군전습소 시대의 은사를 만났으며, 선박 운용술, 포술, 증기기관학, 화학, 국제법 등을 배웠다. 특히 프랑스 국제학자가 쓴 국제해양법 해설서인 『만국해율전서』와 외교를 열심히 공부하여 그 열성에 감동한 네덜란드 강사로부터 귀국 시 책을 선물로 받는데, 이 책은 후일 그의 운명을 바꾼다.

주문한 군함 가이요마루호가 완성되자 이들은 3년 반 만에 1866년 10월 군함을 타고 귀국길에 올라 요코하마항에 1867년 3월에 도

---

11)   조선의 성균관에 해당하는 막부 직할의 최고 유학 교육기관

착했다. 귀국해 보니 일본 정세는 많이 달라져 있었다. 제2차 조슈 정벌의 실패로 막부의 권위는 땅에 떨어져 있었고 그의 귀국 몇 개월 후 쇼군 요시노부가 대정봉환을 제청했음에도 삿초 등 반막부 세력과 막부는 팽팽한 긴장을 유지하고 있었다. 1867년 12월 왕정복고의 쿠데타가 일어나고 쇼군가의 사관납지가 결정되자 양측의 대립은 극에 달했다.

에노모토를 이야기하면서 보신전쟁과 에조공화국을 빠뜨릴 수 없다. 왕정복고 쿠데타 직후 쇼군은 교토를 빠져나와 오사카에 진을 친 후 천황 명의로 내려진 조치에 대해서는 "대호령을 기꺼이 받들고 싶으나 직속 부하들의 동요를 살피는 게 먼저"라는 모호한 대답으로 사태의 추이를 관망했다. 사실 교토와 오사카는 명분을 얻기 위해 상대방이 싸움을 걸어오기를 서로 기다리고 있었다. 기다리다 못해 결국 요시노부는 "최근의 사태는 불충한 일부 공경과 사쓰마·조슈가 어린 천황을 겁박해 벌어진 일이니 조정을 위하여 역적들을 치겠습니다"라는 출사표와 함께 1868년 1월 에도에서 거병했다.

보신전쟁의 시작이었다.

출사표의 명분이 약하기도 했지만 전쟁 중에도 요시노부의 마음은 계속 강온을 오락가락했다. 구 막부군은 도바·후시미 전투에서 3배의 전력을 가지고도 신정부군에 패했다(1868.1.27). 신정부군에는 대포보다 더 강력한 무기가 있었다. 바로 '천황의 명을 받았다'는 관군 표식인

금기[12]였다. 자신들을 관군이라고 생각하고 있던 구 막부군은 적진에서 나부끼는 금기를 보고, '우리는 역적을 토벌하는 관군으로서 왔는데 알고 보니 우리가 역적 아닌가'라는 생각이 들자 사기가 뚝 떨어졌다. 구 막부군은 오사카성으로 퇴각했다.

오사카성에서는 사기 진작을 위해 쇼군이 진두에서 지휘하기로 의견이 모였고 요시노부도 내일부터 전투에 앞장시키겠노라고 장수들 앞에서 선언했다. 그날 밤 요시노부는 극소수의 측근과 함께 몰래 성을 빠져나와 에노모토가 네덜란드에서 인수해 온 가이요마루호를 타고 에도로 돌아가 버렸다. 훗날 요시노부는 "금기를 보니 싸울 뜻이 사라졌다"고 술회했다.

승리한 신정부군은 요시노부에 대한 추격 토벌과 막부 영지의 몰수를 공표했다. 전쟁의 귀추를 주시하던 여러 다이묘와 거상들은 신정부를 지지했다. 요시노부는 갈팡질팡하다가 2월 12일에야 우에노산의 사찰에 칩거하며 근신하는 것으로 최종 입장을 정리했다. 그러나 많은 가신이 불복하며 항전태세를 갖추었다. 여전히 구 막부군의 병력 및 물자, 다이묘들에게 미치는 쇼군의 영향력 등을 감안하면 만일 요시노부가 결사 항전의 자세로 돌아선다면 신정부군도 승리를 장담할수 없었다.

사쓰마·조슈·도사의 번병들로 이루어진 신정부군은 도카이도와 도산도로 나뉘어 에도를 향해 진군하고, 3월 15일을 기해 에도에 총공세

---

12) 당시의 금기(錦旗)는 사실 천황이 정식으로 내려준 것이 아니었다. 대정봉환 즈음 이와쿠라 등이 임의로 제작해 놓은 것을 신정부군이 들고 나왔다.

를 펼치기로 결정했다. 그러나 신정부군 사이고 다카모리와 구 막부군 가쓰 가이슈 사이의 극적인 회담으로 에도에 신정부군이 무혈입성했다 (1968.4.11).

구 막부군의 전사들은 요시노부를 보호한다는 명목으로 우에노산에 들어가 게릴라식 저항을 계속했다. 오무라 마스지로가 지휘하는 만이천 명의 신정부군은 우에노산에 있는 게릴라들을 초토화시켰다. 패잔병들은 북쪽으로 달아나 오우에쓰열번동맹에 의탁했다.

에도에서 구 막부군의 해군 부총재가 된 에노모토와 오토리 게이스케[13] 등은 결사 항전을 주장하다가 신정부군의 에도 무혈입성 시 배로 에도를 탈출해 고생 끝에 센다이에 기항하게 된다.

한편 동북지역에서는 센다이번(현 미야기현)과 아이즈번 중심으로 구 막부를 지지하는 20여 번의 오우에쓰열번동맹이 5월에 맺어져 각지에서 신정부군과 싸움을 벌이며 소년병까지 동원해 많은 사상자를 내고 있었다. 에치고번(현 니가타현 북부)의 나카오카성이 신정부군에 함락되자 무기공급처를 잃은 구 막부군은 바닥을 드러내며 동맹을 이탈하는 번들이 잇따랐다. 9월 아이즈번이 신정부군에 항복하자 에노모토와 오토리 등은 홋카이도(구 에조치)로 향하는 배로 도주했고 오우에쓰열번동맹은 와해되었다.

1868년 11월 아이즈에서 쫓겨온 에노모토 등은 패잔병들을 태우고 홋카이도의 중심지 하코다테로 쳐들어가 소수의 신정부군이 지키던

---

13) 오토리 게이스케는 후일 조선 주재 공사로 부임한다.

요새 고료가쿠[14]를 점령했다. 게다가 마스마에번까지 점령해 에조치는 구 막부군이 평정했다. 이후 에노모토는 뜻밖에도 메이지 신정부에게 자신을 에조의 개척사업자로 승인해달라는 청원서를 보냈다.

그해 12월 홋카이도에서는 일본 최초의 선거를 통해 총재(대통령)에 에노모토가 선출되었는데 일본 최초의 공화국 이른바 에조공화국의 탄생이다. 오토리 게이스케는 육군장관으로 임명되었디.

메이지 신정부가 이를 인정할 리 없었다. 새해부터 전운이 감돌더니 마침내 5월 신정부군의 하코다테 총공세가 펼쳐지자 1주일간의 분전 끝에 결국 고료가쿠성 위에 백기가 올랐다. 1869년 5월 18일, 이날은 5개월 만에 수명을 다한 일본 최초 공화국의 멸망일이자 1년 반에 걸친 보신전쟁의 종결일이었다.

| 하코다테 해전(출처: 위키피디아)

---

14)   미일화친조약에 따라 하코다테를 개항한 후 막부가 개설한 봉행소(행정관청)를 지키기 위한 성

에조공화국 멸망일 며칠 전 신정부군 참모 구로다 기요타카로부터 항복권고문이 에노모토에게 전달되었다. 에노모토는 즉시 거부하고, 늘 애독하던 『만국해율전서』 네덜란드어 번역본을 꺼내 "이 책은 향후 일본에 도움이 되는 귀중한 것이므로 한 줌의 재로 만들기는 아깝다. 정부군에게 기증하고 싶다"는 내용의 서신을 첨부해 사자에게 전달했다. 에노모토의 서신을 받고 감격한 구로다는 답례로 술 5통을 고료카쿠에 보냈다. 이때부터 구로다와 에노모토와의 브로맨스가 시작된다.

에노모토는 도쿄로 호송되어 감옥에 수감되었다. 옥중에서도 그의 지식욕과 호기심은 왕성해 독서는 물론 저술까지 했다.[15] 그에 대한 처벌과 관련하여 정치권에서 논란이 분분했다. 엄벌을 요구하는 조슈번과 그의 재능을 아껴 구명을 주장하는 사쓰마번과의 조정이 이루어지지 못했다. 사쓰마 출신 구로다는 강력하게 그의 재능을 국가경영에 활용해야 한다고 주장했다. 당시 홋카이도개척사(차관급)로 재직하던 구로다는 그가 옥중에서도 산업기술 개발 구상과 홋카이도 개척의 꿈을 버리지 못하고 있다는 것을 알고 그의 석방 호소를 위해 삭발까지 했다. 결국 에노모토는 구로다의 노력 등 덕분에 2년 반 만인 1872년 초 석방되었고 두 달 후 무죄 방면되었다.

구로다는 에노모토를 수차 방문해 홋카이도 개척에 함께해 달라고 간청해 결국 그의 승낙을 얻었다. 에노모토는 마지막 막신으로서 막부를 무너뜨린 신정부에 출사하는 것에 고민이 많았으나, 구로다의 헌신

---

15) 에노모토는 옥중에서 닭 등 가금류의 인공부화, 소주와 비누 등의 제조법을 그림까지 넣어 설명하며 형에게 보내 가계에 보탬이 되라고 조언했다.

적 우정과 홋카이도 개척이라는 평소의 소망을 위해 결심했다. 에노모토는 개척사 4등 관직(현령 대우)을 받고 임지에 부임한다. 끝까지 신정부에 저항했던 인물이라도 국가 발전을 위해서라면 품에 안고 재능을 발휘하도록 길을 열어주는 메이지 신정부의 포용성과 쿨함이 느껴지는 대목이다.

홋카이도에서 에노모토는 주변 지역의 지질과 자원을 조사해 소라치 탄전을 발견했고, 일본 최초의 기상관측소를 설치했다. 훗날 에노모토는 일본의 기상학회 회장이 된다.

1874년 에노모토는 해군중장 겸 주러 특명전권공사로 임명되어 상트페테르부르크에 부임하여 영토 교섭에 임했다. 약 1년간의 교섭 끝에 상트페테르부르크 조약[16]을 체결해 사할린은 러시아가, 쿠릴열도는 일본이 영유하기로 결정하고, 오호츠크해 및 캄차카 주변의 일본 어업권도 인정받았다. 당시 사할린 남부에도 일본인들의 출입이 있었는데, 사할린보다 홋카이도가 일본에 더 중요하다는 구로다와 에노모토의 의견이 조약에 반영되었다.

1882년 주베이징 특명전권공사로 부임하고, 1884년에는 갑신정변을 수습하는 청과의 텐진조약 체결 과정에서 일본 전권대사 이토 히로부미를 보좌했다. 1885년 1차 이토 내각의 체신대신에 취임했고, 구로다 내각에서는 체신대신과 농상무대신을 겸임하며 전기학회의 초대 회장이 되었다(1888년). 다음 해 문부대신이 되었다. 1891년 마쓰카타 내

---

16) 일본에서는 가라후토-치시마 교환조약이라 한다.

각의 외무대신으로 조약개정 교섭에 임했다.

이후의 에노모토 다케아키

1894년 제2차 이토 내각의 농상무대신으로 취임했다. 많은 반대에도 불구하고 관영 제철소를 건설했다. 만년에도 공업화학회 초대 회장이 되는 등 정력적으로 활동했다.

에노모토의 아들과 구로다의 딸이 결혼하여 둘은 사돈이 되었다. 총리대신까지 지낸 구로다가 사망하자 그의 장례식 장의위원장이 되어, 적으로 만났지만 자신을 알아봐 준 친구의 마지막 길을 책임졌다(1900년). 1905년 해군 중장으로 퇴역했고, 1907년 73세로 사망했다.

막부 말기와 메이지유신기의 인물 중 독특한 색깔의 인물이다. 보신전쟁에서 자신의 주군 쇼군 요시노부가 사실상 항복해 근신 모드로 들어갔음에도 불구하고 에노모토가 홋카이도까지 건너가서 끝까지 저항했던 이유는 도대체 무엇 때문일까?

신정부군이 구 막부군의 대표 가쓰 가이슈와의 협상으로 에도를 무혈입성할 때 강경파였던 에노모토는 가이슈에게 신정부에 전해달라는 포고문을 전하며 에도를 빠져나왔다. 포고문 중 "우리는 이전부터 불행의 구렁텅이에 빠진 도쿠가와 가신들을 위해서 에조 개척에 대한 허가를 바라고 있었지만 허락되지 않았다. 이렇게 되면 싸울 수밖에 없다"는 문구가 있다. 또 오우에쓰열번동맹이 해체되며 센다이에서 에조치를 향해 떠나면서 "구 막부 신하의 구제와 러시아 침략에 대비하고자 에조치를 개척하는 것이 목적이지 결코 조정을 겨냥하는 것이 아니다"는 취지의 서신을 신정부에 보냈다. 에노모토가 홋카이도를 점령하자마자 홋카이도 개척사업자로 승인해달라는 뜬금없는 청원을 신정부에 보낸 것이 이제 조금 이해가 되지 않는가?

에조치는 막부 시대부터 남서단 오시마반도의 말발굽 모양의 끝부분만 마쓰마에번에 속한 일본의 영토로 인식하고 있었고 나머지 95% 이상의 지역은 에조(아이누족)의 영토로 인식하였다. 게다가 18세기 말부터 러시아의 배가 에조치에 나타나 일본과 교역을 요구하거나, 일본 북방에 자주 출몰하여 일본은 러시아의 위협에 대해 극도로 경계하고 있었다. 이는 메이지 신정부도 마찬가지여서 1869년에 홋카이도로 명칭을 변경한 후 홋카이도의 개발과 일본인 이주 및 정착은 일본 전체를 위해 누군가는 반드시 해야 할 일이었다.

에노모토는 홋카이도를 개척한다면 신정부의 숙제를 자신이 해결하는 셈이어서 신정부가 좋아하지 않을까 하는 막연한 지레짐작, 그리고 막부의 패망으로 오갈 데 없어진 고단한 막신들의 안식처로 자신의 청년 시절 첫 부임지 홋카이도를 오랫동안 염두에 두었던 것이 아닐까?

짧은 기간이었지만 마지막 안식처로 생각한 홋카이도에서 에노모토는 자신의 이상을 하나씩 실현시켜 나갔다. 일본 최초의 공화정인 에조공화국을 설립해 최초로 투표에 의한 대통령이 되었다. 또 포로는 인도적으로 대우하여 마쓰마에 공략 시 투항한 신정부군 가운데 희망자는 귀향시켰으며, 현지에서 농사나 장사를 하겠다면 이를 허용했다.

포로는 무조건 참수하는 당시 매우 이례적인 일이었다.

　그리고 에노모토는 일본 최초의 적십자 병원을 하코다테에 창설해 부상당한 적군까지 치료해 주었다. 네덜란드 유학을 경험한 에노모토의 근대적 사고방식이 일본에서 유례없는 최초의 일들을 만들어냈다.

2. 조선
청의 속방국화

가. 제1차 조·러 밀약설

갑신정변 이후 청의 횡포는 더욱 심해졌다. 고종은 청의 속박에서 벗어나려고 보빙사 파견과 군사교관 요청 등 미국에 기대를 걸었지만 1년이 지나도록 정작 미국의 반응은 없었다. 고종의 짝사랑이었다. 그러자 고종은 새로운 파트너를 찾아 나섰다. 막 수교를 한 러시아였다.

1884년 8~9월 청의 즈푸(현 옌타이)를 방문한 외부협판 묄렌도르프는 청 주재 러시아 무관과 태평양 분함대 사령관을 만나, 러시아에 배타적 보호와 군사교관 파견을 요청하는 고종의 의사를 전했다.

또 갑신정변 직후 고종은 권동수 등 4인을 연해주로 밀파해 러시아 고위 관리에게 일본의 음모와 청의 노예화 사이에서 러시아에 요청할 수밖에 없는 조선의 상황을 하소연했다. 또 조선에 대한 러시아의 보호, 조약의 조속 비준, 수교 교섭시 러시아가 원했던 육로통상에 대한 협상 등이 담긴 고종의 밀서를 전달했다. 또 고종은 묄렌도르프를 통해 도쿄 주재 러시아공사관에 "조선을 러시아의 보호국화 하고, 군함과 군사 200명을 파견해 자신을 호위해 달라"는 비밀전보를 보냈다.

러시아 외무성은 사태를 주시하며 조선의 의도 파악을 위해 도쿄 주재 서기관 스페이에르를 한성으로 보내 묄렌도르프와 회담했다(1884.12). 묄렌도르프는 조선 보호를 요청하면서[1] 그 대가로 영흥만이나 동해안의 다른 항구 하나를 조차해 갈 것을 제안했다.

갑신정변의 사과 사절로 도쿄를 방문한 묄렌도르프는 러시아공사 다비도프와 접촉해 군사교관의 파견과 청·일의 충돌 시 조선에 대한 러시아의 보호를 요청했다(1885.2.16). 영흥만 조차를 조건으로 협의가 무르익었으며, 3월 초 묄렌도르프는 귀국해 협의 내용을 보고하고 고종의 승인을 얻었다.

고종과 왕비가 새 사랑을 찾아 시도한 조·러 밀약설은 기존 국제질서에 평지풍파를 일으켜 결과적으로 조선은 물론 각국의 정치, 외교, 군사 전략에 엄청난 나비효과를 불러일으킨다.

나. 영국의 거문도 점령

조·러 밀약설은 청·일은 물론이고, '그레이트 게임'[2]으로 전 세계에서 러시아 봉쇄전략을 펼치던 영국에도 큰 충격이었다.

청일 양국군의 조선 철병을 합의한 톈진조약 후 1885년 4월 15일 영국은 3척의 함대로 거문도를 점령했다.[3] 1885년 3월 영국군이 육성한 아프가니스탄 군대가 러시아군에 의해 펜제(현 타지기스탄 남부 도시)에서 전멸되자, 보복 차원에서 영국은 조·러 밀약설로 향후 각광을 받

---

1) 고종은 조선을 러시아의 보호국화 하거나 중립국화를 요청했다.

2) 19세기 초부터 약 100년간 중앙아시아의 패권을 차지하기 위한 영국과 러시아 간의 전략적 경쟁을 표현하는 용어다. 이후 전세계에서 러시아의 팽창 전략과 이를 저지하려는 영국의 대응을 총괄하는 확장된 용어로 사용하기도 한다.

3) 거문도는 러시아 극동함대의 아시아 진출 시 거쳐야 하는 전략상 요충지로서 영국이 '해밀턴항'이란 이름으로 부르며 해군기지로 탐내던 곳이다. 약 2천 명의 주민이 살고 있었다.

을 게 분명한 블라디보스토크 기지에 대한 제한을 가하기 위해[4] 거문
도를 그 전진기지로 삼고자 했다.

| 거문도 주둔 영국군(출처: 남해안신문)

| 영국군 장교와 거문도 주민들(출처: 남해안신문)
　거문도 주민들은 영국군 점령에 만족해했다.

---

4)　최소한 러시아 극동함대의 자유로운 활동을 견제 또는 압박하기 위해서라도 영국은 거문도를
　　점령할 필요가 있었다.

영국군은 섬 전체를 요새화하여 2년간 주둔한다.[5] 영국 정부는 4월 20일 중국과 일본에 거문도 점령 사실을 알렸다. 조선 정부는 청의 통보로 사실을 파악하고 청 군함을 이용해 엄세영과 묄렌도르프가 거문도에 특파되었다. 이들은 영국군 사령관에게 철군을 요구했지만 성과가 없었다. 조선 정부는 조선 주재 영국총영사에게 거문도 점거가 국제법상 불법이라고 항의하고, 동시에 수교한 강대국들의 협조를 얻어 영국의 철수를 압박했다.

이 와중에 러시아는 스페이에르 서기관을 재차 한성에 파견해 영국의 거문도 조차교섭[6]에 대한 방해공작을 시도했다. 사건이 복잡하게 전개되자 외부독판 김윤식은 본인이 모른 채 진행된 그간의 묄렌도르프와 러시아 간 협상은 인정할 수 없다고 선언했고 스페이에르는 반발했다. 일본도 이 기회에 이홍장에게 조선에 대한 공동 후견을 제의하는 등 조선을 둘러싼 정세는 점점 더 복잡해졌다.

이홍장은 사태를 여기까지 이르게 한 조·러 밀약의 지시자인 고종에 분개했지만 냉정하게 일을 처리해 나갔다. 우선 추천한 자신과 청의 의사에 반해 몰래 조·러 밀약을 추진한 묄렌도르프를 해임하고 후임으로 미국인 메릴을 조선의 해관 총세무사로, 데니를 외교고문으로 추천 임

---

5) 주둔군은 700~800명, 군함은 10척까지 증가했다. 영국군은 각종 공사와 생활물자 조달에 조선인을 활용하고, 조선인은 보수와 댓가는 물론 영국군의 의료 혜택까지 받는 등 영국군 점령에 매우 만족해했다. 수탈을 일삼는 조선의 관원들보다 영국군이 거문도 백성들에게는 더 나았다.

6) 조선의 반발과 강대국의 관여가 있자 그때서야 영국 정부는 연간 임차료로 5천 파운드(현 시세로 약 3~40억 원)를 제시했으나 조선 정부는 거절했다. 상당한 유혹이었지만 영국의 달콤한 꼬임을 조심하라는 이홍장의 당부(고종실록 1885.3.20)와 향후 다른 열강의 영토 침범 선례가 될 수 있다고 판단해 외부독판 김윤식은 단호하게 거절했다.

명케 한다. 또 친러정책을 추진한 왕비와 고종이 가장 두려워하는 대원군을 청에서 방면했다. 게다가 원세개에게 특별한 직위[7]를 부여해 대원군과 함께 조선에 귀국시켰다(1885.10). 이홍장은 강경파 원세개를 통해 대조선 최고의 강경책을 쓴 셈이기에 왕비와 고종이 깊은 생각 없이 벌인 불장난의 대가는 혹독했다. 후일 청일전쟁에 패해 청이 쫓겨날 때까지 약 10년간 조선은 원세개가 지배하는 사실상 청의 식민지가 된다.

한편 영국이 거문도 사건의 해결을 위해 청과 협상을 시도하자 이홍장은 직접 거중조정에 나섰다. 마침 영국과 러시아가 아프가니스탄 문제 해결에 합의해(1885.9) 영국 해군이 거문도에 주둔할 명분이 사라졌다. 그러나 영국 외무성은 러시아의 한반도 점거 가능성이 있다고 우려해 이홍장에게 이를 보장받으려 했다. 이홍장은 1886년 8월부터 두 달간 주베이징 러시아공사 라디젠스키와 수차례 논의해, "영국은 거문도에서 철수하고 러시아는 앞으로 조선의 영토를 취하지 않는다"고 합의했다. 결국 영국군은 1887년 2월 점령 2년 만에 조선에 대한 청의 위상만 드높인 채 거문도에서 철수했다.

영국의 거문도 점령 사건은 러시아의 전략에도 큰 영향을 미쳤다.

베이징조약(1860년)으로 러시아는 연해주를 취했으나, 연해주는 교통 등 인프라나 물자 공급 면에서 사람들이 쉽게 정착하기 어려운 땅이었다. 유럽 쪽의 러시아 중심지로부터 연해주까지 사람이나 물자가

---

7) 주차조선총리교섭통상사의(駐箚朝鮮總理交涉通商事宜). 원세개의 길고도 특수한 이 직명은 국가의 감독 내지 사실상 조선총독을 의미했다.

이동하려면 시베리아 등 육로로 2년이나 걸렸다. 1869년 수에즈운하 개통으로 바닷길이 대폭 단축되자[8], 러시아는 해로를 이용해 극동지역을 개발하기로 원칙을 정하고 블라디보스토크를 극동함대의 근거지로 삼았다.

그러나 영국의 거문도 점령으로 이 전략이 크게 위협받자 러시아는 그간 아이디어 차원에 머물던 시베리아 횡단철도 계획을 구체화하기 시작한다. 1887년부터 노선 조사 등 수년간의 준비 끝에 프랑스의 재정 지원으로 1891년 착공했다.

한편 러시아의 남하 저지에 심혈을 기울이던 일본은 러시아의 시베리아 횡단철도 계획을 알고 나서 경악했다. 철도의 완공으로 병력 및 군수물자의 이동이 쉬워져 연해주에 러시아 군사력이 급격히 강화되면 일본의 안보가 위협받을 게 뻔했다.

만주와 한반도에서 러시아와 경쟁을 하던 일본은 어차피 전쟁을 치를 바에야 시베리아철도 개통 전에 전쟁하는 것이 유리하다고 판단한다. 즉 일본 입장에서는 1단계 청과의 전쟁을 통해 한반도에서 우선 청을 몰아내고, 2단계 러시아와는 철도 개통 전에 일전을 벌이는 전략이다. 결국 일본은 시베리아철도 착공 이후 청일전쟁을 벌였고, 시베리아철도 완공 전에 러일전쟁을 벌였다.

청의 간섭에서 벗어나고자 추진한 왕비와 고종의 조·러 밀약설은 청

---

8)   수에즈운하 개통으로 흑해 연안에서 블라디보스토크까지 배로 50일 정도 걸렸다.

의 압제라는 속국화를 초래했고, 영국의 거문도 점령, 러시아의 시베리아 횡단철도 부설 추진, 청일전쟁과 러일전쟁이라는 엄청난 나비효과를 연쇄적으로 불러일으킨 셈이다.

다. 제2차 조·러 밀약설

영국군의 거문도 점령 중 초대 러시아공사 베베르의 부임으로 (1885.10) 조러 관계는 새로운 전기를 맞는다.

이홍장에 의해 묄렌도르프 후임[9]에 임명된 미국인 데니는 직분에 충실하게 조선 정부, 특히 고종의 이익을 옹호하는 입장에 섰다. 따라서 조선에 사사건건 간섭하는 청의 대조선 정책을 비판하고, 청을 견제하고 영향력을 확대하려는 러시아공사 베베르와 자연스럽게 가까워졌다. 1886년 여름 고종이 청으로부터의 독립을 위해 러시아와의 협력을 또다시 요청하자 베베르와 원세개의 외교적 결투가 시작되었다.

조선의 친청파들이 원세개에게 고종의 의도를 알렸다. 원세개는 러시아와 조선 사이에 마치 비밀협약이 성립된 것처럼 이홍장에게 전문을 보내고 이홍장이 이를 데니에게 확인했다. 데니는 원세개의 정보는 아무 근거가 없고 오히려 그의 소환이 청에 유익할 것이라고 이홍장에게 답신했다(1886.7.24).

같은 날 고종의 밀사 민영익은 베베르를 방문해 4시간 동안 회담을 가졌다. 회담 내용은 원세개의 횡포에 대한 하소연과 고종의 서신 접

---

9)　고종의 고문 겸 외부협판

수를 꺼리는 러시아공사관에 그 접수를 요청하는 것이었다. 두 번에 걸친 접수 거절 끝에 배달된 고종의 서신은 다음과 같았다.

우리나라는 한쪽 방향으로 기울어져 있고 타국의 영향력에 복속되어 있다. 비록 이 나라는 독립된 군주가 있으나 타국(청)에 예속된 상태에서 벗어나려고 해도 빠져나올 수 없다. 이에 본인은 실로 부끄럽고 서글플 따름이다. 이제 다시 일어나 기존 질서를 완전히 바꾸어 향후 타국에 결코 예속되지 않도록 전력을 다할 것이다. 만일 우리나라와 귀국의 우정과 합의가 조만간 입술과 이빨처럼 더욱 공고해진다면, 조선과 다른 열강의 관계에도 변화가 생길 것이다.

본인이 깊이 원하는 바는 귀하가 귀국 정부에 보고하고 귀하의 노력을 보태어, 비밀리에 러시아 정부가 본인을 보호하기 위해 전력투구하고 방기하지 않도록 하는 것이다. 그러면 본인은 다른 군주들과 같은 반열에서 동등한 권리를 지니게 될 것이다. 만약 타국과 불화가 발생한다면 귀국이 군함을 파견해 당분간 본인의 안전을 맡아주기 바란다. 이 문서는 본인이 직접 작성한 것이며, 귀하의 이해와 협의를 기대한다. 안녕을 기원하며.[10]

베베르에게 편지가 전달된 며칠 후 편지 사본은 원세개의 수중에 들어갔다. 청을 배신했을 때 닥칠 후과가 두려워 밀사 민영익이 원세개에게 밀고한 후 즉각 홍콩으로 도주했다.

원세개는 노발대발해 곧 청의 함대와 3만 명의 병력이 도착해 고종은 폐위될 것이고 왕위는 대원군이 대신할 것이라고 공공연히 위협했다. 한성에서는 피난을 가는 등 큰 혼란이 벌어졌다. 뜻밖의 사태 전개에 놀란 고종은 김홍집을 단장으로 구성한 대표단을 원세개에게 보내,

---

10) 벨라 보리소브나 박, 『러시아외교관 베베르와 조선』, 동북아역사재단, 70~72쪽

러시아와의 밀약은 본인 생각이 아니라 신하들의 요구이며 서한에 옥새가 날인되지 않은 것이 그 증거라고 발뺌했다.

원세개는 고종의 강제 퇴위가 불가피하다고 타전했고, 이홍장은 러시아 주재 청 공사에게 조선 국왕이 베베르에게 보낸 편지는 무효임을 러시아 정부에 통보하도록 지시함과 동시에 8척의 군함을 제물포로 파견하고 3만 명의 병력을 조선과의 접경지역에 집결시켰다.

또 거문도 사건을 비밀리에 협의하던 러시아공사 라디젠스키를 초청해 제2차 조·러 밀약설에 관해서 의견을 나누었다. 이미 고종이 자신의 서신을 부인했음을 파악한 라디젠스키는 제2차 조·러 밀약설을 영국의 음모로 돌렸다. 거문도 사건의 해결을 위해 노력하는 이홍장에게 라디젠스키는 이홍장이 원하는 답변인 "조선 영토에 대한 러시아의 의도가 없음"을 확인해주었다. 러시아의 우호적인 자세를 확인한 이홍장은 이후 제2차 조·러 밀약설을 더는 문제 삼지 않고 거문도 사건 해결에 진력한다.

그러나 분이 풀리지 않은 원세개의 강요로 그간 고종과 베베르 사이에서 상당한 역할을 해온 러시아어 능통자 김학우 등 4명의 친러파 관료들이 유배형에 처해졌다(1886.10). 베베르의 항의로 사흘 만에 이들이 풀려남으로써 이른바 제2차 조·러 밀약설은 수습되었다. 제2차 조·러 밀약설은 실체가 없다는 주장도 있으나 이와 같이 수습 차원에서 관련 당사국들이 모두 부인하며 더 문제 삼지 않은 것이다. 이후 조선에서 베베르의 영향력은 더욱 확대된다.

안타깝게도 이 시기, 시대정신과 치열하게 씨름하거나 이 시기의 화두를 움켜쥐고 헤쳐 나가는 조선의 인물이 보이지 않는다. 'JS목장(조선)'에서 외교적 결투를 벌이는 두 외국인, 원세개와 베베르만 두드러질 뿐…

。 원세개(위안스카이, 1859~1916)

원세개는 허난성 샹청에서 원보중의 서자로 태어나 삼촌인 원보경의 양자가 되었다. 그의 가문은 정2품 고관을 지낸 명문가였으며 샹청현의 권세가였다. 1873년 양부 원보경이 사망하자 원세개는 베이징의 당숙 원보령에게 맡겨졌다. 내각의 비서관을 거쳐 시독으로 근무하는 원보령의 단속에도 불구하고 원세개는 베이징의 홍루(유흥가) 근처를 배회했다. 원세개는 17세에 향시에 응시했으나 낙방하고 부잣집 딸 우씨와 혼인했다. 20세 향시에 다시 응시했으나 또다시 낙방한 후 서적을 불태우며 다짐했다.

> '무릇 대장부라면 전장에서 목숨을 걸고 싸워 나라에 보답해야 한다. 어찌 붓과 벼루 속에 묻혀 세월을 헛되이 보낼 것인가?'

1881년 양부의 의형제인 오장경으로부터 속히 산동성 등주로 오라는 연락을 받고 그의 휘하로 들어갔다. 청의 한족 군대는 모태가 민병

대이기에 한족 지휘관은 믿을 만한 고향의 지인을 불러 계급장을 붙여주거나 개인 막료로 채용해 세를 불렸다. 원세개도 이런 방식으로 오장경의 개인 막료가 된 것이다.

오장경의 경군은 이홍장의 신임을 받고 있었다. 오장경은 학식이 좋은 장젠 등의 참모가 있었기에 원세개에게 문서작성을 시키고 이들 참모들이 문장을 고쳐주며 스승 역할을 하도록 했다. 그러나 무예에 관심이 많은 원세개가 사격, 말타기 등 무재를 과시하자 오장경은 그를 영무처로 보내어 군무를 돕게 했다.

1882년 6월 조선에서 임오군란이 발생하자 지휘관으로 파견된 오장경은 별기군의 훈련장으로 쓰였던 하도감[11]에 본영을 차리고 원세개에게 군수품 공급과 행군감독을 맡겼다.

원세개는 조선에 도착하자마자 재물을 약탈하고 여인을 겁탈하는 병사를 처단해 오장경은 물론 조선 조정으로부터 칭송을 받았다. 군란 가담자 제거령이 떨어지자 조선의 병권을 쥐고 있던 훈련대장 이재면을 감금한 뒤 김윤식을 불러 고종의 명을 받아오게 했다. 청군의 출병을 합리화하기 위한 조처였다. 그는 상황 판단이 빠르고 사람과 사건에 관하여는 기억력이 비상했다.

임오군란 진압 직후 오장경은 원세개의 무공을 표창하는 상주문을 올려, 원세개는 회판조선방무[12] 직책에 임명되어 비로소 청 중앙정부가

---

11) 하도감은 훈련도감 분원이며 별기군 훈련장으로 쓰였다. 현 동대문디자인플라자(구 동대문운동장) 위치에 있었다.

12) '조선방어업무참모장' 정도로 해석되는 정5품의 직책이다. 군대 이동 등에 대한 판단도 원세개가 담당했다.

인정하는 정규군 장교가 되었다. 조선 조정의 건의로 오장경은 원세개에게 조선의 신식 군대를 훈련케 했다. 1882년 9월 2개 부대 천 명의 신건친군(청별기)이 원세개의 주도로 창설되었다.

1884년 청프전쟁 발발로 이홍장이 오장경에게 3개 대대를 이끌고 속히 귀국을 명하자 원세개는 전공을 세워 입신할 목적으로 조선 잔류를 희망했다. 오장경은 오조유를 조선 주둔 3개 대대의 총책으로 임명한 뒤, 원세개에게는 영무처 총괄과 자신의 직속부대 경군을 맡겼다. 졸지에 조선 주둔 청군의 2인자가 되었다. 비정규 임시직 개인 막료에서 2년 만에 조선 주둔군의 부사령관이 된 셈이니 원세개는 조선에 와서 로또에 당첨된 셈이다.

이때부터 원세개는 강자에게 약하고 약자에게 강한 본색을 드러냈다.[13] 갑신정변이 발생하자 오조유는 이홍장에게 원군을 요청했다. 원세개는 원군 도착 전 자신이 진압해 전공을 독차지할 속셈으로 평소 가까이 지내던 우의정 심순택을 움직여 청군 출병을 요청케 했다. 오조유는 이홍장의 지시나 원병이 올 때까지 기다릴 것을 주장했지만 원세개는 출병을 재촉해 진압에 성공했다. 원군을 이끌고 오대징이 한성에 도착했을 때 이미 상황은 종료되어 있었다.

갑신정변을 진압하자마자 원세개는 이홍장에게 보고서를 올렸다.

---

13) 오장경과 본국의 신임이 있다고 확신하자 수시로 오조유와 충돌하고, 자신을 지도한 오장경의 참모 장젠에 대한 호칭을 라오스(선생님)에서 따거(큰형)로 낮추었다. 장젠이 편지로 이를 질책하자 그와 절교했다.

> 조선은 류큐나 베트남과 경우가 다릅니다. 민심이 중국에 감복하고 있는 이때 조선에 감국(국가감독관)을 두어 군사력을 배경으로 조선의 내치 및 외교를 관장해야 합니다.

이홍장은 일본과의 전쟁을 우려해 이 요청을 수용하지 않았지만 원세개가 조선 문제를 다룰 적임자라고 생각했다. 갑신정변 후 처음 만난 자리에서 이홍장은 그의 노고를 치하하며 조선의 사후처리에 관한 견해를 물었다. 원세개는 다음과 같이 답변해 이홍장을 만족시켰다.

> 조선의 왕은 우유부단한 데다 변덕스러워 남의 부추김에 잘 넘어갑니다. 대관을 한성에 파견해 단속하지 않으면 중국을 배반하고 일본과 러시아를 쫓을 것입니다. 조선 주재 청의 상무위원의 업무가 상업에 한정되어 있어 타국 공사들의 경시를 받고 있으니 권한을 대폭 넓혀주어야 합니다. (청에 감금된) 대원군은 지모와 재능이 뛰어나고 백성의 존경을 받으며 대의에도 밝으니 조속히 귀국시키는 것이 이로울 것입니다.

1886년 2차 조·러 밀약설이 터지자 원세개는 병사 500명만 보내주면 고종을 폐위하고 청을 배반한 자들을 처벌하겠다는 보고서를 이홍장에게 올렸으나, 조·러 밀약설이 러시아와 조선의 부인으로 흐지부지되고 오히려 청에 대한 반발심만 조선 조정과 외교가에 돌자 원세개는 이홍장의 질책을 받았다.

이에 원세개는 수습 모드로 들어가 의정부에 「조선대국론」이라는 글을 보내 러시아를 멀리하고 중국을 가까이해야 할 이유를 강조했다. 고종에게도 장문의 서한을 보내 조선을 '못쓰게 되어 버린 배'에 비유했다. 여러 번 수리해 준 자신의 공을 내세우며 국정 전반에 대해 10가지 항목을 고종에게 훈계했다.[14]

1887년 여름 고종은 미국 주재 공사로 박정양을 임명했다. 원세개는 공사 임명에 자신과 합의하지 않았다는 이유로 고압적인 질의서[15]와 함께 사절의 출국을 막았다. 보고를 들은 이홍장은 모른 척하고 넘어갈 것을 지시했지만 얼마 후 고종이 외교사절을 파견하자 원세개는 사절들의 즉각 귀환과 사죄를 요구했다.

사건이 확대되자 이홍장은 조선 사절의 부임지 소재 청 공사관 예방을 전제로 절충안을 제시했고 이를 바탕으로 원세개는 조선 정부와 '영약 3단'[16]에 합의했다. 미국에 도착한 박정양이 이를 이행하지 않자 원세개는 조선 정부에 압력을 가해 결국 박정양은 1년도 못되어 귀국할 수밖에 없었다.

원세개의 위세는 갈수록 심해져 자신이 다른 열강의 사절들과는 격이 다르다며 외교사절 모임에는 아예 비서를 보냈고, 사소한 일로 조선의 한규설 장군의 얼굴을 때리기도 했다. 조선의 궁궐 예법을 무시하

---

14) 원세개의 훈계에 대한 고종의 답신이다. "어제 보낸 편지를 보았는데 충고가 극진했습니다. 어리석은 이 몸을 가르칠 수 없다고 여기지 않고 마음을 다하여 타일러 주었는데 글자마다 약석(藥石)이 되어 글을 읽으면서 감격스러움을 금할 수 없었습니다…" 고종실록 1886.7.29

15) 질의서의 요지는 "조선이 청의 속국이 된 지 수백 년이 된 것은 천하공지의 사실이다. 조선이 상국의 허락도 없이 단독으로 구미에 사절을 파견하겠다는 것이 어찌 용납될 수 있는 일인가?"였다.

16) 1. 주재국에 도착한 조선 외교사절은 먼저 청국공사를 찾아가 그의 안내로 주재국 외무성에 간다.
2. 회의나 연회석상에서 청국공사의 밑에 자리를 잡는다.
3. 중대 사건이 있을 때 반드시 청국공사와 미리 협의한다.

고 고종이 집무하는 편전 바로 앞까지 가마를 타고 출입하는 등 조선의 3정승이나 어떤 외교관에게도 허용되지 않은 오만무례한 행동을 다반사로 해 조선 조정과 외교관들의 불만은 극에 달했다.

1890년 여름 조선이 청 차관의 상환을 위해 미국 및 일본차관 도입을 협상하자 원세개는 청의 영향력 약화를 우려한 이홍장의 지침으로 반대하고 나섰다. 그러나 조선 정부는 청 정부의 차관에 대하여 거부감을 가지고 있었다. 사정을 잘 아는 원세개는 청 해관의 자금을 세탁하는 계책을 세웠다. 결국 조선은 원세개의 알선으로 청의 무역회사 동순태로부터 20만 냥의 차관을 도입했다.[17]

동순태는 차관 제공의 대가로 인천과 서울 간 하천운항권을 확보했고, 조선 정부의 세미운송권을 15년간 독점했다. 동순태는 기선회사를 설립하고 화륜선 2척으로 한강을 이용한 화물 및 여객 수송을 독점했다. 한강 수로가 열림에 따라 상하이-인천-한양 간 무역로가 단축되고, 조선에서 중국 상인의 경쟁력이 급격히 강화되었다. 1893년 동순태는 서울~인천 간 육로 운송 사업에도 뛰어들어 여객용 마차 40량과 화물용 마차 60량이 투입되었다. 경인철도의 개통(1899년)까지 서울~인천을 6시간에 주파하는 동순태의 마차는 가장 편리하고 빠른 교통수단이었다.

개항 초기에 조선 시장을 선점한 일본 상권이 임오군란 이후 청의 내정간섭 심화와 함께 점차 청 상인들에게 잠식당했다. 청의 내정간섭이 절정이었던 1890년 전후 인천, 한양에서 청 상인은 일본 상인을 압도하고 있었다. 동순태 등 청 상인들은 원세개와 결탁해 영국산 면포 수입과 조선산 홍삼 수출로 막대한 이익을 챙겼다. 청 상인의 요청에 원세개는 조선 정부에 압력을 행사해 홍삼의 수출세를 30%에서 15%로 깎았고, 청 상인의 밀수를 비호해 심지어 조선 해관의 감시가 심해지면 청의 군함까지 동원했다.

---

17) 광동성 출신 상인 탄제성이 세운 무역회사 동순태는 청 정부의 자금을 세탁한 후 1차 10만 냥 (1892.8), 2차 10만 냥을 제공했다(1892.10). 이로써 조선 정부는 임오군란 배상금으로 썼던 독일계 세창양행의 차관을 상환할 수 있었다.

청일전쟁 개전까지 조선은 원세개가 통치하는 청의 사실상 식민지였다. 조선 조정 위에 군림한 원세개는 조선에 머무는 10여 년 동안 세 명의 조선 여인으로부터 7남 8녀를 둘 정도로 권세가 대단했다. 1894년 동학농민운동의 발발로 청군이 파병되는 과정에 원세개가 관여한 부분에 관하여는 후술한다.

이후의 원세개

청일전쟁 직전 청은 원세개를 소환 형식으로 귀국시켰다. 그는 요동에서 군량과 무기의 운송을 담당했다. 청일 전쟁에서 패배하자 이홍장이 비난받는 상황에서 원세개 또한 전쟁 유발의 책임자로 낙인찍혀 운신이 어려웠다.

| 원세개(위안스카이) (출처: 위키피디아)

그가 귀향해 있던 중 황제 알현을 위해 상경하라는 조정의 전보가 왔다. 전쟁 참패로 서양식으로 군제를 개편해야 한다는 그의 제안을 조정이 높이 평가한 때문이다. 이해 8월 광서제를 알현한 자리에서 군제 개편의 필요성을 역설했다.

광서제는 그를 공친왕이 총책임자로 있는 군무처로 보냈다. 원세개는 조선 문제 자문을 담당하는 군무처 장경에 임명되어 대신들을 성심껏 받들고, 이들로부터 호감을 얻은 원세개는 서양식 훈련부대 정무군을 맡았다. 정무군은 종전 독일인 퇴역장교가 훈련시켰는데, 원세개는 조선에서 신건친군을 창설한 경험을 살려 명칭을 신건육군으로 바꾸었다.[18]

그의 군사훈련 비결은 간단했다. 자신의 명을 따르는 자는 과감히 발탁하고, 불복하는 자는 가차 없이 제거했다. 또 재능 있는 부하는 수단 방법을 가리지 않고 심복으로 만들었다. 그는 "모든 일은 총사령관을 중심으로"라고 강조해 군영에 자신의 위패를 모셔 놓고 경의를 표하도록 했다. 급료를 주는 것은 자신이 친히 감독했다. 신건육군의 장병들에게는 국가나 황제보다도 총사령관이 우선이었다. 신건육군에서 배출된 인물들은 모두 훗날 원세개의 북양군벌의 기둥이 된다.

이즈음 청의 내정은 강유위와 양계초 등에 의한 유신변법을 광서제가 지지하며 변법자강운동이 시작된다. 원세개는 바로 강유위에게 접근해 그를 따거로 부르며 변법파 인사들과 자주 술자리를 가졌다. 강유위가 베이징에 부국강병을 촉구하는 강학회를 세우자 거금을 쾌척하기도 했으니, 그는 누가 보아도 변법파의 선봉장이고 큰 후원자였다.

무술년(1898년) 가을 서태후 중심 수구파의 반발로 변법파가 궁지에 몰리게 되었다. 변법파는 군부 실력자인 원세개와 쿠데타를 모의했다. 원세개는 광서제 앞에서 충성을 다짐했으나 점차 상황이 변법파에 불리하게 전개되자 마지막 순간 쿠데타 계획을 서태후 측에 밀고했다. 이로 인해 광서제가 연금되고 서태후가 섭정하는 사태, 무술정변이 일어났다. 무술정변으로 강유위와 양계초는 일본으로 망명하고 체포된 변법파 핵심인사 6명은 참수되었다.

---

18) 정무군은 4,500명이었으나 신건육군은 7천명으로 확대했다. 독일군과 일본군을 본받아 신건육군은 보병, 기병, 포병, 공병, 군수 등 5개 병과로 편제되었다.

정변 후 북양의 각 군을 하나로 통합한 무위군이 창설되자 원세개의 신건육군은 무위우군으로 개편되었다. 원세개는 환관을 통해 서태후에게 희귀한 귀중품을 수시로 뇌물로 바쳤다. 약발이 통했는지 원세개는 공부우시랑(건설부 차관)으로 승진하며 군대도 계속 맡았다.

1899년 산동순무로 부임한 원세개가 서구 열강의 요구에 따라 의화단[19]을 탄압하자 이들은 허베이성까지 확산되며 더욱 격렬해져 서양인과 기독교도를 습격해 살해까지 했다. 베이징 주재 서구 공사들은 청에 즉시 난동을 진압할 것과 불가능하다면 자국군대로 진압할 수밖에 없다는 성명을 발표하고(1900.1), 2개월 이내에 진압하지 않으면 청을 대신해 평정하겠다는 조회를 보냈다(1900.4).

1900년 3월 원세개는 휘하의 무위우군을 모두 산동으로 이동시킨 뒤 산동의 지방군까지 흡수해 대대적인 병력 증강을 했다. 청 조정에서 의화단을 지방군으로 활용하는 방안을 묻자 원세개는 절대 반대했다.[20]

의화단원들이 베이징 시내를 활보하자 5월 말 공사 회의를 통해 공사관 보호를 위해 일단 490명의 병력이 베이징에 들어와 공사관을 보호했다(5.31). 그러나 철도와 통신을 의화단이 파괴해 버리자 베이징 주재 공사관들은 고립상태에 빠졌다.

6월 외부의 의화단이 본격적으로 베이징에 진입하자, 공사들은 8개국 연합군을 구성해 추가 병력을 투입하기로 했다. 2천 명의 연합군이 톈진에서 베이

---

19) 의화단은 오래전부터 이어 온 백련교 계통의 비밀결사였다. 기독교 선교활동이 활발한 산동지역에서 부청멸양(扶淸滅洋 청을 도와 서양을 멸함)을 기치로 내걸고 철도, 교회, 전선 등 모든 서구적인 것들을 파괴했다.

20) 서태후와 청 정부의 의화단에 대한 태도는 이중적이었다. 국법질서를 어지럽히는 폭도로 진압대상이라는 입장과 이들의 외세 배격을 활용해 서양 열강을 물리치려는 입장이 공존했다. 원세개는 "의화단은 재물 약탈과 관군 항거로 기독교만을 증오한다고 할 수 없다. 의화단은 엄금해야 할 단체다"라고 주장했다.

징을 향해 진군했으나(6.10), 의화단과 청군의 공격으로 290명의 사상자를 내고 일단 톈진 조계로 물러났다. 연합군의 본거지 톈진에는 32척의 외국 군함이 정박한 후, 6월 17일 상륙해 다구포대를 점령하고 톈진을 함락시켰다(7.14). 러시아, 일본, 영국 3인 대표의 임시정부로 행정을 맡는 등 톈진은 7월 말 연합군이 지배했다.

한편 톈진 공격을 보고받은 서태후는 서구 열강에 대해 선전포고하고(6.21), 각 성의 독무[21]에게 의화단을 모아서 각국 공사관과 톈진의 조계를 공격하도록 명하였다. 그러나 원세개는 이홍장 등 총독들과 합세해 이를 거부하고 성내의 의화단을 섬멸했다. 서구 열강이 그를 크게 칭송했다.

연합국 지휘관들이 톈진에서 3차례 협의 끝에 연합군 18,400명이 베이징을 향해 진군하기 시작해(8.4) 마침내 베이징을 함락했다(8.14). 연합군의 절반은 일본군이었다. 각국 공사관은 55일 만에 구출되고, 서태후 및 광서제와 중신들은 베이징을 탈출해 시안으로 도주했다.

서태후가 막상 베이징에서 쫓겨나니 원세개는 후일의 책임 추궁이 우려되었다. 이에 그는 서태후 측에 자신의 입장을 적극 소명하는 한편 서태후를 돕기 위해 발 벗고 나섰다. 곤경에 처한 서태후가 경비 지원을 부탁하자 그는 은 10만 냥에 장병의 급료까지 보낸 뒤 다시 은 21만 냥과 비단 200필, 식량 등을 연이어 보냈다. 이는 전체 독무의 지원액 중 단연 으뜸이었다.

한편 베이징은 주인 없는 죽음의 도시가 되어 연합군의 약탈장으로 급변했다. 강화 교섭은 빨리 체결하려는 청과는 달리 연합국들의 이해

---

21) 총독과 순무. 순무는 성장에 해당하고, 총독은 수개의 성과 성장을 관할했다. 예를 들면 직예 총독은 허베이성, 허난성, 산동성과 톈진시를 관할했다.

가 대립되어 많은 시일이 소요되었다. 러시아와 미국의 노력으로 강화조약이 타결되어 청 대표 이홍장과 연합국 11개국 대표 사이에 신축조약이 체결되었다(1901.9.1).[22]

신축조약이 체결되자 서태후는 원세개의 호위 속에 베이징으로 돌아왔다. 1901년 11월 7일 이홍장이 병사하자 서태후는 원세개를 북양대신 겸 직예총독 대리에 임명했다. '북양 3군' 중 2군은 연합군과의 교전에서 궤멸당했기에 그의 군대만이 황실을 보위할 수 있었다. 결과적으로 무위우군은 서태후와 연합군 사이에서 절묘한 줄타기를 한 원세개의 노력으로 온전할 수 있었던 셈이다.

1902년 정식으로 직예총독 겸 북양대신에 임명되고 서태후로부터 경비 조달을 요청받자 원세개는 각종 방법으로 자금을 조달 공급해 서태후의 돈독한 신임을 얻었으며 수시로 뇌물도 바쳤다.

1903년 그간 홀대했던 경친왕이 군기처에 들어가자 원세개는 돌변해 경친왕에게 바짝 밀착했고, 얼마 후 경친왕이 총리연병대신이 되자 원세개는 회판대신이 되어 사실상 병권을 장악했다. 또한 당대의 문장가인 장지동 등과 함께 상소해 과거제를 폐지시키고 근대적 교육개혁 출발의 계기를 만들었다.

1904년 러일전쟁이 발발하자 서태후를 설득해 북양상비군을 북양 6진으로 대폭 확대하여 이 중 5진을 그의 심복들이 차지했다. 그러나

---

22) 신축조약의 주요 내용은 1. 배상금 4억5천만 냥 지불, 2. 대고-베이징 사이의 포대 철거, 3. 베이징-산해관 요지에 외국군 주둔, 4. 톈진 주위 20리 이내에 중국군 주둔 금지, 5. 베이징에 공사권 구역 설정, 6. 공사권 지역에서의 외국군 주둔 인정 등이다.

1908년 선통제 푸이가 즉위한 뒤 탄핵되어 공직에서 사퇴하고 낙향했다. 그의 심복들은 여전히 군사 요직을 장악하고 있었기에 그는 고향에서 은둔한 채 재기의 순간을 기다린다.

1911년 10월 신해혁명이 일어났다. 다급해진 청 조정은 원세개를 흠차대신에 임명한 뒤 군사지휘권을 그에게 넘겼다. 얼마 후 혁명군 측에서도 한족 정권 수립에 협조하면 그를 초대 총통으로 추대하겠다는 제안이 왔다. 양쪽에서 다 러브콜을 받은 원세개는 대신들과 연명 상소를 통해 선통제의 퇴위를 압박했다. 견디다 못한 융유태후가 2월 11일 선통제 퇴위 조서를 선포했다. 결국 260년간 중국을 통치한 청나라가 멸망했다.

1912년 3월 원세개는 임시총통에 취임해 수도를 다시 베이징으로 옮긴 후 초대 총통에 취임했다. 여기까지는 좋았으나 문제는 그다음부터였다.

그는 총통직에 만족하지 못하고 다음 목표, 황제 등극을 위해 모든 방법을 동원했다. 일본의 지원을 배경으로 제정 복귀를 추진하던 그는 제1차 세계대전 중인 1915년 일본 측이 제시한 21개 조를 수용해 중국 내외의 격한 비난을 자초했다. 1916년 1월 중화제국의 황제에 올랐으나 내외의 반발로 2개월 만에 바로 취소했다. 황제 즉위와 취소 등 파란 속에 초조한 나머지 갖가지 보약의 과다 복용이 화근이 되어 요독증으로 원세개는 6월 6일 숨졌다. 그는 조선인 부인들을 포함해 생전 10명의 부인(1처 9첩)에게서 17명의 아들과 15명의 딸을 얻을 정도로 정력이 왕성했다.

조선에서 활약한 공적으로 일약 전국적 스타가 된 이후 중국 근현대 사에 족적을 남긴 원세개에 대한 평가는 극과 극이다.

'간교한 처세술로 나라를 망친 국적', '삼국지의 조조와 같은, 시대의 간웅', '간에 붙었다가 쓸개에 붙었다 하는 철새이자 배신의 아이콘' 등 부정적 인식이 많으나, 중국의 개방화 이후 '과거제 등 낡은 전통을 혁파하고 교육개혁을 고취한 선각자', '청조가 망한 이후 지방할거 세력을 무력으로 제압해 남북 통일체로서의 현 중국 영토를 온존 시킨 공로' 등을 평가하는 분위기다.

'처세의 달인'인 그의 인생을 요즘 말로 풀자면, '대학입시에서 떨어져 유흥가를 전전하던 문제아가 군대 가서 사람이 된 인물', '비정규직으로 시작해 CEO까지 오른 샐러리맨의 신화를 쓴 사람', '계속되는 행운을 주체하지 못해 결국 인생을 불행하게 끝마친 사람'이다.

조선은 그에게 인생 역전, 로또의 행운을 안겨준 기회의 땅이었다. 반대로 그는 압제의 고통과 불운을 조선에 안겨주었다.

。 베베르(1841~1910)

카를 이바노비치 베베르는 현재 라트비아의 리예파야시에서 루터교를 믿는 독일계 가정에서 태어났다. 아버지는 시립 여학교 교사의 조수였기에 5명의 형제와 어려운 형편에서 자랐다.

베베르는 우수한 성적으로 지방학교를 마친 후 1865년 상트페테르부르크대학 중국·몽골학과에서 박사학위를 받고, 대학평의회 추천으로 관료가 될 권리를 부여받아 외무성 아시아국에서 중국 연구에 몰두하였다.

1866~1870년 베베르는 학생 자격으로 베이징공사관에서 중국어를 연수하며 직예성 지도를 직접 만들 정도로 중국 지리 지식을 심화시켰다. 임기를 마친 베베르는 러시아로 돌아

| 베베르와 부인(출처: 동북아역사재단)

가 예브게니아 카를로브나 마크와 재혼했다.[23]

카를로브나는 영어와 독일어에 능숙해 후일 텐진과 한성의 외교가에서 주목을 받았다. 그녀는 텐진 악극단의 공연에 참여할 정도로 뛰어난 예술적 감각과 사교성으로 무도회, 연회 그리고 공연 등을 열어 남편을 내조했다. 후일 한성의 러시아공관에서 외교관 가족을 동반한 사교모임을 주도하면서 베베르 부부는 한성 외교가의 여론을 주도하고 고종과 왕비와도 각별한 사이가 된다.

베베르는 일본의 하코다테와 요코하마 주재 부영사 등을 역임한 후

---

23) 1866년 베베르는 육군병원 원장의 딸 안나 코르닐리예즈나와 결혼했으나 2년 만에 부인이 사망했다.

1876년부터 8년간 톈진 주재 러시아 영사로 재임했다. 톈진은 청의 실세이자 대조선 정책을 총괄하는 직예총독 겸 북양대신 이홍장이 있는 곳으로 조선 사신들의 왕래가 빈번했다. 이런 이유로 초대 조선공사로 부임하기 전부터 베베르는 동아시아 국제관계 속에서 조선에 관한 식견을 일찍부터 가질 수 있었다.

1882년 러시아 외무성은 베베르에게 조선과 수호통상조약 체결을 위한 전권을 부여했으나, 임오군란 발생 등 여건이 맞지 않아 베베르는 시도하지 못했다.

1883년 말 베이징 주재 대리공사로 임명되자, 톈진 주재 시 알았던 같은 독일계 묄렌도르프에게 조·러 수교에 대한 조선과 청의 의사를 타진했다. 이홍장과 매우 가까웠던 묄렌도르프는 당시 조선의 통리아문(외부) 협판이 되어 있었다. 묄렌도르프의 긍정적 답신과 적극적 협조로 1884년 7월 베베르는 수교조약 체결을 위해 조선을 방문했다. 제물포항으로 마중 나온 조선 관리는 김옥균이었다. 며칠 동안의 협상 후 조·러 수호통상조약이 체결되는데 이는 조약의 체결 과정에 청이 관여하지 않은 조선 최초의 자주적인 조약이다. 당시 고종은 극심해지는 청의 간섭으로부터 탈피하려는 한 방책으로서 러시아와 수교했다. 베베르는 청으로 돌아와 조선에 대한 첫인상을 담은 보고서를 본국에 보냈다.

> …조선인들은 부유해지면 탐관오리에게 수탈당한다는 오랜 경험 때문에 돈 모으는 것에 그리 신경 쓰지 않는 듯합니다. 현재 조선 국왕의 치세에 조선의 근본적인 사회 개혁이 이루어져 조선이 변화되기를 기대합니다…

1884년 수교 이후 제1차 조·러 밀약설과 제2차 조·러 밀약설로 인한 파동에 관하여는 기술했다. 이 두 사안 모두 임오군란 이후 강화된 청의 압제적 속방화 정책에 대한 고종과 왕비의 탈출 시도였다. 1885년 이홍장은 청에 연금상태로 있던 대원군을 원세개와 함께 귀국시켜 고종 내외에게 경고를 주었다.

대원군이 귀국한 다음 날 초대 조선공사로 부임한 베베르는 자연스럽게 고종 내외의 처지에 대한 심정적 이해를 기반으로 청과 대척점에 설 수밖에 없었다. 러시아에 안기고 싶어 하는 고종과 왕비의 희망을 잘 알기에 베베르는 속방화 정책을 가속화하는 청의 입장을 견제하거나 반청적 태도를 취하며 조선에서 러시아의 영향력 확대를 끊임없이 시도한다. 이런 입장 때문에 원세개와 부딪칠 수밖에 없었다.

반면 러시아 외무성은 동북아시아 전체의 안정적 관리가 더 중요하다고 판단해 청이나 일본을 자극하지 않으려는 현상유지적 입장을 취했다. 그런 면에서 베베르는 끊임없이 주재국 조선이 원하는 정세와 본국의 입장 차이에서 고민하게 되며, 훗날 결국 본국 외무성의 방침에 위배되는 친조선 성향으로 인해 경질된다.

베베르는 청과의 관계를 악화시키지 말라는 외무성의 지시 때문에 공개적으로 원세개에게 대항하기보다는 자주독립국 조선을 침해하는 청의 정책에 반대하는 서구의 외교관들을 활용했으며, 여기에는 베베르 내외가 외교관 사교모임을 주도해 외교가에서 좋은 평판을 쌓아온 것이 큰 영향을 미쳤다. 짧은 기간 내에 베베르가 고종의 특별한 신임을 얻은 정도에 관해 1889년 조선을 다녀간 러시아 참모본부 베벨 중

령은 기록을 남겼다.[24]

베베르의 노력으로 1888년 조·러 육로통상장정이 체결되면서 양국 간의 경제, 정치, 문화 부문의 교류가 대거 확대된다. 러시아의 주요 인사들이 조선을 방문하는데 그 절정은 러시아 황제 알렉산드르 3세의 사위 알렉산드르 미하일로비치 대공이 한성을 방문한 일이다 (1888.9). 고종은 대공에게 성대한 연회를 베풀어 파격적으로 자기 옆자리에 앉게 하고, 한성 체류 중 매일 고관들을 보내 그의 안부를 묻는 등 극진하게 예우했다. 고종은 이번 기회에 러시아를 확실히 끌어들일 기회로 보고 대공에게 제물포에 러시아 전함이 정박 중인 것에 감사를 표명하며 러시아가 조선의 운명에 항상 동참해 달라고 구애했다.

이즈음 조선에서의 러시아 영향력이 급증하자 청과 일본의 불만이 높아졌다. 특히 청의 원세개는 베베르를 향해 노골적인 불만을 표시했다. 원세개와 베베르의 'JS목장에서의 외교적 결투'가 재개된 것이다.

1888년 6월 베이징 주재 러시아공사 쿠마니로부터 외무성에 다음과 같은 보고가 올라왔다.

---

24)   우리 대리공사와 조선 국왕의 관계는 서로 호감을 나누는 사이다. 국왕은 베베르가 체재하는 4년 동안 자주 교체되는 여타 열강의 사절들보다 훨씬 많은 시간을 그와 보냈다. 우리 공관과 왕실은 매일 접촉하며 지냈다. …얼마 전 국왕이 "베베르는 4년 동안 한 번도 잘못된 판단으로 짐을 이끈 적이 없으며 짐에게 해 준 그의 모든 조언들은 유익했다. 짐은 전적으로 그를 신뢰한다"고 말했다고 한다. 벨라 보리소브나 박, 『러시아 외교관 베베르와 조선』, 동북아역사재단, 113쪽

이홍장은 베베르가 적대적 반중 술책을 쓰고 있다며 베베르 부부에 대한 강한 불만을 저에게 표명했습니다. 그들은 훌륭한 연회 등으로 조선 국왕 부부가 자주의 야욕을 갖도록 자극하고 있는데, 이런 행위는 대조선 종주권을 포기할 수 없는 청국의 대려 관계를 훼손시킬 수도 있다고 했습니다. 이홍장은 제가 베베르를 자제시키거나, 만약 그럴 수 없다면 러시아가 그런 위험한 행동을 승인한 바 없다는 사실을 자신에게 확인시켜 준 후 자신의 부탁을 각하에게 전달해 달라고 부탁했습니다…

러시아 외상 기르스는 쿠마니에게 두 번에 걸쳐 전문을 보내 안심시킨 후, 베베르에게 비밀전문을 내보냈다.

이홍장은 귀관이 조선 국왕을 고무하여 자주를 쟁취하게 만드는 것 같다고 불평을 늘어놓았다. 이 불평을 원세개의 중상모략 탓으로 여기며, 귀관에게 부탁하니 대청 관계에 해가 되지 않도록 의심받을 만한 동기를 부여하지 말라.

당시 러시아의 대조선 외교정책은 철저한 현상유지 정책이었다.

러시아 외상이 참여한 특별위원회 결정(1888.5)과 이후 베베르에게 내린 외무성의 훈령을 종합해 러시아의 대조선 외교정책을 정리하면 다음과 같다.

1. 러시아가 조선을 욕심낸다는 의심을 불식시킬 것. 라디젠스키-이홍장 협약(1886년 영국군의 거문도 철수 협상 시의 구두협약)은 한반도의 불가침성에 대한 러시아의 의무로 작용한다.
2. 조선이 완전히 무기력하기 때문에 어느 열강도 청국의 후견을 거부하려는 조선 정부의 의지를 지원해 줄 것으로 보이지 않는다.

3. 조선을 러시아의 배타적 보호 아래 두는 것은 지나치게 부담된다. 따라서 조선 정부가 자신의 권리를 지키기 위한 지원을 요청할 경우, 가능하면 서울 주재 모든 외국 대표들의 협력을 확보하도록 조선 정부에 권고하라.
4. 국내질서 유지에 필요할 정도 이상의 군사력을 갖도록 조선 정부를 고무시키는 것은 러시아의 이익에 반한다.

좀 더 적극적인 외교 스탠스를 취하기를 원했던 베베르는 본국의 방침에 크게 실망하지만, 본국의 방침과 조선의 현실 사이에서 잘 대처해가며 고종과 왕비의 절대적 신임을 얻는다. 베베르는 1893년 말까지 1년 6개월이라는 장기휴가를 끝내고 1894년 초 베이징 주재 임시대리공사로 임명되었다. 이후 베베르의 활동은 후술한다

제5장

전승과 쇠망
1894년~1905년

침몰하는 고승호
1894년 7월 25일 조선의 서해안 풍도 앞바다에서 청일 양국의 해군이 첫 포격을 교환하여 청일전쟁이 개시된다. 도주하던 청 군함을 쫓던 나니와호(함장도고 헤이하치로)는 영국상선기를 게양하고 청국을 수송하던 고승호와 조우하여 사세보항으로 예인하려 했으나 이를 거부하는 고승호를 격침시켰다.

동학농민운동(출처: 전북일보)
동학농민혁명 기념관(정읍)의 동학농민운동 기록도와 화승총을 든 농민군 모형

1. 일본

전쟁과 군국주의

청일전쟁 장면 #1

1894년 7월 25일 새벽.

조선의 아산만 부근 풍도에서 일본군의 기습에 의해 청의 군함 화약고가 폭발하며 전투가 시작되었다. 이 배는 암초에 좌초되고 또 한 척은 피해를 입은 채 도주했다. 또 청과 용선계약을 맺고 청군 병력과 군수물자를 아산으로 수송하던 영국 상선 고승호(까오슝호)가 도고 헤이하치로가 지휘하는 일본군의 어뢰 공격으로 격침당해 천 명의 청군 사상자가 발생했다. 일본군은 선장 등 영국인 선원만 구조하고 조난당한 청군에 대하여 구조는커녕 무장 보트를 동원해 사격을 가했다.

청의 북양대신 이홍장은 피해를 입은 영국이 개입할 것이라고 예상했으나, 일본 외무대신이 "일본의 책임이 있다면 영국에 사과와 배상을 하겠다"고 신속하게 약속함으로써 이홍장의 희망대로 사태가 전개되지 않았다. 풍도 전투가 벌어진 날 일본은 조선의 대원군에게 강요해 조선 정부로부터 조선에 주둔한 청군 축출 의뢰 공문을 받는다.

청일전쟁 장면 #2

8월 1일 일본은 뒤늦게 청에 선전포고했다. 성환 전투까지 승리한 후 천황의 조서로 발표된 선전포고 내용은 전쟁 상대국 청에 대한 메시지보다는, '조선의 독립 보장과 내정개혁의 실시'라는 전쟁 목적과 '전시 국제법의 준수'라는 다짐이었다. '속방 보호를 위한 전쟁'이라는 전근대적인 청의 명분보다 설득력이 있었고, 일본이 '정의의 사자이니 간섭하지 말라'는 서구 열강에 대한 메시지였다. 같은 날 청도 일본에 선전포고했다.

청일전쟁 장면 #3

일본군은 북상해 평양으로 진격했다. 평양에는 청에서 온 증원군, 성환에서 온 패주병뿐 아니라 일본군의 경복궁 점령으로 무장해제된 조선수비대도 합세하여 약 15,000명의 청군이 있었다. 일본군은 원산항에 상륙해 서진하는 부대, 한성에서 북진하는 부대 등 여러 경로로 진격해 평양성을 포위한 후 9월 15일 총공격으로 평양성을 함락시켰다.

다음 날 메이지 천황은 히로시마의 제5사단 사령부로 대본영을 이전시키고[1] 대본영 군사회의에 빠지지 않고 참석했다.

---

1) 대본영은 전시에 조직되는 천황 직속의 최고 군통수기관(최고사령부)이다. 대본영을 일선으로 옮긴 것은 천황이 전쟁을 직접 지도하는 것을 과시함으로써 국민 통합을 강화하자는 목적으로 이토가 건의했다고 한다.

청일전쟁 장면 #4

11월 22일 뤼순항은 일본 육군 제2군에 의해 하루 만에 함락되었다. 북양함대의 요람이던 뤼순을 점령한 일본군은 민간인을 포함해 중국인들을 대대적으로 학살했다(뤼순대학살).

이후 청은 베이징을 중점 방위하기 위해 톈진으로 병력을 집결하다 보니 산동반도의 방어선이 상대적으로 약해졌다. 청의 북양함대는 웨이하이 요새로 피신하고 11월 말 이홍장은 북양함대에 대해 낭전하지 말라는 명령을 내렸다.

일본 산동작전군 2만 명이 1895년 1월 하순 산동반도에 상륙했다. 방비가 허술한 룽청을 바로 점령하고 일주일 만에 웨이하이 요새의 남북 방포대가 모두 함락되어 청군은 웨이하이항의 육상거점을 모두 상실했다.

2월 초 룽청을 출발한 일본 연합함대와 웨이하이 방포대의 일본 육군은 수륙합동작전을 개시했다. 치열한 전투 끝에 궁지에 몰린 북양함대의 지휘관 정여창, 류부찬이 자살했다. 17일 일본군은 정식으로 웨이하이를 점령함으로써 이홍장이 20년 가까이 애지중지 육성해 온 북양함대는 궤멸되었다.

청일전쟁 장면 #5

연전연승 소식에 일본 열도는 흥분의 도가니가 지속된다. 정부와 언론은 일본군의 승전 소식을 대대적으로 홍보하고, 신문보도나 극장 환등기를 통한 사진으로 전투와 승전 장면들을 볼 때마다 국민들은 환호하고 기뻐 날뛰었다.[2] 전쟁 전 분열되었던 각 정파와 모든 계층의 국민들이 전쟁 승리에 도취되어 모두 붕 떠 있게 된다.

전리품은 더욱 황홀했다. 요동반도, 대만, 팽호열도를 할양받고 조선의 종주국이라는 청의 오래된 주장을 공식적으로 철회시켰다. 현금으로 받는 배상금만 3억6천7백만 엔에 달해 이를 어떻게 써야 할지 행복한 고민에 빠졌다. 전쟁 직전 일본 정부의 1년 세입예산이 1억 1,000만 엔, 방위비 예산이 2,000만 엔이었으니 파격적인 배상금 수입이었고 이는 대부분 군비 확장용으로 사용된다.[3]

결국, 천황과 군부가 주도한 청일전쟁에서 예상외의 잭팟을 터뜨리자 일본은 어떤 이견도 없이 천황제 절대주의와 군국주의로 치달리게 된다.

10년 후 러일전쟁 장면 #1

1904년 2월 6일 일본 외무대신 고무라 주타로는 러시아공사 로젠을 외무성으로 불러 국교단절을 선언했다. 2월 8일 일본은 러시아 극동함대의 제2기지 뤼순항에 선제공격을 한 이틀 후 선전포고를 했다. 다음 날 대본영이 설치되었다. 청일전쟁과 같은 수순이다.

조선은 1월 하순 러일 간의 전쟁 가능성이 높아지자 대외 중립을 선언했다. 그러나 전쟁 개시와 함께 일본군이 제물포를 통해 밀려 들어

---

2) 우리나라의 2002년 월드컵축구대회의 응원열기가 전쟁기간 내내 유지되었다고 보면 된다.

3) 메이지 천황은 전쟁비용 충당 7,900만 엔, 육군 군비확장 5,700만 엔, 해군 군비확장 1억 4,000만 엔, 황실 계정 2,000만 엔을 배정했다. 추가적인 삼국간섭 보상금은 별도.

와 한성을 점령했다. 일본군의 무력을 배경으로 2월 23일 한일의정서가 체결되어 조선이 일본의 병참 기지화되며 대외 선언한 전쟁 중립을 스스로 지킬 수 없게 되었다.

| 러일전쟁 풍자화

러일전쟁 장면 #2

1905년 2월, 6만 명이 넘는 사상자를 내고 겨우 뤼순을 함락한 노기 마레스케 장군의 제3군이 전선에 합류했다. 러시아군 35만 명과 포 1,200문, 일본군 25만 명과 포 990문 도합 60만 명의 지상군이 격돌하는 제1차 세계대전 이전의 최대 지상전이 봉천(현 센양)에서 벌어진다.[4]

2월 21일 일본군 제1군과 압록강군이 러시아군 좌익을 공격하며 전투가 시작되었다. 이후 제2군 및 제3군과 연합해 일본군은 뤼순 공방전에서 위력을 발휘했던 28인치 유탄포를 끌고 와 요새화된 러시아의 중앙부를 공격했다. 3월 2일 하루에만 일본군은 야포 5,000발, 산포 3,800발을 퍼부었다. 봉천 전투 기간 내내 일본군은 탄약 2천만 발과 포탄 35만 발, 러시아는 탄약 8천만 발과 포탄 54만 발을 들이부었다.

러시아군은 퇴로 차단을 우려해 3월 9일 테링과 하얼빈 방면으로 후퇴했다. 아직도 월등한 병력의 러시아가 후퇴하자 일본군은 깜짝 놀랐다. 3월 10일 일본군은 봉천을 점령했다.[5] 일본군은 전사 15,892명, 부상 59,612명이고, 러시아군은 전사 8,705명, 부상 51,438명, 포로 28,209명이었다. 봉천은 비록 일본군이 점령했지만 누가 이겼는지 분간하기 힘든 소모전이었다.

---

4) 만주군 총사령관 오야마 이와오는 봉천 전투(봉천 대회전)를 '러일전쟁의 세키가하라'라고 의미를 부여하며 전투를 앞둔 일본군을 독려했다.

5) 일본군은 후일 이날을 육군기념일로 지정한다.

만주 언덕에서[6]

작곡 일리야 알렉세예비치 샤트로프
작사 스테판 가비릴로비치 스키탈레츠

주위는 고요하고 언덕에는 안개가 낀다
갑자기 달빛은 구름 너머 빛나며 무덤 위에 잔잔히 깔리는구나
흰색의 십자가 밑에서 영웅들이 잠들어 있다
과거의 그림자가 주위를 돌며 그날의 전사자를 다시 부르네
어머니는 울고 또 울고 젊은 아내도 우는구나
모두가 울며 슬퍼하고 운명을 저주하고 또 저주한다
주위는 고요하고 바람과 안개가 부네
만주의 언덕에서 병사는 잠들어 있다네
러시아 사람들의 눈물소리를 들을 수 없네
수수밭 속에서 편안히 잠들어 있노니
러시아의 영웅들이 잠들어 있네
조국의 아들들이 말이다

러일전쟁 장면 #3

1905년 1월 22일 일요일, 여느 때 같으면 성당에 갈 시간이었으나 열악한 노동환경과 굶주림에 지친 노동자들은 가폰 신부를 선두로 요구사항을 적은 청원서와 황제 니콜라스 2세의 초상화를 들고 국가를

---

6) 러시아의 국민왈츠. 봉천 전투에서 일본군에 포위된 러시아군 214보병연대의 군악대장 일리야 알렉세예비치 샤트로프가 포위망을 뚫고 탈출한 후 전사한 전우들을 기리기 위해 1906년 작곡했다. 당시 4천 명의 연대원 중 700명 정도와 군악대원 7명만 탈출했다.

부르며 상트페테르부르크의 겨울궁전으로 향했다. 그들의 청원은 노동자에 대한 최소한의 보호와 연전연패하는 전쟁 중지 등 빈곤과 전쟁에 허덕이던 민중의 소박한 내용이었다.

1주일 전부터 노동자의 부당해고에서 시작된 파업투쟁이 점차 격화되어 도시의 전체 노동자 18만 명 중 10만 명 이상이 총파업에 동참해 폭동이 일어나기 직전이었다. 비밀경찰이었던 가폰 신부는 분위기를 누그러뜨리기 위해 평화 행진에 대해 황제가 선처를 약속하면[7] 정세가 안정되리라 판단해 선두에 섰다.

약 6만 명에 이르는 행진 대열이 궁전 앞 광장까지 왔다. 갑자기 시위대에 발포 명령이 떨어졌다. '피의 일요일 사건'이다. 최소 5백 명 이상이 숨지고, 수천 명의 부상자가 발생했다. 이 사건으로 러시아 백성들의 황제에 대한 환상이 깨진 가운데 러시아는 장기전이 되어가는 러일전쟁에 군사적 여력은 있었으나 정치적으로는 더 이상 전쟁을 수행할 수 없는 처지였다.

러일전쟁 장면 #4

아카시 모토지로 대좌는 전쟁 종료 후 남은 공작금 27만 엔을 정부에 반납했다. 당초 정부로부터 받은 공작금이 100만 엔이었으니 당시 일본 정부의 한 해 예산의 0.5%, 현재가치로 환산하면 약 400억 엔에 해당하는 거금이다.

---

7) 러시아 백성들은 '동로마 제국을 계승한 정교회의 수호자인 황제의 권력은 신으로부터 받았다'라는 황제 숭배의 믿음이 있었다. 이들은 불쌍한 자신들의 탄원을 황제가 포용할 것으로 기대했다.

러일전쟁에서 승리한 뒤 육군 참모차장 나가오카 가이시는 "아카시가 한 일은 일본군 10개 사단의 공적에 해당한다"고 평가하고, 제1차 세계대전에서 러시아와 싸운 독일의 빌헬름 2세는 "아카시 한 사람이 일본군 20만 명에 필적하는 전과를 거두었다"고 칭찬했다.

도대체 아카시 모토지로는 누구이며 무슨 일을 했던 걸까?

아카시는 대륙진출을 주장하는 극우비밀단체 흑룡회[8]에 가입해 창설자의 배려로 육사 졸업 후 독일 유학을 거쳐 첩보장교로 해외에서 활동했다. 아카시는 세계 곳곳에서 첩보망을 구축해 일본 군부의 신임을 얻었다. 영어, 프랑스어, 독일어, 러시아어 등 능숙한 언어 구사, 세련된 매너와 화술, 사교성과 친화력으로 서양 사람들과도 단단한 인맥을 구축한 그는 1902년 주러 일본공사관 무관으로 배속되었다. 그는 천재적인 능력을 발휘해 러시아 곳곳에 강력한 첩보 공작 네트워크를 구축했다.

전쟁 발발 후 스톡홀름에서 러시아 내 불만세력을 선동해 혁명으로 러시아를 붕괴시킬 계획으로 각국의 반러 및 혁명세력과 접촉했다. 풍부한 공작금으로 아카시는 레닌 등을 지원했다.[9] 또한 영국의 전설적 첩보원 시드니 레일리를 포섭해 뤼순 요새에 침투시켜 러시아군 배치 동향과 요새 도면을 확보해 철옹성 같은 뤼순 요새를 함락시키는데 큰

---

8) 흑룡회는 회원들을 조선, 만주, 시베리아 등 곳곳에 상인으로 침투시켜 첩보를 수집했다.

9) 아카시는 레닌, 크로포트킨, 막심 고리키, 공산당선언을 번역한 플에이하노프, 가폰 신부 등을 자금 지원했다. 당초 레닌이 조국을 배반하는 행위라며 거절하자, 그는 "타타르족의 피가 흐르는 당신이 타타르를 지배하는 러시아 로마노프 왕조를 타도하는 데에 일본의 힘을 빌리는 것이 왜 배반인가?"라며 레닌 설득에 성공했다. 레닌은 후에 "아카시 대좌에게 정말로 감사하다. 감사장이라도 주고 싶다"고 술회했다.

기여를 했다.

러일전쟁 장면 #5

개전 초 일본은행 부총재 타카하시 코레키요는 전비를 4억5천만 엔으로 추정해 이 중 1억 엔을 외자로 조달하려고 계획했다. 그러나 일본의 승리 가능성을 낮게 보는 국제적인 분위기 탓에 개전과 동시에 외채가격이 폭락해 제1회에 계획된 1,000만 파운드의 외채를 인수할 사람이 없었다. 코레키요는 담보 제공과 실질금리 약 7%의 매우 불리한 조건으로 겨우 외채 인수를 성사시켰다.[10] 그러나 뤼순공방전과 봉천 전투에서 승리하자 일본 채권의 금리는 뚝 떨어진다.[11]

일본은 1904년부터 1907년까지 총 6차에 걸쳐 총액 1억3천만 파운드(약 13억 엔)를 외자로 조달한다. 개전 전 1903년의 일본 정부 일반회계 세입예산이 2.6억 엔임을 감안하면 전비조달을 위해 얼마나 거액을 외채로 조달했는지 알 수 있다. 결과적으로 러일전쟁의 전비 총액은 18억 엔을 상회하였다. 금전적으로만 따지면 청일전쟁의 승리로 일본은 3년 치 정부예산에 해당하는 전쟁배상금을 받았으나, 러일전쟁에서는 전쟁배상금을 한 푼도 받지 못했고 빚만 진 셈이다.

이제 일본은 막대한 빚을 해결하기 위해서라도 대박을 낼 다른 전쟁

---

10) 1904년 4월 런던에서 관세수입을 담보로 간신히 500만 파운드의 외채 발행을 성사시키고, 러시아를 적대시하는 독일계 유대인 미국 은행가의 도움으로 뉴욕 금융가에서 남은 500만 파운드의 외채인수를 성사시켰다.

11) 1905년 3월의 제3회 발행에서는 4.5%, 포츠머스조약 체결 후인 11월의 5회에서는 무담보 4%로 조달했다. 이때부터 로스차일드와 베어링 가문의 도움을 받기 시작했다.

이나 영토 침략을 벌여야만 하는 군국주의와 제국주의로 치달릴 수밖에 없는 상황이다.

∘ 노기 마레스케(1849~1912)

조슈번의 하위 지번인 조후번(현 시모노세키)의 에도 출장소에서 임진왜란에서 끌려간 조선인의 후예인 하급 무사의 3남으로 태어났다. 2명의 배다른 형이 어려서 숨졌기에 노기가 장남 역할을 했다. 아버지가 에도의 조슈번저에 근무하면서 노기는 10살 때까지 에도에서 성장한 후 가족과 함께 조슈번으로 귀향했다.

| 노기 마레스케(출처: 위키피디아)

허약체질에다 사고로 왼쪽 눈까지 실명한 노기를 강한 무사로 키우려는 아버지는 그를 엄하게 양육했다. 한때 학자를 꿈꾸기도 했던 노기는 요시다 쇼인의 사망 후 쇼카손주쿠를 이어받아 운영하던 친척의 문하로 1864년 들어갔다가 번교 명륜관에서 수학했다.

1865년 막부의 제2차 조슈 정벌 시 노기는 조후번 보국대 소속으로 야마가타 아리토모가 지휘하는 기병대에 합류해 막부군을 물리쳤다. 메이지 유신으로 신정부군이 창설되자 육군 소좌로 임관해 도쿄진대에 배속되었고, 1875년 큐슈의 구마모토진대 보병 14연대장 직무대리로 임명되었다.

그는 군 생활에서 조슈번 출신이라는 점과 특히 쇼카손주쿠에서 잠시나마 수학했다는 점에서 디가스기 신사쿠, 아마가타 아리토모, 이토 히로부미와 같은 기라성 같은 고향 선배들의 덕을 톡톡히 보았다.

1877년 세이난 전쟁이 큐슈에서 발발하자 노기는 인근에서 자신이 지휘하던 14연대를 이끌고 반란 진압을 위해 출동했다. 그러나 반란군과의 전투에서 패배해 천황으로부터 하사받은 부대의 상징인 연대 깃발을 빼앗기는 수모를 당했다. 지휘관에게는 최대의 치욕이었다. 우호적인 군 선배들도 있고 해서 군 내부에서는 징계 없이 넘어갔지만, 그는 이를 치욕으로 생각해 속죄를 위해 할복을 생각하기도 했다.

이후 도쿄진대의 참모장을 거쳐 1885년 육군 소장으로 진급해 보병 제11여단장에 취임하는 등 군인으로서 출세 가도를 달렸다. 1887년부터 2년 가까이 독일에 유학해 선진 군사학을 공부한 후 귀국해 근위보병 여단장, 일반 보병 여단장 등을 맡았다.

청일전쟁의 발발로 자신의 여단을 이끌고 오야마 이와오 장군의 제2군 소속으로 참전했다. 노기는 만세돌격 방식으로 공격해 뤼순항을 하루 만에 함락시켰다.[12] 청일전쟁에서의 전공으로 다음 해 중장으로 진

급하며 사단장이 되었고, 그해 하순에는 남작 작위를 부여받아 화족의 반열에 올랐다.

청일전쟁의 전리품으로 획득한 대만에 출병한 노기는 1895년 대만 총독으로 취임했으나 일본 통치를 반대하는 대만인들의 반란이 지속되어 2년 만에 총독직을 사임했다. 이후 사단장으로 재임하다가 1901년 건강을 이유로 휴직했다.

1904년 초 근위사단장으로 복직한 노기는 러일전쟁이 발발하자 뤼순요새 공략을 목적으로 편성된 3군 사령관으로 출정한 후 육군 대장과 백작으로 수개월의 간격을 두고 승진한다.

러일전쟁 승리의 두 주역은 흔히 '육군의 노기', '해군의 도고'를 꼽는다. 후일 극적인 죽음으로 인해 군신으로까지 추앙받은 노기의 러일전쟁에서의 대표적 전투는 뤼순요새 공방전과 봉천 대회전이다. 봉천 대회전은 이미 언급했기에 여기서는 뤼순요새 공방전을 살펴보자.

| 뤼순항
지도에서 보는 바와 같이 뤼순항은 해군 기지로는 천혜의 조건을 갖추었다. 러시아는 호랑이 꼬리로 불리는 출입구 양안은 물론 항구를 둘러싼 203고지(사진 상단)를 비롯한 모든 야산과 구릉지를 요새화하여 뤼순요새로 둘러싸인 뤼순항은 철옹성으로 바뀌어 있었다.

1904년 8월 19일 뤼순요새에 대해 노기가 이끄는 육군 제3군의 제1차 총공격이 개시되었다. 이날 첫 전투에서만 일본이 청일전쟁 전체 기간에 사용한 것보다 많은 포탄을 발사했다. 고지를 향해 '천황폐하 만세' 함성을 지르며 무리 지어 달려가는 방식으로 공격하다가 일본군은 대량의 사상자만 냈다. 청일전쟁 때 하루 만에 뤼순을 함락시킨 노기의 단순한 만세돌격 전략이 통하지 않았다.

뤼순요새는 러시아군에 인수된 이후 대포와 기관총, 철조망과 지뢰, 지하참호와 보루 등 군사 과학적으로 잘 설계된 철옹성으로 변해 있었다. 곳곳에 대포 646문, 맥심기관총(1분당 500발 발사) 62정, 지뢰와 철조망 등이 설치되어 있었다.

두 번째 전투에서 사상자만 약 5천 명 발생했으나 요새는 미동도 하지 않았다. 두 차례 공격으로 순식간에 사단병력이 사라졌다. 무모한 돌격으로 6일 만에 일본군은 사상자가 2만 명 발생했으나 작은 망루 하나 점령하지 못했다. 노기의 육탄공격 전략으로는 어렵다고 판단한 일본군 수뇌부는 일본 도쿄만과 아키요새에 있던 28인치 유탄포를 가져와 뤼순 공격에 투입하기로 했다.

10월 26일 제2차 총공세가 개시되었다. 4일간에 걸친 유탄포를 앞세운 공격 끝에 일본군은 작은 보루 하나를 점령하는 성과를 얻었지만, 일본군은 약 4천 명의 사상자를 냈다. 점령한 보루에서 뤼순항의 경치는 잘 보였으나 러시아 함대가 틀어박혀 있는 해역은 조망할 수 없었다.

당초의 계획보다 오래 걸리는 뤼순요새 함락 문제로 이때부터는 일본군 지휘부의 전략에 혼선이 생긴다.[13] 11월 26일부터 시작된 제3차 총공격도 고전을 면치 못했는데, 도중에 노기의 판단으로 동북 방면의 공격을 일시적으로 중지하고 203고지를 공략하기로 방침을 변경했으나 대량의 사상자가 계속 발생하자 만주군 총사령관은 작전 지휘권까지 변경한다.[14]

---

13) 해군은 뤼순항의 203고지의 우선 공략을 육군에 요청해 대본영도 이를 추인하지만, 육군 제3군과 만주군사령부는 동북방면의 만주 내부를 공격할 것을 주장하면서 대립했다.

14) 11월 29일부터 이틀간 계속된 203고지 공방전에서 일본군은 8천여 명의 사상자 발생에도 성과가 없자 만주군 총사령관 오야마 원수는 땅굴 굴착을 명하고 총참모장 고다마 겐타로 대장을 뤼순으로 급파해 작전을 지휘하도록 했다.

일본군 내에서는 '뤼순 때문에 나라가 망할 판'이라는 비관론까지 돌면서 이제 뤼순은 메이지 일본의 존망이 걸린 결전장으로 변했다. 대본영은 최후의 현역병 사단인 제7사단을 뤼순에 추가 투입했다. 제7사단은 만오천 명이었는데 불과 며칠 사이에 천명으로 줄었다. 12월 4일 오전부터 고지 공격을 개시한 일본군은 다음날 늦은 밤에야 결국 203고지를 점령했다. 고지 점령과정에서 일본군은 약 1만7천 명의 사상자를 냈다.[15]

일본군은 엄청난 희생 끝에 203고지를 점령했지만, 아직 요새 전체는 함락하지 못했다. 제3군은 요새 공략을 속행해 1905년 1월 1일에야 동북 방면의 방어선을 돌파해 망대를 점령하고 뤼순항 내에 정박해 있던 러시아 군함에 포탄을 날리기 시작했다. 뤼순요새 사령관 스테셀 중장은 더 이상 방어가 불가능하다고 판단하고 항복 교섭을 위한 사절을 노기 장군에게 보냈다. 그날 오후 7시 양측이 항복문서에 서명하여 뤼순함대는 궤멸된 채 뤼순공방전은 막을 내렸다.

메이지 천황은 장렬하게 싸운 러시아 병사들의 용맹을 칭송하며 노기에게 "스테셀 장군이 조국을 위해 바친 공로를 헤아려 무사의 명예를 유지할 수 있게 해주기를 바란다"는 전보를 보냈다. 이에 따라 항복문서 조인식에 스테셀과 수행원들의 착검이 허용되었다.

노기가 열흘이면 충분하다고 장담하던 뤼순 함락에 일본 해군이 관여한 초기부터 1년, 육군 제3군이 추가로 참여한 후 6개월이 걸렸다. 1만 8천여 명 러시아군 사상자에 비해 일본군은 6만 명이 넘는 엄청난 희생을 치렀다. 노기의 두 아들은 함께 러일전쟁에 참전해 모두 사망했다. 장남

---

15) 한 외국인 종군기자는 "뤼순 포위전은 시작부터 끝까지 일본 군사력의 비극"이라고 평했다. 노기도 "그렇게 많은 인명과 시간을 완벽하지 못한 계획에 낭비해야 한다는 사실에 수치심과 괴로움만 느낄 뿐"이라고 한탄했다.

을 5월의 남산 전투에서 잃은 데 이어 차남은 자신이 지휘하는 뤼순요새 공방전 제3차 총공세에서 잃었다.

| 조인식 후 노기(둘째 줄 왼쪽 세 번째)와 스테셀(둘째 줄 왼쪽 두 번째)
항복문서 조인식 후 수행원들과 찍은 사진에는 누가 승자이고 누가 패자인지 알 수 없다.

이미 일본군은 한계에 봉착해 있었다. '모든 걸 쥐어짜며 겨우 우위를 유지하는 아슬아슬한 상황'이었다. 이후 봉천 대회전 등 연이은 승리에도 불구하고 일본의 손실이 러시아를 능가했다. 각종 전투물자와 보급물자가 바닥나고 더 이상의 신병 보충도 불가능했다. 전쟁비용도 바닥나 일본은 도저히 더 이상 전쟁을 수행할 수 없는 상태였다.[16]

---

16) 만주군사령부 총참모장 고다마 겐타로는 평화회담을 정부에 건의하기 위해 도쿄에 도착한 후 "총을 쏘았으면 끝낼 줄도 알아야 한다. 일본에는 외무성도 없느냐?"고 정부를 힐난하며 강화를 촉구했다.

반면 일부 개통된 시베리아횡단 열차를 통해 인력과 군수물자를 보완하면서 전열을 가다듬은 러시아의 군 지도부는 장기전으로 해볼 만하다며 전의를 불태우고 있었다. 그러나 러시아는 국내 정치가 문제였다. 전투 패배로 국민들 사이에 전쟁에 대한 염증이 팽배한 가운데 뤼순요새 함락 20일 만에 터진 '피의 일요일 사건'으로 정치적으로 러시아는 전쟁을 수행할 동력이 완전히 사라졌다. 일본의 강화 중재 요청을 받은 미국의 노력으로 결국 강화가 이루어져 1905년 9월 5일 전쟁배상금이 한 푼도 없는 포츠머스조약이 체결되었다. 개선장군으로 열렬한 환영을 받으며 귀국한 노기는 표정이 밝지 않았으며 이에 관한 많은 후일담이 있다.[17]

러일전쟁의 종결로 노기는 일선에서 물러난 후 1907년 초 황족과 화족의 자녀 교육을 담당하는 학습원의 원장이 되었다. 노기는 황족의 자녀들에게도 예외 없이 근면과 검소를 강조했다.[18]

1912년 7월 메이지 천황이 사망하고, 9월 13일 장례식이 치러지던 당일 오전 8시 노기는 도쿄의 자택에서 부인과 함께 메이지의 초상화 아래에 정좌한 채 할복자살했다. 자기 생전에 자살을 만류한 메이지와의 약속도 지킨 셈이다. 유서에 의하면 세이

---

17) 노기는 수많은 병사들을 죽음에 이르게 한 책임을 자결로써 지려고 했으나 메이지 천황이 만류했다고 한다. 메이지는 노기에게 "자신이 살아있는 동안 그런 일은 있어서는 안 된다"는 취지의 말을 했다고 한다.

18) 메이지는 손자 히로히토(후일의 쇼와 천황)의 입학 시기가 되자 노기에게 훈육을 맡겼다. 히로히토도 자신의 인격 형성에 가장 큰 영향을 미친 사람으로 노기를 꼽을 정도로 그를 잘 따랐다. 그는 황실 차로 통학하던 히로히토를 어떤 궂은 날씨에도 걸어 다니도록 만들었다.

난 전쟁 당시 부대 깃발을 반란군에게 빼앗긴 것을 속죄하기 위한 죽음이라고 했다. 그가 천황을 따라 순사한 소식은 일본 사회에 큰 충격을 주었다.[19]

전쟁 영웅 노기의 자살은 해외에도 보도되었다. 노기의 장례 즈음 '모스크바에 있는 한 사람'이라는 이름으로 큰 금액의 조위금이 접수되었다. 스테셀이었다. 뤼순 요새의 항복문서 조인 과정에서 패장인 자신에게 보여준 노기의 관대함에 감명받았던 스테셀은 후일 다시 한 번 큰 감명을 받는다.

종전 후 스테셀은 러시아 군법회의에 회부되어 뤼순요새 항복 건으로 사형판결을 받았다. 이를 알게 된 노기는 급히 당시 프랑스 파리에 있는 제3군 참모 스노다 소좌에게 각종 자료를 보내어 스테셀을 변호하도록 했다.[20] 이러한 노력에 힘입어 스테셀은 사면되었고, 출옥해 모스크바 근교 농촌에서 여생을 보냈다. 생활이 궁핍해진 스테셀에게 노기는 익명으로 상당 기간 생활비를 보내주었다. 송금인이 노기인 것을 알아차리고 스테셀은 노기의 후의에 눈물을 흘렸다.

'육군의 노기, 해군의 도고'라는 말처럼 러일전쟁의 영웅이자 군신으로 추앙받던 노기의 사후 노기신사가 각지에 세워졌다. 우리나라에도 일본 강점기 서울 남산에 노기신사가 있었다고 한다. 그가 임진왜란 때 끌려갔던 조선인의 후예라는 것은 1996년 확인되었다.[21]

학자를 꿈꾸었던 청년이 군인이 되고 장군으로 출세하여, 자신이 참여한 전쟁에서 두 아들을 잃은 후 부인과 함께 할복자살하는 한 가족

---

19) '잊혀진 무사도의 구현'이라는 극찬도 있었지만 '시대착오적이고 전근대적인 어리석은 행동'이라는 혹평이 잇따랐다.

20) 스노다는 파리, 런던, 베를린 등 주요 신문사에 투고하여 스테셀의 러시아군이 뤼순요새에서 얼마나 치열하게 저항했는지, 일본군이 얼마나 고전했고 큰 희생을 치렀는지를 생생하게 알려주었다.

21) 1996년 조슈박물관에서 전시된 사료 『조선번 번중약보』에서 확인되었다. 우에노 도시히코, 『신기수와 조선통신사의 시대』, 논형, 135쪽

의 이야기는 도저히 '무사도의 구현', '장수의 결백과 용단' 또는 '군인 가족이 걸어야 하는 길' 등의 방식으로 미화할 수는 없다. 차라리 그 시대를 풍미한 군국주의와 제국주의의 희생양으로, 다시 말하면 '시대의 탓'으로 돌리는 게 그나마 마음이 편해진다.

。 도고 헤이하치로(1848~1934)

도고 헤이하치로는 사쓰마번 번사 집안의 4남으로 태어났다. 집안은 대대로 번주 시마즈 가문의 가신이었으며, 이런 집안 영향으로 도고도 어릴 때부터 무예에 관심이 많았다. 자라면서 동네에서 반항아로 불릴 정도의 문제아였으나 어느 날부터 마음을 잡고 포술을 익히기 시작했다.

| 도고 헤이하치로(출처: 위키피디아)

1862년 아버지와 함께 사쓰에이 전쟁에 참전해 해안 포대에서 영국군과 싸웠고, 이후 보신전쟁에 신정부군으로 참전했다. 보신전쟁의 끝자락인 홋카이도에서 에노모토 다케아키를 진압하는 하코다테 전투까지 치러 승리했다.

1871년부터 8년 동안 영국에서 유학했다. 유학을 가기 위해 오쿠보 도시미치 등 사쓰마 출신 선배들에게 많은 청탁을 했으나 거절되었고,

간절히 부탁했던 대선배 사이고 다카모리가 신경을 써 줘서 유학이 결정되었다. 유학 중 국제법과 해군학 등을 수학하고 유창한 영어 실력을 쌓아 귀국했다.

1894년 청일전쟁의 개시 전투인 조선의 풍도 해전에서 나니와호의 함장으로서 청군과 물자를 수송하는 영국 상선 고승호(까오슝호)를 격침하고, 황해해전, 웨이하이 전투 등에서 활약했다.

도고가 격침시킨 고승호 사건은 외교 문제화 되며 국제법적으로 많은 이슈를 제기했고, 개인적으로도 도고의 군 생활에 영향을 끼쳤기에 간단히 살펴보자.

> 1894년 7월 25일 청·일 양국 함대가 조우한 풍도해전은 일본의 압승으로 끝났다. 도주하던 청의 제원호를 추격하던 나니와호와 요시노호는 덕적진 울도 부근에서 청의 대고에서 출발해(7.23) 아산으로 향하던 고승호 및 청의 호위함 조강호와 조우했다. 조강호는 항복했다. 그러나 고승호는 영국 상선 깃발을 게양했기 때문에, 나니와호는 오전 9시 15분경 고승호에 공포 2발과 함께 정지신호를 보내 닻을 내리게 한 후 사관을 보트로 보내 고승호의 서류심사와 선박을 임검했다.
> 그 결과 나니와호의 함장 도고는 고승호의 이력과 제원을 파악하여[22] 청 정부와 용선계약을 맺은 청군의 수송선임을 확인하고 나니와호를 따라오라고 명령했다. 도고는 고승호를 나포해 사세보항으로 끌고 가는 것이 유혈사태를 막는 방법이라 생각했다. 고승호 선장은 동의했으나, 청군 장교들은 이에 반대하고 선장을

---

22) 고승호는 1883년 건조된 1,355톤의 철선 윤선으로 선주는 런던의 인도차이나윤선공사이며 상하이의 이화양행에서 운용을 맡고 있었다.

위협해 출발지인 대고로 회항하도록 협박했다. 선장은 다시 보트와 사관을 보내 달라고 나니와호에 신호를 보낸 후 다시 온 사관에게 선박 내의 분위기를 설명하며 청의 대고로 돌아갈 수 있도록 요청했다.

이 말을 전해 들은 도고는 고승호 선장에게 신호를 보냈다. '서둘러 배를 떠나라' 그러자 고승호 선장은 '우리들은 배에서 떠나는 허락을 받지 못했다'는 신호를 게양했고, 나니와호는 신호를 읽었다는 표식만 했을 뿐 추가적 신호가 없었다. 잠시 후 도고의 나니와호는 고승호에 150m 접근한 후 어뢰를 발사했다. 고승호는 약 30분 만에 침몰됐다.[23]

고승호 탑승원 중 도고 함장이 보낸 구명정에 구조된 외국인 3명[24]과 울도에 상륙한 147명을 제외한 1천여 명이 익사했다. 고승호의 침몰이 큰 반향을 일으킨 것은 1천여 명의 청국군 인명피해보다도 그 배가 영국 선적이기 때문이었다.[25]

청일전쟁의 선전포고일(8.1) 전에 발생한 제3국 선박인 고승호 격침사건은 많은 국제법적인 이슈와 함께 배상책임을 둘러싼 지리한 법리 공방으로 이어졌다.

핵심 쟁점은 '격침의 합법성'이었다. 격침이 합법이냐 불법이냐를 두고 세부적인 국제법적 이슈들이 많이 제기되었다. 대표적인 것이 전쟁의 개전 시기 문제였다. 선전포고를 전쟁 개시로 주장하는 국가도 있었지만, 당시 그것이 확고하게 인정된 국제법적인 원칙이 아니었기에 논란이 되었다. 선전포고가 전쟁 개시라면 일본이 불리했고, 고승호 침몰 몇 시간 전에 일어난 풍도해전이 전쟁의 개시라면 일본이 유리했다.

또 고승호가 제3국 선박이지만 청군의 수송을 하고 있었기에 중립국의 배로 볼 수 있는지, 설사 풍도해전을 개전으로 보는 입장이더라도 대고항 출발 시는

---

23) 주한일본공사관기록3권 4.동학난과 청일관계3 (8)

24) 선장과 1등 항해사(영국인 2명), 스페인 조타수 1명.

25) 영국 언론에서는 일본 해군이 대영제국의 국기를 모독했고, 일본의 행위는 전쟁이 시작되기 전의 평화적 상황에서 행한 포악한 행동이기에 일본 정부는 선박의 주인, 생명과 재산을 잃은 영국 신민에게 배상해야 한다고 격앙된 분노를 터뜨렸다. 무쓰 무네미쓰, 김승일 역, 『건건록』, 범우사, 150~152쪽

평상시였기에 항해 중 전쟁 발발을 알게 된 중립국 선박 고승호의 선장이 요청한 출발항으로의 복귀를 허용했어야 하는 게 아닌가, 고승호가 나포된 상태인데 굳이 격침시켜야 했는지, 고승호의 침몰 장소인 조선이 교전국인지 중립국인지 등 많은 이슈로 인해 관련국과 국제법학자들 사이에 오랫동안 논쟁이 계속되었다.

선박회사는 고승호 침몰 8년 만에 배상을 받았다. 놀랍게도 배상을 한 국가는 일본 정부가 아니라 청나라였다. 서구와 대등하게 근대적 국제법 지식과 논리를 펼칠 수 있는 일본 학자들이 이미 양성된 탓도 있지만, 국력이 배경이 된 국제정치적 함수관계에 의해 배상책임이 결정되었다. 신영·일통상항해조약의 체결(1894.7.16)로 영국 정부는 일본을 세계 패권 전략의 파트너로 인정한 이상 초기의 격분한 영국 여론을 국제법학자들의 논리 전개를 통해 일본에 우호적으로 차분하게 변화시켰다. 한술 더 떠서 청의 배상책임에 관하여 영국은 주영 미국대사에게 중재를 하도록 하여 '책임 소재가 청에 있다'는 입장을 고수했다. 영국과 일본의 억지 논리에 의해 만들어진 청국책임론에 대해 청 정부는 끝까지 저항하지 못했다. 청일전쟁의 패전과 의화단 진압과정에서 서구 열강 연합군에 의해 톈진과 베이징을 점령당함으로써 영국과 법리 공방을 끝까지 벌일 수 없었기 때문이다. 결국 배상책임의 귀속은 힘의 논리로 결정되었다.[26] 예나 지금이나 변치 않는 국제정치의 냉엄한 현실이다.

도고는 영국 유학에서 습득한 국제법적 지식을 바탕으로 고승호의 격침 과정에서 보여준 전시의 국제법적 절차적 타당성을 일본 정부의 외교적 노력과 함께 인정받아 이후 해군에서 승승장구한다. 특히 선장과 선원들이 청군의 위력으로 제압당하여 고승호가 교전국 청군에 의해 점령당한 배로 인정한 그의 판단력이 높은 평가를 받았다.

고승호는 현대에 되살아난다. 청군을 수송하면서 전쟁에 소요될 군자금을 대량의 은괴로 수송하다가 침몰되었다는 보물선으로 둔갑해서… 고승호의 역사적 비극은 모른 채 보물에 눈이 멀거나 보물선 가십거리를 즐기는 사람들을 위해 종종 뉴스나 소문에 등장하곤 한다.

---

26) 베이징 주재 영국공사 사토우는 경친왕과 배상금 문제를 협상해 요구액의 절반으로 합의했다. 경친왕은 광서제에게 올린 상주문에서 '돈으로 평화를 샀다(花錢買平安)'고 표현했다. 최덕규, 청일전쟁과 고승호사건의 국제법, 『Journal of Military History 2019』, No.113, 124쪽

도고가 명장 또는 군신으로서 평가받은 것은 러일전쟁 때문이다. 그 중에서도 그를 일약 국가적 영웅으로 발돋움시킨 것은 대한해협 해전 (또는 쓰시마 해전)이다.

전쟁에 임하는 양국군의 전략과 당시까지의 상황을 먼저 살펴보자.

러일전쟁 개전 시 러시아의 극동함대(또는 태평양함대)는 둘로 전력이 분산되어 있었다. 원래의 근거지 블라디보스토크항을 제1 기지로 하고, 청에서 할양받은 뤼순항을 요새화하여 제2 기지로 삼고 있었다.

개전 초기 일본군의 기본계획은 일본 연합함대(1함대와 2함대)가 뤼순의 러시아 함대를 궤멸시켜 러시아 극동함대의 위세를 반감시킨 후, 3함대는 서해와 남해의 제해권을 확보한다. 그사이 육군 제1군을 조선에 상륙시켜 조선의 러시아군을 몰아내고, 제2군은 요동반도에 교두보를 확보해 뤼순을 고립시킨다. 추가 병력(제3군, 제4군)이 만주에서 러시아군 주력을 섬멸한 후 연해주로 진격해 극동함대의 제1 기지이자 극동군 거점인 블라디보스토크를 공략한다.

이 계획에 따라 일본 함대는 뤼순항에 피신해 있는 러시아 함대에 수차 공격을 시도하고, 낡은 배를 가라앉혀 항구 봉쇄도 시도하지만 실패했다. 러시아의 마카로프 제독이 뤼순항에서 나와 도고 제독의 일본 함대를 추적하다 기뢰에 걸려 군함이 침몰하고 마카로프가 사망한 사건이 발생했다. 이후 러시아 함대는 요새화된 뤼순항에서 함대를 보존하던 중 극동총독 알렉세예프가 블라디보스토크로 합류하라는 명령을 내리자 6월 하순 출항했다가 일본 함대를 만나 다시 뤼순항으로 복귀해 숨어있게 된다. 러시아 함대의 작전은 결국 극동총독의 명령대로 제1 기지로 합류하거나(작전 1), 분리된 채 지원함대가 올 때까지 천혜의 요새인 뤼순에서 안전하게 온존하는 방법(작전 2)뿐이었다.

8월 10일 뤼순항의 러시아 함대는 다시 작전 1을 시도했으나 기다리고 있던 도고의 연합함대에 포착되었다. 러시아 함정들은 교전을 피해 남하하지만, 곧 일본 함대에 따라 잡혀 포격을 주고받았다. 러시아 기함의 함교가 직격탄을 맞아 임시사령관이 사망하고 지휘계통이 사라지면서 러시아 함대의 전투대형이 무너졌다. 생존한 러시아 함정 10척은 우스톰스키 소장의 지휘로 다시 뤼순항으로 귀환했고, 4척은 독일 조차지 칭다오의 자오저우만으로, 2척은 상해로 피신했다. 자오저우만의 독일 총독은 국제법을 내세워 러 함선의 함포와 무장을 해제하고 전쟁이 끝날 때까지 억류했다. 러시아 함대는 큰 피해를 입고 구원함대가 올 때까지 작전 2를 수행할 수밖에 없었다.

1904년 10월 15일 로저스트벤스키 중장이 이끄는 발트함대가 뤼순에 포위된 극동함대를 구원하기 위해 리예파야항(라트비아)을 출발했다. 발트해, 북해, 북대서양에서 지중해로 빠져나와 수에즈운하를 통해 인도양으로 나오는 것이 최단 경로였으나 관건은 수에즈운하였다. 당시 수에즈운하는 영국의 관할이었는데 영일동맹을 맺은 영국이 일본과 전쟁을 하러 가는 러시아 군함들을 통과시킬 리 없었다. 영국은 운하 수리를 핑계로 러시아 군함에 통행 불가 통지를 했다. 발트함대는 남아프리카 희망봉을 돌아 지구를 반 바퀴 돌 수밖에 없었다.

그들이 희망봉을 돌아 마다가스카르섬을 지날 무렵 그들의 목적지였던 뤼순항이 함락되었다는 소식을 접했다. 전투 목표가 사라진 그들은 블라디보스토크에 무사히 도착하는 것으로 목표를 바꾸고 연료 보급 문제로 그 근처에서 2개월을 허비했다. 이들은 항해 중 연료(석탄), 식량, 식수를 계속해 현지에서 조달해야 하는데, 경로에 있는 아프리카 동해안, 인도, 말레이시아, 싱가포르 등 대부분 지역이 영국의 식민지였기에 어느 항구에도 기항을 허가받지 못하고 겨우 프랑스령 베트남의 캄란항에 도착했다. 보급품 등을 싣고 출발했으나 충분하지 않아서 다시 90km 떨어진 반퐁에 기항해 좀 더 연료를 조달했다.

1905년 5월 중순 발트함대는 반퐁항에서 출발해 블라디보스토크를 향해 떠났다. 항로는 대한해협을 가로지르는 최단 경로, 일본을 우회해 본토와 홋카이도 사이의 협로, 홋카이도를 아예 우회하는 3갈래의 선택지가 있었는데 함대사령관은 도박을 택했다. 일본 함대와 조우할 확률이 높지만 대한해협이라는 최단거리로 결정했다. 8개월이나 걸린 장기 항해로 지친 병사들의 입장, 여력이 없는 연료와 보급물자 때문에 조금이라도 빠른 경로를 택할 수밖에 없었다.

한편 일본 연합함대의 도고 제독은 발트함대가 대한해협을 통과할 것으로 예상하고 진해 등 한반도 남부 해안에 주력함대를 배치하고 경계를 폈으나, 베트남 출항 이후 발트함대의 행방이 묘연해져 함대가 일본을 우회해 홋카이도 방향으로 갔을지도 모른다는 불안감과 함께 초조해하고 있었다.

5월 24일 초조하게 기다리던 도고는 대본영에 연락해 홋카이도로 이동하고자 한다는 전보를 보냈고, 일단 신중하게 기다리라는 대본영의 연락이 왔다. 5월 26일 발트함대의 석탄운반선 6척이 상해에 입항했다는 정보를 입수하고서야 도고는 가슴을 쓸어내렸다. 석탄운반선이 함대에서 떨어져 나왔다는 것은 항속거리가 긴 경로로는 가지 않는다는 뜻이었기 때문이다.

5월 25일 발트함대는 남중국해를 지나며 속도를 낮추고 무선도 끊은 채 북상하고 있었다. 블라디보스토크까지 연료가 모자랄지 몰라 이때부터 함 내에 있는 목제가구는 모두 갑판으로 끌어올려 땔감을 만들기 시작했다. 로저스트벤스키 사령관은 전투를 피해 무사히 대한해협을 빠져나가는 것이 목표였다. 함정들에게는 모두 탐조등과 불을 끄게 하고 어둠 속에서 야간 돌파작전을 편 것이다. 그러나 일본 순양함이 발트함대 병원선에서 새어 나오는 불빛을 포착해 무전으로 보고했고 (5.27. 02:45), 다른 순양함이 병원선을 미행하며 위치를 시시각각 보고했다.

| 대한해협해전

1905년 5월 27일 대한해협 해전에서 일본 연합함대의 집중포격을 받고 침몰하는 러시아 발틱함대의 전함 '오스라비아'(출처: 월간조선 자료)

오후 1시 30분 러시아 군함들이 오는 것을 발견한 일본 함대는 즉각 항로를 바꾸어 선수를 돌렸고, 러시아 함대의 포격을 받았으나 대부분이 목표지점을 벗어났다. 선회를 완료한 일본 함대는 러시아 함대의 북진을 막으면서 러시아 함대와는 T자형으로 진을 친 후 포격을 개시했다.

속도와 포격술에서 앞선 일본 함대에 의해 러시아 함선의 선두 4척이 직격탄을 맞아 러시아 함대는 완전히 혼란에 빠졌다. 함선 1척이 침몰했고 로제스트벤스키 사령관의 기함이 폭파되어 전열에서 벗어났다. 포탄 파편으로 머리에 중상을 입은 사령관이 의식을 잃어 2인자 네보가토프 제독이 임시사령관이 되었다는 사실을 알게 된 것은 몇 시간이 지난 후였다. 사령관이 바뀜에 따라 바뀐 임시 기함도 오후 6시경 일본군의 공격으로 갑판이 불과 연기로 뒤덮인 채 전열에서 낙오되었고 오후 7시경 9백 명의 병사들과 함께 침몰했다.

그날 저녁 도고는 일본 군함들을 북쪽으로 돌려서 러시아 군함들이 블라디보스토크로 도주하지 못하도록 막았으며, 경량급인 구축함들과 어뢰정들은 밤새 러시아 함대를 공격했다. 다음날 오전 일본 함대가 러시아 함대의 남아있는 군함들을 포위했고 네보가토프 제독은 항복의 깃발을 올렸다.

발트함대는 총 37척 가운데 전함 6척, 순양함 3척을 합하여 19척이 격침되었고, 주력 전함 2척을 포함한 7척이 나포되었으며 후방에 있던 순양함 3척과 기타 선박들이 도주해 블라디보스토크에 도착한 함정은 3척에 불과해 발트함대는 궤멸당했다. 인명 피해도 커서 참전 병력의 절반 가까운 4,800명이 전사했고 중상자도 많았으며 사령관을 포함하여 6천 명이 포로였다. 반면 일본은 어뢰정 3척을 잃고 117명이 전사하는 경미한 피해였다.

이 전투로 인해 러일전쟁의 승기가 완전히 일본으로 넘어갔으며 일본 전역은 전승 분위기에 휩싸였다. 도고는 후일 군령부장을 거쳐 원수에 올랐으며 1913년 은퇴해 조용히 여생을 보냈다. 정계와는 거리를 둔 순수한 군인으로 살다 간 '러일전쟁의 영웅', '일본의 넬슨 제독', '군신'으로 추앙받았다.

열광적 추앙 분위기 속에서도 자신의 업적에 관해 "영국의 넬슨 제독에 견줄 수는 있으나 조선의 이순신 장군에 비하면 아무것도 아니다"라는 말을 도고가 했다고 하는데 아쉽게도 기록적 근거는 찾지 못했다. 도고가 그런 발언을 실제로 했는지 여부와 상관없이, 전투를 목적으로 달려드는 일본 수군에 대해 열악한 환경을 무릅쓰고 거둔 이순신 장군의 23전 23승과 전투를 피해 블라디보스토크로 몰래 빠져나가려는 장거리 여행에 지친 발트함대를 궤멸시킨 도고의 단판승은 적절한 비교 대상이 아님은 분명하다.

。 고무라 주타로(1855~1911)

고무라 주타로는 오비번(현 미야자키현)의 번사 장남으로 태어났다. 1870년 도쿄대학의 전신인 대학남교에 입학하여 제1회 문부성 해외유학생에 선발되어 하버드대 로스쿨을 졸업했다. 귀국 후 사법성 대심원 판사를 거쳐 1884년 외무성으로 자리를 옮겨 번역국장, 청국 대리공사 등을 지냈다.

| 고무라 주타로(출처: 위키피디아)

1895년 을미사변이 일어나자 미우라 공사가 소환되어 체포되고 외무성 정치국장 고무라가 조선에 변리공사로 부임해 을미사변의 사후 수습을 맡았다. 을미사변과 고종의 아관파천으로 조선에서 급전직하한 일본의 종전 지위를 되찾고자 러시아공사 베베르와의 협상을 통해 합의에 이른 것이 이른바 베베르–고무라 각서(1896.5.14)다. 이를 통해 고무라는 조선에서 러시아 우위의 현 정세를 인정은 하되 최대한 일본이 그에 근접하는 수준으로 영향력을 확보하는 데 일단 성공한다.

이를 발판으로 2개월 후 러시아 황제 대관식의 축하사절로 참석한 특사 야마가타 아리토모와 러시아 외상 로바노프 로스토프스키 사이에 로바노프–야마가타 의정서를 체결해 양국은 조선에서의 동등한 권리를 가지며 일국이 단독 행동을 취할 수 없도록 했다.

이미 요동반도와 만주를 취해 그 경영에 집중하던 러시아는 동북아시아 정세의 안정적 관리를 원했고, 조선에서 닭 쫓던 개 신세가 된 일본이 러시아와 동등권을 인정받은 것은 서로 원원이랄 수 있지만 실제로는 영향력 만회를 위해 전력투구한 일본 외교의 성과였다. 그런 의미에서 고무라는 외교 최일선에서 혁혁한 공을 세웠다.

이후 고무라는 외무차관, 주미 공사, 주러 공사를 역임하고, 1901년 제1차 가쓰라 내각의 외무대신에 취임했다. 청의 의화단 사건과 연합군의 베이징 함락 이후 청과의 강화 교섭에 연합국의 일원으로 참여해 전권대신으로서 청과 신축조약(베이징 의정서)을 체결했다.

이 무렵의 국제정세와 일본 정계의 동향을 개괄적으로 알고 넘어가자.

러시아는 청일전쟁의 시모노세키 조약(1895년) 후 삼국간섭의 대가로 만주지역 동청철도부설권을 얻고, 1898년에는 뤼순항과 다롄을 조차하여 부동항을 확보했다. 이 지역에 철도를 놓기 시작했으나 의화단의 난으로 철도시설이 파괴되자 철도를 보호한다는 구실로 1900년 7월 18만 명의 대군을 파견해 만주를 점령해 버렸다.

의화단의 난 수습을 위해 연합국과 청과의 강화 교섭이 진행 중일 때 러시아는 만주에서의 철병을 거부하고 청에 별도의 협정 체결을 요구했다. 이에 영국, 미국, 독일, 일본 등 열강의 강력한 항의로 러시아는 마지못해 단계적 철군을 하기로 청과 조약을 체결했다. 그러나 러시아는 1단계 철군만 이행하고 일방적으로 만주의 봉천 등에 병력을 증파했다. 또 철수병력을 압록강 방면에 집결시키고 용암포에 병영을 설치한 후 1903년 조선에 용암포의 조차를 요구했다. 게다가 청으로부터 조차한 뤼순항을 극동함대의 제2 기지로 삼아 서해 상에서 군사훈련을 하는가 하면, 마산포를 극동함대의 석탄 공급기지로 조차함으로써 그간 공들여 조선과 만주를 노리던 일본을 극도로 자극했다.

마침 영국으로부터 일본에 동맹교섭이 들어왔다. 세계 곳곳에서 러시아를 견제하는 전략을 구사하던 영국은 일본을 활용해 극동지역에서 급격히 확대되는 러시아를 저지하려 했다. 청일전쟁과 의화단의 난에서 일본군의 실력을 인정한 영국은 극동지역에서 이이제이 전략의 파트너로 일본을 선택했다. 1902년 제1차 영일동맹이 체결되어 일본은 중국과 조선에서의 이익을, 영국은 중국에서의 이익을 상호 인정했다. 상대방이 1국과 교전할 때에는 동맹국은 중립을 지키지만, 2개국 이상과 교전할 때에는 동맹국이 협동전투에 임한다는 동맹조약이었다. 이는 일본에는 천군만마와 같은 위력이 있었다.

이 영일동맹의 추진과 조인을 한 내각의 총리가 가쓰라 다로, 외무대신이 고무라였다. 가쓰라는 조슈 출신으로서 육군대신을 역임하고 대표적인 야마가타 아리토모 파벌에 속했다. 제1차 가쓰라 내각이 물러난 후 1906년 집권하는 사이온지 긴모치 총리는 입헌정우회의 총재로서 이토 히로부미의 후계자로 꼽힌다.

제1차 가쓰라 내각이 시작된 1901년부터 제3차 가쓰라 내각이 붕괴하는 1913년까지 가쓰라와 사이온지가 번갈아 가며 총리가 되는 이 12년간을 일본 정치사에서 계원시대(게이엔시대)라고 하는데 원로로서 장막 뒤에 숨은 이토와 야마가타의 권력 대리전이라고 이해하면 된다.

영일동맹을 전후한 시기 일본 정부의 대러시아 입장은 이토파의 협상 우선 온건파와 야마가타파의 전쟁 불사 강경파로 나뉘었으나, 결국 만주에서 러시아의 우월권을 인정하되 조선 문제에서는 전쟁을 불사한다는 가쓰라의 주장이 반영된 원칙이 정해졌다(1903.4). 8월부터 러·일 간 교섭을 진행해 조선을 일본의 지배하에, 만주를 러시아의 지배하에 두는 타협안(만한교환론)을 러시아에 제안했다. 러시아는 당시 조선에서도 영향력이 커지고 있었기에 타협안에 관심이 없었고 일본과의 전쟁을 두려워할 이유도 없었다. 러시아는 답신으로 한반도의 북위 39도 이북을 중립지대화 해 군사 목적의 이용을 금지하자는 제안을 했다.

일본은 조선이 러시아로 넘어갈 가능성이 크다고 보고 이 제안을 거절하고, 시베리아 횡단철도가 개통되어 유럽 쪽의 러시아 병력과 보급 물자가 손쉽게 극동에 집결하는… 일본으로서는 상상하기도 싫은 꿈

찍한 상황이 오기 전에 러시아와 한판 붙자는 쪽으로 국론이 기울고 있었다.[27]

결국 고무라가 포함된 당시의 가쓰라 내각 즉 야마가타 파벌의 강경론이 정국을 주도해 러일전쟁이 발발한다. 이런 강경 기조의 일본 정부의 방침에 따라 고무라는 외무대신으로서 당시 세계 최강 영국과 영일동맹이라는 최대의 외교적 성과물을 일본에 가져다주었기에 전쟁을 준비하는 일본 정부는 백만 원군을 얻은 셈이었다. 고무라는 영일동맹을 적극 주장하고 진행한 공로로 남작 작위를 수여받았다.

러일전쟁 승리 후 미국의 중재로 진행된 강화 교섭에 전권대사로 참여하여 러시아 전권대사 비테와 교섭해 포츠머스조약을 체결한 공로로 백작으로 승작했다.

1908년 제2차 가쓰라 내각의 외무대신으로 다시 취임해 미·일통상항해조약을 조인하여 관세자주권을 회복함으로써 수십 년간 일본 외교의 숙제였던 불평등조약의 해소에 큰 발걸음을 내디뎠다. 1911년 후작으로 승작했고 57세로 사망했다.

제국주의와 군국주의 시대. 총만큼 중요한 외교전에서 일본에 큰 성과를 안긴 인물이지만 우리나라에는 을사조약과 한일합방이라는 치욕을 안긴 외교적 도살자였다.

---

27) 극동지역의 러시아 군사력이 생각보다 허술하다는 첩자들의 정보 분석, 청일전쟁의 두둑한 배상금으로 계속 증강된 군사력, 세계 최강국 대영제국과의 동맹 체결로 인한 자신감 등으로 시베리아철도가 완공되기 전 조기 개전이 유리하다고 일본 정부는 판단했다.

2. 조선
치유 기회를 놓친 중환자

장면 #1. 외국인이 본 조선 상황

이 나라 내정을 잘 관찰해보니 중앙정부를 비롯해 모든 행정기관이 실로 부패의 극점에 달해 민력의 곤폐가 이루 말할 수 없는 참상에 빠져 있습니다. …정치의 실권은 항상 국왕 또는 왕비의 근친인 몇 개의 문벌 가문에 귀속하는 것이 관례로 되어 있습니다. 각 가문이 서로 권력을 경쟁하고 그 경쟁에서 각각 자기 집안의 이익을 도모하기에 급급할 뿐 국가의 안위와 왕실의 영욕은 안중에 없습니다. 현재의 집권자인 민씨 일족도 자기세력을 유지하기 위해 청국 정부의 후원을 빌렸고, 그 결과 마침내 오늘에 이르러서는 이 나라가 청나라의 속방이 되어 그 군주는 청나라의 신하와 노예로 청을 섬기지 않을 수 없는 형편입니다.

동족 중에도 가장 득세하고 중요한 자리를 차지하는 자는 그 위치에 걸맞은 지식·재능이 있는 인물이 아니라, 오로지 국왕이나 왕비에게 다액의 재물을 진헌하는 자입니다. 진헌을 하지 않는 사람은 설사 유용한 인물이라고 하여도 상당한 관직을 받는 일이 없습니다. 민씨 일족 내에서조차 이러할 지경인데 그 외의 사람이 조정의 관리가 되려고 하는 자는 단지 국왕·왕비뿐만 아니라 민씨 일족에게도 역시 뇌물을 바쳐야 합니다. 중앙정부의 관리뿐 아니라 관찰사를 비롯해 부·현·주·군 등의 지방관을 선임하는 데도 마찬가지입니다.

이와 같으므로 어진 관리들은 자취를 감추고 간신들만 진급해 백관유사의 직이 모두 쥐 같은 무리로 충만되어 있습니다. 이러한 모든 무리들은 재직 중 그 직권을 남용해 탐욕을 멋대로 하고 공공연히 뇌물을 받고 부정을 행하며 그 위세에 거역하는 사람은 잔인하고 혹독한 조치에 처해도 돌보는 자가 없습니다.

가장 심한 것은 지방관입니다… 주머니를 채우기 위해 멋대로 위세를 펴 토색질이나 부하에게 뇌물을 주구합니다. 혹은 두세 명의 상인에게 특전을 주고 다액의 금전을 탐하거나 또는 여러 가지 증세를 부과해 가난한 백성을 괴롭히고 혹은 구실을 붙여 부호를 잡아다가 하옥시켜 그 재산을 약탈합니다… 관찰사를 비롯해 지방관은 모두 생사여탈권을 지니고 있기 때문에, 인민들은 설사 학정에 시달리더라도 이를 참고 쉽게 저항하는 자가 없습니다. 그러나 학정의 정도가 더 이상 참을 수 없을 정도까지 되면 곧 폭발하여 민란이 되고 소요를 일으켜, 난민들이 다 같이 지방관청을 습격해 그 관리를 살상하는 일이 왕왕 있습니다… 이러한 민란이 각 지방에서 봉기하는 것이 근년에 이르러 점점 증가해, 드디어 이번과 같은 전라·충청 지방의 대소란이 되어 중앙정부라 할지라도 그 진압 방책에 괴로워하기에 이른 형편입니다.

그리고 지방민의 일반적인 형편을 살펴보면, 정부의 오랜 폐정으로 직업에 힘써 가산을 일으키고 이를 축적하려는 생각이 전혀 없습니다. 만약 부지런히 일해 재산을 축적하는 자가 있을 때는 곧 지방관이 주목해 여러 가지 구실로 이를 탐내 뺏고 그 신체에까지 재앙이 미칠지 모르기 때문에, 사람들은 자연히 나태한 습관을 길러 겨우 입에 풀칠하고 비, 이슬을 피하는 것에 만족합니다. 가난하다고 인정되는 것이 가장 안전한 방책이므로 우연히 재산을 모은 자가 있어도 애써 비밀로 하고 가옥이나 의복도 고의로 빈곤을 가장하는 형편입니다. 그러므로 농·공·상업은 모두 위축되어 조금도 개발하는 일이 없습니다….

– 기밀 제26호. 1894.6.26. 발신자 재경성 이등영사 우치다. 수신자 외무대신 무쓰 무네미쓰. 주한일본공사관기록 2권 2. (3)

지금 읽어도 낯 뜨겁지 않은가? 부패체제의 정점에 왕과 왕비가 있음을 적나라하게 묘사하고 있다.

장면 #2. 고부 봉기

고부군수로 부임한 조병갑은 갖가지 방법으로 농민들을 수탈했다.[1] 1893년 가을 결국 일이 터지고 말았다. 농민들이 추수 후 각종 세미를 바치고 나자 남은 게 별로 없었다. 농민들이 전봉준에게 소장을 써달라고 하여 대표 40인이 조병갑을 찾아가 진정했으나 조병갑은 오히려 이들을 붙잡아 처벌했다.[2]

11월 30일 군민의 규탄에도 조병갑이 연임되자[3] 고부 농민들은 폭발 직전의 분위기에 휩싸이고 전봉준은 사발통문 봉기 계획을 세웠다. 사발통문의 내용은 고부성 점령과 조병갑 효수, 군기고와 화약고 점령, 탐관오리 징벌, 전주 감영 함락 및 한성 진군 등이었다.

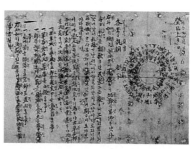

| 고부봉기 사발통문(출처: 한겨레)
사발통문은 주도자가 누구인지 모르게 사발로 원을 그린 후 원 바깥에 서명하였다.

1894년 1월 10일 전봉준의 지휘로 농민들은 고부관아를 점령했다.

---

1) ①보세(물세)를 안받는다고 약속하여 농민들을 동원해 만석보를 만든 후 700석의 보세를 수취하고, ② 부친 공덕비 건립비로 농민들에게 천여 냥을 빼앗고, ③ 5년간 세금 없다며 황무지를 개간하게 한 후 첫해부터 세금을 거두고, ④ 부자들을 불효, 불화, 음행 등의 죄목으로 구속하고 속전으로 거둔 돈이 약 2만 냥이나 되었다.

2) 소장을 써주고 태형을 맞아 장독으로 죽은 사람이 전봉준의 부친이라는 주장도 있다.

3) 조병갑이 익산군수로 발령났으나, 중앙과 전라감사에 손을 써 고부군수로 남으려 했다. 이미 군민들이 그의 탐학을 규탄했지만 헛수고였다. 전라감사 김문현이 그의 유임을 원하는 보고를 조정에 올려 조병갑이 결국 연임되었다.

이들은 무기고를 헐어 무장하고, 억울하게 갇힌 사람들을 풀어주고, 세금으로 거둔 쌀을 백성들에게 나누어 주었다. 또 새로 쌓은 만석보를 헐어버리고 탐학한 향리들을 처벌했으나 조병갑은 도주했다. 봉준은 날이 밝자 무장한 군중들을 말목장터에 모이게 하여 감나무 아래에서 농민군을 지휘했다.

조정에서는 2월 15일 조병갑을 체포해 민란유발 및 국고횡령의 죄로 유배형에 처하고, 김문현을 감봉 처분했다. 동시에 박원명을 고부군수로, 장흥부사 이용태를 안핵사로 파견했다. 박원명은 2월 말 부임해 농민군 지도자들을 불러모아 위로하며 폐정을 바로잡겠다고 했다. 농민군은 인근의 백산으로 옮겼다가 고부군을 재차 점령하는 등 한 달 넘게 이어가다가 해산했다.

장면 #3. 청군 파병[4]과 일본군 진주

청군 차병안은 초토사 홍계훈이 무장과 영광 인근에서 농민군의 뒤를 쫓던 1894년 5월 14일 조정에 보낸 전보에서 처음 등장했다.[5] 그런데 홍계훈이 누구더라? 임오군란 시 왕비를 들쳐업고 아비규환의 현장을 탈출시킨 바로 그 무예별감이다.[6]

---

4) 청의 입장에서는 군대 파견이기에 '파병'이고, 조선의 입장에서는 청군을 빌리는 것이기에 '차병'이라고 한다.

5) 황토현 전투(5.11)를 계기로 매일 수천 명씩 늘어나는 동학농민군의 기세에 압도당해 홍계훈이 인솔하여 내려간 관군 수백 명이 도주한 현장에서 제안한 것이다.

6) 홍계훈은 군란이 진압되자마자 포천현감에 임명되었다. 대통령 경호원이 일약 포천시장으로 발탁된 것이다. 이후 태안부사, 충청도 수군절도사(정3품)와 병마절도사(종2품)로 고속 승진해 왕실 호위부대 장위영의 지휘관으로 있다가 초토사로 발령났다.

당시 친청 민씨척족정권의 실세 민영준(후일의 민영휘)은 자신의 뒷배인 원세개와 수시로 만나 의견을 나누고 있었다. 원세개가 "청군이 있다면 농민군 토벌은 시간문제"라고 얘기하자 민영준은 맞장구치면서 고종으로부터 파병 요청을 받아내겠다고 약속을 했다.

5월 18일 민영준이 제시한 청군 차병안에 대신들은 모두 반대했다. 그러자 고종은 "나의 의견도 경들과 같다. 청군 원병을 청하는 일은 다시는 거론하지 않는 것이 옳을 것이다"라고 했다.

이후에도 민영준은 원세개와 수시로 소통하며 정세를 협의했다. 5월 26~27일경 원세개가 민영준을 방문해 "초토사가 겁이 많아 공격도 못하고 있다. 만일 자신이 조선군을 지휘한다면 5일 만에 평정할 수 있다"고 큰소리쳤다.

5월 31일 호남 제1성이자 조선왕조의 성지 전주성이 함락되자 왕실은 멘붕에 빠졌다.

고종과 왕비는 민영준에게 특명을 내려 원세개에 달려가 청군 파병을 요청케 했다. 원세개는 즉시 고종의 구두 파병 요청을 본국에 타전했으며, 이홍장은 고종의 정식 공문을 요구하며 파병 준비에 들어갔다.

6월 2일 밤 고종이 긴급 대신 회의를 소집했다. 시·원임대신[7]이 참여한 회의에서 고종과 민영준은 청군 파병 요청 사실은 감춘 채 사전 각본에 따라 민영준이 바람을 잡아 대신들이 반대하는 청군 차병 대신 원세개의 조선군 대리지휘로 결론을 내었다. 그러나 상황이 바뀐 것을 고종과 민영준은 모르고 있었다. 다음

---

7) 시임대신은 현직 대신, 원임대신은 전직 대신을 뜻한다.

날 당연히 수락할 줄 알고 고종의 대리지휘 요청을 전한 민영준에게 원세개는 "이런 때 어찌 가벼이 처신하겠습니까?"라며 거절했다. 민영준이 여러 번 간청했으나 원세개는 단호했다.[8]

민영준의 말만 믿다가 체면을 구긴 고종은 그때부터 원세개와 접촉할 별도 비선라인을 가동하기 시작했다. 톈진과 상해 주재관을 지낸 성기운에게 밀지를 주어 원세개를 별도로 접촉했다. 성기운을 통해서도 대리지휘 불가를 확인한 고종은 마침내 6월 3일 밤, 미리 작성해놓은 청군 파병 요청 공문을 원세개에게 전달했다. 향후 동북아의 정세를 뒤흔들 촉발제인 청군 차병은 공식적인 대신회의 결정과는 전혀 딴판으로 민영준을 제외한 어떤 대신도 모른 채 이렇게 고종 내외의 독단과 비선라인에 의해 결정되고 집행되어 버렸다.

이홍장은 고종의 정식 공문을 타전받자 바로 6월 4일 베이징의 총리아문에 출병을 요청하고 1,500명의 출병을 대기시켰다. 원세개가 조선 조정에 청군의 출병 임박을 알리고 준비를 요청하자, 조선의 대신들은 놀라 어리둥절했다. 고종의 청병 요청 사실을 뒤늦게 알고 나서 대신들은 당혹해 하면서도 곧 도착할 청병을 맞을 실무 준비를 하지 않을 수 없었다.[9]

그해 초 김옥균 암살 사건으로 일본 여론이 악화되며 다시 정한론을 부추기는 사회 분위기 속에 터진 조선의 내란 상황은 여소야대의 의회 때문에 꼬인 정국을 탈출할 수 있는 이토 내각의 호기였다. 5월 31일 일본의 중의원은 이토 내각에 대한 탄핵상주안을 가결했다. 다음날 전

---

8) 사실 원세개는 공명심으로 몇 번 조선군 지휘를 맡을 의향과 토벌에 대한 자신감을 보였으나 그 의향을 이홍장에게 타진하자 이홍장은 펄쩍 뛰며 책임 소재 등 여러 가지 부작용을 우려해 금지시켰다.

9) 6월 4일 조정은 내부독판 신정희, 내무참의 성기운을 청군과의 협조사항을 담당할 군무사로 겸임 발령을 내고, 공조참판 이중하를 청군 영접사로 임명해 아산에 도착할 청군을 맞을 준비를 마쳤다. 고종실록 1894.5.1(양력 6.4)

주성 함락과 고종의 청군 파병 구두요청 사실을 조선 주재 공사로부터 타전 받은 이토는 비상각의에서 의회 해산과 조선파병 결정이라는 승부수를 띄어 6월 2일 천황의 재가를 받았다. 고종의 파병 요청 공문이 청에 전달되기 하루 전이었다.

6월 4일 일본은 오토리 게이스케 공사에게 병사들과 함께 즉시 조선에 부임할 것을 지시하였고, 다음 날 육전대(해병) 300명, 경찰 20명과 함께 오토리는 일본에서 출발했다. 6월 5일 일본 역사상 최초의 전시 대본영이 천황 직속으로 설치되었고, 1개 혼성여단(여단장 오시마 소장)을 편성해 조선에 출병토록 조치했다.

한편 이홍장은 출병허가가 나자 6월 6일 엽지초와 섭사성이 지휘하는 청군 1,600명에 출병명령을 내리고, 동시에 동경 주재 청공사 왕봉조에게 톈진조약에 따라 조선파병 사실을 일본에 통고하도록 지시했다. 이날 밤 일본 외무대신 무쓰 무네미쓰도 베이징의 일본공사에게는 일본군 출병을 청에 통고하고, 톈진의 영사에게는 이홍장을 만나 설명하라고 훈령했다. 조선의 임시공사에게도 외부독판을 만나 공관 및 거류민 보호를 위한 출병 사실을 통고하라고 훈령했다.

장면 #4. 질펀거리는 조선 조정

전주화약 협상 중인 6월 6일 관군의 압승 소식을 전한 초토사의 전보를 받아 든 조선 조정은 기쁨보다는 청군 차병에 대한 불만과 이를 추진한 민영준에 대한 원망 분위기로 가득 차 있었다. 이날 고종이 긴급 소집한 대신회의는 밤까지 진행되었고 다음 날 밤에도 다시 회의를 계속했다. 민영준은 엄청난 부담감을 토로하며 대신들과 함께 청군의 상륙 저지와 추가 출병 저지를 신속히 청에 요청하기로 했다. 그렇게만 되면 일본군 출병도 저지할 수 있다고 판단해 양국에 모든 수단을 동원해 출병 저지와 상륙 저지 조치를 취하기로 했다.

이에 따라 조선 관리들은 6월 7일부터 똥줄 타는 상황에 돌입했다. 민영준은 원세개를 찾아가 초토사의 전보를 보여주며 파병 중지를 요청했고, 원세개는 "조선 조정은 무슨 일을 그따위로 하느냐"며 민영준에게 욕을 퍼부어댔다.

전날에 이어 임시공사 스기무라는 6월 8일 오전 외부로 달려갔다. 조병직 독판을 만나 일본군 파병을 통보하자, 조 독판은 일본군 파병이 불필요한 이유를 정리해 말해 주었다.[10] 조병직이 끝까지 일본군의 입경을 거부한다고 하자 스기무라는 "일본 정부가 제물포조약에 의거 공관 보호를 위해 병력을 입경시키는 것인데 무슨 방법으로 거부할 것이냐"고 따졌다. 이때부터 6월 24일까지 조선의 철병 요청과 일본의 파병 정당화를 주장하는 수십 차례의 외교문서들이 지루하게 오고 간다.[11]

---

10) 1. 남도 민란이 크게 일어난 때에도 한성은 조용했고 현재 민란의 진정 국면이다. 향후 유사시에는 조선의 호위병을 각국 공사관에 배치할 예정이다.
     2. 일본군의 공사관 호위는 각국의 파병을 부를 수 있다. 이는 조선을 위태롭게 할 뿐이고 각국 군대가 입경하면 민심이 흉흉해지고 예상치 못한 뜻밖의 사단이 일어날 수 있다.

11) 주한일본공사관기록2권 6.철병청구 및 담판파열까지 왕복문서 (1)

드디어 6월 8일부터 3일간 청군이 아산에 도착하기 시작했고 조선의 상륙 금지 요청에도 불구하고 청군은 상륙을 개시했다.

한편 오토리 공사는 6월 9일 오후 3시경 인천에 해병대 및 순사와 함께 도착하고, 이미 도착한 병력을 충원받아 대포 4문, 포병대와 소총대 420명을 입경하기로 했다. 조선 정부는 외부참의 민상호와 고문 르장드르를 인천으로 급파해 상륙 또는 입경을 저지코자 했으나 이들은 오토리를 만나지 못해 실패했다. 일본군은 밤새 내린 비로 진창길인데도 10일 새벽부터 육로와 한강 수로를 이용해 당일 물자와 병력[12]이 모두 일본공사관에 들어갔다.

결국 청군의 상륙 저지, 일본군의 상륙 및 입경 저지를 위한 조선 조정의 모든 노력이 수포로 돌아갔다.

오토리가 공사관에 부임해 정세를 살펴보니 남도의 농민군은 전주화약으로 해산한 데다가(6.9) 한성의 상황은 의외로 평안했다. 조병직은 매일 조선의 안정된 상황을 설명하며 "일본군이 이렇게 많이 파병된 이유는 뭐냐"며 즉각 철수를 요구했다. 각국 외교관들도 일본군 파병을 의심의 눈초리로 쳐다보자 오토리는 "공사관과 거류민 보호를 위한 파병"이라고 일단 변명을 하면서도 더 이상의 병력 증파는 안 되겠다고 판단했다. 6월 11일 그는 외무대신에게 몇 번씩이나 일본군의 상륙 보류를 요청하는 전보를 보냈다.[13]

그러나 이때는 이미 대본영의 명령에 따라 주력군을 실은 4척의 배가 조선으로 출발한 뒤였다. 6월 12일 선발대 800명이 인천에 상륙해

---

12)　병력 420명, 경찰 20명, 인부 100명 등
13)　주한일본공사관기록 3권 2, 동학난과 청일관계 (36)

이들 일부가 해병대와 교체하기 위해 한성으로 진입하고, 후속 병력들이 속속 인천에 도착했다. 증파 자제 요청에도 후속군이 계속 도착하자 오토리는 외교적 분규를 우려해 최소 병력만 상륙하고 나머지는 대마도 회군을 요청했다. 그러자 외무대신 무쓰는 참모본부와 조율한 후 임시변통으로 상륙은 하되 당분간 인천에만 머물도록 지시했다.

상황이 이러함에도 6월 14일 여단 본진 3천 명이 우편선까지 동원해 히로시마에서 출발했다. 악천후에도 항해를 계속해 6월 15일 오후~16일 새벽 속속 인천에 도착해 상륙을 완료했다. 이로써 조선의 일본군 총수는 4,200명에 달해[14] 아산 주둔 청군 1,600명에 압도적 우위를 보이고 있었다. 게다가 일본공사관 호위병 500명과 순사 20명이 이미 한성에 들어와 있었고, 경인로의 요충지 구현산[15]에 500명이 주둔하고 있어서 일본은 조선의 수도를 점령하기 위한 만반의 군사적 채비를 갖추었다.

◦ 전봉준(1855~1895)

전봉준은 전라도 고창군 덕정면 죽림리 당촌에서 몰락 양반 전창혁과 언양 김씨 사이에 태어났다. 부친 전창혁은 고부군 향교의 장의(행

---

14) 인천에 3천 명, 한성에 1천 명, 부산에 2백 명이 주둔하고 있었다.

15) 현재의 구로역 인근으로 추정된다.

정관리자)를 지낸 적이 있으며 동네 서당의 훈장(선생)을 했다. 가난한 마을이었으니 보수가 넉넉할 리 없었다.

봉준은 부친에게 글을 배웠다. 총명하여 5세에 한문을 수학하였고 13세 때에는 한시를 지었다고도 한다. 살길을 찾아 이 마을 저 마을로 옮겨 다니는 아버지를 따라 봉준은 10대 후반 당촌을 떠났다. 먹고살기 힘들어 금구 원평, 태인 동곡리 지금실(현 정읍 산외면) 등지로 옮겨 다니며 살았다.

무장기포와 백산대회

고부 봉기 농민군이 해산한 후 안핵사 이용태가 역졸 800여 명을 거느리고 고부에 들어와 군수 박원명을 꾸짖으며 농민군 우두머리를 찾으라며 역졸들을 풀어놓았다. 역졸들은 전북 일대를 돌아다니며 농민군을 붙잡는다며 부녀자를 겁탈하고 재산을 강탈하거나 집을 불태우고 남자들을 때리고 체포해 끌고 갔다. 이용태의 보복성 폭정은 꺼져가던 농민군의 분노를 재점화시켰다.

봉준은 전라도 최대의 동학세력인 무장현의 손화중을 찾아갔다. 손화중이 봉준의 설득으로 봉기를 결정하고 태인의 김개남도 동참하기로 했다. 4월 21일 무장 일대에 손화중 휘하의 농민군이 모이기 시작해 며칠 만에 수천 명에 이르렀다. 농민군은 죽창과 무기를 만들고 군량미를 확보하는 등 대오를 마친 후 4월 25일 전봉준, 손화중, 김개남이 서명한 창의문을 낭독하고 기포하였다(무장기포).

창의문의 위력은 폭발적이었다. 4월 25일 무장을 떠난 봉준과 손화

중의 농민군은 고창, 흥덕, 부안을 거쳐 고부를 점령했고, 29일 백산에 진을 쳤다. 그 사이 인근 지역에 창의문을 전달하고 김개남의 태인 농민군이 합류하는 등 연합농민군이 결성되었다. 연합농민군은 전라우도 지역의 8천여 명이 봉기했다.

농민군은 4월 30일 백산에서 전봉준을 총대장, 김개남과 손화중을 총관령으로 지휘체계를 갖추고 격문을 발표해 인근에 돌렸다. 백산에는 제폭구민·광제창생·보국안민[16] 등의 깃발이 펄럭이고, 흰옷을 입은 농민군들이 죽창을 들고 훈련을 받았다. 봉준은 동학농민군 4대 행동강령을 공포하고 엄수하도록 했으며 기본 주문을 외우고 부적을 붙이도록 했다.[17]

황토재 전투

백산의 농민군은 전라감영이 있는 전주를 목표로 북상하며 5월 4일 태인 관아를 점령하고 다음 날 원평에 진출했다. 농민군은 관군이 전주 입구를 방비하고 초토사의 경군[18] 만 명이 내려온다는 소식을 듣고, 부대를 남하해 5월 10일 황토재 위쪽의 산에 진을 쳤다. 전주 입구를

---

16) 제폭구민(除暴救民)은 폭정을 제거하고 백성을 구제함, 광제창생(廣濟蒼生)은 널리 백성을 구제함, 보국안민(輔國安民)은 나랏일을 돕고 백성을 편안하게 함의 뜻이다.

17) 4대 행동강령은 '사람을 함부로 죽이지 말고 가축을 잡아먹지 말 것, 충효를 다해 세상을 구하고 백성을 편안케 할 것, 일본 오랑캐를 몰아내고 나라의 정치를 바로 잡을 것, 한성에 쳐들어가 권귀(세도가)를 모두 없앨 것'이다. 농민군은 주문을 외우고 등에는 부적을 붙였다. 행진, 식사 또는 잠을 잘 때 3명 또는 5명의 단위로 같이 행동해 '삼삼오오'라는 말이 유래되었다. 이러한 규율과 루틴으로 농민군은 자신들을 신통력을 가진 특별한 군대로 인식했다.

18) 한양의 관군

지키던 관군은 농민군이 후퇴하자 추격을 시작해 관군도 황토재 아래 진을 쳤다.

5월 11일 새벽 농민군이 작전상 도주하자, 자만감에 도취되어 술에 취해 잠든 관군을 농민군이 기습하여 "관군과 보부상 중 살아 돌아간 자는 수십 명에 불과했다"는 기록에서 보듯이 농민군은 황토재 전투에서 대승을 거두었다.

초토사 홍계훈은 장위영 병력 800명과 함께, 인천에서 함선으로 출발 5월 10일 군산에 도착해 11일 전주에 입성했다. 이들 경군은 이미 관군이 농민군에 궤멸당했다는 소식을 듣고 일주일도 안 되어 200~300명가량이 도망가 버렸다.

농민군 사기는 하늘을 찌를 듯했다. 그런데도 농민군은 오히려 남하했다. 이는 후방에서 농민군의 추가 확충과 민심의 지지를 확보하기 위한 봉준의 전략이었다. 농민군은 전주·나주의 관아와 초토사에게 글을 보내 봉기한 뜻을 당당하게 펼쳐 보였다. 초토사 홍계훈에게 보낸 글에서는 대원군의 국정 복귀를 언급했다.

전주성 점령

경군 선발대를 격파한 농민군은 전주 방향으로 급격히 북상해 원평에 도착했다. 농민군은 관군 위로차 내탕금을 가지고 온 이주호 등을 체포해 왕의 윤음을 가지고 온 일행과 함께 공개 처형하여 돌아올 수 없는 강을 건넜다.

농민군이 북상해오자 김문현은 한 명의 군졸도 없는 전주성의 다급한 상황을 조정에 보고했다. 사실 김문현은 이미 파면되었으나 후임 감사 김학진이 부임 전이고, 홍계훈은 남쪽에서 농민군을 뒤쫓고 있으니 전주성은 무방비 상태였다. 농민군은 5월 31일 전주성에 무혈입성했다.

전주는 감영[19]의 소재지이며 나라 살림의 절반이 나오는 호남의 제1성이다. 게다가 조선 건국자 이성계 시조의 고향으로서 태조의 영정을 보관한 경기전, 시조의 위패를 봉안한 조경묘가 있는 조선왕조의 성지다. 기술한 바와 같이 전주성 함락에 혼비백산한 고종과 왕비는 청군 파병을 요청하고, 이에 청군과 일본군이 조선에 출동한다. 일본군은 경복궁을 점령해 친일정권을 통해 갑오개혁에 이르는데 이는 후술한다.

완산 전투와 전주화약

남하하는 농민군을 뒤쫓던 홍계훈은 농민군이 방향을 돌려 북상하자, 전주성의 허술함을 깨닫고 내달렸으나 전주성은 이미 농민군이 점령한 후였다. 홍계훈은 완산을 근거지로 하여 완산칠봉 등에 증파된 관군 및 감영병 등을 주둔시켜 포위망을 완성했다. 전주성을 가까이서 내려다보는 요충지를 방비하지 않은 것은 농민군 지도부의 큰 실책이었다.

관군은 6월 1일 전주성을 향해 포를 쏘기 시작했다. 이에 맞서 농민

---

19) 관찰사의 관아. 감영에서 근무하는 관찰사를 감사라고 부르기도 한다.

군은 완산칠봉의 관군을 향해 4일간 공격했는데 지형상 불리함으로 올라가는 농민군의 피해가 훨씬 컸다. 홍계훈은 이 기간 회유책도 구사했다. 전봉준 체포자를 포상한다거나 농민군의 탈출 권유와 원하는 바를 들어줄 테니 해산하라는 글도 보냈다.

6월 4일 총공세에서 수백 명의 전사자가 나오고 봉준도 허벅지에 총상을 입고 전주성으로 퇴각했다. 사기가 떨어지고 회유책 등으로 농민군이 크게 동요했다.[20] 농민군이 원하는 바를 들어주겠다는 홍계훈의 글을 본 봉준은 봉기의 당위성을 주장하며 폐정개혁안을 고종에게 보고해주기를 요청하는 글을 홍계훈에게 보냈다. 이에 대해 홍계훈은 6월 6일 "이치에 안 맞으므로 들어줄 수 없다. 해산하면 추격하지 않고 각 고을에도 알려 해치지 않도록 하겠다. 끝까지 고집을 부린다면 성에 쳐들어가 남김없이 토멸하겠다"는 최후통첩을 했다.

6월 7일 농민군은 해산 시 신변보장을 요구했고 홍계훈은 신변보장을 약속했다. 폐정개혁안은 이미 거부당했기에 농민군은 "우리들이 바라는 바를 임금께 올리는 것은 합하(홍계훈)의 처분에 맡기고 우리는 성문을 나가 다음 조처를 기다리겠다"는 글을 홍계훈에게 보내고 6월 9일 전주성을 나왔다.

이처럼 전주화약은 합의한 내용을 문서에 기록하고 양측이 수결(날인)한 방식이 아니고, 자기주장만 담은 문서를 주고받다가 양측이 상황 종료의 공감대를 형성한 순간 농민군이 일방적으로 해산한 것이기

---

20) 전봉준을 체포해 관군에 바치자는 모의도 있었다. 봉준은 점괘를 치는 시늉으로 3일 후에 좋은 소식이 있을 것이라며 동요하는 농민군을 겨우 안정시켰다.

에 전주화약의 내용 특히 폐정개혁안에 대하여는 학계에서 많은 논란이 있다. 절실한 양측의 사정이 맞아떨어져[21] 불완전한 형태로나마 조속한 전주화약이 성립된 것이다.

집강소 시기

대부분 지역의 수령들이 도주했기에 농민군은 고을 행정을 접수하고 접주와 접사를 임명해 전라도의 지방행정은 동학교도가 수행했다. 현실을 감안해 전라감사 김학진은 6월 20일경 효유문을 발하여 농민군의 협조를 구했다. 7월 중순 전라도 전역에 52개소의 집강소를 설치했다. 김학진은 8월 초 봉준과 전주감영에서 회담하면서 농민군이 추천한 집강을 사실상의 지방수령으로 인정했다. 집강소에는 집강과 보조인원들이 상주하며 공인된 집강소 활동이 시작되었다.

봉준은 개혁의 이상을 실현할 기회로 집강소 활동을 확대·고무하는데 진력했다. 동학의 접주가 집강이 되어 고을 행정을 맡아 자발적 개혁을 수행한 이 기간을 '집강소 시기'라 하는데, 전주에 집강소의 총본부인 대도소를 두어 봉준이 광주의 손화중과 함께 주로 전라우도를 관장했고 김개남은 전라좌도를 호령했다.

봉준은 일본군의 경복궁 점령과 청일전쟁이라는 정세의 변화에 촉각

---

21) 농민군은 패배로 사기가 크게 꺾였다. 관군 증원과 전주성 포위로 식량도 바닥났다. 농번기에 농사를 지어야 한다는 강박관념이 있던 차에 회유책이 통하여 농민군은 빨리 귀향하고 싶은 생각뿐이었다. 특히 자신들 때문에 외국군이 출병했다는 소식에 농민군은 크게 놀랐다. 조정 측은 청일 양국군의 철병 요구를 위해 빠른 사태수습이 절실했다. 삼례에 도착한 신임감사 김학진이 홍계훈에게 농민군의 퇴로를 열어 조속한 전주성 수복을 요청했다.

을 곤두세우면서도 개혁 추진을 위한 집강소 질서 안정화에 주력했다. 7월 17일 전주 대도소에서 각 집강소에 내린 봉준의 통문을 보자.

방금 외적이 대궐을 침범하여 군부가 욕을 당하고 있으니 우리들은 마땅히 일제히 나아가 의에 죽어야 한다. 그러나 그 외적은 청병과 적대하여 그 기세가 심히 날카롭고 지금 우리가 급하게 항쟁하면 오히려 그 화가 종사에 미칠지도 모른다. 물러나 몸을 감추고 시세를 관망하면서 우리의 기세를 돋구고 계책을 이루기에 힘써 만전의 책으로 삼는 것이 타당하다. 바라건대, 경내 각 접주에게 통문을 발하여 각 접주들과 직접 대면 상의해 접주들은 백성이 각기 생업에 안정하도록 하고, 경내의 무뢰배들을 금제하여 그들이 마을을 횡행하며 소동을 일으키는 일이 없도록 할 것을 간절히 바란다. 이와 같이 거듭 훈계한 후에도 이런 폐해를 고치지 않는 무뢰배는 집강이 감영에 보고하여 엄히 처단해 용서하지 말며 접인[22]이 금제를 어기면 마땅히 용서할 수 없는 죄로 시행해야 할 것이다. 해이해지지 말라.

농민군 스스로가 주체가 되어 자신들의 사회적 질서를 만들고 다듬어 가는, 꿈에 그리던 새 세상이 깨질세라 아끼는 봉준의 마음이 읽히지 않는가?

청산기포령과 남북접연합군

일본군의 경복궁 점령(7.23)과 청일전쟁이 벌어지자(7.25) 동학농민군 주력이 집강소 체제를 유지하며 상황을 예의주시하는 것과는 달리 삼남의 여러 지역에서는 척왜봉기가 잇따랐다. 그 양상도 일본병참부

---

22) 집강소 소속인 동학농민군

습격(문경·안동), 일본군과의 전투(문경), 일본군 및 상인 살해(안동·천안), 군용전선 절단, 군수품 보급 방해 등 과격 행동으로 변했다. 이는 동학농민군(남접) 주력군과 그간 봉기에 참여하지 않았던 교단(북접)에 큰 영향을 미친다.

김개남이 9월 24일 재봉기를 선언하자 7~8만 명에 이르는 농민들이 몰려들었다. 봉준이 남원으로 달려가 "청일전쟁의 승리자가 공격할 때를 대비해 내실을 기하자"며 만류했으나 김개남은 뜻을 굽히지 않았다. 그 와중에 도달된 대원군의 밀지[23]로 인해 봉준도 결국 재봉기하기로 결정했다.

북접 지역에서도 척왜를 내세운 동학농민군으로 전환해 지방관아, 민보군[24] 또는 일본군과 충돌하는 지역이 늘어났다. 미봉기 지역의 봉기 요청이 빗발치며 그간 봉기 참여를 단속하던 (북접)교단 내 갈등이 극심해졌다. 교주 최시형은 대접주들을 청산에 불러 대책을 논의한 끝에 마침내 청산기포령을 내렸다.[25] 최시형은 손병희를 북접농민군의 총지휘관으로 임명했다. 전투체제를 갖추고 수만 명의 대군이 1대는 손병희가 이끌고 남접농민군과 만나기로 한 논산으로 출발했고, 나머지 1대는 남하하는 일본군을 막기 위해 충청도 지역으로 출정했다.

---

23) 일본군의 경복궁 점령으로 정계 복귀한 대원군이 군국기무처의 설치 후 실권이 없어지자 청군 외에 농민군에게도 일본군과 친일 개화파정권의 토벌을 촉구하는 밀지를 전달했다.

24) 양반의 사병조직

25) 대접주들과의 논의를 마친 최시형이 손병희와 오지영 등에게 "인심이 곧 천심이라. 이는 곧 천운이니 전봉준과 협력해 스승의 억울함을 신원하고 우리 도의 대원을 실현하라"는 명을 내렸다 (10.16).

11월 9일 전봉준 부대, 다음날에는 손병희 부대가 논산에 도착했고, 13일 김개남 부대가 전주에 도착해 명실상부한 남북접연합군이 이루어졌다. 11월 18일경 1만 명이 넘는 남북접연합군은 논산에서 출발해 공주를 향해 북상했다.

우금치 전투

공주 남쪽에서 벌어진 11월 20일~22일의 전초전과 12월 4일의 전투에서는 큰 성과를 거두지 못한 채 양측이 각자 유리한 진세를 구축했다.[26]

12월 5일 아침, 결전의 날이 밝았다. 진눈깨비가 흩날리는 가운데 농민군이 공격을 개시했다. 우금치고개를 향해 돌격명령을 내리자 위쪽에서 관군이 발사한 포로 농민군들이 쓰러지면서 전투는 가열되었다. 농민군은 그간 전투 시마다 효험을 나타냈던 부적을 붙이고 주문을 외우며 선봉에서는 장태를 굴리며 밀집대형으로 올라갔다. 농민군이 보유한 화승총 사거리는 100보(60~70m)에 불과해 사거리까지 접근하려면 엄폐물 장태를 굴리며 올라갈 수밖에 없었다.

위에서 공격하는 진압군의 개인 무기는 영국제 스나이더 소총과 최신식 모젤 소총이며 대량살상무기는 독일제 쿠르프포와 미제 개틀링 기관총이었다. 스나이더 소총의 유효사거리는 500~600m다. 농민군의 전장식 화승총이 1분에 1~2발을 발사할 수 있는 데 비해 진압군의 후장식 소총의 격발 간격은 비교할 수 없을 정도로 짧았으며, 개틀링 기관총은 수동이었지만, 연발이 가능했다.

---

26) 농민군은 동쪽의 판치 뒷산으로부터 서쪽의 봉황산 뒤까지 30~40리에 걸쳐 병풍을 펴놓은 듯한 진세를 산 위에 펼쳤다. 진압군은 우금치를 중심으로 왼쪽 봉우리에 모리오 대위의 일본군, 맞은편 견준봉, 우금치, 금학동, 웅치, 효포 봉수대 등에 병력을 배치해 대진하고 있었다. 농민군이 약 1만여 명, 진압군은 관군 2,500명과 일본군 200명 수준이었다. 수적으로 우세한 농민군이 진압군을 동서남 3면에서 에워싸고 있는 형세였다.

농민군은 유효사거리를 확보하려고 밀집대형으로 접근하다가 진압군의 최신식 무기에 난사 당할 수밖에 없었다. 농민군이 가장 가까이 접근했던 거리가 150m였다.

이날 농민군이 우금치고개를 향해 40~50차례나 공격을 거듭하며 사활을 건 싸움을 벌였으니 그 피해가 어떠했을까? 우금치 남동쪽의 계곡 물은 피로 물들고 시체는 산을 이루었다. 후세의 학자 중 일부는 '우금치 학살'로 표현하고 냉정한 군사 전문가는 '비대칭 무기의 전투가 가져오는 필연적 결과'로 설명한다. 이 전투에서 농민군은 회복하기 어려운 치명타를 입었다. 후일 체포된 봉준도 법정 진술을 통해 "1차 접전 후 1만여 명의 군병을 점검하니 남은 자가 불과 3천 명이었고, 다시 2차 접전 후 점검하니 5백여 명에 불과했다"고 회고했다(전봉준공초).

농민군은 궤멸적 피해를 입고 퇴각했고 봉준은 청주성 공격에 실패해 패주하는 김개남을 강경에서 만나 12월 15일 전주로 같이 남하했다. 12월 18일 전주에서 봉준과 손병희는 고부 방향으로, 김개남은 남원 방향으로 흩어지면서 주력농민군은 사실상 해산국면에 들어갔다.

이후 원평에서 전투를 벌인 봉준은 패퇴해 태인으로 물러났다. 태인에서 전열을 정비한 후 농민군 5~6천 명으로 일본군 및 관군과 마지막 전투를 벌여 패배하자 봉준은 농민군 해산명령을 내렸고(12.23), 광주의 손화중도 농민군을 해산했다.

전봉준 체포

> 새야 새야 파랑새야 녹두밭에 앉지 마라
> 녹두꽃이 떨어지면 청포장수 울고 간다.[27]

봉준은 백양사 옆의 한 암자에 있을 때 관군이 잡으러 온다는 연락을 받고 뒷길로 도주했다. 사람 눈에 띄지 않도록 수행원을 셋만 남기고 말도 버렸다. 피노리장터 삼거리 주막에서 하룻밤을 지낸 봉준은 자신이 고부 접주일 때 부하였던 김경천이 피노리에 산다는 것을 생각해내고 그를 찾아갔다.

김경천은 봉준을 반갑게 맞이하여 일행을 주막으로 안내했다. 김경천은 저녁밥을 시켜 기다리게 하고 이웃 마을의 양반 토호 한신현에게 밀고했다. 농민군 잔당을 진압하러 민보군을 조직하던 한신현은 동네 장정을 동원해 밤을 틈타 전봉준 일행을 덮쳤다. 주막을 포위하고 있던 장정들이 총 개머리판과 몽둥이로 탈출하는 봉준을 사정없이 내리쳤다. 조선 호랑이 녹두장군 전봉준이 부하의 밀고와 조선 백성들에 의해 체포되는 순간이었다. 1894년 12월 28일 밤의 일이다.[28]

---

27) 별명이 녹두장군이었던 전봉준이 도피하자 백성들은 이 노래를 부르며 봉준이 재기해 파랑새의 꿈을 이루기를 기원했다. 이 노래는 전국적으로 유행했다. 필자도 어린 시절(1960년대) 의미도 모른 채 이 노래를 동네 아이들과 같이 불렀던 기억이 있다.

28) 한신현은 봉준 일행을 마을 공회당에 가두고 순창관아에 신고했다. 순창관아는 이들을 전주감영으로 이송하려 했다. 마침 순창에 머물던 미나미 소좌가 소식을 듣고 신병 인도와 한성 압송을 강력히 요구했다. 위압에 눌린 순창군수는 봉준 일행을 인계할 수밖에 없었다. 미나미는 봉준의 부하 3인 중 최경선, 양해일은 같이 압송하고 잔챙이라고 생각한 윤정오는 남겼는데 민보군은 윤정오를 현장에서 총살했다. 한신현은 금천군수가 되었고 마을사람들은 상금 1천 냥을 나누어 가졌다. 김경천은 보복의 두려움에 피노리를 떠났다.

전국 방방곡곡에 봉준의 체포를 알리는 방문이 붙었으며 많은 백성에게 충격과 함께 통탄을 안겨주었다. 포로가 된 봉준 일행은 1885년 1월 중순 나주로 압송되었다가 2월 18일 일본군의 특별한 호위 속에 한성으로 이송된다.

눈 내리는 만경들 건너가네
해진 짚신에 상투 하나 떠가네
가는 길 그리운 이 아무도 없네
녹두꽃 자지러지게 피면 돌아올거나
울며 울지 않으며 가는
우리 봉준이
풀잎들이 북향하여 일제히 성긴 머리를 푸네
그 누가 알기나 하리
처음에는 우리 모두 이름없는 들꽃이었더니
들꽃 중에서도 저 하늘 보기 두려워
그늘 깊은 땅속으로 젖은 발 내리고 싶어 하던
잔뿌리였더니
그대 떠나기 전에 우리는
목선 그대의 칼집도 찾아주지 못하고
조선 호랑이처럼 모여 울어주지도 못하였네
그보다도 더운 국밥 한 그릇 말아주지 못하였네

– 안도현 '서울로 가는 전봉준' 중에서

봉준은 한성의 일본영사관 순사청(현 중부경찰서 자리)에 수감되었다가 2월 27일 조선의 법무아문에 이송된다.

| 전봉준 이송 사진

그간 전라도에서 한성으로 압송 당시 촬영된 모습으로 알려졌던 전봉준 압송 사진은 일본인 사진작가 무라카미 텐신이 우치다 일본영사의 사전허가를 얻어 1895년 2월 27일 한성의 일본영사관에서 법무아 문으로 이송되기 직전 촬영한 것으로 판명되었다. 이 사진은 같은 해 5월 10일 도쿄의 출판사 춘양당이 발매한 사진화보에 '동학당 수령 전녹두 및 조선순사'란 제목으로 실려 일반에 처음 공개되었다(동아일 보 2010.10.22).

전봉준 재판

봉준이 재판을 받는 1895년 3~4월은 김홍집−박영효 연립내각(제2차 김홍집 내각)에 의한 갑오개혁이 맹렬히 추진될 때였다. 따라서 조선의 사법행정체제가 대혁신을 겪고 있었기에 봉준의 신문과 재판은 종전의 의금부가 아닌 법무아문에서 개설한 권설재판소(임시재판소)에서 진행되었다.

재판은 3월 5일부터 4월 4일까지 총 5회에 걸쳐 이루어졌다. 당시의 신문기록과 판결문이 '전봉준공초'로 남아있다. 재판장은 법부대신 서광범, 주 신문관은 법부참의 장박이었고, 일본영사는 참여해 신문을 직접 하기도 했다. 4월 23일(음력 3.29) 봉준은 손화중, 최경선과 함께 사형판결을 받았다. 적용된 법조문은 대전회통형전 중 '군복을 입고 말을 타고서 관아에 변을 일으킨 자는 지체 없이 목을 벤다'는 조항이었다. 다음날 새벽 바로 교수형이 집행되었다.

갑오개혁으로 사법행정이 근대적으로 개혁되었다는데 어떻게 전근대법전인 대전회통이 적용되고, 또 다음 날 즉시 사형 집행이 되었을까? 사연은 이렇다.

1차 갑오개혁으로 연좌제 금지, 고문 금지, 사법관의 공개재판을 통해서만 형벌을 가하는 등 사법행정체계의 근대적 혁신이 이루어졌지만 신 형법이 제정 반포되기 전이라서 재판관이 구법인 대전회통형전을 적용한 것이다.

2차 갑오개혁으로 2심 재판을 받을 권리가 부여되어 음력 4월 1일부터 시행하기로 했다. 조정은 신법 시행일 하루 전 서둘러 구법의 단심제를 확정 집행했다. 다만 논란을 의식해 사형방법은 신법을 적용해 교수형을 적용했다.

41세의 전봉준은 감회를 담은 시 한 수를 읊고서[29] 형장의 이슬로 사라졌다. 녹두꽃은 떨어지고 파랑새의 꿈도 사라졌다.

왕조 교체나 공화정 주장과 같은 구체제 타도를 목표로 하지 못했다

---

29) 때를 만나서는 천지도 모두 힘을 합하더니(時來天地皆同力)
     운이 가니 영웅도 스스로 어찌하지 못하는구나(運去英雄不自謀)
     백성과 정의를 사랑하는 마음 허물은 없었다오(愛民正義我無失)
     나라를 위한 일편단심 누가 알아주리(爲國丹心誰有知)

거나 근대적 사회의식이 결여되었다는 등으로 동학농민운동의 한계성을 지적하는 주장이 있다. 그러나 굳이 역사적 평가를 해야 한다면 이러한 한계성 논란보다는 조선 내부의 자주적 개혁이라는 매우 중요한 기회를 놓친 점에 방점이 찍혀야 할 것이다. 자주적 개혁의 기회를 놓친 조선은 스스로는 도저히 개혁이 불가능한 적폐의 나라, 가망이 없는 나라로 국제적으로 낙인찍히고, 결국 일본이 내정개혁을 구실로 조선에 계속 주둔하며 청일전쟁을 일으키기 때문이다.

이 대목에서 안타까운 것은 동학농민운동─ 청일 양국군 파병─ 청일전쟁─ 러일전쟁─ 을사조약─ 경술국치라는 역사적 순서에 따라 동학농민운동이 청일의 파병 구실이 되어 조선이 멸망했다는 주장이 간혹 있다는 점이다.

그러나 시간적 순서가 앞선다는 이유만으로 앞 사건이 뒤 사건의 원인이라는 인과관계가 성립되는 것은 아니다. 동학농민운동이라는 사건에 대해 고종을 위시한 지배층이 농민군의 요구사항을 반영해 자주적 수습책을 냈더라면 역사는 전혀 다른 방향으로 흘러갔을 것이다. 여러 대신의 반대에도 불구하고 고종이 청에 파병을 요청하는 선택을 하는 바람에 잘못된 역사로 들어선 것이다. 따라서 농민군 봉기에 대한 고종의 대처방안이 잘못된 것이지, 농민군 봉기가 그 이후에 일어난 망국의 역사에 대한 원인이 아니라는 것을 분명히 해두자.

김홍집(1842~1896)

제2차 수신사로서 역사의 전면에 등장한 이래 김홍집은 갑오개혁(갑오경장)을 추진하며 우리나라 근대화의 기틀을 마련했다. 19세기 말 휘몰아치는 격랑 속에서 조선의 마지막 영의정이었으며, 또 초대 총리대신 이래 4회에 걸쳐 내각의 총리대신을 역임했다. 이런 대단한 인물임에도 우리는 대부분 그를 잘 모른다

김홍집은 숙종의 장인 경은부원군 김주신(경주김씨)의 5대손 김영작과 창녕 성씨 사이에서 1842년 한성에서 태어나 북촌에서 성장했다. 한마디로 그의 집안은 뼈대 있는 가문이지만 청빈한 선비의 가풍이 이어졌다.

대사헌, 대사성, 홍문관제학 등을 역임한 부친 김영작은 개화사상가 박규수와 친했기에 아들 홍집이 자연스레 박규수의 문하가 되었다. 홍집은 박규수의 문하에서 김옥균, 박영효 등 젊은 개화파들과 교분을 다지는데 나이가 많은 김윤식, 어윤중[30]과는 온건개화파로서 훗날 정치적 운명을 같이한다.

1867년 홍집이 과거에 급제해 벼슬길에 오를 때 부친은 "국록을 헛되게 하지 말고 국사에 충실하라"고 당부했다. 홍집은 관직에 들어서도 재색을 멀리하고 청빈한 생활을 영위했다. 축첩이 보편화된 당시 그가 높은 사회적 신분에도 평생 축첩을 하지 않은 점은 오늘날 더욱 높은

---

30)   어윤중은 박규수 문하는 아니었다.

평가를 받아야 하지 않을까?

홍집은 과거 급제 후 연이은 부모상으로 4년 만에 관직에 복귀해 흥양(현 고흥)현감, 호조·공조·병조참의를 거쳐 1880년 예조참의일 때 2차 수신사로 일본에 다녀왔다. 1882년 미국·영국·독일 등과 수호통상조약을 체결하고, 일본과의 제물포조약 및 청과의 조청상민수륙무역장정을 체결할 때 부사로서 협상의 실무책임을 맡았다. 1884년 9월 예조판서와 독판교섭통상사무[31]에 올랐으며, 갑신정변의 뒷수습을 담당할 좌의정 겸 외부독판에 임명되어 1885년 초 일본과 한성조약을 체결했다.

그는 이미 조선에서는 따라갈 수 있는 인물이 없을 정도의 개화 및 국제통이 되어 있었다. 오죽하면 고종을 비롯한 조정 사람들이 모두 그를 가리켜 꼭 필요하다는 의미의 '비 오는 날의 나막신[32]'에 비유했을까?

1894년 조선반도에서는 세 가지 역사적 사건이 동시에 진행된다. 동학농민운동, 청일전쟁 및 갑오개혁 중 여기서는 김홍집이 주도한 갑오개혁을 간략히 살펴보자.

1차 갑오개혁

일본군의 경복궁 점령과 함께 대원군이 복귀했다. 김홍집을 영의정으로 삼아 조각을 하고(제1차 김홍집 내각), 개혁기구인 군국기무처를 설립해

---

31)   현대의 외교통상부 장관에 해당한다.
32)   오늘날 '비오는 날의 우산' 정도로 꼭 필요한 사람이라는 뜻으로 이해하면 된다.

김홍집을 총재관으로 선임했다(7.27). 군국기무처가 행한 각종 근대화 개혁조치를 1차 갑오개혁이라 한다.

홍집은 군국기무처의 수장 및 조선 개혁호를 이끄는 선장으로서 누구도 이의를 달기 힘든 적임자였다.[33] 군국기무처는 회의체형 비상기구다. 회의원 17인은 모두 대신, 협판, 참의 등 현업을 겸한 고위관리였기에 군국기무처의 활동은 실제로는 김홍집 내각에 의해 뒷받침되고 집행되었다. 군국기무처는 약 3개월의 활동 기간 동안 208건에 달하는 의안을 심의

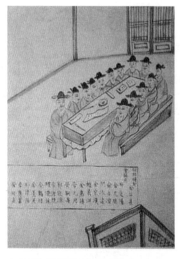

| 군국기무처(출처: 위키피디아)

통과시키는 등 정력적 활동으로 혁신적 조치들을 취했다. 이때만 해도 일본은 청과 전쟁을 치르느라 조선의 내정에 전략적 불개입 방침을 유지했다.[34]

따라서 1차 갑오개혁은 상당히 자율적으로 추진되었으며 여기에는 해묵은 개혁과제들과 동학농민군이 제기한 폐정개혁안의 내용이 반영되었다. 갑오개혁 초기 민심 수습을 위해 그간 백성들과 관리들의 지

---

33) 김홍집은 성실성과 주변의 신임을 바탕으로 제반 정세를 종합해 대처하는 능력이 탁월했다. 그는 친청파도 아니고 친일파도 아니었다. 얼마 전 개혁기구 교정청의 수장으로 자신을 임명한 고종과 왕비, 개혁을 강요하던 일본, 개혁 정권의 섭정으로 영입된 대원군 등 정국의 이해관계자 모두가 김홍집이 개혁을 주도하는 것을 원했다.

34) 주한일본공사관기록 2권 5. 기밀본성 및 기타왕래 (48)

탄을 받아온 권력농단자 및 탐학관리들을 처벌했다. 민영준, 민형식, 민응식, 민치헌, 무당 진령군 등이 유배형을 받았다.[35]

정력적인 개혁조치들과 민심 영합 정책에도 불구하고 일본군의 경복궁 점령 사건으로 인한 반일감정이 동학농민군 재봉기(9월)로 이어지고 농민군의 목표 중 하나가 개화 정권 타도로 설정되자, 조정은 농민군에 대해 탄압징책으로 돌아서며 민심과 괴리되기 시작한다.[36]

이러한 안타까움에도 불구하고 우리나라 근대화의 기틀을 마련한 것으로 평가받는 1차 갑오개혁의 주요 내용을 표로 정리하면 다음과 같다. 개혁의 범위가 광범위하며 개별 조치 하나하나가 당시로서는 획기적이었다.

대외관계 부문	– 개국 기년 사용 – 청과 평등관계, 조약 체결한 서구에 주재 공사 파견 – 외교관의 궁궐 내 가마 타는 권한 청과 대등
정치행정 부문	– 국왕권한 축소 – 궁내부/의정부–8아문 체제(왕실사무와 정부사무 분리) – 과거제 폐지/근대적 관리 임용제 – 대간제도(언관 3사) 폐지
지방행정 부문	– 면민들 선거로 향회 조직 – 한성부, 감리서의 직권 재조정

---

35) 고종실록 1894.6.25, 1894.7.15
36) 10월 19일 신정희를 양호순무사로 하는 조선의 토벌대(양호순무영)가 설치되어 일본의 동학당 정토군과 합세해 본격적인 동학농민군 토벌에 나섬으로써 김홍집 내각은 바닥 민심과 더욱 괴리된다.

경제 부문	– 재정을 탁지아문 일원화(홍삼, 금광 등 권한 포함) – 조세금납제 – 은본위 화폐제도 도입[신식화폐발행장정에 따라 은화(5냥, 1 냥), 백동화(2전5푼), 적동화(5푼), 황동화(1푼) 유통] – 신화폐제 도입과 일본 화폐 혼용 가능 – 도량형 전국 통일
군사 부문	– 구 청식(장위영 통위영 총어영), 조선식(병조 경리청 호위청), 미국식(연무공원) 군제를 1영으로 통합 시도 – 친위영 설치 위해 200명 하사관 훈련 위한 교관 초빙 시도
경찰 부문	– 내무아문 산하 한성에 경무청 설치 – 지방은 관찰사 아래 경무관 배치
사법 부문	– 연좌제 및 고문 폐지 – 법관의 재판에 의해서만 형벌 가능 – 법무아문: 고등 법원 및 지방재판 감독 – 공무원 범죄 담당 의금부는 법무아문 소속
사회 부문	– 반상 신분제 철폐, 노비천민 혁파 – 인신매매 금지 – 조혼 금지와 과부 재가 가능
교육 부문	– 학무아문: 유교교육 지양, 합리성 및 실용 위주의 교육 – 교과서 편찬/국문 번역 – 소학교, 중학교, 대학교/기예학교, 외국어학교, 전문학교

2차 갑오개혁

정무가 김홍집 위주로 운용되자 일본의 요청으로 정계에 복귀한 대원군의 역할이 없어졌다. 갑오개혁이 파격적으로 진행되자 대원군은 급진적이라는 불만을 품었다. 게다가 일본이 청일전쟁까지 일으키자 대원군은 일본과 조선 조정 양쪽에 다 불만을 느끼고 은밀한 계획을 추진한다.

청의 승리를 예상하고 당시 평양성에 주둔 중인 청의 장수에게 편지로 나라를 구해달라며 SOS를 보냈고, 남쪽의 동학 지도부에게도 한성으로 쳐들어오라는 밀지를 보냈다. 청군과 동학농민군의 협공으로 일본과 조정을 타도할 심산이었다. 대원군의 밀지는 동학농민군이 김홍집 내각에 대한 반감을 키우는 데에 일조했다.

평양성 전투에서 일본군이 청군에 승리하고(1894.9) 일본 정계의 거물 이노우에 가오루가 일본공사로 결정되었다. 이노우에는 고종과의 첫 알현(10.28)에서 국왕과 정부에 대한 자문권을 부여받은 후 조정 장악을 위해 대원군 제거, 왕비의 국정 관여 금지, 박영효의 입각 등을 강력하게 추진한다. 일본이 청일전쟁에서 연전연승하자 그는 조선에 막강한 영향력을 행사해 총독행세를 하던 원세개가 재림한 듯했다.

이노우에는 11월 20일부터 이틀에 걸쳐 고종을 알현하고 내정개혁안을 상주해 고종의 승낙을 받았다. 이노우에의 개혁안 제1조가 "정권의 명령이 한 곳에서 나오도록 하여야 한다"였다. 그러나 일주일 후 총리대신 김홍집도 모른 채 네 협판(네 차관)이 임명된 것이 왕비의 작품임을 알게 된 이노우에는 "이런 식이라면 개혁을 하지 않겠다"면서 "개혁 철회와 동학농민군 토벌 중인 일본군 철수"를 위협했다. 얼

| 이노우에 가오루(출처: 위키피디아)

마나 한심한 상황인가? 일본이 개혁 명분으로 진행하는 내정간섭을 중지하겠다는 것, 농민군 토벌 중인 일본군을 철수하겠다는 것에 두려움을 느끼는 왕과 조정은 도대체 누구의 왕이며 누구를 위한 정부인지 통탄하지 않을 수 없다.

결국 홍집과 조정대신들이 고종과 왕비의 사과 의사를 이노우에에게 전달하면서 이노우에는 왕비의 국정 관여 금지를 확약받았다. 평양성에서 노획했던 청 장수에게 보낸 대원군 편지를 문제 삼아 대원군을 정계에서 은퇴시키고, 박영효·서광범 등의 사면 압력을 넣어 이들의 정치활동 복귀에 장애요인을 제거했다.

1894년 12월 17일 이노우에의 뜻이 반영되어 군국기무처를 폐지하고 김홍집-박영효 연립내각(제2차 김홍집 내각)이 출범해 2차 갑오개혁이 시작된다. 1895년 초부터 박영효가 독자 권력기반을 구축한 후 김홍집 등과 갈등을 빚어 내각총사퇴를 주장하고, 심지어 자신을 천거한 이노우에의 의향마저 무시하고 독자적으로 치고 나갔다. 5월 삼국간섭 후 박영효가 군부마저 장악하려는 의도로 사건을 벌이자 홍집은 사표를 제출해 제2차 김홍집 내각이 붕괴되었다. 6월 2일 박정양-박영효 연립내각이 출범해 박영효는 내각의 실세가 되었으나 한 달 남짓 만에 왕비 제거를 기도한 혐의로 체포가 결정되자 일본으로 재망명했다(7.7).

따라서 2차 갑오개혁은 김홍집-박영효 연립내각과 1개월여 존속한 박정양-박영효 연립내각에 의해 약 7개월간 수행되었다. 이노우에가 고종에게 내정개혁안을 상주하고 김홍집-박영효 연립내각이 출범할 시점은 뤼순항 함락 등으로 청일전쟁이 일본의 승리로 굳어지고, 우금치 전투

(12.5)와 전봉준 체포(12.28)로 동학농민운동이 막을 내릴 즈음이었다.[37]

2차 개혁은 총 213건의 안건이 진행되었으나 상당수가 1차 개혁 시 군국기무처의 안건을 수정·보완하는 형태였다. 또 짧은 기간 중 연립내 각의 붕괴와 박영효 재망명 등의 정국 불안으로 의안은 통과되었으나 추진하지 못한 것이 많았다.

정치·외교·행정	- 청과의 전통관계 단절, 독립국 선포(독립서고문) - 최초의 성문헌법에 해당하는 홍범 14조 반포 - 왕실존칭 격상('주상전하'를 '대군주폐하'로, '왕비전하'를 '왕후폐하'로) - 궁내부 관제 간소화(6원체제, 내장원 신설) - 의정부를 내각으로 명칭 변경, 8아문을 7부로 변경 - 경무청 관제 공포, 경무청 확장, 경찰권 일원화 - 1895년 4월까지 전 부처에 일본인 고문관 고용
지방행정 부문	- 도(8도)·부·목·군·현을 23부 337군으로 변경, 내부대신 지휘 감독하에 부에는 관찰사·참서관·경무관을, 군에는 군수를 파견
재정 부문	- 이노우에의 조선 재정파악 완료, 최초 예산안 편성(1985년) - 회계법 제정으로 1896년부터 근대적 예산 편성 및 집행 - 3항구(인천, 부산, 원산) 감리서 폐지
재정 부문	- 조세 및 징세를 탁지부로 일원화, 탁지부대신이 전국 9개소의 관세사 및 220개 징세서 관할 - 무명 잡세 폐지 - 일본차관 도입 시도(이노우에 500만 엔 제시했으나 일본 정부에서 300만 엔으로 축소, 이마저 의회승인 지연됨)
군사 부문	- 3영 2청 폐지, 훈련대 시위대 창설

---

37) 이런 배경 때문에 이노우에의 영향력은 막강했고 그의 추천으로 일본인 고문은 정부 각 부처에 40명이 넘었기에 일본의 영향력이 매우 큰 상태에서 2차 개혁이 이루어졌다.

사법 부문	– 재판소구성법 공포하여 재판소 설치, 2심제 도입으로 사법권 독립 도모 – 판사 검사 직제 최초 도입(1896.7.까지 지방관이 겸임)
교육 부문	– 국민 교육을 위한 교육입국조서 반포 – 근대 교육제도 마련(한성사범학교, 소학교, 외국어학교 등 관제 공포) – 114명의 유학생 일본 게이오의숙에 파견

3차 갑오개혁(을미개혁)

이노우에가 공들인 제2차 김홍집 내각이 무너지고, 일본의 복심으로 생각한 박영효마저 독자 노선을 걸었다. 이노우에가 약속했던 5백만 엔의 차관이 지연되면서 실망한 고종과 왕비가 삼국간섭 이후 친러시아로 기울자, 일본 정부는 이노우에 공사의 활동을 총체적 실패로 규정짓고 1895년 5월 23일 이노우에에게 공사해임 권고를 내렸다.

1895년 6월 중순부터 약 한 달간 도쿄에서 휴가를 보낸 이노우에는 7월 1일 일본 내각에 대조선정책에 관한 의견서를 제출했다.[38] 일본 내각은 박영효 재망명 사건을 접하고 서둘러 결정을 내렸다. 기존 차관의 연장과 기증금 3백만 엔 제공을 결정하고, 이노우에에게 즉시 귀임해 왕비와 홍집의 환심을 살 것을 지시하며 미우라 고로를 후임 공사로 지명했다(7.11).

조선에 귀임한 이노우에는 고종과 왕비를 알현해 고가의 선물을 주

---

38) 그는 일본의 차관 제공이 재정난에 허덕이는 조선의 개혁과 일본에 대한 신뢰 회복을 위한 핵심이라고 판단해, 청일전쟁 배상금 중 5~6백만 엔을 전쟁 피해를 입은 조선에 기증금으로 주자는 것과 기존 차관 3백만 엔의 상환기간을 5년에서 20년으로 연장하자는 안을 제시했다.

며 3백만 엔의 기증금 제공을 암시하며 추파를 던졌다. 또 그간 자신
이 시종일관 주장했던 왕비의 정치참여 금지와는 정반대로 왕비가 정
치 일선에 복귀할 것과 그간 투옥된 모든 민씨척족의 사면복권을 권고
해 왕비의 환심을 샀다.[39]

1895년 8월 25일 김홍집-박정양 연립내각(제3차 김홍집 내각)이 출
범했는데, 사면복권된 민씨척족과 근왕직 정동파가 내각의 중심이었
다. 왕비의 친러 경향으로 이제는 친러 민씨척족정권이었다. 홍집은 총
리대신이지만 내각에서의 영향력은 제한적이고 개혁은 사실상 중단되
었다. 그러나 제3차 김홍집 내각은 1달 남짓 만에 무너진다. 을미사변
(1895.10.8) 때문이다.

을미사변으로 정동파는 미국공사관과 러시아공사관으로 피신하고 어
윤중, 유길준, 장박, 권형진 등이 복귀해 친일내각(제4차 김홍집 내각)이
구성되었다. 제4차 김홍집 내각 기간 중 불안과 공포에 떨고 있던 고종
을 궁 밖으로 구출하려다 실패한 춘생문사건[40]이 일어난다(1895.11.28).
정동파 관료들은 춘생문사건의 실패를 교훈 삼아 약 2달 후 고종을 러
시아공사관으로 피신시키는 아관파천을 성공시킨다(1896.2.11). 이로써

---

39) 고종은 즉시 민영준 등 민씨척족을 포함해 개혁기간 중 징역이나 유배형에 처해졌던 탐관오리
     260여 명을 석방하고 사면했다.

40) 친위대 2개 대대 800명의 군인들이 춘생문에 이르러 담을 넘어 입궐하려 했다. 그러나 협력하기로
     했던 대대장 이진호가 군부대신서리 어윤중에게 밀고해 궁궐 내 친위부대의 반격으로 이들 일부
     가 체포되고 결국 실패했다. 이 사건에는 시종원경 이재순, 시종 임최수, 탁지부국장 김재풍, 참령
     이도철, 중추원의관 안경수, 정동파 관료들(이범진, 이윤용, 이완용, 윤용렬, 윤치호, 이하영, 민상
     호, 현흥택), 언더우드, 헐버트, 다이 등 미국 선교사와 교관, 미국공사관의 알렌, 러시아공사 베베
     르와 같은 외교관들도 관련되어 있었다. 임최수, 이도철은 사형당하고 나머지 인사들도 처벌을 받
     았다. 정동파 관료들은 미국공사관, 러시아공사관 또는 선교사의 집으로 각각 피신했다.

제4차 김홍집 내각은 붕괴되며 결국 갑오개혁은 막을 내렸다.

제4차 김홍집 내각이 정국을 재장악하기 위해 밀어붙인 3차 갑오개혁(을미개혁)은 을미사변으로 반일감정이 팽배한 상태에서 개혁조치들을 시행함으로써 백성들의 저항을 불러일으켰다. 특히 단발령 조치로 반일감정이 폭발하면서 반일 의병운동의 계기가 된다.

정치·외교·행정	– '건양' 연호 사용 – 향회 설치로 초보적 지방자치제 시도
경제 부문	– 환곡제도 폐지 – 상무회의소규칙 제정하여 민간의 상공업 육성 도모
군사 부문	– 훈련대와 시위대 합병, 친위대(한성)와 진위대(지방) 설치
사회·교육 부문	– 단발령 실시 – 태양력 사용 – 종두법 실시 – 우체사 설치로 근대적 우편업무 – 4개 소학교 설치

갑오개혁은 양반 지배층과 백성들 양쪽 모두에게 외면받았다. 전통적 질서를 허물고 근대화를 목표로 하는 갑오개혁은 기득권자인 양반 지배층에게는 싫고 불편한 조치였고, 하층 백성들에게는 이를 추진하는 세력이 왕실을 짓밟고 농민군을 토벌하는 일본에 조종되는 괴뢰정권이라는 인식이 강했다. 따라서 근대화를 통해 부국강병을 이루려는 사명감과 열정으로 개혁에 임한 홍집을 비롯한 갑오개혁의 주체들이 민심과 괴리된 채 개혁조치를 양산하는 과정이 반복된 것은 갑오개혁 과정에서 가장 아쉬운 대목이다. 또한 박영효의 재망명, 아관파천 등

정변 발생 시마다 개혁의 연속성이 중단되었다.

신분 질서 파괴 등 혁명적 개혁조치에 환호해야 할 하층 신분의 절대 다수의 백성들에게까지 민심 이반이 생긴 것은 무엇 때문이었을까?

괴뢰정권이라는 인식 외에도 백성들을 설득하는 확고한 리더십의 부재가 가장 큰 이유다. 1차 개혁 초기 대원군이 기용되어 권력을 행사했다. 물론 개혁의 세부적 조치는 군국기무처를 통해 홍집 등 개혁 주도세력이 추진했지만, 일반 백성들에게 그들은 실무 관료로 보였을 것이다. 대원군은 정무에서 자신이 소외되자 청군과 동학농민군에게 친일정권을 쫓아내 달라는 내용의 밀서와 밀지를 전달하는데, 대원군의 이러한 행동은 조정에 대한 민심 이반을 촉발한 큰 원인이 되었다.

정권의 주인으로 인식될 만한 대원군, 고종 및 왕비 이들 중 어느 누구도 국가 발전을 위해 근대화 개혁조치가 절실하다고 호소하며 백성들을 설득하고 공감대를 형성하려고 노력한 사람이 없었다. 이들은 오직 자신의 권력을 유지하거나 뺏긴 권력을 탈환하는 것에만 관심을 두었지 근대화를 위한 장기적 비전과 프로그램 같은 것은 관심사가 아니었다. 정권의 추가 대원군과 고종 및 왕비 사이를 왔다 갔다 하고 정권의 향배에 외세의 힘이 결정적으로 작용하는 것을 본 개혁 주도세력도 친청·친일·친러 및 친미 등으로 갈려 주도권을 다투었다. 개혁이란 것이 이런 관료들이 권력을 쥐기 위한 한 수단으로 백성들은 보았을 것이다.

이러한 아쉬움에도 불구하고 홍집이 추진한 갑오개혁은 우리나라가 아주 오래된 봉건체제를 허물고 근대화의 길로 들어선 역사적 이정표이며, 우리 국민이 받은 근대 종합선물세트라 할 수 있다. 현재 우리가 살고 있는 대한민국 사회체제의 기본적 틀 중 많은 부분이 바로 이때 형성되었기 때문이다.

김홍집 사망

아관파천으로 4차 김홍집 내각은 붕괴되었다. 단발령으로 상징되던 을미개혁은 중단되고 그간 개혁을 추진했던 세력은 철퇴를 맞았다. 아관파천 직후 김홍집은 사망한다. 흔히 백성들에게 맞아 죽었다고 알려진 홍집이 살해되는 과정을 구체적 기록들을 종합해 되살려 보자.

> 1896년 2월 11일 홍집은 밤새 일어난 아관파천 소식을 듣고 놀라서 긴급히 내각회의를 소집했다. 급히 가마꾼을 불러 허둥지둥 집을 나섰다. 궁궐로 가는 가마 안에서 을미사변 때 국모 시해의 책임을 지고 자결하려는 순간을 떠올렸다. "대감이 죽는다고 이 일이 해결된다면 모르겠으나 전혀 그렇지 않다. 오히려 이 난국을 수습을 하는 것이 책임을 지는 것"이라는 유길준의 만류가 새삼 원망스러웠다.
>
> 오전 10시경 내각회의실에는 홍집 외에 외부대신 김윤식, 내부대신 유길준, 궁내부대신 이재면, 내각총서 권재형 등이 있었다. 유길준은 "대사는 이미 지나갔다. 마땅히 내각은 총사직을 출원하고 각자 처신의 길을 꾀해야 한다"고 주장했다. 이에 대해 홍집은 "일이 여기에 이르렀으니 이제는 일신을 돌볼 때가 아니다. 내가 먼저 러시아공사관으로 가서 폐하를 알현하고 충간해야겠다. 마지막으로 폐하의 마음을 돌리실 것을 촉구하고 성사되지 않으면 일사보국하는 길밖에 없다"고 각오를 말하며 자리를 일어섰다.
>
> 홍집은 고종의 진심을 확인하고 싶었다. 매번 총리대신에 지명될 때마다 고종은 밤잠을 못 이룬다며 그에게 맡아달라고 부탁했기 때문이었다. 만일 자신에 대한 고종의 신임이 사라졌다면 한 나라의 총리대신으로서 이번에는 어떤 책임이라도 질 각오를 다졌다.

대궐을 채 나오기도 전에 대궐 내에 있던 총순 소홍문 무리에게 체포되었다.[41] 농상공부대신 정병하도 입궐을 위해 가던 중 광화문 앞에서 체포되었다. 순검들은 이들 두 대신을 경무청으로 연행하려고 했다. 광화문 밖의 삼군부는 일본군의 병영이었다. 순검 무리가 대신들을 둘러싸고 실랑이하는 것을 보고 자기들 병영으로 피신하기를 권하는 일본군에게 홍집은 "나는 명색이 조선의 총리대신이요. 외국군 도움으로 목숨을 부지하느니 조선 사람에게 죽는 것이 천명이외다. 타국인에게 구출되는 것은 짐승만 못하다"며 거절했다. 주위 사람들도 빨리 피신하시라 외쳤지만, 홍집은 "나라의 꼴이 이 모양인데 책임 있는 자가 구차하게 살아서 무슨 소용이냐"며 태연자약했다.

김홍집의 체포와 사망에 이르는 과정에 관하여는 대한계년사와 주한일본공사관기록에 자세히 기록되어 있다.[42] 두 기록이 상이한 점이 있으나 종합하여 정리하면 아관파천 당일 오후 1~2시경 김홍집과 정병하는 이범진 등 정동파의 부추김을 받은 고종의 명으로 경무사 안환 또는 총순 소홍문의 지휘 아래 순검에 의해 경무청 문 앞에 있는 소석교 위에서 참살된 후 그 시신이 종로로 옮겨져 보부상[43]과 군중에 의해 훼손되었다. 백성들에게 맞아 죽었다는 주장은 일국의 총리대신이 재판절차도 없이 처형된 것에 대한 국제적 비난 여론을 의식해 사후에 고종과 이범진 등 쿠데타 집권세력이 책임을 면하기 위해 군중의 시신 훼손 사건을 확대 각색하여 적극 유포한 것으로 추정된다.

춘생문사건으로 투옥되었다가 풀려나 다시 경무사에 복귀한 안경수는 두 시신이 종로네거리 길에 방치되어 훼손되고 있다는 얘기를 듣고 외국인들의 여론이 안 좋아질 것을 염려해 가족들의 시신 수습을 고종에게 건의해 채택되었다.

---

41) 총순(순검의 상급자) 소홍문은 경무사 이윤용(이완용의 양형)의 심복으로서 쿠데타 주동자들의 지시로 광화문 앞에서 입궐하는 대신들을 체포하기 위해 기다리고 있었다.

42) 정교, 『대한계년사』 2권 건양원년 병신 2월. 주한일본공사관기록9권 3.기밀본성왕래1·2 (8) 독립협회 회원 정교가 지은 『대한계년사』는 황현의 『매천야록』, 김윤식의 『속음청사』와 함께 구한말의 3대 사찬 역사서로 평가받는다.

43) 이범진 등 정동파는 아관파천이라는 쿠데타를 위한 행동대로 전국에서 수천 명의 보부상들을 동원했다. 주한일본공사관기록9권 3.기밀본성왕래1·2 (9)

김홍집의 부인 남양 홍씨는 목을 매 자결했고 늦둥이 젖먹이 아들은 강보에 쌓인 채 죽었다. 나중 대한민국 초대 부통령을 역임한 이시영에게 시집간 큰딸은 연좌되지는 않았으나 얼마 후 사망했다.

평생 '비 오는 날의 나막신'으로 일컬어지는 일벌레 관료였으며, 일국의 총리로서 '외국인에 구조되는 짐승이 되느니 동족에게 죽는 천명'을 택한 구한말의 위대한 정치가이기도 했다. 관리들에게 매우 인색한 평가를 하는 황현도 그를 가리켜 "비록 일본과 화합할 것을 주장하여 여론에는 배치되었지만, 그는 국가를 위해 심력을 다하였고 재간도 다른 이들보다 뛰어났기 때문에 그가 살해된 후 매우 애석하다는 여론이 있었다"고 평가했다.[44]

한편 궁궐 안에서 대기 중이던 유길준, 조희연, 장박, 권형진은 체포 칙령을 전한 안환과 순검들에 의해 체포되어 경무청으로 연행되던 중 광화문 앞에서 일본군의 도움으로 구출되어 일단 피신한 후 일본공사관의 호위 하에 결국 일본으로 망명했다.

대신들에 대한 체포령이 내려지자 어윤중도 신변의 위협을 느끼고 충청도 보은으로 피신하는 도중에 살해되고, 김윤식은 운 좋게 살아남지만 1897년 12월 제주도로 종신유배형을 받는다.

갑신정변에 따른 급진개화파의 궤멸에 이어 온건개화파의 상징이었던 김홍집, 어윤중, 김윤식 등의 사망과 몰락으로 조선 정계에서 개화

---

44) 황현, 『매천야록』 제2권, 고종32년(1895년) ④ 19.

파는 씨가 말랐다. 조선의 큰 불운이었다. 근대화를 향한 개혁도 중단되며 이후 암군이자 혼군, 고종이 이끄는 조선호는 방향을 잃고 표류한다.

。 베베르(후속)

1890년대 베베르가 우리나라 역사에 큰 족적을 남긴 사건은 뭐니 뭐니 해도 을미사변과 아관파천이다. 두 사건을 간단히 살펴보자.

을미사변

1895년 5월 하순 해임권고를 받은 이노우에는 6월 초 도일한 후 대신들을 만나며 일본 정부의 대조선정책 논의과정과 의향을 파악한 후 자신의 의견 제출과 후임 공사 추천이 공사로서의 마지막 임무로 생각했다.

일본 내각은 이노우에의 재임 시의 대조선정책을 실패로 결론짓고 새 정책을 논의 중이었다. 내각에 제시할 이노우에의 의견에 관하여 요시카와 사법대신은 "미봉책은 단연히 포기하고 '결행의 방침'(강경책)을 채택하도록 (이토 총리에게) 강하게 권유하라"고 이노우에에게 말했고, "이쪽의 희망대로 움직여 갈 것 같다"는 이노우에와의 면담 결과를

무쓰 외무대신에게 편지로 알렸다(6.20).[45]

7월 초 이노우에는 조선에 대한 차관 연장 및 기증금 제공 의견서와 후임 공사로는 이례적으로 외교 경험이 전무한 육군 중장 출신의 미우라를 내각에 천거했다.[46]

일본 정부는 기존 차관의 20년 연장과 기증금 3백만 엔의 제공을 결정하고, 미우라 고로를 후임 공사로 지명했다(7.11). 이미 이때 일본 정부는 강경책을 결정한 것이며, 강경책이 실행되기 전 이노우에에게 즉시 귀임해 왕비의 정치 일선 복귀 등 왕비의 환심을 사도록 주문했다는 것은 기술하였다.

미우라는 9월 1일 조선에 부임한 후 대외활동을 거의 하지 않고 불경을 읽으며 참선승을 자처했다. 사실 그는 암호명 '여우사냥'이라는 극비 음모를 진행하고 있었다. 일본은 조선의 왕비를 '암여우'로 불렀다. 심성이 나약하고 판단력이 부족한 고종을 쥐락펴락하는 왕비야말로 조선의 실권자임을 이미 일본 정부는 세밀하게 파악하고 있었다. 최근의 친러배일 정책[47]도 왕비의 작품이기에 전쟁까지 해서 겨우 청에서 분리해낸 조선을 러시아에 헌납할 수는 없었다.

미우라는 여우사냥 계획 수립과 준비에 골몰했다. 계획의 핵심은 '외

---

45)   요시카와 사법대신이 대조선정책에 관해 이노우에가 일본 정부에 낼 의견서에 관해 이노우에와 면담한 결과를 무쓰 무네미쓰 외무대신에게 알려주는 이 편지는 2005년 일본국회도서관 헌정사료원에서 발굴되었다.

46)   이노우에는 자신이 그간 주장해온 자금 제공(온건책), 일본 정부가 고려 중인 것으로 자신이 파악한 '결행의 방침'에 맞는 인사 천거(강경책) 두 가지 다 일본 정부에 제시한 셈이다.

47)   시모노세키 조약으로 일본이 얻은 요동반도를 러시아가 주도한 삼국간섭으로 일본이 토해내는 것을 지켜본 조선은 급격히 러시아쪽으로 기울기 시작했다. 친러배일 정책 또는 인아거일 정책이다.

견상 조선인의 소행으로 위장해 왕비를 제거하는 것이며 거사일은 10월 10일로 결정했다. 일본 정부와 단절시키기 위해 일본인 낭인 모집은 일본계 한성신보 사장이 일본 우익단체 천우협과 현양사를 통해 은밀히 진행했다. 조선의 군부고문 구스노세 유키히코는 조선군 훈련대를 동원하고, 공사관은 총괄적으로 계획을 점검했다.

고종은 일본군 장교가 훈련시키는 조선군 훈련대를 해산할 계획을 세우고 있었다. 이런 의중을 알고 있는 일본은 여우사냥 계획에 임오군란 각본을 입혔다. 즉 군대 해산에 불만을 품은 조선인 훈련대가 대원군과 연합해 거사를 꾸민 것으로 포장했다. 궁내부 고문관 오카모토 류노스케는 평상시 대원군과 친분이 두터웠는데 당시 마포의 별장 아소당에 격리되다시피 한 대원군을 회유해 역사의 비극적 현장에 초대해 이용한다.

당시 대원군은 어떻게 지내고 있었을까?

대원군은 1차 김홍집 내각 조각에 영향을 미쳐 자신의 적손 이준용을 내무아문 협판(차관)과 친군통위사로 임명하고 내무대신서리까지 승진시켰다. 왕비에게 휘둘리는 고종에게 실망한 대원군은 똑똑하고 심지가 굳은 적손 이준용을 총애하여 기회만

| 이준용(출처: 위키피디아)

되면 이준용을 보위에 올리려 했다. 청일전쟁 시 청군과 동학농민군에 밀지를 보내 이들의 한성 공격이 성공하면 그를 등극시키려 했지만, 청 장수에 보낸 편지가 발각되어 대원군이 정계 은퇴하고 이준용은 통위 사와 내무대신서리직도 상실했다.

1895년 3월 왕비의 사주를 받은 내무대신 박영효와 법무대신 서광범 이 경무관과 순검들을 운현궁에 보내어 대원군이 보는 앞에서 이준용을 체포했다. 대원군이 노발대발하며 호통을 쳤으나, 어명이라는 답변에 손 자가 끌려가는 모습을 바라볼 수밖에 없었다. 이준용은 모진 고문에도 타고난 체력으로 버티며 대원군과의 역모 혐의를 부인했으나 1심에서 사 형, 2심에서 종신유배형을 선고받았다.[48]

이런 일을 겪은 대원군은 마포의 별장 아소당에 칩거하고 있었다. 조 정은 대원군존봉의절을 발표해 예우하는 외양을 갖췄지만, 실제는 대 원군을 연금시킨 정치 탄압이었다.[49] 왕비에 대한 증오감과 못난 고종 에 대원군은 치를 떨고 있었다.

이런 사정을 잘 아는 일본이 여우사냥 작전에 대원군을 가만 놔둘 리 없었다. 10월 5일 오카모토는 대원군을 은밀히 찾아가 거사계획을

---

48) 1심 판결 후 부대부인 민씨(대원군 부인)는 아들 고종을 만나 눈물로 하소연하고 대원군은 이노 우에 등 각국 공사들에게 호소하며 고문과 사형판결에 대한 동정 여론을 조성해 2심에서 종신 유배형이 선고되었다(1895.4.19). 고종에 의해 유배 10년형으로 감형되고 측근 5명은 교수형에 처해졌다.

49) 대원군존봉의절은 대원군에 대한 의례를 높인다는 명분으로 대원군의 가마를 종전의 4인교에 서 8인교로 하고, 순검을 파견해 대문을 지키고, 어명에 의해서만 관리의 대원군 알현, 대원군 출입 시 궁내부 순검의 호위 등을 규정했다. 사실상 가택연금으로서 왕비의 작품이었다. 황현, 『매천야록』 제2권 1895년, ②, 3.

설명하고 일본 정부의 약속을 제시해 대원군과 밀약을 맺었다.

일본의 사주로 조선군 훈련대가 일부러 경무청을 습격해(10.6) 훈련대 해산의 빌미를 주자 조정은 바로 훈련대 해산을 결정했다(10.7). 예상보다 사태가 급히 진행되자 미우라는 거사일을 8일로 앞당기고 7일 모든 준비를 완료했다.

오카모토는 무장 낭인배와 사복 차림의 순사 30여 명과 함께 대원군이 거처하는 아소당의 경위병들을 포박하고 자고 있던 대원군을 깨웠다. 막상 왕비 시해의 거사가 눈앞에 닥치자 대원군이 선뜻 나서지 않는 바람에 회유와 설득에 3시간이나 걸려 3시 반에야 출발할 수 있었다.[50] 대원군이 광화문에 도착한 것은 당초 계획보다 많이 늦은 5시 경이다. 그러나 경복궁은 새벽 2시경부터 조선군 훈련대와 일본군에 의해 이미 포위되어 작전 개시를 기다리고 있었다.

왕비 시해 사건이 일본의 의도대로 조선인들끼리 벌인 사건으로 묻히지 않고 일본의 만행임이 드러난 데에는 베베르의 역할이 결정적이었다. 그는 사건 발생 직후부터 목격자들의 진술서를 받는 등 민첩하고도 집중력 있는 조치를 취했고, 일본의 조직적인 은폐와 조작에 불구하고 열정적으로 한성 주재 외교관들의 선두에 서서 일본의 만행을 밝혀내고 범인의 처벌을 강력하게 요구했다. 확인된 사실과 정황을 바탕으로 사건 당일부터 서구 외교관들과 함께 일본공사를 추궁하고 본국

---

50) 대원군이 가담하자 일본은 대원군 명의로 고유문을 포고했다. 매천야록 제2권, 1895년, ⑧7).

에 수시로 상황을 보고하는 등 많은 객관적 기록을 남겨[51] 일본 정부와 그 하수인들의 조작으로 묻힐 뻔한 을미사변의 진실을 밝혀냈다.

자, 이제 『베베르보고서』를 중심으로 그날의 진실을 따라가 보자.

베베르가 최초로 사태를 인지한 것은 1895년 10월 8일 새벽 궁궐을 탈출해 러시아공사관으로 달려온 농상공부대신 이범진을 통해서였다.[52] 일본인 교관이 훈련시키는 조선군 훈련대를 못 미더워하던 고종과 왕비는 7월 신임하는 홍계훈을 훈련대 대장으로 임명했다. 신임 대장 홍계훈은 아직 훈련대를 완전히 장악하지 못한 상태였다. 궁궐 수비는 미국인 다이 장군과 러시아인 사바틴[53]이 지휘하는 시위대가 맡고 있었다.

사건 발생 2일 전부터의 불온한 분위기와 사건 당일 새벽 일본인 폭도와 조선군 훈련대가 궁궐에 침입하는 과정에 관한 자세한 진술과 정황이 『베베르보고서』의 사바틴 증언서, 이학균 부령 진술서에 담겨 있다.

폭도들은 경복궁 남쪽의 광화문, 동북쪽의 춘생문, 서북쪽의 추성문 등 3개의 문으로 침입했다. 임오군란 시 왕비의 목숨을 구한 후 초

---

51) 러시아 외무성 제정러시아 대외정책문서국에 보존된 고종의 증언서, 무명 상궁의 증언서, 전 농상공부대신 이범진 증언서, 조선군 정령(대령) 현흥택 및 부령(중령) 이학균 증언서, 러시아 건축기사 사바틴 증언서, 가톨릭 한성주교의 증언서, 한성 주재 외교관 대표들이 일본공사관에서 나눈 4회의 대담록, 조선 외부대신 성명서, 베베르의 각종 보고서와 전문 등이다. 이 문서들은 극비문서로 100년간 보관되어 있다가 공개되었다. 이 책에서는 이 문서들을 일괄하여 『베베르보고서』로 표시한다.

52) "일본군과 조선군(훈련대)이 궁궐을 포위했다는 급보를 받은 고종은 나에게 미국공사관과 러시아공사관에 뛰어가 도움을 요청하라는 어명을 내리셨다. …나는 순찰병이 좀 멀리 간 틈을 타약 4~5미터 높이에서 뛰어내려 궁궐을 탈출했다. 미국공사관에 도착했을 때 대궐 쪽에서 첫 총성이 들려왔다." 이범진 진술서 『베베르보고서』

53) 유럽인을 두려워하는 일본에 효과가 있을 것이라는 외국공사들의 권유로 고종과 왕비는 러시아인 건축기사 사바틴을 궁궐시위대에 관여시켰다.

고속 승진을 거듭한 홍계훈은 자기 부하들의 진입을 제지하는 과정에서 왕비보다 먼저 사망한다.[54] 춘생문 쪽에서 침입한 폭도들은 이학균 부령이 수비한 작은 문을, 추성문 쪽의 난입자들은 다이 장군과 사바틴이 지키고 있던 대문 수비를 거의 같은 시간에 무너뜨렸다. 최후의 제2 방어선이 무너진 것이다.

사바틴의 2차 진술서 『베베르보고서』

난입자들은 추성문에서 두 방향으로 밀어닥쳤다. 한 무리는 다이 장군이 지키고 있는 문 쪽으로 가고, 또 다른 무리는 내가 서 있는 문으로 달려들었다. …나를 잡은 일단의 폭도는 왕의 침전이 있는 곤녕합과 왕후의 침전인 옥호루 쪽의 담 안으로 들어섰다. 유럽풍 양옥을 지날 무렵 여러 발의 총성이 들렸다. 이에 놀란 환관, 관리, 폭도 등 300여 명이나 되는 많은 사람이 일시에 밀어닥쳤다. 육칠십 보가량 떠밀려가다가 왕가까지 진입하게 되었다.

사복을 입은 일본인 폭도 5명이 긴 칼을 들고 누군가를 찾는 듯 앞뒤로 뛰어다녔고 일본인 폭도 20~25명이 단검을 들고 있었다. 출입문 2곳은 각각 일본군과 장교 등 5명이 지키고 있었다. 훈련대는 옥호루를 등진 채 세워총 자세로 정렬해 있었다. 그 옆에 풍채가 당당한 양복의 두목인 듯한 일본인이 긴 칼을 빼 들고 있었다.(일본인 두목과의 대화 생략)

나는 이제 살았다며 안심하고 왕후 침전에서 일본인 폭도들이 자행하는 만행을 자세히 보았다. 일본인 폭도들은 10~12명의 궁녀들을 왕후의 침전에서 2m가 넘는 창밖의 뜰에 내던졌다. …칼을 든 일본인 폭도 5명(사복 3인, 양복 2인)이 붉게 달아오른 흥분한 얼굴로 눈에 살기를 띤 채 야수처럼 왕후 처소 이곳저곳을 뒤지며 왕후를 찾고 있었다.

---

54) 2009년 개봉한 '불꽃처럼 나비처럼'(감독 김용균, 주연 조승우·수애)은 상상력을 발휘해 홍계훈과 왕비의 이루어질 수 없는 사랑을 다룬 영화다.

이들은 내가 있는 것을 보고 놀란 듯 내게 뛰어와 일본어와 조선어로 내가 누구며 왜 이곳에 있는지 물었다. 내 곁에서 나를 보호하던 조선군이 설명했다. 그들은 분개해 나에게 달려들었다. …내 옷을 잡았던 자가 영어로 물었다. "왕후는 어디 있나? 왕후가 있는 곳을 말하라!" 이 순간 일본인 두목이 나타났다. 두목은 다시 나에게 와서 아주 엄격한 어조로 물었다. "우리는 아직 왕후를 찾지 못했다. 왕후가 어디에 있는지 알고 있는가?"

두목에게 나는 조선의 궁중 법도에 따라 왕후를 볼 수도 없으며 침전도 알 수 없다고 설명했다. 두목은 나의 이런 말을 이해한 듯했다. …두목은 나를 지키던 2명의 조선군에게 나를 옥호루 밖으로 내보내라고 지시했다. 두 명의 호위를 받으면서 광화문까지 나오는 데 여러 장소에서 많은 일본군을 보았다. 특히 한 곳에서는 150여 명의 일본군과 장교가 있는 것을 보았다. 아마 그곳에 고종이 계시는 것 같았다.

광화문을 나온 시각은 아침 6시였다. 왕후의 처소에서 광화문까지는 약 10~15분이 소요되었을 것이다. 분명한 것은 5시 50분경까지 내가 왕후의 처소에 있던 동안 그곳에서 일본인 폭도들은 왕후를 찾아내지 못했다. 러시아공사관에 도착했을 때는 오전 6시 30분경이었다. 위급한 궁궐 사태의 현장 목격자로 내가 본 모든 것을 대리공사 베베르에게 증언하였다.

현장에 있던 무명 상궁의 증언 『베베르보고서』

일본 폭도들은 왕후와 궁녀들이 있는 방 쪽으로 왔다. 이때 궁내부대신 이경직이 방 앞에서 양팔을 들어 가로막고 궁녀들뿐이니 들어가지 말라고 했다. 이 순간 일본인 폭도들은 칼로 이경직의 양팔을 내리쳐 그는 피를 흘리며 바닥에 쓰러졌다(이경직은 이날 밤 사망했다). 폭도들은 괴성을 지르며 방에 난입해 왕비가 어디에 있냐고 물었다. 왕후와 궁녀들은 왕후가 이곳에 있지 않다고 대답했다. 궁녀로 변장한 왕후가 갑자기 회랑을 따라 급히 달아났다. 그 뒤를 한 일본인 폭도가 쫓아가 왕후를 잡고 마룻바닥에 넘어뜨린 후 왕후의 가슴을 세 번 발로 짓밟고 칼로 찔러 시해했다. 나이 많은 한 상궁이 수건을 꺼내 왕후의 얼굴을 덮어주었다.

그 후 얼마 지나 일본인 폭도들은 왕후의 시신을 가까운 숲 속으로 운구해 갔다. 더 이상 나는 아무것도 보지 못했으나 한 환관을 통해 일본인 폭도들이 왕후의 시신을 화장하는 것을 목격했다는 말을 들었다.

현흥택 정령의 증언 『베베르보고서』

폭도들은 고종이 계시는 곤녕합으로 나를 끌고 가 왕후가 있는 곳을 말하라고 했다. 모른다고 하자 폭도들은 각감청으로 다시 나를 끌고 가서 왕후가 계신 곳을 자백하라고 또 때렸다. 이때 갑자기 곤녕합에서 여러 발의 총성이 들렸다. 나를 잡고 있던 일본인 폭도들은 곤녕합으로 급히 뛰어갔다. 그 후부터 일본인 폭도들은 더 이상 왕후의 피신처에 대해 묻지 않았다. 나는 곤녕합에서 무슨 일이 발생했는지 궁금해 그리로 가보았다. 고종은 장안당으로 벌써 옮겨가셨고, 곤녕합에는 왕후가 피살된 채로 누워 계셨다.

나는 주위에 일본인 폭도들이 아직 있었기 때문에 다시 돌아서 나왔다. 그 후 왕후의 시신을 동쪽 정원에서 화장하고 있다는 말을 듣고 급히 그곳으로 달려가 보았다. 화장장에 있는 시신의 의복이 여자 옷인 것을 두 눈으로 확인했다.

매일 기록하는 조선의 정사 승정원일기에는 이날의 변란을 이렇게만 기록했다.

이날 오전 5시 이후 일본인과 제2 훈련대가 곤녕합에 돌입하여 변란이 창졸간에 일어났는데, 궁내부대신 이경직이 곤녕합 기둥 밖에서 살해당하고 연대장 홍계훈이 광화문 밖에서 살해당했다.[55]

---

55)　승정원일기 1895.음8.20

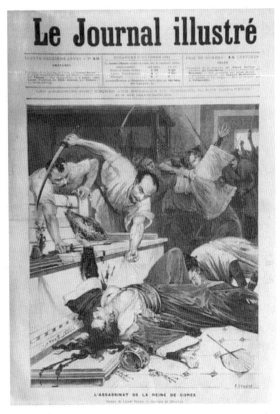

| 조선 왕비 암살 사건. 프랑스 주간지 〈르 주르날 일뤼스트레〉 표지기사
　(출처: 위키피디아)

　　사건 직후 사건을 은폐 및 위장하려는 일본 정부와 공사관, 부화뇌
동하는 대원군 및 조선 조정과 이에 대항해 진실을 찾으려는 베베르를
위시한 서방 외교관들의 치열한 공방전이 벌어진다. 상당한 기간 동안
진실이 무언지 모른 채 상반된 정보들이 난무하는 혼란이 이어졌다. 극
심한 혼란 속의 한성으로 돌아가 보자.

사건 발생 3일 만(10.11)에 베베르는 자기가 직접 겪은 사실, 진술서 및 증언이 첨부된 방대한 양의 보고서를 본국 외상에게 전송했다.

　…현재로선 사건을 구체적으로 묘사하기 곤란합니다. 다수의 상반되는 증언들로 인해 진실을 과장 및 허구로부터 구분할 시간이 필요하기 때문입니다. …유일하게 확실한 사실은 오직 일본인들만이 살해에 가담했으며 왕후가 그들의 살해 목표라고 노골적으로 소리쳤다는 점입니다. (중략)
　일본공사를 만나 사건에 관해 질문하자 그는 본 사안과는 전혀 관련 없는, 이전에 있었던 조선군 훈련대와 경찰 간의 충돌에 관해 논하기 시작했습니다. 우리가 반론을 제기하고 모두가 강청해 오후 5시 30분 일본공사관에서 만나기로 했습니다… 일본공사관에서의 만남에는 모든 외국 대표들이 참석했습니다. 일본공사는 이번 사태를 전혀 언급하지 않은 채 조선의 훈련대와 경찰 간의 충돌로 인해 궁궐에서 소요가 야기된 것처럼 논의를 전개했습니다. 이에 저는 본 사안과 관련이 없음을 지적한 뒤, 일본인들이 궁궐에 들어와 살인을 자행했다는 사실을 강조하며 그의 이야기를 중단시켜야만 했습니다. 당혹해하는 미우라는 엉뚱한 이야기로 또 이 문제를 벗어나려 했습니다.
　저는 미우라에게 무장한 일본인 80~90명의 집단에 관한 것이 핵심 사안이며, 목격자는 물론 필요 시 그들의 일부를 그림으로 묘사할 수도 있고 얼굴을 알아볼 수도 있다는 사실을 보다 더 강하게 성명했습니다. 그 외에도 우리는 1) 궁궐에서 무례와 살인을 저지른 일본인들은 누구인지, 2) 일본군 호위를 받으며 교외의 자택에서 한성으로 이동한 대원군 호송에 관한 사안은 물론 궁궐 내 사건에 일본군이 참가한 사실 등을 미우라에게 강조했습니다. 미우라 자작은 사건을 조사하겠으며 궁궐 내에 안정이 정착될 수 있도록 배려할 것임을 보장한다는 말뿐이었습니다. …일본공사관에서의 회의 이후 모든 외국 대표들이 받은 전반적인 인상은 미증유의 소름 끼치는 현 사건이 전적으로 일본인들에 의해 자행되었다는 것입니다… 대원군과 일본인들은 왕후가 생존해 있으며 심지어 왕후가 아무런 위험에 처하지 않았다는 소문을 유포하는 데 지나치게 관여하고 있습니다…[56]

---

56)　벨라 보리소브나 박, 『러시아 외교관 베베르와 조선』, 동북아역사재단, 208~212쪽

미우라의 강요로 고종은 3개의 문서에 서명했다. 첫째는 앞으로 내각이 정무를 전적으로 수행하며(국왕의 정무관여 제한), 둘째는 대원군의 장자 이재면을 시해된 이경직의 후임으로 궁내부대신에 임명하고, 셋째는 내부협판을 임명하는 것으로 이미 일본이 대원군과 사전 밀약된 내용들이었다. 게다가 궁궐 수비를 시위대(다이 장군 지휘)에서 훈련대(일본군 교관 지휘)로 교체하는 것에 동의했다. 동시에 정동파 인사들이 축출된 제4차 김홍집 내각이 출범했다.

조선의 신정부는 사건 당일(10.8) 한성 주재 외국 대표들에게 지난밤의 사건과 관련하여 조선군 훈련대와 경찰 사이의 충돌로 유발된 사태가 훈련대 해산 소문으로 증폭되어 이들이 궁궐에 침입했다는 조선 정부의 첫 번째 공식 입장이 담긴 통첩을 발송했다.[57] 일본공사와 신정부는 왕비가 살아있으며 어디엔가 숨어있다는 소문을 퍼뜨렸다. 외무대신 김윤식은 10월 11일 베베르에게 왕비의 폐서인 조칙을 통보했다. 칙령에는 국왕의 서명이나 옥새가 날인되어 있지 않고 대신들의 직인만 있었다. 진실을 가리는 가증스러운 조치가 이어지는 상황에 베베르는 분노했다.[58]

실체적 진실 규명을 위해 계속되는 베베르의 헌신적 노력은 일본 정부의 태도에 중대한 변화를 가져왔다. 당초 조선인 간의 사건으로 포장

---

57) 벨라 보리소브나 박, 「러시아 외교관 베베르와 조선」, 동북아역사재단, 216~217쪽

58) 베베르는 본국 외무성에 분노에 찬 질의서를 보냈다. "왕후께서 살해되셨음에 틀림없으나, 국왕 전하의 칙령에 의하여 왕후의 지위가 박탈되었습니다…. 국왕께서는 반역자들의 수중에 완전히 장악되어 계십니다. 과연 이런 상황을 인정해야 합니까?" 벨라 보리소브나 박, 러시아 외교관 베베르와 조선, 동북아역사재단, 217~218쪽

되었던 사건이 점차 드러나는 증거들과 함께 결국 미우라 공사가 직접 참가한 사건임을 일본 정부가 자인하게 만들었다. 일본 정부는 태세를 전환할 수밖에 없었다. 일본공사관으로 한정해 범행을 인정하고 수습 모드로 전환해 고무라 주타로를 새 일본공사로 임명했다. 천황의 위로 특사로 이노우에를 한성에 파견하고, 공사관원들과 함께 출국한 미우라는 시모노세키 도착 즉시 체포되어 재판에 회부된다.

베베르의 노력은 계속된다.

베베르와 미국공사의 주장으로 미국공사관에서 한성 주재 외교관들의 첫 번째 회의가 10월 13일 개최되었다. '고종이 시해가담자(훈련대)의 수중에 있는 현 궁궐 질서를 타파하기 위해 일본의 위력으로 궁궐에서 훈련대를 쫓아낼 수 있는가'가 주된 이슈였다. 일본공사 고무라는 평화적 방법으로 해야 한다고 주장했다.

이노우에까지 참석한 두 번째 회의(10.24)와 세번째 회의(10.31)가 일본공사관에서 열렸다. 주된 안건 역시 같았다. 현 상황 타파를 위해서도 일본의 도움이 절실함을 파악한 이노우에는 철저히 논점을 흐리는 전략으로 일관했다. 즉 미우라의 행동으로 이미 일본 정부가 의심을 받았기 때문에 일본 단독으로 궁궐수비대를 퇴거시키면 또 다른 오해를 받을 수 있기에 '공동 행동'[59]이 필요하다고 했다. 게다가 이노우에는 "현 상황의 주범은 대원군이며 대원군을 먼저 제거한 후라야 국왕의 보호 문제를 논할 수 있다"며 논점을 대원군으로 돌렸다. 결국 궁궐 상황

---

59) 각국의 외교관들이 "일본이 주도적으로 행동해 달라"는 공문을 본국 훈령에 입각해 보내달라는 것이었다.

을 사변 이전의 상태로 빨리 복원하려는 베베르의 노력은 안타깝게도 일본 정부의 교묘한 논점 회피 내지 지연 전략으로 성공할 수 없었다.

아관파천

을미사변 후 고종은 친일세력이나 대원군파에 의해 자신이나 왕세자가 살해당할지 모른다는 불안감에 시달리고 있었다. 고종과의 관계가 탄로 나 왕비에 의해 그간 궁궐에서 쫓겨나 있던 엄상궁[60]을 사변 5일 만에 입궐시켜 자신의 주변에 있도록 했다. 자신을 보호해 줄 나라로 러시아를 점찍은 고종은 엄상궁과 친러파 이범진을 통해 극비리에 러시아공사관과 연락하고 있었다.

한편 러시아는 유럽과 중앙아시아로의 진출 시도가 번번이 영국에 의해 막히자 극동지역 개발을 통한 태평양 진출 전략으로 1891년부터 시베리아 횡단철도를 건설 중이었다. 그레이트게임의 판도를 바꿀 수 있는 러시아의 명운을 건 프로젝트였다. 러시아는 삼국간섭으로 이미 요동반도와 뤼순항이라는 부동항까지 얻었기에 철도 완공 시까지는 극동지역의 안정적 현상유지를 원했다.

쉬페이에르가 부임한 1896년 1월 이후 러시아공사관에는 공사가 2명이나 있는 비정상적인 상황이 이어졌다.[61] 업무 인계를 받으며 고종이 처해 있는 상황을 직접 목격한 쉬페이에르는 부임 전 자신이 일본에서

---

60) 후일 영친왕의 생모로 엄귀비가 된다. 후일 양정고, 숙명여중고의 설립자.

61) 친조선 성향 때문에 본국 외무성과 번번이 부딪친 베베르가 주멕시코 공사로 발령 나고(1885.7) 쉬페이에르가 후임 공사로 부임하자, 니콜라이 2세는 베베르의 유임을 애원한 고종을 감안해 추가 지시가 있을 때까지 베베르를 조선에 머물라고 명했다.

들었던 "일본은 조선의 자주독립을 지향하며 현재 대원군이 조정을 장악해 있다"는 일본 정부의 주장이 거짓임을 알게 되었다.

을미사변 직후 서구 열강의 눈치를 보며 수세에 몰렸던 일본 정부는 춘생문사건을 계기로 재판 중인 미우라를 무죄방면 하는 등 대담하게 태세를 전환했다.[62] 조희연의 군부대신 복귀 등 조선의 내각도 을미사변 직후의 친일 강경 분위기로 회귀했다. 항일의병, 일본인 살해, 일본군 통신선 차단 등 조선의 저변이 일본에 대한 적대감정으로 들끓었지만 정작 조선 조정과 국제정세는 일본이 주도하는 방향으로 빠르게 회귀하고 있었다.

이러한 조선 정세를 전환시키고자 스페이에르와 베베르는 본국 외상에게 보낸 전문에서 광범위한 국왕의 권력 회복 계획을 서술했지만 (1896.1.26), 일본과의 분규를 두려워한 외무성은 자국 군대를 조선에 파견하자는 두 공사의 제안을 거부했다.

이 시기 조선에서는 단발령에 반발한 의병활동이 전국적으로 폭발했는데 그중 대원군 추종자가 이끄는 강원도의 의병활동이 격렬했다. 한성에 주둔 중이던 친위대의 절반이 폭동(의병) 진압에 파견되었다. 고종의 불안감은 광적이어서 친대원군 세력이 한성으로 오고 있으며 정부 관원이나 대원군 일파가 지휘하는 폭도들이 자신을 살해할 수도 있다고 두 공사에게 사람을 보내 호소했다. 2월 2일 고종은 이범진을

---

62) 일본 정부는 서구 외교관들이 관여되어 있다는 사실을 확인하고 춘생문사건을 '국왕탈취 사건' 으로 규정해 대대적으로 홍보하며 을미사변을 희석시켰다. 이를 계기로 대담하게 태세를 전환해 재판 중인 미우라 등 왕비시해 사건 관련자 전원을 증거불충분으로 무죄방면 했다.

통해 또다시 두 공사에게 왕세자와 함께 러시아공사관으로 피신하고 싶으니 허락해 달라는 긴급문건을 전달했다.

다음은 아관파천에 이르기까지의 상황을 정리해 쉬페이에르 공사가 본국에 보낸 보고서다.

···베베르와 저는 국왕의 단신을 전달한 이범진에게 궁궐에서 공사관으로 이동 시 국왕이 위험에 처할 수 있다고 지적했습니다. 이범진은 우리가 국왕을 받아만 준다면 국왕은 그 정도의 위험은 감수한다는 결심이 확고하다고 했습니다. 궁궐이 그에게는 더 위험하기 때문입니다. 우리는 국왕의 계획에 동의할 수밖에 없었습니다···. 다음 날 국왕은 은신처를 제공키로 한 우리에게 뜨거운 감사를 표했습니다. 그 후 국왕은 우리에게 도피 계획의 준비 상황을 매일 알려왔고, 두 명의 충복이 함께 행동하기로 했음을 알려왔습니다.

···2월 7일 저녁 국왕은 모든 준비가 끝났으며 2월 9일 저녁 우리에게 올 것이라 고 통보했습니다. ···2월 9일 국왕은 공사관 병사의 수가 너무 적으니 이 부분을 개 선해줄 것을 간절히 요청했습니다. 저는 공사관 치안담당자 해군소장 알렉세예프 에게 인천의 우리 군함에서 대규모의 무장 해병대를 급히 공사관으로 파병해달라 고 요청했습니다. ···100명의 무장 군인이 2월 10일 저녁 무사히 공사관에 도착했 습니다. 그리고 이범진은 국왕이 2월 11일 새벽에 우리에게 오기로 결단했다고 알 려왔습니다.

정말 오늘(2월 11일) 오전 7시 30분에 공사관 마당에는 가림막이 된 여성용 가 마 한 쌍이 도착했는데 거기에는 여장한 국왕과 세자가 앉아 있었습니다. 곧 그와 세자를 위해 준비된 두 개의 방이 정리되었습니다. 그 즉시 저는 이곳의 모든 외국 대표들에게 다음과 같이 통보했습니다. "국왕은 불안한 현 정치 상황으로 인해 궁 궐에 계속 머무르는 것이 위험하다고 판단하시어 세자와 함께 러시아공사관을 은 신처로 택하셨다···."[63]

---

63)   벨라 보리소브나 박, 러시아외교관 베베르와 조선, 동북아역사재단, 275~279쪽

왕비 시해라는 무리수까지 두면서 조선 정국을 장악했던 일본은 고종의 아관파천으로 '닭 쫓던 개 지붕 쳐다보는 신세'가 되었다. 정국은 누가 보아도 러시아의 완벽한 승리와 일본의 패배였다.

한편 나락으로 떨어진 일본 정부는 조선에서의 종전 지위를 되찾기 위해 몇 년간 절치부심한다.[64]

1896년 3월부터 협상을 시작한 양국 외무성 간 협상을 바탕으로 5월 14일 조선 주재 양국 공사 간 각서(베베르-고무라 각서)가 합의되었다.[65] 또 이를 보완하는 의정서가 2개월 후(1896.6.9) 체결되었다. 니콜라이 2세의 대관식을 기회로 로바노프 로스토프스키 외무상과 일본특사 야마가타 아리토모 대장 사이에 체결된 로바노프-야마가타 의정서(모스크바 의정서)다.

양국은 각서와 의정서로 인해 조선에서의 단독적인 행동을 취할 수 없게 되었다. 동아시아 정세의 안정적 관리를 원했던 러시아의 입장과 닭 쫓던 개 신세에서 러시아와 동등권을 인정받은 일본의 입장은 서로 원원이랄 수 있지만 실제로는 만회를 위해 몇 년간 전력투구한 일본 외교의 성과였다.

한편 러시아 황제 대관식 초청장을 접수한 고종은 특별사절단을 파견키로 했다. 고종이 직접 임명한 사절단은 특명전권공사 민영환, 전권사절고문 윤치호 등이었다. 고종이 축하사절단 파견에 신경을 쓴 것은 특별한 이유가 있었다.

---

64) 일본은 러시아 우위의 현 정국을 인정하되 최대한 그에 근접하는 수준으로 영향력을 확보하고자 노력한다. 베베르-고무라 각서, 로바노프-야마가타 의정서로 동등한 권리 수준까지 올려놓고, 2년 후 로젠-니시 협정(1898.4.25)에서 상업적 우위권을 인정받는다.

65) 각서의 요지는 "환궁은 조선 국왕의 개인적 판단과 결정에 맡기며, 내각의 대신은 문명인이자 중용적 인물로 임명하도록 국왕에게 충고하고, 경부간 일본전신선 보호를 위해 일본군을 헌병으로 교체해 배치하고, 경성·부산·원산에 일본군 4개 중대를 두되 러시아도 동수의 경비대를 둘 수 있다"는 내용이다.

| 아관파천 당시 러시아공사관 입구. 왼쪽부터 고종, 왕세자(후일 순종), 베베르 공사. 을미사변으로 인한 국상 기간 중이라 고종과 왕세자는 상복을 입고 서 있다.
(출처: 동북아역사재단)

사절단은 1896년 4월 1일 제물포를 출발해 모스크바에 5월 20일 도착해서 니콜라이 2세 대관식에 참석했다. 이후 상트페테르부르크로 이동해 외상 로바노프와의 회담에서 고종의 요청사항이 기록된 메모를 외상에게 전달했다.[66] 고종이 가장 중시한 것은 차관제공과 군사교관의 파견이었다. 그러나 러시아는 며칠 전 비밀리에 야마가타와 체결한 모스크바 의정서 때문에 매우 소극적으로 대응했다.

로바노프는 긍정적 답변을 못 주는 이유를 베베르에게 통보했고, 베베르는 러시아 군사교관만이라도 출발해줄 것을 요청하는 전문을 발송했다. 결국 8월 초 군사교관 파견에 대하여 황제의 재가가 난 것이

66) 메모의 내용은 조선군의 창설 시까지 러시아군의 국왕 경비, 군대와 경찰 훈련에 충분한 수의 교관 파견, 궁내부·내각·공업·철도기업의 지도를 위한 고문 파견, 3백만 달러의 차관 제공, 조선과 러시아 사이의 전신선 연결 등이었다.

기다리던 사절단의 위안이 되었다. 사절단은 군사교관단 총책임자 푸차타 대령과 함께 귀국길에 올랐다. 총 14명의 교관단이 사절단과 함께 10월 21일 대규모 군중들의 열렬한 환영 속에 한성에 도착했다.

당시 조선군 현황은 서류상으로는 모두 7,500명 정도였다.[67] 푸차타 대령은 일단 1개 대대 병력 800명을 조선군에서 선발해 훈련에 들어갔다. 러시아 교관의 조선군 훈련에 대한 여론은 상당히 호의적이었다. 1896년 말 푸차타 대령은 궁궐 경비를 맡을 병력이 갖추어졌다고 보고했고, 경운궁(현 덕수궁)의 방어시설 구비를 마친 조선 정부는 마침내 1897년 2월 20일 경운궁으로 고종의 환궁을 시행했다.[68]

환궁 후 푸차타 대령은 새로운 조선 육군 창설에 관한 계획을 세워 고종에게 보고했다. 푸차타안은 6천 명에서 출발하여 향후 4만 명까지 증병하는 계획으로서 추가 러시아 교관의 초빙 계획을 담고 있었다. 고종과 심상훈 군부대신 등 다수의 대신은 찬성했으나 일본과 일본의 영향을 받는 일부 대신이 극력 반대했다.[69] 1897년 4월 의정부에서 치열한 논의 끝에 재정 문제를 고려해 축소된 계획이 승인되었다.

베베르는 교관 문제에 관한 양보는 일본의 지위 강화와 러시아 지지자인 고종의 지위 훼손으로 이어진다고 본국에 강조했으나 러시아 외

---

67) 지방군 2,500명 정도는 유명무실했고, 약 4~5천 명 정도의 중앙군도 절반은 소요사태에 대처하느라 지방에 내려가 있어서 한성에는 약 2천 명 정도가 치안과 궁궐 수비를 맡고 있었다.

68) 고종이 경운궁으로 환궁한 것은 경운궁이 영국, 러시아, 미국 등의 공사관으로 둘러싸여 있어서 유사시 또 피신하기 쉽다는 점과 을미사변의 참극이 빚어진 경복궁에 대한 고종의 트라우마가 작용한 탓으로 추정된다.

69) 당시 친미파였던 외부대신 이완용도 향후 러일의 충돌을 우려해 반대했다. 이 계획이 승인되면 일본군이 러시아 교관들을 살해할 것이라는 소문까지 돌 정도로 일본의 반대는 극렬했다.

무성은 일본 측의 눈치를 보고 있었다. 러시아 외무성은 1897년 5월 빈곤한 조선의 재정을 핑계로 이미 파견된 군사교관단으로 대응할 수 있는 수준 내에서 조선군 훈련을 추진하라고 결정 내렸다.[70]

베베르는 본국에 다시 전문을 보내 이 문제에서의 양보는 러시아 영향력에 파멸적인 결과를 가져오고, 교관단 초빙을 주장했던 고종과 대신들의 지위를 약화시킬 것이라고 주장했다. 결국 러시아 육군대신과 쉬페이에르가 베베르에 동조하며 1897년 7월 13명의 추가 교관단이 조선에 도착했다.

그러자 일본공사는 즉각 어떤 근거로 교관단을 초빙한 것인지 공식 질의서를 조선의 외부에 발송하고, 일본 외무대신은 러일 간 새 협약이 체결될 때까지 조선 정부와 러시아 교관단의 계약 체결을 보류하도록 러시아 정부에 요청했다.

추가 교관단 파견이 첨예한 외교문제로 번지자 외무성이 베베르에게 심각한 불만을 느꼈다. 또 고종에 대한 베베르의 엄청난 영향력에 일본이 수시로 불만을 토로하자, 러시아 외상은 8월 하순 베베르에게 전문을 발송했다. 베베르의 본국 소환 명령이었다. 러시아가 조선보다는 만주와 중국 중심의 극동정책 노선으로 변했음을 보여준 것이다.

1902년 10월은 고종이 즉위한 지 40년이 되는 때였다. 조선 조정은 각국에 축하사절 초대장을 보내는 등 대대적인 기념행사를 준비했다.

---

70) 러시아 정부는 추가 교관단 파견에 관해 그 필요성이 밝혀질 때까지 연기했다. 베베르에게는 조선 군에 관한 모든 협상을 중단하라고 훈령했고, 일본의 언론에는 베베르를 비난하는 기사가 실렸다.

러시아 정부는 이 기념식에서 고종에게 성 안드레이 1등 훈장을 수여하고자 베베르를 축하사절로 파견했다.

5년 만에 고종과 베베르는 재회의 기쁨을 누렸으나 행사를 앞두고 콜레라가 유행하여 기념행사를 1903년 4월로 연기했다. 고종은 이때까지 베베르가 체류할 수 있도록 니콜라이 2세에게 부탁해 성사되었다. 베베르가 장기 체류하자 일본과 친일파들은 그가 모종의 비밀임무를 띠고 왔다는 소문을 퍼뜨리면서 격렬한 반베베르 운동을 전개해 사실 베베르는 이후 고종을 알현하지도 못했다.

1903년 1월 하순 베베르는 본국 외상에게 보낸 서한에서 한성 체류 기간 동안 자신이 받은 전반적인 인상을 묘사했다.

···황실은 나라의 수입을 모두 삼켜 버리면서도 나라의 경제적 곤궁에 대해서는 손톱만큼도 걱정하지 않습니다. 모든 돈은 무익한 비생산적 구매에 탕진되고 있으며, 현금이 부족하면 폭리의 이자나 유리한 이권을 챙기는 일본인들에게 차관을 빌려옵니다. 따라서 이런 지출에 한계를 두지 않을 경우 대한제국의 지불 능력이 고갈될 것이며, 머지않은 장래에 재정 파탄으로 이어질 것입니다···.

애석하게도 최근 6년 동안 이곳의 질서가 더 나빠졌습니다. 황제는··· 항상 유약하며 근력도 더 쇠하셨습니다. 반면 황실과 관원사회 내에서는 음모, 뇌물 그리고 매수가 성행하고 있습니다. 각 직위에는 공적이나 능력이 아닌, 갖다 바친 액수의 양에 따라 관료들이 임명되고 있습니다. 황제께서는 고위 관원을 보내시어 제 조언을 구하셨으며, 이들은 상당 기간 동안 이곳에 머물러 달라고 종종 제게 간청하고 있으나, 제가 단호하게 거절하고 있습니다···.[71]

---

71)   벨라 보리소브나 박, 『러시아 외교관 베베르와 조선』, 동북아역사재단, 400~401쪽

홍역과 천연두의 창궐로 기념식이 또 가을로 연기되자 1903년 5월 하순 베베르는 고종과의 고별 알현에 참석했다. 이 자리에서 고종은 재차 남아 달라고 요청했으나 베베르는 거부하고 출국했다. 성 안드레이 훈장을 한성의 러시아공사관에 남겨 둔 채… 이 훈장은 결국 고종에게 전달되지 못했다. 기념식이 자꾸 연기되다가 러일전쟁이 터졌기 때문이다.

베베르는 마지막 생을 보낸 독일 드레스덴 근처의 라데보일시에 위치한 코레야('한국'이라는 뜻)라는 별장에서 1910년 1월 사망했다.

누구보다 조선을 사랑한 서구 열강의 외교관이자 한성 주재 최장기 외교관이었다. 그의 조선과 고종에 대한 연민과 애정은 사실상 조선 총독으로 군림했던 원세개와의 외교적 결투로 이어졌고, 조선보다는 만주 중심의 안정적 현상유지를 원하는 본국의 방침과 충돌하여 결국 본국에 소환되었다.

그와 고종의 희망대로 되지는 않았지만, 결과적으로는 우리나라에 천만다행이었다. 만일 러시아 정부가 조선 중시 정책으로 나왔더라면 수없이 러시아의 품에 안기고자 한 고종과 왕비의 태도로 인해 조선에는 엄청난 러시아군 병력이 주둔하고 중요한 군사 시설이 곳곳에 설치되어 후일 러일전쟁의 발발 시 우리나라가 주요 전장이 되었을 것이기 때문이다.

˚ 서재필(1864~1951)과 주시경(1876~1914)

일본 망명 후 갑신정변 동지들과 기거하던 서재필은 박영효, 서광범과 함께 미국으로 가기로 했다. 일본 정부의 냉대에다가 조선 송환설과 조선의 자객 파견설이 돌았기 때문이다.

1885년 6월 샌프란시스코에 도착한 이들은 살길을 찾아 뿔뿔이 흩어졌다. 왕족 출신 망명객으로 품위를 지키며 후원자를 찾던 박영효는 가망이 없자 곧 일본으로 돌아갔고, 몇 년 전 보빙사 일원으로 미국에 온 적이 있는 서광범은 그때 체재했던 동부로 갔다.

당시 중국인에 대한 혹독한 차별이 있었던 샌프란시스코에 남은 서재필이 중국인으로 오인받으면서 처음 구한 일자리는 가구점 전단지를 붙이는 일이었다. 이후 청소부, 정육점 등 잡역을 전전하며 저녁에는 교회에서 운영하는 영어 교실에서 영어를 배웠다. 주말에는 교회에 나가 자원봉사를 하며 교회에서 살다시피 했다. 서재필이 이렇게 교회 활동에 열심이었던 것은 시간만 나면 떠오르는 갑신정변과 이와 연관된 트라우마를 잊기 위함이었다.[72] 미국생활을 열심히 한 결과 불과 1년 만에 미국인들과 소통하는 데 큰 어려움이 없을 정도가 되었다. 어느샌가 언어는 물론 손짓과 몸짓 더 나아가 사고방식까지도 그들과 닮아가고 있었다.

---

72) 갑신정변의 실패로 하루아침에 엘리트 관리에서 역적으로 추락한 자신, 자신을 그렇게 만든 어리석은 조선, 내용도 모르는 가족들을 연좌로 몰살시킨 조선의 야만성에 대한 분노와 회한 등 마음속 깊이 똬리를 틀고 있는 복합적 감정이 시간만 나면 되살아났다.

서재필은 1886년 교인 소개로 자선사업가를 만나 그의 후원으로 미국의 정식 교육을 받게 된다. 펜실베이니아 해리힐맨 아카데미(현 와이오밍 고등학교)에 입학해 웅변대회 입상과 우수한 성적으로 고교과정을 마치고 졸업식에서는 대표로 졸업 연설을 했다. 그는 교장 집에서 집안일을 도우며 숙식을 해결했는데, 마침 법관으로 은퇴한 교장의 장인이 함께 살고 있어서 그로부터 짬짬이 미국의 역사와 민주주의 제도에 대해 많은 것을 배웠다.

서재필은 성명도 Phillip Jaisohn으로 개명해[73] 새 나라에서 완전히 새로운 사람, 철저한 미국사람으로 살아가기로 각오를 다졌다. 제이슨은 고교를 졸업하며 후원자와 결별하고 워싱턴에서 일자리를 잡았다. 미 육군 의무사령부 도서관장의 배려로 도서관에서 중국과 일본에서 온 의서와 잡지들을 정리했다. 자연히 그는 의학에 관심을 가져

| 젊은 시절의 의사 제이슨
(출처: 위키피디아)

1889년 컬럼비아대학(현 조지워싱턴대학의 전신) 야간학부에 입학했다. 1년간 자연과학을 배운 후 의과대학에 입학해 한인 출신으로는 최초의 미국 의학사(M.D. 1892년)가 되었고, 최초로 미국 의사면허를 취득했다(1893년).

황인종에게 시민권을 부여하지 않던 당시 이례적으로 1890년 6월 한인

---

73) 성명의 역순 '필재서'와 가장 비슷한 음을 빌려 Phillip Jaisohn으로 개명하여 성도 Jaisohn으로 바꾸었다. 후일 서재필은 자신의 성을 한글로 쓸 때에는 '제이슨'이라고 했다.

최초로 미국 시민권을 받음으로써 제이슨은 명실상부한 미국인이 되었으며, 뮤리엘 암스트롱의 가정교사가 된 제이슨은 그녀에게 청혼해 결혼했다(1894.6). 결혼 즈음 제이슨은 의사 개업을 했으나 인종차별로 생계유지에 어려움이 많았다. 모교인 컬럼비아대학의 세균학 강사 자리를 파트타임으로 뛰며 버텨나갔다.

그사이 조선의 정세는 크게 변해 있었다. 김홍집 내각에 의한 갑오개혁이 추진 중이었다. 갑신정변 관련자의 사면으로 박영효가 1894년 조선에 귀국했고, 서광범도 고국에서 큰일을 하겠다며 귀국 전 제이슨을 찾아와 동참을 권유했으나 제이슨은 미국생활에 충실하겠다며 거절했다.

조선 정국의 변화는 제이슨의 가정에도 영향을 미쳤다. 주미 조선공사관에서 먼저 제안해 비공식적으로 자문해주는 조건으로 공사관의 비어있는 2층 방을 얻기로 해 제이슨 부부는 조선공사관으로 신혼 방을 옮겼다. 고급스러운 공사관에서 살며 상류사회 출신 아내에게 비로소 체면이 섰을 뿐 아니라 집세 부담에서 해방된 것은 수입이 많지 않던 동양인 의사에게는 커다란 혜택이었다.

공사관에서 출퇴근하며 개업의와 강사생활에 여념이 없던 1895년 6월 초 제이슨은 자신이 조선의 외부협판으로 임명되었다는 뜻밖의 소식을 듣는다. 박정양-박영효 연립내각의 출범으로 오히려 박영효(내무대신)와 서광범(법무대신)의 입지가 강화되었으며 이들이 자신을 외부협판으로 임명했다는 것이다. 얼마 전 내무협판 유길준까지 편지로 내각에서 같이 일하자는 권유가 있었지만, 제이슨은 거절한 바 있었다.

그해 9월 뜻밖의 손님이 그를 찾아왔다. 연립내각의 실세 내부대신 박영효가 왕비암살음모 사건으로 재망명, 일본을 거쳐 미국에 왔다. 한 달간 함께 기거하며 나눈 박영효와의 대화[74]는 그간 조선을 잊고 철저한 미국인으로 살아가겠다는 그의 각오를 흔들어 놓았다.

박영효와 헤어진 지 얼마 안 되어 유길준으로부터 다시 전보가 왔다. "자신이 내무대신을 맡게 되었으며 꼭 귀국해 자신을 도와달라"는 내용이었다. 전·현직 내무대신으로부터 귀국을 종용받은 셈이다. 제이슨은 고민 끝에 자신과 가족의 안전을 위해 철저하게 미국인으로 행세하는 것을 대전제로 귀국을 결심했다. 그가 1895년 11월 미국에서 출발해 크리스마스인 12월 25일 마침내 인천항에 도착했다. 망명 11년 만이었다.

그의 귀국 무렵 조선의 정세는 춘생문사건을 계기로 일본이 정국의 반전을 꾀할 때였다. 정동파는 공사관 또는 선교사 집에 피신하고 있었다.[75] 춘생문사건 배후에 대한 일본 측의 처벌 요구에 내각은 미온적이었고, 오히려 내무대신 유길준은 피신한 정동파의 신변을 은밀히 보호하며 정동파와의 제휴를 모색하고 있었다. 일본 의존 일변도에서 탈피해 개화의 자주적 기반을 굳히려던 유길준이 주도하는 제4차 김홍집 내각 입장에서는 구미 사정에 정통한 서재필이 절실히 필요했다. 제이

---

74) 박영효는 갑신정변 때와는 판이하게 달라진 조선의 정세를 자세히 설명한 후 문명국가에서 갈고 닦은 실력과 경험을 조국의 개혁과 근대화를 위해 쓰지 않으면 언제 쓰겠냐면서 제이슨에게 귀국을 강력히 종용했다.

75) 이완용·이하영·이채연·민상호·현흥택 등 친미파는 미국공사관에, 이범진·이학균 등 친러파는 러시아공사관에, 부친(윤웅렬)이 연루된 윤치호는 언더우드 집에 피신해 있었다.

슨도 정동의 미국 선교사 아펜젤러의 집에 머물면서 구미 외교관, 피신 중인 정동파 인사, 내각 요인 및 관료들과 접촉하며 조선 정세를 파악했다.

1896년 초 제이슨은 고종이 참관하는 친위대 관병식에 초청되어 내각 대신들과 주요 관료, 각국 외교관들이 배석한 어전에서 능숙한 영어와 통역 솜씨를 발휘해 고종의 환심을 샀다. 관병식 전 고종에게 인사를 하는 자리에서 안경을 벗지 않고 꼿꼿이 선 자세로 고종에게 악수를 청한 제이슨의 모습을 본 조선의 대신들과 관료들은 경악했다. 큰절할 것이라고 예상했던 조선 사정을 잘 아는 외교관들마저 놀랐다. 고종이 서재필임을 알아보자 그는 고종에게 자신은 미국 시민 닥터 필립 제이슨이라고 당당하게 밝혔다.[76]

제이슨은 내각의 대신으로 들어오라는 유길준의 제안을 거절하고 대신 파격적인 대우로 중추원 고문으로 위촉되었다.[77]

독립신문

김홍집 내각, 특히 유길준은 그에게 최대의 편의를 제공했다. 유길준은 그간의 개혁정책이 백성들에게 잘 전달되지 못하고[78], 한성 유일

---

76) 당시 상황을 『매천야록』에서는 이렇게 기록했다. "서재필은 미국여자와 결혼했다. 그는 갑오년에 환국한 뒤 고종을 알현할 때 안경을 쓰고, 궐련(담배)을 꼬나물고 뒷짐을 지고 나타나 외신(다른 나라의 신하)을 칭했다. 이에 조정이 온통 분노했다."

77) 이는 제이슨이 고집한 미국인 신분을 고려한 조치였으며, 그 대우는 월급 300원의 10년 장기계약이었다. 미국에서 그의 월 평균수입이 100원(100달러) 정도였으니 파격적인 대우였다.

78) 제이슨 귀국 직후 내린 단발령으로 백성들의 일본과 신정부에 대한 반감이 높아진 상태였다.

의 일본계 한성신보가 번번이 기사를 일본에 유리하게 왜곡 보도하자 조선인 신문의 필요성을 절감하고 있었다. 이런 점에서 국민계몽을 통한 근대화와 자주독립사상의 확산을 위해 일반인들이 쉽게 읽을 수 있는 신문 발간을 계획하고 귀국한 제이슨과는 서로 의기가 투합했다.

곧 닥친 아관파천과 김홍집 내각의 붕괴로 일시 중단되기도 했지만, 새 내각의 정동파 인사들과 관료들 지원으로 신문 발간 준비는 순조롭게 진행되었다. 새 내각은 제이슨을 신문 발간의 주무부서(농상공부) 고문관에 위촉하는 등 전폭적인 지원으로 1896년 4월 7일 우리나라 최초의 근대적 민간신문인 독립신문이 탄생했다.[79]

한글판과 영문판의 합본 형식으로 발간된 독립신문은 즉각 내외의 엄청난 반향을 불러일으켰다. 한 명이 신문을 사가면 이웃 사람들에게 넘겨주고 또 넘겨주는 식으로 한 장의 신문이 수십 명~수백 명에게 읽혀졌다. 독립신문의 내용과 형식은 당시로서는 파격 그 자체였고 선풍적인 인기를 끌었다. 창간호 2천 부는 지방에는 보급도 못 한 채 한성에서 매진되었다.

독립신문은 외국인들에게도 대인기였다. 조선이 실제로 어떻게 돌아가는지를 매일 제대로 알 수 없었던 외국인들은 독립신문 영문판을 접하고 형식, 내용, 기획 측면에서도 "조선에 꼭 필요한 일", "하나의 중대한 혁신"이라며 찬사를 보냈다.

---

79) 현재 매년 4월 7일은 신문의 날이다.

창간 초기 제이슨은 신문사 사장, 주필, 기자, 편집자, 조판 및 인쇄 직공, 보급소장 역할까지 초인적인 노력으로 독립신문이 조선 사회에 정착되도록 노력했다. 제이슨은 독립신문의 강령으로 1) 조선 국민을 위한 신문 2) 깨끗한 정치 3) 대외 우호 관계의 유대와 증진 4) 조선 자본에 의한 조선 자원의 개발 등을 내세웠다. 또 열강의 이권쟁탈 대상이 된 조선을 구하어 명실상부한 근대적 자주독립국이 되는 것을 목표로 삼았다. 독립신문 발간을 계기로 제이슨이 추구하는 독립자존적 근대의식은 오랜 가뭄 끝에 뿌리는 단비처럼 바싹 마른 대지의 조선 민중에게 쏙쏙 흡수되며 확산되었다.

독립신문의 한글 전용은 당시로서는 파격이며 획기적인 결단이었다. 당시 조선인의 문자 환경은 비록 갑오개혁으로 정부가 공문서에 국한문 혼용을 권했음에도 지식인들은 '한문 전용이 최선, 국한문 혼용이 차선'이라는 의식이 강했고, 한글을 '언문'이라고 하여 못 배운 사람이나 아녀자들의 문자로 인식했다.

독립신문은 창간호 1면에 게재되었던 광고에서 철저한 한글 전용 의지를 밝혔다. '누구든지 물어볼 말이 있든지 세상 사람에게 하고 싶은 말이 있으면 이 신문사에 간단한 문장으로 편지를 보내주시면 답장을 해주며, 신문에 게재할 필요가 있으면 게재한다. 그러나 한문으로 쓴 편지는 처음부터 받지 않는다.'

최대한 많은 민중이 읽을 수 있는 계몽적 신문을 만들겠다는 제이슨의 확고한 민주주의적 신념이 없었으면 불가능한 결단이었다.

이렇게 시작된 독립신문의 한글 전용은 세계에서 가장 우수한 문자로 자기 말을 표현해야 한다는 신념으로 한글 연구를 해온 주시경이 독립신문에 합류하면서 체계적으로 발전해 나간다.

주시경은 조선 최초의 서원인 백운동 서원을 세운 주세붕의 13대손
으로 1876년 황해도 봉산에서 서당 훈장 주학원의 둘째 아들로 태어
났다. 12세에 남대문 시장에서 해륙물산
객주업[80]을 하는 큰아버지의 양자가 되어
서당에서 한학을 배웠다. 선생이 한문을 한
자 음으로 읽을 때는 아이들이 전혀 이해를
못 하다가 선생이 우리말로 새겨주면 고개
를 끄덕이며 이해하는 모습을 보고, 이렇게
이해하기 쉬운 우리글을 놔두고 왜 어려운
한문을 배워야 하는지 의문을 가졌다.

| 주시경(출처: 위키피디아)

　1893년 배재학당의 교사들에게서 야학으로 신학문을 지도받으면서
문명 강대국이 모두 자기 나라의 문자를 사용한다는 말을 듣고 이때부
터 주시경은 우리말과 글을 본격 연구하기 시작했다. 1896년 관립 이
운학교 졸업 후 마산항 지사장에 임명되었지만, 곧 아관파천으로 김홍
집 내각이 붕괴함에 따라 사퇴하고, 4월 배재학당의 만국지지역사특별
과에 재입학했다. 신학문의 요람 배재학당에서의 경험은 그의 인생에
큰 영향을 미쳤다.

　우선 영문법을 공부하며 언어학 이론을 정립해 그간 독자적으로 연
구한 한글에 문법적 틀을 제공했다. 그에게 배재학당에서의 가장 큰
사건은 제이슨과의 운명적 만남이었다. 세계지리와 역사를 가르친 제

---

80)　객주업은 화물의 중개, 알선 및 위탁판매업과 함께 화주의 숙박업을 겸하는 사업이다.

이슨에 감화되어 애국계몽사상을 고취하고, 독립신문의 회계, 교정과 협성회 회보의 편집을 맡았다.

1896년 5월 독립신문의 한글 표기를 통일하기 위해 독립신문사 안에 국문동식회를 결성해 한글을 연구하며 한글 전용과 맞춤법 제정을 주장하는 등 독보적인 한글 연구를 본격화했다. 당시 한글에는 맞춤법과 띄어쓰기가 없었다. 발음 나는 대로 쓰다 보니 사람마다 제각각이었다.[81] 모든 서류가 세로쓰기였다. 이런 시대에 한글 전용, 띄어쓰기와 가로쓰기, 한글 맞춤법 연구와 함께 맞춤법 통일을 주장한 주시경은 선각자 중의 선각자였다.

독립신문 발간 후 제이슨은 두 가지 중요한 일을 시작했다. 하나는 배재학당 설립자 아펜젤러의 요청으로 5월부터 배재학당 학생들에게 강의를 시작했다. 세계지리와 역사 그리고 근대화된 서양에 관한 강의였다. 엄청난 영향력과 인기를 끌고 있는 독립신문의 창설자 서재필의 목요강좌는 학생들에게도 대인기였다.

그를 따르는 학생들을 중심으로 우리나라 최초의 토론 동아리 협성회가 결성되어 제이슨은 토론 수업의 지도선생님 역할도 했다. 협성회는 자주독립, 자유민권, 자강 개혁 등의 주제를 놓고 매주 공개토론회를 열었다. 학생 중 이승만, 양홍묵 등이 협성회 활동에 열심이었다.

토론회가 소문이 나면서 일반 방청객이 늘어나자, 일반인까지 회원

---

81) 예를 들면 '손에'를 어떤 사람은 '소네'로 어떤 사람은 '소내'로 썼다. '손에 손잡고 밖으로 나가세'
    는 '소네손잡꼬밧끄로나가새'로 표기되는 식이었다.

으로 받고 지방조직도 결성되어 협성회는 계몽 사회단체로 발전했다. 1898년부터는 주시경이 편집한 협성회 회보를 주간지로 발간해 민족의식과 계몽사상 확산에 기여했으며, 독립협회와 만민공동회의 탄생에도 영향을 미쳤다.

독립협회

또 하나의 일은 조선이 자주독립국임을 상징할 만한 독립기념물을 만드는 일이었다. 이는 백성들에게 자주독립 의식을 고취해 국민적 단합의 계기를 만들고, 조선 침략과 이권 침탈에 여념이 없는 열강들을 향한 메시지이기도 했다. 독립문 건립, 독립공원 조성, 독립관 개수 등 독립기념물사업에 대한 정부의 반응이 좋자 제이슨은 사업추진 단체의 필요성을 역설해 중추원 건물에서 14명의 발기인 모임을 가졌는데 (1896.6.7) 이 단체가 바로 독립협회다.

독립협회의 발기인은 안경수, 이완용 등 14인이며, 이들은 당시 정치적 영향력이 막강한 최상류급 인사였다. 고종의 재가가 나자 제이슨은 독립신문의 논설을 통해 독립문 건립의 목적과 필요성을 일반에 알렸고, 7월 2일 창립총회가 열려 안경수 회장, 이완용 위원장 등 독립협회의 임원들을 선출했다.[82]

---

82) 독립협회 임원은 다음과 같다.
　　회장: 안경수(회계장 겸임), 위원장: 이완용
　　위원: 김가진, 김종한, 민상호, 이채연, 권재형, 현흥택, 이상재, 이근호
　　간사원: 송헌무, 남궁억, 심의석, 정현철, 팽한주, 오세창, 현제복, 이계필, 박승조, 홍우관

| 1896년 11월 독립문 정초식 초청장(출처: 위키피디아)

독립협회는 독립기념물사업과 이를 위한 모금운동이 주된 활동이었다. 독립신문은 논설을 통해 국민들의 동참을 호소하고 성금 기부자 명단을 신문에 게재하는 등 협회를 적극 지원했다. 1896년 7월 황태자의 기부(기부금 1천 원)를 계기로 전현직 관료, 외국인, 일반 국민 등 각계각층의 성금이 폭발적으로 증가했다. 헌금표에 협회 가입의사를 표시하면 회원으로 입회시켰기에 협회의 회원 수가 급증했다.

협회는 회의(8.1)에서 독립문부터 우선 착공하기로 했다. 1896년 11월 21일 독립문 정초식에는 회원뿐 아니라 대신 및 주요 관료, 외교관, 선교사 등 외국인, 학생 등 5~6천 명이 참석했다.

1897년 10월 대한제국의 선포에 이어 11월 독립문이 완공되었다.[83] 독립문은 파리의 개선문을 모델로 하되 설계는 스위스인, 건축은 한국인 심의석, 석공은 한국인 기술자들, 노역은 중국인 노동자들이 담당했다. 사대의 대상이었던 청나라 사람들이 독립문의 공사 노역을 맡은 것은 상징적인 의미가 있었다.

---

83) 준공식에서 제이슨은 "우리는 이제부터 옛날 종노릇하던 표적을 없애 버리고 정말로 실질적 독립을 소원한다는 징표로 이 독립문을 세우는 것이니, 우리 국민들은 이 점을 잘 생각하고 우리 나라의 자주독립을 위하여 더욱 분투해야 한다"고 역설했다.

협회는 각계각층의 국민 성금으로 독립기념물사업에 성공함으로써 자주독립의식을 국민에게 고취시키는 데 크게 기여했다. 또 애국적 민중을 대거 회원으로 확충해 이후 협회의 활동은 자발적인 애국민중들을 기반으로 탄력을 받게 된다.

독립협회의 설립 목표가 완성되자 협회의 존속과 활용방안에 대해 윤치호가 민중 계몽단체로의 전환을 제안해 제이슨이 동의했다(1897.8.5). 협성회 활동에 고무되어 협회는 토론회 규칙을 정하고 일요일마다 독립관에서 대중토론회를 개최하기로 결의했다.

첫 토론회는 '조선에 급선무는 인민의 교육'이라는 주제로 약 70명의 회원이 참가하여 성공적으로 개최되었다(1897.8.29). 점차 참가자와 방청인이 증가해 8회 토론회부터는 5백 명이 넘는 사람들이 참가했다. 사람들이 처음에는 대중 앞에서 연설하는 것을 꺼렸으나 얼마 안 되어 수백 명의 회원이 대중연설을 능숙하게 하였다. 또한 방청인들이 토론회에 계몽되어 협회에 가입하며 협회의 저변이 급속히 확장되었다. 회원들의 정치의식과 귀속감이 높아지며 독립협회의 사상 형성에 토론회가 중요한 역할을 하였다.[84]

이와 같이 독립협회는 계몽운동에 주력함으로써 민중적 기반이 형성되었고, 이후 민중 기반의 정치결사체로 변신한다. 특히 1897년 말 러시아 재정고문 문제로 독립협회가 정부의 외세의존적 자세를 비판하

---

84) 1898년 12월 3일까지 총 34회의 토론회가 열렸다. 토론의 주제는 자유민권(5회), 산업 개발(5회), 신교육(3회), 미신 타파(3회), 위생 및 치안(3회), 자주독립(3회), 수구파 비판(2회), 이권 반대(2회), 대외정책(1회), 의회 설립(1회), 민족문화 창달(1회) 등으로 초기에는 비정치적·계몽적 주제를 다루다가 러시아의 침탈이 노골화한 후반에는 정치적인 주제가 주된 이슈였다.

자 불편을 느낀 관료들이 대거 탈퇴하면서 협회는 진정한 민중 기반의 단체로 탈바꿈한다.

아관파천 시기부터 러시아의 영향력과 이권 침탈은 극심했다. 환궁 이후에도 마찬가지였는데 1897년 7월 러시아 교관 13명이 추가 입국한 데 이어 10월 스페이에르 공사는 영국인 브라운을 탁지부 고문 및 총세무사에서 해고하고 러시아의 알렉세예프를 그 자리에 앉히려 했다. 영국 총영사가 강력 항의하고 12월 영국의 군함 7척이 인천에서 무력시위를 하자, 조선의 외부는 브라운의 총세무사 해임 취소를 발표하고 알렉세예프는 탁지부고문으로만 남게 했다.

러시아는 조선 정부에 절영도(현 부산 영도) 석탄고 기지 조차를 강요하는 등(1998.1) 침략정책이 더욱 심해졌다. 정부가 이를 승인하려 하자 독립협회는 강력한 상소문으로(2.21) 본격적인 구국 정치운동을 개시했다. 협회는 외국의 군사권, 재정권, 인사권 간섭을 규탄하는 한편 완전한 자주독립과 입헌정치를 주장하고 탐관오리 제거와 내정개혁을 강력하게 요구했다.

거듭되는 러시아의 절영도 조차 요구에 의정부와 논의도 없이 외부가 허가하자, 협회는 이를 성토하고 외부에 항의문서를 발송했다(2.27). 이에 외부대신 민종묵은 일본에 석탄고를 빌려준 전례를 따랐다고 변명했고 협회뿐 아니라 의정부까지도 반발했다. 민종묵이 면직되고 러시아의 희망이 좌절되자(3.2), 러시아공사관과 친러파는 고종에게 압력을 가해 민종묵을 다시 외부대신으로 임명해(3.3) 절영도 조차를 재개하려 했다. 당시 또 다른 이권으로 러시아는 한러은행을 개설해(3.1) 조선의 국고수납 은행이 되려고 했다.

독립협회는 러시아의 이권 침탈에 격분해 본격적으로 실력 저지에 나섰다. 협회는 한러은행의 철수를 결의하고 항의문을 탁지부에 발송했다. 아울러 절영도 건에 대한 항의와 일본의 석탄고 기지까지 회수할 것을 요구했다(3.7).

협회의 반러시아 투쟁이 본격화하면서 국민들의 대러감정이 악화되고 러시아인의 전면 철수 주장까지 등장하자, 스페이에르는 본국과 상의해 승부수를 던졌다. 한국 황제의 요청으로 파견된 군사교관과 고문관을 황제가 필요 없다고 하면 철수하겠으니 24시간 이내에 답변을 달라고 했다. 당황한 고종은 답변 시한 연기를 요청했고, 협회는 즉각 정부가 교관 및 고문관의 철수 답신을 보내 자주독립을 확립해야 한다고 주장했다.

만민공동회

협회는 국민들의 의지를 보여주기 위해 첫 만민공동회를 개최했다.

종로의 만민공동회에는 1만여 명의 시민이 참여해 시전상인 현덕호를 회장으로 선출했다(1998.3.10). 연단에서 이승만 등 배재학당 학생들이 러시아의 침략 정책을 규탄하고 자주독립을 역설했다. 이날은 러시아 군사교관 및 재정고문의 철수를 결의했고, 이틀 후의 2차 만민공동회는 모든 외국 간섭을 배제한 자주독립을 결의했다. 오늘날의 대중 정치집회 같은 만민공동회의 열기와 진행은 역사상 최초의 시민의식을 가진 성공적 대중집회였기에 백성들은 물론 많은 외국인들도 놀라워했다.

고종은 고민하다가 결국 교관과 재정고문 철수를 요청하는 회신을 보내도록 외부에 지시했다(3.11). 러시아는 재정고문과 군사교관의 철수와 한러은행도 문을 닫을 수밖에 없었다.[85] 민회의 위력에 놀란 일본도 절영도 석탄고 기지를 반환했다.

황제권을 강화하려는 고종은 점차 정부 비판이 거세지는 독립협회와 서재필을 못마땅하게 생각했다. 관료들이 협회를 탈퇴하고 러시아 재정고문 문제가 협회의 반대로 불거지던 때(1897.12.13) 외부대신 조병식은 미국공사 알렌을 만나 정부를 비난하는 서재필은 한국을 떠나야 한다고 말했다. 알렌은 서재필이 아니라 미국인 필립 제이슨임을 강조하고 중추원 고문 계약 기간의 잔여임기 급료와 미국 여비를 지급하지 않고는 해고할 수 없다고 주장했다.

교관 및 재정고문이 철수 당하자 러시아공사는 제이슨 추방을 고종에게 압박했고, 일본도 그의 존재가 향후 일본에 장애가 될 것을 우려해 공동보조를 취했다. 알렌의 주선으로 제이슨과 조선 조정 사이의 교섭이 타결되었다(1898.4.25).[86] 결국, 제이슨은 2년 반의 짧지만 지대한 영향을 미친 고국 활동을 중단하고 독립협회 회원들의 눈물 어린

---

85) 러시아의 철수 방침은 당시 러시아의 극동정책과도 관련이 있다. 독일의 자오저우만 점령(1897.11)을 계기로 러시아는 뤼순항과 다롄 점거(1897.12), 요동반도의 조차(1898.3) 등을 통해 부동항과 조차지를 확보하자 영국과 일본 등 열강을 더 자극할 필요가 없다고 판단했다. 따라서 러시아의 철수 즈음(1898.4.25)에 체결한 로젠−니시 협정에서 러시아는 극동전략상 한반도에서 일본의 경제적 우위를 인정했다.

86) 조정은 계약기간 중 잔여기간(7년 10개월)의 급여를 지급하되 정부가 기 투자한 독립신문 관련 비용 등을 공제한 잔액을 지급하기로 했다.

배웅 속에 미국으로 출발했다(1898.5.14).[87]

그가 뿌린 애국계몽사상과 독립협회는 이후 심화 발전하여 집권 수구파에 대항해 구한말의 자유민권 운동, 언론과 집회의 자유 쟁취 운동, 의회 설립 노력과 관민공동회의 개최, 만민공동회의 투쟁으로 이어진다.

이후의 주시경과 서재필

주시경은 독립협회의 청년지도자의 일원으로 양기탁, 이동녕, 이승만 등과 함께 만민공동회 투쟁을 이끌다가(1898년 겨울) 고종의 변심으로 민회 지도자들에 대한 체포가 시작되자 향리에 피신했다.

시골에 은신해서도 한글 연구를 계속해 5년간의 연구를 정리한『국어문법』을 완성했다. 이후 을사조약이 체결되기까지 5년여 동안 한글의 연구, 교육, 과학화와 체계화를 위한 개인 학습에 온 힘을 쏟았다. 의료선교사 스크랜튼에게 영어를 배웠고, 한성외국어학교에서 일본어와 청국어를 청강하며 배웠다. 여러 외국어 학습을 통하여 문법체계를 정교하게 다듬고 우리말과 우리글의 언어구조를 체계화 해 나갔다.

---

87) 독립신문을 인수하여 사장 겸 주필이 된 윤치호는 이날을 이렇게 기록했다.
"오전 10시에 서재필 박사를 배웅하기 위해 용산에 갔다. 30명이 넘는 독립협회 회원들이 참석했다. 다들 눈물을 흘렸다. 참으로 영광스러운 변화이다. 1884년 서재필 박사는 각계각층의 증오와 저주를 받으며 조선을 떠났다. (당시) 박사를 개처럼 죽이는 조선인은 왕국에서 가장 충실한 신하로 간주됐을 것이다. 하지만 오늘 서재필 박사는 서울을 떠난다. 부패한 지배 세력은 박사를 증오하지만 국민들은 그와 함께 있다. 국민들은 박사를 존경하고 사랑한다. 많은 이들이 박사를 죽이려고 하는 대신 필요하다면 기꺼이 박사에게 목숨까지 바칠 것이다(적어도 그들은 그렇게 말하고 있다)." 『윤치호 일기』1898.5.14

을사조약 체결 이후 한일합병 시까지는 학생용 교재 『대한국어문법』 등을 발간하여 한글 연구성과를 보급하고, 체계적인 한글 연구를 위해 국문연구회 창설 활동과 연구위원으로 활동하였다.

또한, 보성, 배재, 중앙 등 20여 개의 학교에서 국어, 역사 등을 강의하며 교육을 통한 민족 정체성 확립에 정열을 쏟았고, 계몽잡지에 기고한 각종 논설을 통해 민족적 각성을 촉구했다. 이 시기 주시경은 자신의 종교를 기독교에서 민족 종교인 대종교로 개종하며 국권회복운동에 혼신의 노력을 경주했다.

1910년 주시경은 보성중학교에 조선어강습원을 열어 후학을 양성했다. "나라를 잃었는데 언어까지 잃게 되면 민족 정체성을 상실해 영원히 독립을 이룰 수 없다"면서 그는 한글의 연구와 교육에 매진했다. 몸을 돌보지 않는 한글 사랑과 계몽활동으로 주시경은 1914년 7월 27일 38세의 젊은 나이에 급사했다.

오늘날 우리가 당연한 것으로 여기는 한글의 가로쓰기, 띄어쓰기, 통일된 국문법과 체제 등은 모두 그로부터 연유했다. '한글'이라는 명칭 자체도 그에게서 나왔다. 그의 제자 최현배와 김두봉이 해방 후 남북의 언어정책 수립에 핵심적 역할을 하였기에 그나마 현재의 남과 북의 한글 표기 원칙이 기본적으로 같은 것이다. 그런 점을 감안할 때 주시경은 현대사의 어려운 숙제인 남북통일운동을 분단되기 훨씬 전부터 시작한 셈이며, 현재 세계적으로 각광을 받고 있는 한류의 바탕인 한글을 외국인도 쉽고 체계적으로 배울 수 있도록 시대를 앞서 준비한 선각자 중의 선각자다.

미국에 귀국한 제이슨은 곧바로 미서전쟁(미국–스페인 전쟁)에 군의 관으로 종군한 후 펜실베이니아에서 개인병원을 개업하고 대학에서 해부학을 강의했다. 1919년 3·1 운동 소식을 접하고 전 재산을 정리해 조국의 독립운동에 종사했다. 광복 후 미군정장관 하지 장군의 요청으로 84세 때인 1947년 미군정청 고문으로 귀국해 해방된 조국의 혼란상을 안타까워하다가 1년 만에 미국에 돌아가 1951년 사망했다.

젊은 시절 철저히 미국인 제이슨으로 살아가려던 그가 노년에 독립운동에 헌신하고 또 해방된 조국에서 자신을 대통령으로 추대하려는 움직임에 편승하지 않고 혼란상을 부추긴다는 판단으로 제동을 걸고 미국으로 돌아간 면을 볼 때 그는 자신의 한계를 잘 알고 처신한 현인이자 마음만은 순수하게 조국이 근대화되어 발전하길 바란 조선인 서재필이었다.

| 1947년 귀국해 연설하는 서재필(출처: 위키피디아)

19세기 말 짧지만 강렬했던 그의 귀국 활동은 독립신문 발간, 독립문 건립, 독립협회 활동 등 우리나라 근대사에 커다란 족적을 남겼다. 역사상 처음으로 근대적 자주독립사상과 국민 대중을 결합하는 데 성

공한 그의 민회 활동은 이후 근대화와 계몽사상으로 무장한 수많은 독립운동 지도자와 애국세력을 길러냈다. 조선이라는 척박한 토양에 그가 뿌린 씨앗이 후일 근대적 애국 활동으로 곳곳에서 꽃이 핀다.

。 최익현(후속)

1904년 1월 러일전쟁 개전으로 국토가 유린되고 백성들이 도탄에 빠졌다. 일제의 강압적인 한일의정서 체결과 제1차 한일협약 체결로 국권마저 크게 침탈되고,[88] 백성과 관료들에게도 고종의 영이 안 섰다. 모두 나라에 망조가 들었다고 한탄했다.

나라가 어려우면 충신이 생각나는 걸까?

고종은 돌연 20년간 관직이 없던 최익현에게 궁내부 특진관, 의정부 찬정의 벼슬을 내렸다.[89] 철옹성 같던 대원군을 하야시켜 고종 친정의 길을 열어주고, 도끼를 품에 안고 대궐 앞에 엎드려 강화도조약을 반대했던 위정척사파 유림의 대명사 최익현은 이제 충청도 청양에서 후학을 가르치다 병에 시달리며 노쇠해진 72세의 노인이었다.

---

88) 1904.1 러일전쟁을 일으킨 일본이 한국의 황궁을 점령한 후 조약 체결을 반대하는 이용익을 납치한 후 2월 23일 체결한 한일의정서는 흔히 한국을 일본군의 병참기지화한 공수동맹조약이라고 한다. 그러나 군사적 목적 외에도 일본의 내정 간섭과 외교권에 관한 제한을 용인함으로써 광범위한 주권 침해의 길을 활짝 열어 놓은 기본적 조약이다. 이를 바탕으로 1904.8.22 제1차 한일협약이 맺어져 일본이 추천하는 고문에 의한 고문정치가 도입되었다.

89) 찬정은 요즘의 국무위원을 말한다. 고종실록 1904.8.23

최익현은 절절한 충심으로 나라의 흥망성쇠는 임금의 마음에 달려있다고 지적하고 자신은 병으로 노쇠해 있다며 사직 및 대죄상소를 올렸다.[90] 고종은 "나라를 위한 공의 간절한 마음은 어려운 때에 갑절로 더 해야 한다. 그래서 벼슬을 준 것이니 병을 무릅쓰고 곧 올라오"는 비답을 내렸다.[91] 최익현은 당시 정세를 중병에 걸린 사람에 비유하며 다시 사직상소를 올렸다.

> 오늘날 나라의 형세는 비유하면 중병에 걸린 사람과 같습니다. 원기가 다하고 번열이 치밀어 병자가 쓴 약을 입에 대기 싫어하더라도 자손들은 오직 정성을 다해 약을 권해 소생시킬 방도를 생각해야 하는데 도리어 재산을 차지하기 위해 싸움질을 하여 집과 담장까지 헐어버리자 문밖의 도적놈이 한창 집안싸움을 엿보다가 흉기를 들고 기세를 올리면서 집과 토지까지 빼앗으려고 하는데 막지 못하게 되었습니다. 이것은 병자의 죽음을 재촉하여 임종 시각을 앞당기는 것이니, 아! 어찌 통곡할 노릇이 아니겠습니까? (후략)

고종은 "병으로 비유한 말이 절절하기에 반드시 명의를 기다리겠다. 한시가 급한 때 우물쭈물한다면 그것이 어찌 목마르게 기다린 뜻이겠는가? 더 사양 말고 즉시 들어와 명령을 받들도록 하라"고 비답을 내렸다.[92] 쇠약한 몸으로 상경하다가 건강이 악화되어 귀향한 최익현은 정

---

90) 조선시대 관리들은 관직을 발령받으면 취임을 하거나 사직상소를 올려야 한다. 또 자신이 죄를 지은 경우 그 죄에 대한 책임을 인정하거나(인책상소) 또는 죄에 대한 책임을 인정하니 벌을 기다리는 취지의 상소(인책대죄상소 또는 대죄상소)를 올린다. 최익현은 임금의 명을 거역한 죄에 대한 대죄상소까지 같이 사직상소에 포함한 것이다.

91) 고종실록 1904.9.5

92) 고종실록 1904.9.23

신을 차린 후 또다시 사직상소를 올렸다. 이에 고종은 "난국이 한창 급하니 절대로 사직을 허락할 수 없다. 원인이 없는 병은 약 없이도 낫기 마련이니 차도가 있으면 즉시 올라오라"는 비답을 내렸다.[93] 보름 후에는 최익현에게 별도의 칙유[94]를 내렸다.

> 내가 경에게 찬정의 벼슬을 준 것이 어찌 아무 생각 없이 한 일이겠는가? 풍속이 나빠지고 국사에 어려움이 크다. 높은 덕을 지닌 충신의 도움 없이는 대세를 만회할 수 없다. 경의 깨끗한 명성과 곧은 절개에 대해서는 짐이 흠모한 지 오래되었다. 그간 극진하고 간곡히 타이른 것이 여러 번이었지만 경은 줄곧 병을 핑계 대고 있다… 중병도 나았다고 하니 즉시 조정에 들어와 애타게 기다리는 나의 기대에 보답하고 밤낮 가실 줄 모르는 나의 걱정을 풀어주어라.

최익현의 입경 소식을 들은 고종은 또 칙유를 내렸다. 뤼순 함락으로 러일전쟁에서 일본의 승세가 굳어지고 고종의 민회금지 조칙에도 불구하고 일진회가 일제의 비호 하에 대중집회를 열어[95] 황제의 영이 안서고 국가기강이 무너진 때였다.

---

93) 고종실록 1904.9.30

94) 임금이 몸소 직접 내린 말씀 또는 글

95) 일진회는 일본에 10년간 망명한 송병준이 일본군 통역관으로 귀국한 후 독립협회 활동을 했던 윤시병 등과 만든 조직이다(1904.8). 일진회는 황실 존중과 국정 개혁 등을 강령으로 내세웠으나 실제로는 일본군의 후원을 받으며 일제 침략의 전위대로 활동한다. 동학의 잔존 세력인 이용구의 진보회와 합병하면서 최소 수만 명 이상의 회원을 가진 전국적 조직이 되며(1904.12) 정국에 상당한 파급력을 가진다. 일진회는 1904년 9월 문명국민이 되기 위해 회원들의 상투를 절단하는 조치를 취하고, 내부대신과 호위대총관 서리로 발령난 부패인사 이용태의 인사조치에 반대하는 결의를 하였다. 고종은 정치적 토론을 하는 민회를 금지하고 그 단속을 철저히 하라는 칙령을 내렸다. 칙령에도 불구하고 일진회는 일본 군경의 보호 아래 조선 군경이 전혀 접근할 수 없었다.

> …유언비어로 민심이 동요하고 급급한 형편이 아침저녁도 보존하지 못할 것 같으니 우물쭈물하지 말아야 할 것이다. 경이 춥고 먼 길에 고생한 것을 알기에 조금 피곤이 풀리기를 기다리겠다. 그러나 곁에다 자리를 비워놓고 기다리는 마음은 순간이 급하니 즉시 들어오라.[96]

1905년 1월 7일 밤 10시경 드디어 최익현이 고종을 수옥헌(중명전)에서 알현했다. 두 사람의 첫 대면 장면을 고종실록과 승정원일기에 근거해 복원해 보자.

> 고종이 중명전에 나아갔을 때 비서원승 이명상, 비서원낭 조남일·임백영, 의정부 찬정 최익현이 차례로 나와 엎드렸다.
>
> 고종: 사관은 좌우로 나누어 앉으라. 찬정은 앞으로 나오라.
> (최익현이 앞에 엎드려 있다)
> 고종: 경은 일찌감치 올라왔을 거라고 생각되는데 지금에서야 들어왔는가?
> 최: 신은 8월에 고향에서 출발했는데, 중도에 병 때문에 몇 달 앓다가 근래 다소 나아져서 겨우 입시[97]하였습니다. 국운이 막혀 을미사변 이후 국모의 원수를 갚지도 못했는데, 작년과 금년에 효정왕후(헌종의 계비)와 순명비(세자의 비)가 연이어 돌아가시는 변을 입으셨는데 성상의 체후는 탈이 없으십니까?
> 고종: 한결같다.
> 최: 태자궁의 기후는 어떠합니까?
> 고종: 평순하다.

---

96) 고종실록 1905.1.1
97) 궁궐에 들어와 임금을 뵙는 것

최: 신은 50년 동안이나 분수에 맞지 않는 벼슬들을 두루 지내오면서 외람되게도 정경에 올랐지만, 아직 용안을 알지 못합니다. 옛사람들은 최초로 궁전 섬돌에 오를 때 용안을 우러러보겠다는 청을 드렸습니다. 신도 머리를 들어 용안을 한 번 보았으면 합니다.

고종: 올려 보라.

(최익현이 엎드린 채 머리를 들어 고종의 얼굴을 잠시 쳐다본 후 다시 엎드린다.)

최: 신은 계유년(1873)과 병자년(1876)에 어리석은 의견을 진술해 먼 곳까지 귀양 갔다가 되살려주신 폐하의 은혜를 받고 고향으로 살아왔으니 신의 한 점의 살, 한 올의 털까지도 다 폐하께서 준 것입니다. 그 후 나라에 변고가 거듭되어 폐하께서 천고에 드문 재앙을 여러 번 당했음에도 신은 티끌만큼이라도 보답하지 못하여 신의 불충은 나라 사람들이 모두 알 것입니다. 지금 신은 칠순이 지나고 온갖 병에 시달려 살 날이 많지 않습니다. 신이 쓸모가 없다는 것을 모르시고 누차 소명을 내려 극진히 예우해 주시니, 폐하께서는 신에게서 무엇을 취하려고 이런 비상한 은총을 베푸시는 것입니까? 신은 원래 학식이 없고 시골에서 자라서 듣고 본 것이란 오직 아버지와 할아버지가 남긴 가르침뿐이니 어찌 충언을 아뢰기에 충분하겠습니까? 신의 어리석은 견해는 이미 무술년(1898) 상소에 모두 밝혔는데 수용되지 않았습니다. 이번에는 어찌 감히 의견이 수용되기를 바라며, 어찌 감히 살아서 귀향하기를 바라겠습니까? 지금 나라에 위태로운 형세가 당장 눈앞에 다가오고 있는데 폐하께서 만일 마음을 비우고 수용할 뜻이 있으시다면 신은 감히 모두 말씀드리겠습니다.

고종: 경이 본래 강직하여 사람들과 어울리지 못하는 것은 내가 이미 알고 있다. 그리고 몇 년 전 상소는 비록 귀에 거슬리는 말이 많았으나 짐은 내심 옳다고 인정하면서도 더러 시세에 구애되는 점이 있어서 변통하기 곤란하였다. 그러나 극히 어려운 현실이 경의 수습책을 고대하기 때문에 이처럼 특별히 부른 것이니 경의 훌륭한 계책들을 어찌 받아들이지 않겠는가?

최: 신의 언사가 속되고 졸렬하나 폐하께서 보시도록 차자[98]를 한 통 준비했습니다. (소매 속에서 한 통의 차자를 꺼내며) 만일 채택하여 쓰이면 종묘사직을 위하여 다행스러운 일이 될 것입니다.

(비서원승 이명상이 무릎을 꿇고 받아서 고종 앞에 올렸다)

최: 신이 숨이 가쁘고 눈이 어둡기는 하지만 차자를 펴들고 읽어 올렸으면 합니다.

고종: 비서원승이 읽도록 하라.

(이명상이 나아가서 무릎을 꿇고 차자를 읽었다)

최: 폐하께서 오늘날의 형세를 보시건대 앞으로 흥할 것 같습니까, 망할 것 같습니까? 신의 생각에는 태평한 시대가 아니라 혼란한 시대일 것 같습니다.

고종: 과연 그렇다.

최: 폐하께서 혼란한 시대임을 아신다면 혼란하게 된 원인도 아십니까? 오늘날 민회가 정부를 공격하니 패역으로 본다면 극도의 패역이며, 강한 이웃나라를 끼고서 횡포를 자행하니 그 죄는 처단을 면할 수 없는 것입니다. 그러나 민심이 이처럼 흩어진 것은 하늘을 섬기는 폐하의 성의가 극진하지 못해서입니까, 아니면 해당 관리들이 폐하의 덕을 받들어 펴지 못해서 그러는 것입니까?

고종: 짐은 성의를 다해서 하늘을 섬긴다고 자부했는데도 하늘의 도리가 이처럼 응해주지 않는 것은 내가 밝지 못해 신하들을 통솔하지 못하기 때문일 것이다.

최: 저 백성들이 자기의 살점을 씹으면서까지 외국 사람들의 앞잡이 노릇을 하는 것은 물론 미련한 일이지만, 근원을 따져보면 관리들이 탐오하고 포악하여 민심을 잃었기에 그들이 본성을 잃고 이 지경에 이르게 된 것입니다.

---

98) 차자(箚子)는 간단한 상소를 말한다. 최익현은 차자에서 잘못된 정사에 대한 원인 제공자들을 참수하고 5가지 국가 의례를 고칠 것을 제시했다. 최익현, 수옥헌에서 아뢰는 차자 1905.1.7(음 1904.12.2), 『면암집』(면암선생문집 제5권), 한국고전번역원

고종: 탐관오리들이 백성들을 못살게 하는 것을 짐이 철저히 금지한 바이건만 어째서인지 정사가 뜻대로 되지 않는다. 이것은 짐의 잘못이다.

최: 증자는 '임금이 정사를 잘못하여 민심이 흩어진 지 오래다'라고 하였고, 맹자가 '백성들이 이제서야 보복할 수 있게 되었다'라고 했듯이 대체로 백성들에게는 이처럼 험한 측면이 있습니다.

고종: 저 민회의 백성들도 다 나의 백성들이다. 짐은 기어이 잘 타일러 그들의 본성을 되찾게 하려고 한다.

최: 오늘날 민심이 흩어진 것은 다 을미사변에 복수하는 조치가 없었기 때문이며, 이는 복수하려는 생각도 없었기 때문입니다. 만일 복수하는 조치나 마음이 있었더라면 민심이 자연히 굳어져 응당 오늘날의 난동도 없었을 것입니다. 복수하는 행동은 고사하고 복수를 말하는 사람조차 없으니 어찌 통탄할 노릇이 아니겠습니까? 신은 요즘 조칙이 내려오는 것을 여러 번 보았는데 애통해하는 심정이 그 글에 흘러넘치고 있었습니다. 폐하의 말씀은 간절하지만 실지 혜택이 미치는 것을 볼 수 없으니 이것은 무엇 때문입니까? 폐하께서 그저 형식만을 일삼으면서 진실한 마음과 실질적인 노력이 없기 때문입니다. 원컨대 성심으로 하늘을 섬기며 진심으로 백성들을 보살피소서.

신이 듣자니 폐하께서 태묘 전알례[99]를 하지 않은 지 오래라고 합니다. 내일이라도 행차하여 태묘에 전알하고, 망묘루(종묘에 있는 누각)에 올라 민회의 백성들을 불러다 각기 묘문 밖에 엎드리게 하고 애통해하는 조칙을 내려 허물을 성상께 돌려 자책하시되 마치 온 나라의 사람들의 죄가 전적으로 자신 때문이라고 한 성탕처럼 하소서. 그런 다음에 그 우두머리 몇 명을 불러들여 타이르시되, 시행할 만한 그들의 건의를 몇 가지 택하여 시행한다면 그들 역시 성상의 교화를 받으며 길러진 사람들인데 어찌 끝내 거절할 리가 있겠습니까? 감히 청컨대 폐하께서는 실속있게 시행하소서.

---

99) 종묘에 모신 역대 임금과 왕비에게 문안인사를 드리는 예식

고종: 효혜전의 연사[100]를 지내기 전에 태묘에 전알하는 것은 예법에 구애되는 일이다.

최: 신은 폐하께서 태묘에 전알할 날이 없을까 두렵습니다.

고종: 무슨 소리를 하는가?

최: 폐하께서 (무당 점복술로) 꺼리는 것이 많다고 들었기 때문입니다.

고종: 무슨 말인가? 짐이 무슨 꺼려하는 것이 있겠는가? 더구나 조상들의 영혼을 안치한 곳인데 어찌 꺼려하는 마음을 나타내겠는가?

최: 신이 듣자니 일본군 사령부가 고시로 경내에서의 경찰 사무를 스스로 담당한다고 하였다 합니다. 그러면 우리나라의 경무청이나 법부라는 것은 모두 쓸모없이 됩니다. 아, 500년간 내려온 종묘사직과 삼천리 강토가 일본에 의해 망할지 누가 알았겠습니까? 하지만 사람이란 반드시 스스로가 멸시한 다음에야 남이 멸시하는 법이니 어찌 전적으로 저들에게만 죄를 돌리겠습니까. 을미사변 이후에 우리의 군신 상하가 반드시 복수해야 한다는 것을 조금이나마 알고서 좀 더 분발했더라면 오늘날 나라의 형편이 아마 이 지경에까지 이르지는 않았을 것입니다. 지금 온 나라의 신하와 백성들이 포로마냥 묶이고 어육처럼 도륙을 당하게 되었는데도 구해내지 못하니, 아! 운명입니까, 시대의 탓입니까? 생각이 여기에 미치니 오로지 당장 죽어버려 살고 싶은 생각이 없습니다.

(한참 목놓아 통곡한 후) 이제는 나라가 망하게 되었으니 아무리 훌륭한 계책이 있은들 장차 어디에 시행하겠습니까? 그렇지만 앉아서 망하기를 기다리는 것보다 빨리 깨달아 알맞은 대책을 조금씩 취해나가면서 다시 천명을 기다리는 편이 낫습니다. 신이 처음에 올린 차자의 다섯 가지 조항은 오늘날의 급선무들로서 외국과 무관하고 정부의 도움이 필요한 것도 아닙니다. 모두 폐하께서 실행에 옮기는 데에 달려 있는 것들이니 엎드려 바라건대 속히 처분을 내리소서.

---

100) 사망한 효정왕후(헌종의 계비)에게 지내는 11개월간의 제사

(고종이 차자를 다 본 후에 철종 및 헌종의 추존, 문묘의 축문, 최근 사망한 왕비들에 대한 제사와 복제에 관해 해명하였다.)

최: 폐하께서 어찌 근거를 상고하여 보지 않고 시행하였겠습니까마는, 고칠 수 없는 법은 아닌 듯합니다. 신이 아뢴 것은 경례(유교경전의 예법)이니 삼가 바라건대 수용해 주소서.

고종: 이것은 섣불리 단행할 일이 아니다. 자세히 생각하여 보아야 할 것이다.

최: 대체로 이 예법제도는 강론하여 정해진 지 오래된 만큼 다시 더 생각할 필요가 없을 것입니다. 신이 시골의 무식한 사람으로서 대번에 폐하를 뵈었는데도 죄주지 않을 뿐 아니라 극진히 생각해 주시어 아뢰는 대로 대답을 주시니 이것은 신하된 사람의 더없는 영광입니다. 실로 폐하의 덕을 천만 번 우러르게 됩니다.

(이후 고종은 최익현의 아들과 스승 이항로에 관해 먼저 묻고, 동문수학한 김평묵 등에 대한 생존 여부 등을 묻고 난 후에 참석자 모두에게 자리로 돌아가라고 명하자 신하들이 차례로 물러나왔다)

한성에 머물면서 자신의 상소와 충언이 일부라도 시행되는 것을 고대하며 지켜보던 최익현은 어떤 기미도 보이지 않자 상소를 올렸다(1.13).

자신의 의견이 옳다면 바로 채용하고 옳지 않다면 죄를 달라면서, 옳은데도 채용하지 않고 그른데도 물리치지 않는 것은 임금이 신하를 놀리며 업신여기는 것이라며 항의했다. 특히 태묘 전알례와 민회설득용 '내 탓이요' 조칙을 즉시 시행하지 않는 이유를 따졌다. 임금을 속이고 백성들에게 손가락질받는 자들을 즉시 내쫓고, 임금과 관리의 과오를 바로잡는 대간을 부활하고, 상소 제한 규정의 즉각 폐지를 강조했다.

또 내장원에서 토지세를 즉시 줄이지 않고, 고과가 안 좋거나 뇌물 제공한 수령을 즉시 내쫓지 않으면 백성들이 보존될 수 없다고 주장했다. 또 임금이 사사로운 마음이 있기에 주변에 사사로운 사람이 생기고, 사사로운 재산과 일이 모두 나라를 망치게 된다며 통탄했다. 고종의 올빼미형 생활습관 때문에 낮과 밤이 바뀌어 건강을 해치고 모든 일이 제대로 되지 않는 것이라면서, 당장 바꾸어 날마다 아침부터 여러 신하를 만나 정사를 논의하라고 주문했다.

고종의 비답은 다음과 같았다.

말한 내용은 어느 것이나 절실한 것이어서 반성하면서 받아들였다. 오늘날 나라의 형세가 바로 서지 못함은 마치 오랫동안 고질병을 앓는 사람과 같아서 오랜 기간이 걸려야 추세울 수 있지 한 알의 약을 써서 하루 만에 완전히 소생시킬 수 없다….[101]

최익현이 한성에서 대죄하던 중 편히 귀향해 병을 돌보라는 고종의 칙유를 듣자 상소를 올렸다(1.29).

나라가 위태로운 때 임금을 버리고 갈 수 없다며 화폐 개혁의 결과를 우려하고, 일본차관 추진을 극력 반대했다. 또 친러든 친일이든 임금부터 타국에 의부하려는 뿌리를 끊고 외세에 빌붙는 자들을 처벌해 내수와 자강을 도모한다면 외세가 천하의 공론을 두려워해 함부로 우리나라를 삼키지 못할 것이라고 주장했다. 고종이 과감한 조치를 못 내리겠다면 자신을 물러나도록 할 것이 아니라 형벌로 죽게 하는 것이 은혜라고 고종을 압박했다.

처분을 기다리다가 지친 최익현이 또 상소를 올렸다.

---

101) 고종실록 1905.1.14, 승정원일기 음1904.12.9

> 그간 고종이 내린 비답이 격식만 차린 빈 문서에 불과하다며 고종에 실망과 우려를 표시했다(2.2). 자신을 불러내 한마디의 말도 채용하지 않는 것은 애당초 자신을 부른 것이 허례였다고 비난했다. 일단 상경한 이상 나라가 망해가는 것을 보고 그냥 돌아갈 수는 없다며 받은 비답을 반납하며 항명하는 자신의 처벌을 요구하며 대죄했다.

최익현의 강경한 태도에 당황과 불쾌감을 느꼈지만, 고종은 달래서 일단 귀향시키고자 비답을 내렸다.

> 상소를 보고 경의 간절한 마음을 잘 알았다. 경의 진술한 말은 다 지극히 황제에게 충성하고 나라를 사랑하는 마음에서 나온 것 아님이 없으니 어찌 마음속에 새겨두고 시행하지 않겠는가? 그러나 자세히 헤아려보아야 할 것도 없지 않다. 화폐를 바로잡는 문제는 정부에서 사리에 맞게 처리하리라. 경은 그리 알고 집에 물러가 기다리라.[102]

자신의 명령에도 불구하고 귀향을 거부하고 한성에서 대죄하며 처분을 기다리는 최익현이 이제 고종에게는 골치 아픈 존재가 되었다. 한성 사람들과 전국 유림은 최충신의 행동과 고종의 대응을 초미의 관심사로 지켜보고 있었다.

고민 끝에 고종이 편법으로 최익현을 경기도 관찰사로 임명해(2.17) 한성에서 내쫓으려 하자 최익현은 사직상소를 올렸다.

---

102) 고종실록 1905.2.3. 승정원일기 음1904.12.29

> 상소의 요지는 '임금이 싫어함에도 자신이 물러나지 않는 것은 임금이 깨달아 국사를 바로잡기를 바랐기 때문이다. 관찰사 임명 조치를 보니 국가의 흥망에는 전혀 관심이 없는 임금을 개탄하고 언제 죽을지도 모르는 나이에 관찰사를 하려고 상경했겠느냐? 신하의 죄는 위엄으로 벌을 줘야지 이익으로 유도해 물리치려느냐?'였다.

'국세가 이미 기울어 고칠 수 없다'는 항간의 중론에도 반박했다.

> 임금이 크게 분발해 칼로 책상을 내리쳐 두 동강 내듯이 먼저 나라를 팔고 정사를 어지럽힌 5, 6명의 역적을 시중에서 찢어 죽이고 주변의 진귀한 물품을 모두 깨뜨려 천하에 사심 없음을 보인 뒤, 아첨하는 간신배를 처단하고, 덕망있는 자를 정부 수반으로 등용한 후 현명한 인재를 여러 지위에 발탁해 권한과 책임을 전담케 하고, 인민을 해치는 법령을 일일이 폐기하고, 주야로 선정에 힘써 안주하는 폐단을 없애면 불과 한 달 내에 민심을 돌리고 천명을 다시 얻게 될 것이다.
> 이와 같이 했는데도 일본이 합병할 술책으로 악행을 기도한다면 국제공법상 세계의 공론을 구할 수 있으나, 여전히 무능한 태도로 아무것도 하지 않으면 일본이 우리를 주머니 속의 물건처럼 여기고 각국에서도 당연하게 여겨 공분이 일어나지 않을 것이다. 남에게 의지하는 것이 국가의 큰 화근이니 오직 내 나라의 일은 내가 주장하고 내가 최선을 다해야 한다며, 최선을 다하면 세상 사람들이 모두 도와주지만, 최선을 다하지 않으면 방 안에 있는 사람도 배반할 것이다.[103]

상소 내용이 강경해지고 그 내용이 황성신보 등 언론을 통해 알려지자 항일여론을 우려한 일본이 개입했다. 하야시 공사는 최익현의 상소가 전년에 체결한 한일의정서를 비방하고 일본을 원수로 지칭해 양국

---

103) 최익현, 궐 밖에서 명을 기다리는 소(네 번째) 1905.3.2(음1905.1.26), 『면암집』(면암선생문집 제5권), 한국고전번역원

의 우호 관계를 손상시켜 국헌을 문란케 했다면서 최익현의 삭탈관직을 조정에 요구했다. 하야시는 공문에서 최익현 행동의 파급력을 우려해 일본 자체적으로도 조치를 취하겠다고 조정에 통보했다.[104]

일본군은 최익현을 체포한 뒤 헌병대 사령부로 이송했다(3.11). 최익현은 "잘됐다. 하야시란 놈이나 하세가와(주차군 사령관)란 놈을 좀 보자"고 요구하고 일본인이 주는 음식은 믹지 않겠다며 단식에 들어갔다. 일본은 당황하여 최익현을 호위해 포천 본가에 풀어놓았으나(3.13), 최익현은 재차 상경해 또 상소를 올렸다. 일본 헌병이 즉시 최익현을 체포해 헌병대 사령부에 구금하고 이틀 후 충청도 정산(현 청양군)의 가족들에게 인계하는 것으로 일단락되자 고종의 골칫거리는 사라졌다.[105]

1905년 11월 을사조약이 체결된 후 최익현은 1906년 6월 태인에서 유림들과 의병활동을 했다. 최익현의 태인의병은 진압군과의 전투태세를 갖추었으나 진압군이 일본군이 아닌 관군 진위대임을 알고 나서 동포 간의 살육은 피하고 공동의 적인 왜적을 몰아내자는 간곡한 통첩을 관군에 보냈다. 그런데도 진위대가 공격해오자 최익현은 의병의 해산을 명했다. 최익현은 유림의 의관을 정제하고 순창관아에서 연좌하다가 순순히 체포되었다. 체포되는 순간까지도 조선 성리학자로서의 품위와 정신을 지켰다. 쓰시마섬의 감옥에 수감된 최익현은 단식 투쟁 등으로 몸이 쇠약해져 결국 74세를 일기로 숨을 거둔다(1907.1.1).

---

104) 주한일본공사관기록 26권 8 외부왕(12)
105) 『윤치호 일기』 1905.3.21

최익현의 시신은 1월 5일 동래 초량에 도착했다. 본가인 청양에 도착하는데 보름이나 걸릴 정도로 '춘추대의 일월고충'[106]이라는 만장을 앞세운 운구 행렬에는 구름 같은 인파가 몰려 대쪽같은 그의 충성심과 죽음을 애도했다. 대의명분을 위해서라면 목숨마저 초개같이 내놓고 행동하는 조선 말기 유림의 대명사, 유교왕조 조선 최후의 충신 - 최익현의 마지막 길이었다.

고종과 조정은 어떠한 애도의 표시나 장례 지원 등의 조치도 없었다. 그의 장례일 다음날 고종은 통감부의 총무장관 등 통감부 소속 일본인 관리 5명과 조정의 실세 재정고문 메가타 다네타로 등 3명의 일본인 고문에 대해 훈장을 서훈했다.[107]

아! 어느 나라 황제이고 누구를 위한 정부인가?

° 박제순(1858~1916)과 이완용(1858~1926)

박제순과 이완용은 1858년생 동갑내기다. 대표적 친일 매국노로 같은 길을 갔으면서도 다른 성향인 두 인물의 인생 여정을 살펴보자.

박제순은 반남 박씨 박홍수의 아들로 용인에서 태어났다. 부친은 김윤식과 동문수학했다. 박제순은 어린 시절부터 암기력이 비상해 일찍

---

106) '春秋大義 日月孤忠'은 춘추의 대의를 펴온 해와 달과 같은 외로운 충신이라는 뜻이다.
107) 고종실록 1907.1.21, 승정원일기 음1906.12.8

글을 깨우쳤다.

이완용은 경기도 광주에서 우봉 이씨 이석준의 아들로 태어났다. 이석준이 몰락 양반이어서 이완용은 어려운 가정 형편에서 자랐으나 10세에 먼 친척 이호준의 양자로 입적되면서 인생이 바뀐다. 양부 이호준은 승정원 우승지를 맡은 고위관리이며 신정왕후 조대비의 조카 조성하를 사위로 들이고 친구 흥선대원군의 딸과 자신의 시장자(이윤용)를 혼인시킨 당대의 명문세도가였다. 철종 승하 시 흥선군이 조대비와 연계해 고종을 등극시키는 데에 친구 이호준이 사위 조성하를 동원하는 등 상당한 기여를 했다. 따라서 이완용의 입양 시 그의 출세는 이미 예약된 것이나 같았다.

이완용은 처음에는 바뀐 환경에 주눅 들어 양모와 이복형제 눈치를 보았다. 이런 그에게 이호준은 소극적 자세를 고치라고 타이르며 소학을 직접 가르쳤다. 또 과거 준비를 위해 논어, 대학 등 사서를 가르치는 선생과 시경, 서경 등 삼경을 가르치는 선생을 따로 붙여주는 등 정성을 들였다. 이완용은 말수가 적고 나서는 것을 좋아하지 않았으나, 목표는 꼭 달성하려 했고 학업 성취도가 좋았다.

1882년 이완용은 증광별시 문과에 급제했다. 임오군란으로 도피했던 왕비의 환궁을 기념해 특별히 실시한 과거였다. 과거급제 동기 서재필 등이 더 좋은 성적으로 합격했음에도 고종이 악사의 축하 연주를 이완용에게 하사한 것을 보면 부친 이호준의 후광이 작용한 것으로 추정된다.[108]

박제순은 이보다 2년 뒤 별시 문과에 합격하여 통리교섭통상사무

---

108) 해바라기형 권력 추종자 이호준은 이미 대원군을 버리고 철저한 민씨 척족정권의 추종자가 되어 있었다. 그의 처가가 여흥 민씨였다.

주사가 된 후 그해 10월 톈진 종사관이 되어 외교직 관리로서의 첫발을 떼었다. 1885년 홍문관 부교리, 사간원 정언과 사헌부 장령을 거쳐 1886년 초 승정원 동부승지로 승진해 주톈진독리통상사무에 임명되었다가 1887년 귀국했다.

이완용이 1886년 3월 규장각 대교로 임명될 당시 조선의 정세는 조·러 밀약설 파동으로 원세개가 사실상 조선 총독으로 전횡을 부리고 고종이 청의 속박에서 벗어나려 고심할 때였다.

벼슬을 시작한 이완용의 출세에 영향을 미치는 두 사건이 곧이어 생긴다. 하나는 1886년 신설된 육영공원에 입학한 일이다.[109] 이완용은 좌원으로 입학해 미국인 헐버트 등 원어민 교사에게 수업을 받으며 난생처음 영어와 신문물을 체계적으로 접하게 되었다. 또 하나는 1887년 5월 후일 순종이 되는 세자를 가르치는 일을 담당하는 시강원 겸사서에 임명된 일이다. 왕세자의 스승을 아무나 뽑겠는가?

이미 이때부터 이완용은 민씨척족정권에 철저히 부합하면서도 신문물을 이해하고 근대화를 추진할 수 있는 인물로 고종의 눈에 들었다. 당시 청의 간섭에서 탈피해 보호를 받고자 한 파트너로 미국을 1순위로 짝사랑한 고종의 입장에서 향후 연미책을 심화시켜 나갈 꿈나무로 이완용을 생각한 것으로 보인다.

---

109) 육영공원은 영어를 구사하는 지식인과 관리가 부족한 조선의 현실을 타개하기 위해 고종이 정동의 현 서울시립미술관 자리에 설립한 귀족형 엘리트 공립학교였다. 좌원은 젊은 현직 관리를, 우원은 명문가 자제들을 입학시켜 영어, 수학, 세계사 등 신학문을 가르쳤다.

후일 러시아로 짝사랑 파트너를 바꾸기까지, 아니 그 이후에도 기회만 되면 고종이 미국에 추파를 계속 던진 것은 두 가지 이유였다. 하나는 미국은 부유한 강대국이면서도 영토에 욕심이 없다는 정평이 있었고, 또 다른 하나는 조미수호조약 제1조 단서 조항[110] 때문이었다.

고종은 을사조약 등으로 조선이 사실상 망하는 순간까지도 이 조항의 효력을 믿고 있었다. 후술하는 가쓰라-태프트 밀약과 미국 대통령의 발언 등으로 미국이 이미 일본의 조선 보호국화를 승인해주었음에도 말이다. 국가안보를 문서에만 의존하면 안 된다는 것을 이처럼 역사는 보여주고 있다.

철석같이 미국을 믿은 고종은 미국에 성심을 다하기 위해 1883년 민영익을 보빙사로 보낸 데 이어 재정형편이 어려운데도 미국에 상설공사관을 개설해 외교관을 파견하고자 했다.

1887년 7월 초대 주미공사 박정양과 함께 이완용은 주차미국참찬관으로 발령을 받았으나 원세개가 공사 파견에 자신의 허락을 받지 않았다는 이유로 제동을 걸자 출발을 못 하고 있다가 알렌과 함께 12월 말 샌프란시스코에 도착했다. 1888년 초 미국 대통령에게 신임장을 제정하고 공사관에 근무했으나, 이완용은 병이 나서 5월에 귀국했다. 3개월 정도 휴식 후 정3품 통정대부의 품계에 오르며 승정원 동부승지에 임명되었다. 곧 전보국 회판과 이조참의를 겸임했다.

---

110) 조미수호조약 제1조 단서: 만일 제3국이 일방의 정부에 대하여 부당하게 또는 억압적으로 행동할 때 타방 정부는 그 사건의 통지를 받는 대로 원만한 타결을 가져오도록 서로 도움으로써 그 우의를 표하여야 한다.

이즈음 초대 공사 박정양은 영약 3단을 지키지 않았다는 원세개의 항의와 압력으로 결국 1888년 11월 귀국하고, 이완용은 통리교섭통상사무참의에 임명된 지 며칠 후 미국공사관 참찬관으로 도미했다. 도미 1개월 후 1888년 12월 주미 대리공사로 임명되었다. 새로운 공사를 파견하려면 원세개 동의와 영약 3단 준수 등 청의 간섭 문제가 우려되자 조선은 기존 주미참찬관으로 근무했던 이완용을 보내어 현지에서 승진하는 편법을 쓴 것이다. 당시 조선은 공사 한 명 마음대로 파견할 수 없을 정도로 사실상 청의 속방국이었다. 이때 이완용의 나이 31세, 과거급제 동기였던 서재필은 미국에서 고생 끝에 고등학교를 졸업하고 컬럼비아대학 야간학부에서 공부하던 시기였다.

| 이완용 부부와 미국공사관 직원(출처: 주미대한제국공사관)
1889.5.6. 이완용 주미 임시대리공사 부부(오른쪽)와 이하영 서기관(왼쪽)·이채연 부부(왼쪽 두세 번째)가 호레이스 알렌 서기관과 함께 조지 워싱턴 미국 초대 대통령의 사저를 방문하고 있다.

미국생활은 이완용이 서구 선진문명 사회를 경험하고 세계정세에 눈을 떠 향후 조선에서 친미파의 원조가 되는 결정적 계기가 된다. 또한 미국의 의무교육 제도에 깊은 관심을 가지고 조선의 문명화를 위해 이를 도입해 백성들을 계몽하고 점진적으로 서구의 제도와 문명을 도입해야 한다고 생각했다.

1890년 10월 귀국해 승정원 우부승지를 거쳐 내무참의에 임명되자 3일 만에 이완용은 사직상소를 올렸다. 당시 양부 이호준이 경상도관찰사를 그만둔 후 나이 70세에 여주 남한강가에서 강상의 풍월을 감상할 때라서 부친 부양을 위해 사직하려고 했다. 그러자 고종은 "너는 사직하지 말고 편한 대로 왔다갔다 하라"고 하여 이완용에 대한 각별한 총애를 보여주었다. 이후 승정원 좌부승지, 성균관 대사성에 이어 1891년 종2품 가선대부의 품계를 받아 시강원(세자교육원) 검교사서와 승정원 좌승지, 이조참판, 공조참판 등을 역임했다.

한편 톈진에서 귀국한 박제순은 1887년 이조참의, 성균관 대사성, 내무참의, 경주부윤, 1889년 전환국 총판에 이어 1890년 내무협판이 된다. 동시에 영국·독일·이태리·러시아 미파견공사로 임명된 데 이어 형조참판과 공조참판에 임명되었다. 직위나 승진 속도를 살펴보면 이완용보다 조금 앞섰다고 볼 수 있다. 박제순의 승진과 관운이 매우 좋은 편임을 알 수 있다.

1894년 전라도관찰사에 이어 충청도관찰사에 재임하던 박제순은 관할 지역에서 동학농민운동이 발발하자 공주 전투에서 관군 및 일본군과 합세하여 동학농민군을 궤멸시켰다. 갑오개혁이 진행 중인 1895년 중앙으로 복귀해 제용원 태복사장[111]을 거쳐 11월 제3차 김홍집 내각의 외무협판(차관)이 되었다.

이 시기 이완용은 생모의 상으로 1893년부터 삼년상을 치르고 있었기에 동학농민운동 발발과 갑오개혁을 비켜나 있었다. 인재풀이 약한 개화파 정권이 영어를 잘할 뿐 아니라 미국공사관 근무 경험까지 갖춘 이완용에게 손을 내밀었으나 그는 삼년상 시묘를 이유로 거절했다.[112]

> 이완용의 복귀 시점 즈음 정동파로 불리는 정치세력이 형성된다. 정동파가 형성되기 전 이미 1892년 한성 주재 외교관들의 모임인 서울클럽이 결성되어 정동에서 자주 만났으며 정동의 손탁 사저에서 많은 모임이 이루어졌다. 베베르 공사의 처형인 손탁은 베베르의 천거로 조선 왕실의 외빈 접대와 연회, 서양요리, 실내 장식 등을 도맡는 궁내부 소속 관리가 되어 고종과 왕비[113]의 신임을 얻었다.
>
> 고종과 왕비는 친러배일 정책 추진 과정에서 러시아와의 연결 고리로 손탁을 적극 활용했다. 고종은 이러한 손탁의 공로를 인정해 손탁호텔을 지어주었다.[114] 위층의 VIP룸과 아래층의 객실, 식당, 카페와 손탁의 거주공간이 갖추어진 손탁호텔은 당시 국내 최고의 호텔로 왕실과 조정의 영빈관으로 활용되었으며 국내

---

111) 왕의 수레와 말을 관리하는 책임자

112) 개화파 정권은 이완용을 1894년 8월 주일 전권공사로 임명한 적이 있었으나 3년상 시묘를 이유로 거절했다. 그러나 이는 외양에 불과하고 갑신정변처럼 혹시 정국이 뒤바뀔 가능성이 여전히 있다고 본 이완용 부자의 보신적 특성이 실제 이유일 것이다. 정세 판단과 처신에 관한 한 이완용은 양부 이호준의 판단에 전적으로 의존했다. 격변의 정세 속에서도 이호준은 살아남은 권력 쪽에 늘 붙어있는 확실한 승률을 보여줬기 때문이다.

113) 손탁은 역사에 관심이 많은 왕비에게 서양 역사, 서양 생활 심지어 서양 화장법까지 알려주며 친밀한 사이가 되었다.

114) 1895년 정동 러시아공사관 인근의 왕실 소유 가옥(대지 1,184평, 현 이화여고 100주년기념관 인근)을 한 채 선사했으며, 이 자리에 내탕금으로 5개 방을 갖춘 호텔을 신축해 운영하다가 1902년 사바틴이 설계한 2층 양옥(20여 개 객실)의 손탁호텔을 지어 그녀에게 호텔의 경영을 맡긴다.

최초의 커피숍을 갖추어 외국인들과 정치인들의 사랑을 받았다.

고종은 서양 요리를 잘하는 손탁의 요리를 칭찬했으며, 특히 그녀가 제공하는 커피를 즐겼다. 이와 같이 손탁의 사저와 호텔은 외교관들과 명사들이 각종 모임을 위해 즐겨 찾는 공간이었다. 그런 의미에서 베베르의 부인과 손탁은 당시 국내에 체류하는 외국인에게는 사교계의 여왕으로 통했다.

청일전쟁의 일본 승전보가 계속 이어지고 갑오개혁의 추진으로 일본의 간섭이 점점 심해지자 고종은 미국과의 연결 강화를 위해 1894년 말 이완용을 불렀다. 제2차 김홍집 내각에서 외무대신 김윤식 아래 외무협판으로 임명되었다. 상중임을 이유로 이완용은 사직상소를 올렸으나 고종은 허락하지 않았다. 그러나 고종과 이완용의 희망에도 불구하고 미국의 반대로 일단 미국공사관으로의 도피 시도는 좌절되었다.

정동의 손탁호텔을 중심으로 한 서울클럽과 외국인 선교사들이 구축해 놓은 네트워크와 인프라를 이완용을 비롯한 박정양, 이하영, 이상재, 이채연 등의 친미파, 윤치호 및 서광범 등 해외 체류 경험자, 이범진과 이윤용 등 친러파 등이 활용하며 정치적 세력을 구축했기에 이들을 정동파라고 한다. 정동파는 친서구·반일이라는 공통분모를 통해 친일적 김홍집 내각을 붕괴시키고 고종을 친일 울타리에서 구출하려는 공통 목표를 위해 움직였으나 후일 막상 아관파천으로 그 목표가 이루어지자 각자의 이해관계에 따라 분열되어 사라진다.

박영효와 김홍집의 갈등이 극심해지며 제2차 김홍집 내각이 와해되자 알렌의 추천으로 박정양이 총리대신, 이완용이 학부대신, 이채연이 농상공부 협판으로 등용되는 친미 정동파가 내각에 대거 진출하게 된다. 당시 이완용은 38세, 관직에 들어선 지 9년 만에 대신의 반열에 올라섰다.

박영효 재망명으로 인한 제3차 김홍집 내각에서도 이완용은 학부대신을 연임했다. 학부대신 재임 중 그는 성균관을 경학과로 개편해 교과과정에 유교 경전 외에 역사·지리·산수 등의 신학문을 포함시키고, 소학교령을 공포해 한성에 국내 최초의 교동소학교 등 4개의 관립소학교를 개교하였다. 또한, 한성사범학교 규칙을 공포해 절대 부족한 교원 양성의 기반을 마련하고, 후쿠자와 유키치의 게이오의숙에 300명의 유학생을 파견하는 계약을 체결하는 등 조선에 근대적 교육 기회의 제공을 위한 기틀을 다지는 데 열성적이었다. 이와 같이 오늘날까지 유지되고 있는 근대적 초등교육 제도를 도입한 사람이 이완용이라는 사실은 부인하기 어려운 역사적 사실이다.

1895년 을미사변이 발생하자 정국이 돌변했다. 정동파는 피신했고 이완용도 알렌의 도움으로 미국공사관으로 피신했다. 일본군에 의해 훈련된 조선군 훈련대에 의해 사실상 연금상태에 있는 고종을 미국공사관으로 구출하기 위한 춘생문 사건이 정동파에 의해 시도되었으나 실패했다. 이때 고종은 위험을 무릅쓰고 자신을 구출하려 한 이범진, 이완용 등 정동파에 대해 높은 평가를 내렸다.

결국 2개월 후 아관파천이 성공하자 이완용은 외부대신에 임명되었다. 아울러 학부대신서리와 농상공부대신서리를 겸임할 정도로 중용되었다. 정변 직후의 러시아공사관이라는 제한된 공간에서의 국정 수행이라는 비상상황임을 감안하더라도 고종의 이완용에 대한 깊은 신임을 알 수 있다.

전년도 말에 귀국한 서재필에 의해 1896년 독립신문이 창간되고 독립협회가 결성되자 이완용은 독립협회의 초대 위원장, 2대 부회장, 3대 회장이 되어 독립협회의 핵심 요원으로 독립협회의 활동을 적극 지원한 것 역시 엄연한 역사적 사실이다. 이즈음의 이완용은 외부대신으로서 친미적 성향을 바탕으로 러시아와 일본에 대하여 독립적 자세를 견지하려고 매우 애를 썼다. 비록 고종이 러시아공사관에서 숙식을 하며 러시아 신세는 지고 있었지만…

이완용은 고위 관료, 외교관, 선교사, 학생 등 5~6천 명이 참석한 독립문 정초식에서 독립을 통해 미국과 같은 부강한 나라가 되자고 연설했다.[115]

러시아의 영향력이 점점 커지는 상황에서 러시아의 군사교관 파견과 광산권 요구에 이완용은 반대했다. 이완용은 이런 정도의 조건이라면 미국으로부터 군사교관 파견을 받을 수 있다고 보고 알렌을 통해 미국에 제안했으나 러시아와의 충돌을 우려한 미국에 의해 거절당했다. 그 사이 추가로 한성에 도착한 러시아 군사교관단 13명에 대한 계약마저

---

115) "독립을 하면 나라가 미국과 같이 세계에 부강한 나라가 될 터이요, 만일 조선 인민이 합심을 못하여 서로 싸우고 해치려고 할 지경이면 구라파에 있는 폴란드 모양으로 모두 찢겨 남의 종이 될 터라. 세계사에 두 본보기가 있으니 조선 사람은 둘 중에 하나를 뽑아 미국같이 독립이 되어 세계에 제일 부강한 나라가 되든지 폴란드처럼 망하든지 좌우간에 사람하기에 달려있는지라. 조선 사람들은 미국같이 되기를 바라노라." 독립신문 1896.11.24

이완용이 거부하자 1년 5개월간 최장기 외부대신으로 재임하던 그는 학부대신으로 밀려났다(1897.7.30). 이후 1개월 만에 이완용은 학부대신에서 평안남도관찰사로 좌천되었다.

이완용이 80세에 가까운 양부를 가까이서 모시겠다며 사직했다. 고종은 1주일 만에 그를 중추원 1등 의관에 임명하고 곧이어 양부 이호준을 중추원 의장에 임명해 이 부자에 대한 각별한 총애를 보여주었다. 그해 10월 대한제국을 선포하고 황제에 즉위한 고종은 연말에는 이완용을 비서원경(비서실장)에 임명하였다.

1898년 2월 하순 이완용은 독립협회의 3대 회장으로 선임되었다. 당시 조선은 러시아인 재정 고문 영입, 절영도 조차 문제, 한러은행 개설 등 러시아의 이권 침탈에 시달리고 있었기에 독립협회가 3월 10일 만민공동회를 열어 러시아의 침탈을 극렬하게 규탄했다.

이완용의 반러시아 및 친미 활동은 당시 조선 정계에 큰 영향력을 발휘했던 러시아공사의 분노를 자아냈다.[116] 아니나 다를까 만민공동회 개최 다음 날 전라북도관찰사로 발령 났으며 발령 5일 만에 직무 태만으로 감봉조치 되었다. 그해 7월 과거 외부대신 재직 시 외국에 이권을 많이 주었다는 이유로 이완용은 독립협회에서도 제명당했다. 알렌의 로비로 운산금광 채굴권 등의 이권을 미국에 주었기 때문이다.

이완용의 시련기였다. 게다가 1901년 그의 강력한 버팀목이었던 양

---

116) 스페이에르 공사는 알렌에게 "이완용은 내가 아는 조선 사람 중 제일 나쁜 인간이다. 내 재임기간 내에는 내각에 복귀할 수 없다. 그는 독립을 떠드는 친미 하수인들의 우두머리다. 나는 이들을 조선 정치에서 배제시키겠다. 내가 이곳에 있는 한 그는 벼슬을 얻지 못할 것이다."라고 말했다.

부 이호준이 노환으로 쓰러졌다. 이호준은 노령에 참정대신까지 올랐으나 결국 81세로 사망해 이완용은 또 삼년상을 치렀다.

한편 박제순은 아관파천 직후 중추원 1등 의관이 되었고 그해 8월 외부협판으로 외부대신서리에 올랐다. 1899년 청일전쟁 이후 단절된 청과의 관계 징싱화를 위해 고종의 강력한 의지에 의해 박제순은 전권대신으로 조청통상조약을 체결하고, 간도행정관리관으로서 간도지역이 조선 영토임을 주장하는 교섭을 청과 벌였으나 성과가 없었다. 그해 궁내부 산하 철도용달회사 사장이 되었다가 외부대신으로 복귀해 비서원경을 겸했다.

러시아의 만주에 대한 침략행위가 지속되면서 만한교환설까지 제기되는 가운데 1901년 고종은 서양 열강의 침략을 방어하기 위한 방편으로 한·청·일 삼국의 동맹 내지 제휴를 타진했다. 우선 박제순을 일본에 보내 한일동맹, 망명자 송환, 재정원조책 등을 일본과 논의했으나 일본 정부의 비협조로 성과를 얻지 못했다. 다음 해 1902년 박제순은 주청 전권공사로 파견되어 청과의 제휴를 타진했으나 간도 지역의 영유권 문제 등으로 이마저 실패했다.

박제순이 1904년 귀국해 외부대신에 복귀하고 보니 국토는 러일전쟁으로 유린되었고, 일본군을 앞세운 일본의 강요로 한일의정서가 체결되어 조선은 일본군의 병참기지화 하는 등 국가의 주권이 크게 훼손되었다. 이때부터 조정은 일본의 강력한 영향 하에 들어갔는데, 박제순은 법부대신 서리로 임명되었다.

그해 8월 제1차 한일협약에 의한 고문정치가 시작되자 조정은 일본인 고문들이 주도했다. 말이 고문이지 심의 및 기안권, 결재권 등을 가진 감독관이었다. 일제는 1904년 10월 고문정치를 강화하기 위해 내정 개선과 관제 개편을 명목으로 고종에게 압력을 넣어 관제이정소를 설치케 하였다. 10월 27일 관제이정소 의정관으로 16인의 구성원이 임명되어 내각과 관제의 구조조정과 개편을 진행했다. 박제순도 의정관에 추가 임명되었다. 의정관 중 일본인 고문 2명이 개편 작업에 영향을 미쳤는데 특히 탁지부의 재정고문 메가타 다네타로가 예산을 무기로 관제 구조조정작업을 주도하다시피 하며 고문정치 정국의 실세가 되었다.

박제순은 1905년 3월 농상공부대신, 6월 학부대신, 7월 농상공부대신이 되었으나 일본의 강압에 의해 체결된 '한국 연해 및 내하 항행에 관한 약정서'에 반대해 사직상소를 올렸다. 이때까지만 하더라도 박제순은 자신의 업무에 관한 한 일본의 경제적 침탈에 저항하는 뚝심이 있었다. 9월 평안남도관찰사로 발령 났다가 10일 만에 외부대신으로 복직했다.

한편 이완용은 부친의 유언에 따라 그동안 살던 고래 등 같은 집을 나올 수밖에 없었다. 양부 이호준은 유언으로 양자 이완용에게는 가문의 상징적 지위인 집안의 제사와 정치적 지위를 승계시켰고, 친자식 서자인 장남 이윤용에게는 모든 재산을 물려주었다. 이완용은 식구들을 데리고 남대문 밖 잠배골(현 중림동)의 허름한 집을 구하면서도 쿨하게 부친의 조치를 받아들였다.

이완용이 삼년상을 마치고 나니 이제는 모든 정치적 판단을 혼자 할 수밖에 없었다. 정치적 동면 상태에서 깨어나 냉정하게 1904년 이후의 국제 정세와 조선의 상황을 분석해보니 모든 것이 달라져 있었다. 러일전쟁까지 일본이 승리해 조선 정국은 완전히 일본의 영향 아래에 들어갔고, 자신의 배경이었던 미국은 러시아의 팽창을 억제하고 미서전쟁의 전리품인 필리핀의 지배를 공인받기 위해 아시아의 신흥 강자 일본과 가까워지고 있었다. 게다가 자신이 친미파 원조로서 조선 정계에서 영향력을 행사할 수 있도록 뒷배가 되어준 미국공사 알렌은 1905년 3월 귀국하고 없었다.

이완용이 1905년 9월 학부대신으로 내각에 복귀할 때 박제순은 이미 농상공부대신, 법부대신, 학부대신을 거쳐 의정대신서리와 외부대신을 겸하고 있었다. 즉, 자신이 정치적 동면 상태에 있을 때 그간 자신과 비슷하거나 약간 앞섰던 박제순은 절정기를 누리며 저만치 앞서가고 있었다.

| 박제순

| 이완용

이 둘의 위상을 역전시키는 사건이 바로 1905년의 을사조약 체결이다. 러일전쟁 전황이 뤼순항 함락(1905.1), 봉천 전투(1905.3) 등 일본의 승리로 굳어지자 자신감을 가진 일본 정부는 4월 8일 전시 각료회의를 소집해 한국을 보호국으로 만들 것을 결의했다.

그러나 보호조약의 체결은 일제도 막상 시행하기는 쉽지 않은 복잡한 문제였다. 전년도에 체결한 한일의정서나 제1차 한일협약은 위협과 강박으로 상대방 한국만 동의하면 가능하지만, 보호조약은 한국과 이미 외교관계를 맺고 있는 서구 열강들에게 직접 영향을 미치기 때문이다. 만일 보호조약이 체결되면 당장 한국에 주재해 있는 각국 공사관이 철수해야하는 상황에 봉착하므로, 보호조약은 일제가 한국만을 일방적으로 몰아붙여 체결할 성격이 아니었다. 게다가 청일전쟁 승리로 얻은 요동반도를 삼국간섭으로 토해냈던 쓰라린 경험이 있었기에 한반도를 삼키기 위해서는 좀 더 세련되고 정교한 과정이 필요함을 일제는 잘 알고 있었다.

이에 따라 일제는 동시에 국제적 승인을 얻기 위한 공작을 개시한다. 보호국 결정 각의일에 제2차 영일동맹을 위한 교섭 개시를 동시에 결정하고, 영일동맹조약 개정 시 한국의 보호국화 내용이 반영되도록 방침을 결정했다. 미국 등 각국을 상대로도 치밀하게 외교 공작을 추진했다. 미국이 러일전쟁의 강화를 중재하던 1905년 7월 가쓰라-태프트 밀약[117]으로 미국의 승인을 받았다. 제2차 영일동맹을 체결해

---

117) 1905.7.29 미국 육군장관 윌리엄 하워드 태프트와 일본 총리대신 가쓰라 다로가 도쿄에서 회담한 각서. 일본은 필리핀에 대한 미국의 식민지 통치를 인정하고, 미국은 일본이 조선을 보호령으로 삼아 통치하는 것을 용인한다는 내용이다.

(1905.8.12) 일제는 영국으로부터도 한반도의 지배를 승인받았다. 미국의 중재 노력으로 포츠머스 강화조약이 체결되어(1905.9.5) 일제는 러시아로부터도 한국에 대한 지배권을 인정받음으로써, 일제는 주요 열강 모두로부터 한국의 보호국화에 관한 승인을 받은 셈이 되었다. 일제는 각국의 다짐을 재확인하는 치밀함을 보인다.[118]

이러한 열강들의 동향도 모른 채 고종은 한발 한발 죄어오는 일제의 억압에서 자신을 구원해 줄 유일한 국가로 조미수호조약 제1조 단서에 따라 미국을 떠올렸다. 1905년 10월 20일 고종은 미국인 헐버트에게 친서를 주며 미국 대통령에게 일본이 한국의 주권을 위협하고 있음을 알려 도움을 요청하도록 했다. 그러나 헐버트가 요코하마, 샌프란시스코를 경유해 워싱턴에 도착한 날이 을사조약이 체결된 11월 17일이었다.

모든 준비가 끝났다고 판단한 일제는 각료회의(1905.10.27)에서 대한국 보호권 결행을 결정하고, 다음날 하야시 공사에게 보호조약 초안을 첨부하며 조약 체결의 훈령을 내렸다.[119]

하야시는 한국주차군사령관 하세가와와 협력해 칙사 이토 히로부미

118) 영일동맹 교섭과 포츠머스 강화 협상의 일본 측 주역 고무라 주타로가 1905년 9월 8~9일 미국 국무장관 및 대통령과 회견해 일본의 한국 보호국화에 대한 다짐을 받았다. 또한 주영 일본공사가 영국 외상 랜스다운과 면담해(1905.9.27) "영국 정부는 2차 영일동맹에 의해 일본 정부가 한국에 대하여 취하는 조치에 반대하지 않을 뿐 아니라 도리어 대찬성한다"는 반응을 받아냈다. 주한일본공사관 기록 24권 11. 보호조약 3 (1)~(2)

119) 주한일본공사관 기록 24권 11. 보호조약 1~3 (3)

의 도착 즉시 바로 실행할 수 있도록 만반의 준비에 들어갔다. 일진회가 조약을 찬성하는 선언을 발표토록 하여 여론을 조작하고, 심상훈 등 원로대신들을 조종해 고종의 의사를 떠보고 이완용 등을 사전에 매수했다. 또한, 일본에서 병력을 증파받아 하세가와 주도로 한성 특히 궁궐에 대한 물샐틈없는 경계망을 펼쳤다.

이토는 부산으로 들어와 그해에 개통된 경부선 열차로 11월 9일 입경해 손탁호텔에 여장을 풀었다. 다음날 이토는 고종을 알현하고 천황 친서를 전했다. 11월 15일 이토는 고종을 다시 알현해 좌우를 물리친 후 준비한 조약안을 설명하며 그 체결을 요구했다.[120] 결국 고종은 외부대신 박제순에 명하여 대신들과 논의 후 결정하겠다고 했다. 고종은 이날 이토의 수행원들에 대하여 훈장을 수여하고 태극장을 하사하라는 조칙을 내렸다.[121]

16일 아침 하야시가 외부대신 박제순을 공사관으로 불러들여 조약안을 첨부한 공문을 제시하고 동양평화 운운하는 조약 취지와 대세가 이미 기울어졌음을 설명하며 하루종일 박제순을 회유·설득하고 조약의 체결을 압박했다.

한편 이토는 이날 오후 4시 각 대신들과 원로대신을 자신의 숙소인

---

120) 고종은 이토에게 러일전쟁 중 일본이 취한 각종 조치로 겪은 한국의 곤란한 상황을 호소하며 조약안의 내용을 완화할 것을 요청했다. 고종은 조약의 내용은 반대하지 않겠으나 외교권이 한국에도 있다는 흔적이라도 형식적으로 남겨주기를 애원했다. 이토는 일본 각의의 확정안이라서 그 내용은 절대 변경할 수 없다면서, 만일 거절한다면 한국은 조약을 성립시킨 것보다 훨씬 더 곤란한 처지에 빠질 것이라고 협박했다.

121) 고종실록 1905.11.15, 승정원일기 음1905.10.19

손탁호텔로 급히 불러내 조약의 취지와 내용을 설명하며 조약 체결을 설득하고 압박했다.[122]

그 자리에서 이토가 협박했다.

"한국은 본래 청의 속국이었으나 일본이 청과의 전쟁으로 독립시켜 주었고 이번 리시아와의 전쟁도 한국의 독립과 영토를 보전하기 위해서였다. 한국은 임금과 신하 간 음모가 많은 데다 나라를 지킬 힘이 없어 항상 동양평화를 해치는 화근이 되고 있다. 그 화근을 없애기 위해 금번 보호조약을 체결하려는 것이다. 만일 조약을 거부한다면 일본이 그대로 보고만 있지는 않을 것이다."

그러자 법부대신 이하영이 발언했다.

"한국이 오늘 이만큼 독립국이 된 것은 일본의 덕택이다. 오늘 이런 사태가 초래된 것은 우리의 책임이다."

이완용이 이하영을 거들며 다음과 같이 발언했다.

"일본은 한국 때문에 청일전쟁과 러일전쟁, 두 번의 전쟁을 치렀는데 한국을 차지하기 위해 무엇인들 못하겠는가? 다행히 일본 정부는 한국 정부와 타협적으로 일을 처리하려는 자세이니 우리 정부도 이에 응하는 것이 마땅하다."

후일 이토는 이완용에 대해 이렇게 술회했다.

"내가 한국 대신들에게 일한협약 문제를 제의했을 때 그들 가운데 감히 의견을 말하는 자가 없었다. 그런데 이완용이 나서서 '오늘의 동아 형세를 살펴볼 때 대사의 제안은 어찌할 수 없는 것이다'라고 말하여 협약이 여기에서 비롯되어 성취되기에 이르렀다. 나는 비로소 일당[123]이 탁견과 용기를 갖춘 비범하고 유용한 인물이라는 것을 알게 되었다."

---

122) 손탁호텔에서 늦은 밤까지 시달림을 받은 인사는 정부의 8 대신 중 박제순을 제외한 참정 한규설, 탁지부대신 민영기, 법부대신 이하영, 내부대신 이지용, 군부대신 이근택, 학부대신 이완용, 농상공부대신 권중현 등 7대신과 원로인 내장원경 심상훈이었다.

123) 일당(一堂)은 이완용의 호다.

이완용에 대한 일제의 로비도 이즈음을 전후하여 집중적으로 이루어졌다.[124] 밤늦게 돌아온 이들은 궁금해하는 고종에게 회의내용을 보고하고 다음 날 있을 일본공사관에서의 회합을 고종에게 알렸다.

드디어 1905년 11월 17일의 날이 밝았다. 을사조약이 체결된 이 날 한국 측과 일본 측의 행적과 언행은 매우 중요하기에 고종실록, 승정원일기와 주한일본공사관기록 등을 종합하여 추적해보자.

오전 8시 대신이 일본공사관에 모였다. 하야시는 대신들에게 조약안의 취지와 일본 정부의 입장을 장시간 설명하고 조약에 대한 찬성을 유도했으나, 누구도 조약에 대한 찬성을 입에 담는 대신이 없었다.

참정대신[125] 한규설이 먼저 단호하게 반대에 나섰다. 농상공부대신 권중현이 조약 관련 정식 보고를 아직 의정부에서 못 받았고, 여론 수렴 후 결정해야 하니 시일이 필요하다고 설명했다. 이에 하야시가 조선은 황제의 말 한마디로 결정되는 전제정치 체제임을 잘 알고 있다고 반박하며 대신들과 열띤 토론이 진행되었다. 점심 후 하야시는 궁내부대신을 통해 고종 알현을 요청했다면서 3시경 대신들과 함께 궁궐로 이동했다.

한성은 이미 일본군이 전역을 장악하고 있었다. 공사관 주변과 궁궐 내외에는 일본군이 몇 겹으로 둘러싸고 있었으며 궁궐 내에는 착검한 헌병과 경찰들이 다수 포진했다. 도성의 성문에는 야포 및 기관총까지 갖춘 부대가 배치되었고 일본군은 총검을 찬 채 시가지를 행진하는 등

---

124) 주한일본공사관 기록 24권 11. 보호조약1~3 (51), (195)
125) 의정대신이 공석이기에 참정대신이 내각 수반이다.

공포감을 주고 있었다.

입궐 후 고종이 몸이 불편해 대신들만 만나는 것으로 통보받자, 하야시는 휴게소에서 대기하고 대신들만 수옥헌에서 긴급 어전회의를 했다.

한규설이 대신들을 대표해 상황 보고와 조약 반대의 의견을 올리고 고종의 하교를 청했다. 고종이 "상대방 감정이 생기지 않도록 반대보다는 일단 연기시키는 것이 좋겠다"고 했나. 그러자 이완용은 "응당 조약 '불가'로 일축해야겠지만 대신들이 이를 막아내기가 쉽지 않을 것입니다. 협상이 진행될 것을 대비해 미리 강구할 수 있도록 폐하의 내심을 알려 주십시오"라고 요청했다. 고종과 대신들의 반응이 없자 이완용은 "만일 할 수 없이 조약을 허락하게 될 상황이라면 조약의 초안 중에서 수정해야 할 사항들을 미리 상의해 두자는 뜻"이라고 부연하자, 고종이 타당하다면서 조약 초안을 찾았다.

이하영이 초안을 고종에게 바치자 이후 회의는 조약의 축조 심의 분위기로 변했다.[126] 회의를 마치며 대신들은 "이는 만일을 대비해 미리 강구한 것일 뿐이고 일본대사(이토)를 만나면 의당 '불가'라는 두 글자로 물리치겠다"고 말하자, 고종은 "자신의 뜻을 이미 밝혔으니 모양 좋게 조처하라"고 지시했다.

오후 7시경 대신들이 어전을 나와 하야시가 기다리던 휴게소에 모였다. 하야시에게 참정 한규설이 대표로 대신들의 반대 의사와 황제의 협

---

126) '통감'을 '외교' 부문에만 한정해야 한다(이완용), 머리글의 '전연자행(全然自行 모두 자발적으로)'을 삭제해야 한다(고종), '황실의 안녕과 보존' 조항을 삽입해야 한다(권중현) 등의 수정의견이 취합되었다.

상처리 하교를 알리고 그런데도 대신들은 여전히 반대한다고 알렸다. 이쪽 패를 다 보여주는 외교 협상술의 기본도 모르는 처신이었다.

그러자 하야시는 전제국가에서 황제의 하교에도 분수를 모르고 황명을 거스르는 대신들은 묘당[127]에서 면직시켜야 마땅하다고 하자 한규설이 발끈했다. "이런 말까지 들은 이상 더 회의를 할 필요가 없다"며 회의장을 박차고 나가자, 대신들이 말리는 등 한바탕 소동이 일어났다. 대신들의 설득에 한규설이 마지못해 회의장에 돌아왔다. 한규설이 "황제의 추가 협상 하교가 있으니 하루 이틀 대신들이 더 논의해 의견을 정리한 뒤에 일본 측과 추가 협의를 하겠다"며 하야시에 통보하고 퇴청하러 일어섰다.

속전속결로 조약을 체결하려던 계획이 차질을 빚게 되자 하야시는 미리 손을 써놓은 대신들과 궁내부 관리로부터 직전 어전회의의 정황을 탐문했다. 상황 반전을 위해 이토의 등장이 불가피하다고 판단해 탐문내용 등 모든 상황을 이토에게 급히 전하자 이토의 지시로 하세가와 사령관에게 귀가하던 대신들을 병력을 동원해 다시 궁궐로 되돌아오도록 했다.

오후 8시경 이토가 하세가와와 함께 궁궐에 급히 당도했고, 헌병사령관 등이 뒤따라 들어왔다. 하야시가 이토에게 상황을 자세히 설명하자 이토가 궁내부대신 이재극에게 고종의 알현을 청했다. 고종은 "짐이 이미 각 대신에게 협상해 잘 처리할 것을 허락하였고, 또 짐이 지금 인후통으로 접견할 수가 없다. 모름지기 모양 좋게 협상하기를 바란다"는 칙지를 궁내부대신을 통해 이토와 대신들에게 알렸다.

---

127) 묘당(廟堂)은 국무를 논의하는 자리, 즉 의정부나 내각을 말한다.

이토는 고종 알현이 불가능함을 깨닫고, 다시 모인 대신들과의 회합을 위해 한규설에게 회의의 개최를 요청했다. 참정 한규설이 회의를 개회하자 이토가 회의를 주도했다. 이토는 어전회의 진술 내용에 따라 대신들을 조약 체결 찬성파와 반대파로 분류했다. 전체 대신들의 발언을 일일이 본인에게 확인한 끝에 이토는 그 자리에서 참정 한규설과 탁지부대신 민영기 2인은 조약 반대파로 나머지 6 대신은 찬성파로 현장에서 분류했다. 이토는 현장에 있던 궁내부대신 이재극에게 이 결과를 고종에게 알리고 속히 조약 체결 칙명을 외부대신에게 내릴 것을 요청했다. 이재극이 고종에게 간 사이 참정 한규설이 두 손으로 얼굴을 가리며 흐느껴 울기 시작했다.

얼마 후 이재극이 돌아와 "이미 협상하는 이상 번거롭게 끌 것 없다"는 고종의 칙지를 전했다. 또 이하영에게는 "조약의 내용 중 보태거나 뺄 부분은 법부대신이 대사(이토) 및 공사와 함께 교섭해서 바로잡으라"는 칙지가 내려졌다.

대신들 가운데서 한규설과 박제순만이 입을 다물고 있었고, 나머지 대신들은 모두 자구를 보태고 빼고 하는 문제를 따지고 있었다. 이토는 통역을 통해 대신들의 수정의견을 들으며 직접 붓을 들어 초안에 수정을 가하고 있었다.

이때 한규설이 갑자기 고종의 침소 쪽으로 미친 듯이 달려갔다. 고종에게 조약 거부를 호소하기 위한 마지막 기회였다. 바로 고종을 근접 경호하고 있는 일본군에게 저지 및 체포되면서 이 과정에서 한규설이 폐하를 외치며 울부짖는 등 큰 소동이 일어났다.

고종은 즉시 한규설을 파면시키고 3년 유배형에 처했다. '황제 알현

의 정식 절차를 밟지 않고 황제의 지척에서 온당치 못한 행동을 했다'
는 사유였다.[128] 한규설이 달려간 곳이 엄귀비의 내실이며 여인의 비명
소리가 들렸다는 설이 있으나 이는 고종의 조치를 합리화하기 위해 후
일 조작된 이야기다. 조약 체결 일주일 후 11월 24일 하야시 공사가 본
국 외무대신에게 보낸 보고서는 당시 상황을 이렇게 정리하고 있다.

> 한 참정은 조약의 조인을 거절하기 위해서는 폐하께서 이토 대사를 소견해 애원
> 적 설명을 하는 것이 최후의 계책이 될 것이라고 확신하면서 폐하의 허가를 얻지 않
> 고 곧바로 옥좌에 근접하여 상주하려고 시도하였음. 폐하께서도 한 참정의 태도가
> 징벌에 상당한 것이라고 하면서 바로 그 밤에 한 참정을 면관시켰고 또 3년 유배형
> 에 처했으나, 이 처분은 혹독함이 지나친 것이라는 이토 대사가 그 후에 상주한 것
> 을 받아들여 유배형은 면제하고 단지 참정직만 사직하는 것으로 마무리되었음.[129]

국권이 넘어가는 위급한 상태를 막기 위해 비상수단을 통해 마지막
으로 황제에게 호소하려는 충정은 아랑곳하지 않고, 단지 자신의 신변
보호를 위한 궁궐 내부의 절차를 어겼다는 이유로 소명할 기회도 없이
고종은 정부의 수반 한규설을 당일 밤 파면시켜 버렸다. 즉시 후임으
로 전라북도 관찰사 민영철이 참정대신으로 임명되었다.

대신들의 의견을 반영한 조약의 수정안을 궁내부대신을 통해 고종
이 검토했고, 수정안을 본 고종이 "한국이 부강한 뒤에는 이 조약이

---

128) 고종실록1905.11.17, 승정원일기 음1905.10.21
129) 주한일본공사관 기록 24권 11. 보호조약1~3 (97)

무효가 되어야 한다는 뜻이 추가되어야 한다"는 칙지를 내려보냄에 따라 이토가 이를 더 적어 넣어 반영한 재수정안을 고종이 승인했다. 재수정안을 정서하여 조약이 조인된 시간은 다음 날 새벽 1시 반이었다. 다음은 외부협판 윤치호가 남긴 조약의 조인 과정에 관한 기록이다.[130]

어씨와 내가 어젯밤 10시쯤 물러가서 잠잘 준비를 했습니다. 우리는 그 조약이 그렇게 바로 서명될 것이라고는 생각지도 않았습니다. 어제 온종일 촉각을 곤두세우고 있었던 사람들은 시간이 갈수록 점점 예민해졌습니다.

10시가 조금 지나 전화가 울렸습니다. 전화를 받자 외부대신 박제순이 "인궤(인장함)를 들여보내시오" 하고 말하는 것을 똑똑히 들었습니다. 인궤는 보좌부에서 관리하고 있기 때문에 나는 즉시 외부대신의 전갈을 김 주사에게 보냈는데, 김 주사는 오지 않았습니다. 밤이 깊어졌고 계속해서 김 주사에게 전령을 보냈습니다. 일본공사의 통역관 마이와 씨가 궁에서 와서 인궤를 달라고 재촉했습니다. 사람들은 모두 조바심을 냈습니다. 외부 교섭국장 이시영 씨가 왔습니다.

우리는 상의한 뒤 인궤를 보내지 않겠다고 결정했습니다. 이시영이 궁내의 분투한 결과를 알기 위해 박제순 대신에게 전화를 걸었습니다. "다 잘 되었으니 인궤를 들여보내시오"라는 박 대신의 말을 듣고 우리는 인궤를 보낼 수밖에 없었습니다. 그래서 내가 궁으로 인궤를 가져다줬습니다. 일본군이 외부의 중앙복도에서부터 궁 안의 내각회의실까지 두 줄로 빈틈없이 길을 호위했습니다.

내각회의실에는 굉장히 많은 일본인들과 조선인 관료들이 모여 있어서 누가 누군누군지 거의 구별할 수가 없었습니다. 박제순 대신과 하야시가 작은 탁자를 사이에 두고 서로 마주 앉아 있는 모습만 알아볼 수 있었습니다. 조약서가 그 탁자 위에 있었고, 인궤를 박 대신에게 건네주자마자 즉시 서명이 이루어지고 날인이 되었습니다. 그 뒤 다시 일본군 횡렬을 뚫고 외부로 돌아왔습니다.

---

130) 외부협판 윤치호는 일본과 하와이 출장을 마치고 11월 6일 귀국한 후 이토의 입경 이후의 과정을 일기에 남겼다. 그는 초미의 관심사인 조약 체결 여부를 확인하기 위해 11월 18일 아침 일찍 외부에 출근해 숙직자 신 주사로부터 들은 내용을 일기에 남겼다. 『윤치호일기』 1905.11.18

다음은 체결일을 전날로 소급한 을사조약이다(굵은 글씨는 어전회의 논의 등을 반영해 한국 측이 요청해 수정한 내용임).

한일 협상 조약

한국 정부와 일본국 정부는 ('전연자행' 삭제) 양 제국을 결합하는 이해공통의 주의를 확고하게 함을 원하여 **한국의 부강지실(부강해진 결실)을 인정할 수 있게 될 때까지(삽입)** 이 목적을 위하여 아래 조관을 약정함.

제1조 일본국 정부는 재토쿄 외무성을 경유하여 금후에 한국이 외국에 대하는 관계와 사무를 감리·지휘함이 가하고 일본국의 외교 대표자와 영사는 외국에 있는 한국의 신민과 이익을 보호함이 가함.

제2조 일본국 정부는 한국과 타국 간에 현존하는 조약의 실행을 완수하는 책임을 맡게 되었으며 한국 정부는 금후에 일본국 정부의 중개를 거치지 아니하고 국제적 성질을 갖는 하등의 조약이나 약속을 하지 않기로 서로 약속함.

제3조 일본국 정부는 그 대표자로 하여금 한국 황제 폐하의 궐하에 1인의 통감(Resident General)을 두되 통감은 **전적으로 외교에 관한 사항을 감리함을 위하여(삽입)** 경성에 주재하고 친히 한국 황제 폐하를 내알하는 권리를 가짐. 일본국 정부는 또한 한국의 각 개항장과 기타 일본국 정부가 필요로 인정하는 곳에 이사관(Resident)을 두는 권리를 갖되 이사관은 통감의 지휘 하에 종래 재한국 일본영사에게 속하던 일체 직권을 집행하고 아울러 본 협약의 조관을 완전히 실행하기 위하여 필요로 하는 일체 사무를 관리함이 가함.

제4조 일본국과 한국 간에 현존하는 조약과 약속은 본 협약 조관에 저촉하는 것을 제외하고 모두 그 효력을 계속하는 것으로 함.

제5조 일본국정부는 한국 황실의 안녕과 존엄을 유지함을 보증한다.(삽입)

위에 의거하여 아래 사람은 각 본국 정부에서 상당한 위임을 받아 본 협약에 기명 조인한다.

광무 9년 11월 17일 외부대신 박제순
메이지 38년 11월 17일 특명전권공사 하야시

조약 체결에 참정대신 한규설, 탁지부대신 민영기는 끝까지 '불가'를 주장했고, 5대신은 '가'를 표시해 '을사5적'으로 역사에 남았다.[131]

을사조약 체결의 불법성을 강조하기 위해 인장이 강탈되어 날인되었다는 주장도 있으나 살펴본 바와 같이 이는 사실과 다르다. 다만 일본군이 한성과 궁궐을 장악한 상태였기에 고종과 대신들이 대단한 심리적 압박과 위협을 느꼈을 것은 분명하기에 불법적인 조약임은 틀림없다.

조약 체결의 강제성을 강조하기 위해 요즘 '을사늑약'이라는 용어가 자주 사용되고 있다. 그러나 강제성이 더 두드러진 조약은 러일전쟁 개전 직후 일본군이 궁궐을 점령하고 체결을 반대하는 이용익 등 관리들을 납치·추방하고 체결한 한일의정서다. 한일의정서는 최초로 주권을 침해당한 조약이며, 침해의 정도도 정치·군사·외교 분야 등을 망라할 정도로 광범위하다.[132] 또 '늑(勒)'이라는 글자는 '굴레'라는 뜻을 가진 한자인데 오늘날 거의 사용되지 않기 때문에 용어사용의 합리성이 결여되어 있다. '제2차 한일협약' 또는 '을사조약'이 무난하다고 생각한다.

---

131) 학부대신 이완용, 군부대신 이근택, 내부대신 이지용, 외부대신 박제순, 농상공부대신 권중현은 책임을 고종에게 미루면서 '가'를 표시해 '을사오적'이 되었다. 법부대신 이하영은 심정적으로는 찬성했으나 공식의견을 표명하는 자리에서는 '불가'를 표시했다.

132) 광범위한 주권 침해의 기본조약인 이 한일의정서(1904.2.23)를 바탕으로 고문정치를 통해 내정을 장악한 제1차 한일협약(1904.8.22)과 외교권을 박탈한 제2차 한일협약(을사조약 1905.11.17)이 파생되었다. 외교공관 철수 등 가시적 변화 때문에 을사조약의 주권 침해가 눈에 띌 뿐이지, 침해의 범위와 정도는 한일의정서가 훨씬 더 크고 체결 절차의 강제성은 극심했다. 같은 논리라면 당연히 '한일늑정서'라고 해야 하지 않을까?

국권 침탈 과정을 정리하면 한일의정서로 전 분야의 주권 침탈을 용인해 버렸고, 이를 근거로 하여 제1차 한일협약으로 내정을 장악당한 후 제2차 한일협약으로 외교권까지 박탈당했기에 조선은 허울 좋은 이름만 남아있을 뿐 실제로 통감이 지배하는 사실상 일본의 식민지가 되었다. 5년 후의 한일합방은 단지 조선이라는 이름만 없애는 절차였을 뿐이다.

이는 조약 체결을 받아들이는 당시 조선 관리와 백성들의 심정과 반응에서도 알 수 있다. 을사조약의 체결 직후 조선 조정은 몇 개월간 매일 원로대신과 중신들을 비롯한 관리들의 극렬한 을사오적 탄핵 및 조약 취소 상소 투쟁과 민영환·조병세 등의 자살 투쟁에 휩싸이면서 을사5적의 처단과 조약의 취소를 고종에게 강력하게 시위하며 한 번도 겪어 보지 못한 대혼란의 소용돌이에 빠진다. 백성들도 관리들을 붙잡고 울부짖고 항의하며 관리들의 옷을 찢을 정도로 분노를 표출했다. 그럼에도 불구하고 고종은 도저히 이해할 수 없는 답답한 대처로 일관한다. 이에 대한 실망감으로 1906년 관리들의 사직상소가 빗발치고 재야에서는 의병활동이 일어나게 된다.

이에 비해 한일합방은 후세에 '경술국치'라 불리며 일제에 의해 국권이 침탈된 대표적 조약으로 평가받음에도 불구하고 정작 조약 체결 후의 조선은 체결 전과 같이 지극히 평온한 일상이 이어진다.[133] 나라를

---

133) 시대를 날카롭게 관찰하고 역사를 기록하며 구한말의 역사서 『매천야록』을 편찬한 재야의 문인 황현이 "나는 벼슬하지 않았으므로 사직을 위해 죽어야 할 의리는 없다. 그러나 나라가 5백 년 간 사대부를 길렀으니, 망국을 맞아 죽는 선비가 한 명도 없다면 그 또한 애통하지 아니한가…" 라는 유서를 남기고 예외적으로 자살했다.

이미 뺏겼다고 모두가 인식하고 있었기 때문이다.

이후의 박제순과 이완용

을사조약 체결의 주무대신 박제순은 곧 참정대신에 올랐다. 그러나 을사오적에 대한 탄핵상소가 빗발치자 박제순은 두 차례 사직상소를 올렸다. 을사오적 중 이완용을 제외한 대신들은 엄청난 일을 벌였음을 자인하고 형식적이나마 사직상소 또는 인책대죄상소를 올렸다.

그러나 을사조약 체결에 혁혁한 공을 세운 이완용은 끝까지 사직상소를 올리지 않았다. 이완용의 적극적 자세를 높이 평가한 이토가 영향력을 발휘해 이완용은 조약 체결 약 한 달 만에 내각의 수반 의정대신에 오름으로써 박제순과의 서열을 역전시켰다. 학부대신에 이어 외부대신과 의정대신까지 겸직으로 꿰어찬 이완용은 을사오적 탄핵 상소 파동을 버티며 정국을 주도적으로 밀고 나간다. 일제조차도 조선의 반일 분위기를 우려하는 가운데 이완용은 우선 각국에 나가 있는 공사관을 폐쇄하는 조치를 상주해 고종의 재가를 얻는다.[134]

이후의 친일행적을 살펴보면 박제순이 일제의 통치에 순응형인 반면 이완용은 물고기가 물을 만난 듯 일제의 통치를 위해 새로운 아이디어를 내는 등 적극적 주도형이었다. 정부 내의 서열도 종전에는 두 사람이 비슷하거나 박제순이 약간 앞섰다면 이후에는 항상 이완용이 확실

---

134) 고종실록 1905.12.14

히 앞서갔다. 두 사람은 2006년 친일반민족행위진상규명위원회가 발표한 친일반민족행위 106인 명단에 포함되는 등 친일 매국노의 대표로 역사에 남았다.

55년간의 시간여행을 마쳤다.

어떤 여행이든 재미와 감흥을 주지만 끝나고 나면 아쉬움도 남는다. 여행을 간 김에 근처의 관광지나 유명한 장소를 못 들른 아쉬움처럼 계획했다가 여러 제약으로 인해 못 만난 인물들이 이번 여행에 제법 있다는 사실은 두고두고 마음에 걸릴 듯하다. 만일 독자들이 프롤로그에서 제시된 질문에 대한 답을 아직 못찾았다면 이번 여행에서 못 만난 인물 편에 있을지도 모른다.

설사 그렇다고 하더라도 이번 여행은 한일 양국의 당시 상황을 이해하는 데 많은 도움이 되었을 줄 믿는다. 필자가 각종 사료와 기록 등을 통해 현지 상황과 장면을 재현하는 것에 일차적인 목표를 두었기 때문이다. 이런 목표 때문에 당시 현지인의 입장과 시각에서 서술한 내용이 많으며, 어떤 경우에는 해당 인물의 감정과 의도를 섬세하게 묘사하기도 했다. 물론 현재의 시각에서 바라본 내용도 드문드문 들어있다. 이런 부분은 여행지 현지인이 아닌 출발지 여행객의 편의를 위한 멘트 정도로 이해해주면 좋겠다.

여행에서 만난 일본인 21명, 한국인 16명, 외국인 2명 등 39인은 각 시기별 시대정신을 구현하거나 그 시기에 풀어야 할 화두를 움켜쥐고 치열하게 살다 간 인물들이다. 이들의 행적을 좇아가다 보면 역사적 사건들을 더 쉽고 깊이 있게 이해할 수 있고 결과적으로 어떻게 한일 양국의 운명이 갈렸는지도 알 수 있다.

이 책에서 다룬 시기는 한일 양국에 극적이라고 할 정도로 대조적이다. 일본이 메이지유신을 통해 화려한 근대 청년기로 탈바꿈한 반면 조선은 봉건 탈피에 실패해 쇠망해가는 시기였다. 조선에도 개혁 또는 대전환의 기회가 없던 것이 아니었다. 몇 번에 걸쳐 찾아온 기회를 다 날려버렸다. 이런저런 이유가 있겠지만, 일본과 대비되는 지도자의 역량 부족이 가장 큰 원인일 것이다.

한 시대를 풍미했던 한일 두 나라의 군주, 고종과 메이지는 비슷한 점이 많았다. 우선 1852년생 동갑내기들이고, 부친의 존호가 효명(孝明)이다. 메이지의 생부가 고메이(孝明) 천황이고 고종의 양부는 효명세자다(고종은 효명세자와 조대비의 양자로 입적해 익성군에 봉해진 뒤 왕위에 등극하는 절차를 밟았다). 고종의 재위 기간은 44년(1863년~1907년), 메이지는 45년(1867~1912년)으로 장기간 통치한 점도 그렇다.

그러나 국정운영 능력과 그 결과는 양국을 전혀 다른 길로 이끌었다. 메이지는 메이지유신을 통하여 '일본 근대화를 이끈 우상'으로 자리매김한 반면, 고종은 오욕의 역사를 남긴 '망국의 군주'로 기록되었다.

사고의 깊이를 엿볼 수 있는 사례 하나씩만 보고 두 사람의 비교는 그만하자.

1873년 정한론 파동으로 일본 정국이 들끓을 때 일본 국내에 남은 사이고를 비롯한 참의들의 강경론이 태정대신 산조의 각의 논의 거부와 연기 등에도 불구하고 진통 끝에 각의에서 채택되었다. 보고를 받은 메이지는 "사이고의 사절파견은 이와쿠라가 귀국하기를 기다려 숙의한 후 다시 보고하라"는 칙명을 내렸다. 이와쿠라의 귀국 후 열린 각의에서 참의들의 다수로 결국 다시 강경론이 채택되자 메이지는 산조에게 병문안까지 가는 '메이지 6년의 정변'을 통해 강경론자들을 퇴출시켰다.

메이지는 당시가 일본이 내치에 전념해 내실을 다져야 할 때라는 확고한 신념으로 "천황의 위신 문제가 걸려있기에 빨리 사이고의 사절파견이 필요하다"고 주장한 다수의 강경론자들을 물리쳤다. 메이지가 당시 만 21세의 혈기 넘치는 청년이라 강경론자들의 주장에 현혹되기 쉬운 나이임을 감안하면 내리기 어려운 매우 현명한 결정이었다. 당시 일본은 메이지유신 5년 차였기에 아직 새 체제가 안착되었다고 볼 수 없고 전쟁을 할 만한 국가적 역량이 비축되어 있지도 않았다.

이보다 21년 후 1894년 동학농민운동이 일어나자 고종은 대신회의를 소집해 청군 차병안을 논의했으나 민영준을 제외한 모든 대신이 반대했다. 반대의 이유는 1) 백성은 국가의 근본인 바 국가의 근본을 대량으로 살해하는 조치라는 점, 2) 외국군이 진주하면 갖가지 폐단이 일어나 민심이 동요하는 점, 3) 청군이 출병하면 공관 수호 등을 명분으로 일본군 등 타국 군의 연쇄적 출병을 막을 수 없고, 여러 군대가 동시에 대치하면 외국군 간 충돌할 가능성이 있다는 점 등이었다.

이에 따라 고종은 "나의 의견도 경들과 같다. 다시는 청군 차병안을 거론하지 않는 것이 옳을 것이다"라고 결론을 냈다. 그러나 전주성이 함락되자 멘붕에 빠진 명성왕후 민씨와 함께 고종은 대신회의 논의도 없이 비선라인을 통해 원세개에게 청군 차병을 요청해 일본군까지 불러들인 결과 청일전쟁이 발발하고 이후 한반도에 대한 일본의 절대적 영향력이 생겼다. 대신들이 예견되는 문제점을 사전에 지적했음에도 후일 파생될 결과를 전혀 고려하지 못하고 안일하게 단견과 편법으로 국가 중대사에 대응하는 고종의 얄팍함과 무모함이 드러난 대표적 사례. 당시 고종의 나이 42세로 정한론 파동 시의 메이지보다 갑절을 더 산 인생이었다.

한 개인의 굴절되어온 인생사를 돌이켜보면 "그때 그러지 말걸", 아니면 "그때 이렇게 해야 했는데"라고 후회하는 대목이 있다. 특히 기억도 하기 싫은 실수나 의사결정을 해버린 흔히 '흑역사'라고 할 만한 대목은 더욱 그렇다. 이런 흑역사를 생각하기도 싫다고 잊어버리거나 자존심상 역으로 미화하여 얘기한다면? 아마 비슷한 상황에서 또다시 같은 과오를 반복할 가능성이 크다. "역사를 잊은 민족에게는 미래가 없다"는 이유다.

이 책에서 다룬 55년간의 시기는 조선왕조 500년 아니 우리나라 역사 전체를 통틀어 봐도 확실한 흑역사다. 이 흑역사 시기의 조선을 우리나라라고 하여 침략주의적 일본과 선과 악의 이분법으로 대비하는 오류를 범하지 말자. 고종을 위시한 조선의 지배층은 선이 아니라 어리석음과 바보, 그리고 무능의 극치였다.

오죽하면 을사조약의 부당성을 호소하기 위해 1907년 헤이그에 고종의 밀사로 파견된 이위종이 만국평화회의 회담장에는 들어가지 못한 채 언론인 주관의 한 집회에서 기회를 얻어서 한 연설에서 무능한 고종 정권을 질타했을까? 이위종은 러일전쟁 개전 초기에 조선의 자주독립과 영토의 보전을 약속한 일본을 믿고 협력해 준 조선 백성들의 심정을 연설문 서두에서 다음과 같이 설명했다. "오랫동안 관리들의 부패, 수탈 그리고 가혹한 학정에 시달려 온 조선 백성들은 일본인들을 애정과 희망으로 받아들였다. 당시 우리는 일본이 부패한 관리들에게 엄격한 처벌로 대응하면서, 백성들에게는 정의를 정부에게는 정직한 조언을 하여 조선에 필요한 개혁으로 이끌 것으로 믿었다."

또한, 을사조약 체결 과정에서는 당당히 반대하지 못하고, 체결 직후에도 원로 조병세와 민영환의 자살 소동을 위시하여 전·현직 대신들과 모든 관리가 똘똘 뭉쳐 을사오적 탄핵과 조약 취소를 요구하는 집단행동이 몇 개월 이어져 정국이 마비되었는데도 이해할 수 없는 처신으로 일관했던 고종이 몇 년 후에야 헤이그에 파견한 밀사를 통해 "을사조약 체결이 자신의 뜻이 아니었다"고 발표한 고종의 조치를 두고 '항일 밀사 외교'라고 미화하지 말자. 출장 경비조차 스스로 마련해야 했던 열악한 여건 하에서 비분강개하며 목숨까지 잃어야 했던 헤이그 밀사의 활동을 폄훼하려는 것이 아니다. 독립국으로서 국제회의 회담장에 들어갈 수도 없는 국제적 위상으로 국가를 전락시킨 을사조약의 체결 지시를 내리고, 조약 취소를 주장하는 관리들의 극렬한 시위마저 무시했던 고종이 몇 년이 지난 후에야 뒷북치며 인재를 희생시키는 지도자 고종의 판단력과 이해할 수 없는 처신에 관해 말하는 것이다.

고종이 선호하는 밀사나 비선라인에 대한 은밀한 지시는 당해 국사가 모두 다 공개적 회의, 공식 조직이나 정규라인에서 정정당당하게 진행할 수도 있지만, 반대의견을 극복할 용기와 설득력이 부족하거나 겁을 낼 때 작동되는 고종 특유의 국정운영 방법이었다. 아버지 대원군과 대비되는 이러한 나약함과 강력한 추진력의 결여 때문에 국정의 방향성에 큰 혼란이 오고 국력의 낭비가 지속되었다. 게다가 명성왕후와 점술 등에 의존해 국정을 운영하는 등 독자적인 판단력의 결여라는 통치권자로서의 결정적 흠결을 고종은 가지고 있었다.

고종은 행정가로서도 수준 이하였다. 인사, 조직, 재정 등 국가 조직을 운영하는 데에 필수적인 최고 관리자로서의 기초적인 소양이 없었다. 매관매직과 뇌물이 인사의 기본이고, 사적으로 유입되는 이런 수입과 그 운용에 관하여는 관리들이 끼어들 여지가 없었다. 이 외에도 황무지 개간과 잡세 등 이권이 될 다양한 루트를 통한 사적 자금의 규모가 커지자 고종은 이를 전담할 내장원이라는 기구를 만들어 알뜰하게 챙겼다. 고종은 탁지부(종전의 호조)가 관장하는 전정, 군정 등 공식적 국가 재정에는 전혀 관심이 없었다. 탐관오리들이 횡행하며 공식적 국가 재정은 갈수록 줄어들고, 관리들의 급료가 연체되는 일이 다반사였다. 탁지부대신의 주된 업무가 관료들의 월급날 고종에게 사정해 내장원에서 빌리는 일이었다. 내장원은 이렇게 빌려준 자금을 국가 재정에서 상환받느라 탁지부대신을 다그쳤다. 고종은 공사의 구분이 없다기보다는 공을 이용해 사를 너무 밝힌 군주다.

자, 이제 조선이 망한 원인을 한번 짚고 넘어가자. 어떤 사람은 조선이 일제의 침략(외부적 요인)으로 망했다고 하고 어떤 사람은 조선 스스로(내재적 요인) 무너졌다고 한다. 무엇이 맞는 말일까?

필자의 판단으로는 두 가지가 다 삭용했다고 본다. 무리 중 병들거나 연약한 초식동물이 포식동물의 목표가 되는 동물의 세계에 비유할 수 있다. 즉 중병이 든 조선의 내재적 요인이 충족되자 외세의 타겟이 되었고(선행 요인), 경쟁하던 여러 외세 중에서도 끝까지 한반도에 대한 집요함을 잃지 않은 일제의 점진적 침략이라는 외부적 요인이 작용하여(후행 요인) 조선이 멸망했다.

내재적 요인의 상당 부분은 이미 이 책에서 살펴보았으니 외부적 요인을 간단히 정리해 보자. 당시 열강들은 근대 무기와 국력을 바탕으로 미개국에 대한 식민지 침탈을 지속하던 시기였다. 힘의 논리가 지배하던 이 시기, 근대국가로 포장했지만 이들은 전 세계의 전근대국가(미개국)들을 대상으로 그럴듯한 명분을 붙여 도적질을 마구 했다. 이런 큰 도적질은 도덕과 양심이 적용되는 영역이 아니다. 성공하면 영웅이 되고 실패하면 죄인이 되는 것을 역사는 알려준다.

조선을 도적질하려고 노린 국가는 대표적으로 중국, 러시아, 일본이었다. 중국은 종주국이라는 연고권을 심화해 도적질을 펼치다가 청일전쟁에서 일본에 졌고, 러시아는 저울질 끝에 조선을 놓고 청일과 싸우느니 만주 중심 정책으로 돌아갔다가 러일전쟁으로 일본에 졌다. 결국 어떤 대가를 치르더라도 조선을 먹어야겠다고 끝까지 집요함을 보인 일본이 조선 도적질 경쟁의 승자가 되었다.

분명 일본의 도적질은 우리에게 엄청 화가 나고 분노가 치밀어 오르는 일이다. 그 도적질로 인해 우리 민족이 얼마나 고통을 받았는가? 게다가 도적질 당한 조선은 결국 일본의 제2차 세계대전 패배로 국토가 분단되어 현대사의 비극으로까지 이어지고 있다. 그러나 우리의 대응이 일본에 대한 비난만으로 끝나버린다면 우리 사회는 저차원에 머물 수밖에 없다. 상대방에 대한 욕을 하는 것만으로 감정풀이나 일시적인 단합에 도움을 주는 정도로만 말이다. 허나 이것이 미래를 보장하는 것은 아니다. 그런 의미에서 이런 방향으로 과도하게 국민들을 자극하는 지도자는 미래를 준비하는 지도자라고 할 수 없다.

어느 시대 어느 세계에도 도적은 있기 마련이다. 도적질을 당한 후 도적을 욕하는 것으로만 끝난다면 향후에 또 당할 수가 있다. 이제는 욕하는 데 에너지를 쏟기보다는 제2의 도적질을 예방하기 위해 문단속도 하고 도어록, CCTV, 경찰과의 비상연락 체계 등을 준비하고, 도적과 맞닥뜨릴 때를 대비해 평소 신체 단련과 호신술을 익혀 놓아야 하지 않을까?

또 국력을 향상시키고 현실 국제정치의 흐름을 주의 깊게 보면서 누가 앞으로 우리의 도적이 될 가능성이 큰지 잘 살펴야 하는 것이 과거의 도적을 비난하는 것보다 훨씬 더 중요한 문제다. 전 세계가 보는 앞에서도 최근에 우크라이나가 러시아의 도적질을 당한 것을 보면 국력이 약하면 예상치 못한 도적들의 목표가 되는 것은 오늘날에도 일어나고 앞으로도 발생할 수 있는 일이기 때문이다.

세계 10대 경제 강국인 우리나라의 1인당 실질국민소득이 일본을 추월했다는 기사를 얼마 전에 보았다. 일본보다도 더 민의를 잘 반영하는 민주적 정치체제와 디지털 사회가 빨리 정착된 점, 세계적인 한류 열풍이 불 정도의 문화적 우월성까지 느끼는 시대가 되었다.

개인이나 국가가 열악하고 열등감이 있을 때는 이를 감추고 미화하기 위해 억지 주장을 하기도 한다. 이런 전략이 열등국가, 후진국가의 국민통합에는 효과가 있는 것이 사실이기도 하다. 마치 북한이 자신을 지상낙원이라고 국민을 세뇌하듯이… 그러나 앞서는 지위나 성숙한 단계에 오르면 과거를 돌이켜 잘못된 점과 반성할 점을 철저히 분석하고 다시는 그런 과오를 범하지 않도록 경계해 미래를 대비하고 도모하는 여유가 생기는 법이다. 역사를 인위적인 '바로 세우기'가 아니라 있는 '그대로 보기'와 '제대로 보기'가 중요한 이유가 여기에 있다.

그런 점에서 이 책은 '조상 탓'을 하는 책이다. 또 이 책이 현재를 살고 있는 우리에게 후손들로부터 '조상 탓'이라는 비난을 듣지 않기 위해 고민하게 한다면 이는 필자의 더할 나위 없는 기쁨이다. 한발 더 나아가 만일 우리 사회에 '역사에 대한 내 탓이요 운동'이 일어난다면 미래를 대비한 우리나라의 든든한 보험이 될 수 있지 않을까? 우리의 미래 세대를 위한 보험 말이다.

참고문헌

- 조선왕조실록, 국사편찬위원회(한국사 데이터베이스)
- 승정원일기, 국사편찬위원회(한국사 데이터베이스)
- 신편한국사 37권~42권, 국사편찬위원회(한국사 데이터베이스)
- 주한일본공사관기록, 국사편찬위원회(한국사 데이터베이스)
- 황현, 『매천야록』, 한국사료총서, 국사편찬위원회(한국사 데이터베이스)
- 윤치호, 『윤치호 일기』, 한국사료총서, 국사편찬위원회(한국사 데이터베이스)
- 정교, 『대한계년사』, 한국사료총서, 국사편찬위원회(한국사 데이터베이스)
- 최익현, 『면암집』, 한국고전번역원(한국고전종합DB)
- 박규수, 『환재집』, 한국고전번역권(한국고전종합DB)
- 김기수, 구지현 옮김, 『일동기유』, 보고사, 2018
- 황준헌·김홍집, 윤현숙 옮김, 『조선책략·대청흠사필담』, 보고사, 2019
- 김홍집·강위·소가 소하치로, 최이호·조영심 옮김, 『조선국수신사김도원관계집·동유초· 동유속초·조선응접기사』, 보고사, 2018
- 최제우, 윤석산 역주, 『동경대전』, 모시는 사람들, 2020
- 신순철·이지영, 『실록 동학농민혁명사』, 서경문화사, 2010
- 이이화, 『전봉준 혁명의 기록』, 생각정원, 2018
- 김홍식, 『전봉준재판정 참관기』, 서해문집, 2017
- 안승일, 『김홍집과 그 시대』, 연암서가, 2016
- 김동한, 『19세기말의 동아시아와 김홍집』, 좋은땅, 2019
- 벨라 보리소브나 박, 『러시아 외교관 베베르와 조선』, 동북아역사재단, 2020
- 안승일, 『김옥균과 젊은 그들의 모험』, 연암서가, 2012
- 우에노 도시히코, 이용화 옮김, 『신기수와 조선통신사의 시대』, 논형, 2017
- 김용삼, 『지금 천천히 고종을 읽는 이유』, 백년동안, 2020
- 박종인, 『대한민국 징비록』, 와이즈맵, 2019
- 박종인, 『매국노 고종』, 와이즈맵, 2021
- 이현희·교양국사연구회, 『이야기 한국사』, 청아출판사, 2007
- 한국문화연구회, 『소설보다 재미있는 역사이야기 조선왕조오백년 실록』, 늘푸른소나무, 2012
- 윤덕한, 『이완용 평전』, 길, 2012
- 현광호, 『대한제국과 러시아 그리고 일본』, 선인, 2007

- 안상윤, 『고종과 메이지』, 휴먼필드, 2019
- 조경달, 최덕수 옮김, 『근대 조선과 일본』, 열린책들, 2017
- 성정현, 『알기 쉬운 근현대 한일관계사』, 실크로드, 2020
- 조재곤, 1894년 일본군의 조선왕궁(경복궁) 점령에 대한 재검토, 『서울과 역사』 94권, 서울역사편 찬원, 2016
- 조재곤, 1894년 7월 일본군의 경복궁 점령에 대한 반향, 『한국근대사연구』 제96집(2021 봄호), 한 국근현대사 학회
- 최덕규, 청일전쟁과 고승호사건의 국제법, 『Journal of Military History』, No.113, 2019
- 한중일3국공동역사편찬위원회, 『한중일이 함께 쓴 동아시아 근현대사』, 휴머니스트, 2014
- 나가타 아키후미, 김혜정 옮김, 『세계사 속 근대한일관계』, 일조각, 2017
- 앤드루 고든, 문현숙·김우영 옮김, 『현대일본의 역사』 1~2, 이산, 2019
- 가루베 다다시·가타오카 류, 고희탁·박홍규·송완범 옮김, 『교양으로 읽는 일본사상사』, 논형, 2010
- 신상목, 『학교에서 가르쳐주시 않는 일본사』, 뿌리와이파리, 2020
- 김시덕, 『일본인 이야기』 1~2, 메디치미디어, 2019
- 김희영, 『이야기 일본사』, 청아출판사, 2018
- 김희영, 『궁금해서 밤새 읽는 일본사』, 청아출판사, 2019
- 박훈, 『메이지유신은 어떻게 가능했는가』, 민음사, 2019
- 박훈, 박훈의 일본사 이야기, 서울경제신문, 2019.12.18~2020.5.27
- 무쓰 무네미쓰, 김승일 역, 『건건록』, 범우사, 1994
- 와카모리 타로, 이세연·송완범·정유경 옮김, 『술로 풀어보는 일본사』, 이상, 2017
- 나이토 아키라, 이용화 옮김, 『에도의 도쿄』, 논형, 2019
- 호즈미 가즈오, 이용화 옮김, 『메이지의 도쿄』, 논형, 2019
- 정일성, 『후쿠자와 유키치』, 지식산업사, 2012
- 야마모토 히로후미, 이원우 옮김, 『할복』, 논형, 2013
- 야마구치 게이지, 김현영 옮김, 『일본 근세의 쇄국과 개국』, 혜안, 2001

한일 근대인물 기행

펴낸날 2022년 12월 2일
2쇄 펴낸날 2022년 12월 30일

지은이 박경민
펴낸이 주계수 | **편집책임** 이슬기 | **꾸민이** 전은정

펴낸곳 밥북 | **출판등록** 제 2014-000085 호
주소 서울시 마포구 양화로 7길 47 상훈빌딩 2층
전화 02-6925-0370 | **팩스** 02-6925-0380
홈페이지 www.bobbook.co.kr | **이메일** bobbook@hanmail.net

© 박경민, 2022.
ISBN 979-11-5858-906-6 (03910)